전쟁과
자유주의
양심

전쟁과
자유주의
양심

마이클 하워드 지음 안두환 옮김

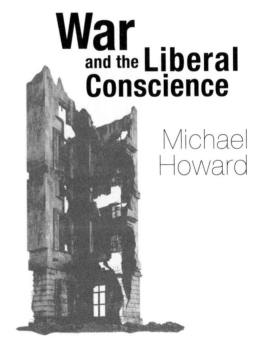

War
and the Liberal
Conscience

Michael
Howard

글항아리

에디스 하워드Edith Howard를 기억하며

1891~1977

차례

2008년판 서문

모든 역사책은 그것이 쓰인 당대의 흔적을 간직하고 있다. 이 책의 기초가 된 강의는 미국이 베트남 전쟁[1955~1975]에서 입은 정신적 외상으로부터 여전히 회복 중이던 1977년에 열렸다. 미국은 자신이 전체주의적 폭정으로부터 자유 세계Free World — 자유 민주주의의 가치에 의거해 통치되는 세계 — 를 수호하고 있다는 믿음 아래 베트남 전쟁에 뛰어들었다. 하지만 미국은 자유를 위해 싸우고 있는 이들을 오히려 자신이 탄압하고 있는 것은 아닌가 하는 끔찍한 의문에 휩싸여 전쟁을 끝맺었다. 이 같은 비극적인 딜레마를 어떻게 볼 것인가가 나를 처음으로 이 주제를 살펴보도록 이끌었던 질문이다.

이 책은 냉전이 끝날 무렵인 1989년 증쇄되었다. 소련이 아직 붕괴되지 않았을 때다. 하지만 로널드 레이건의 미국은 자신감을 회복했을 뿐만 아니라 군사력도 재건했다. 그리고 어디에서든 자유가 위협을 받는다면 자유를 수호하고 확장하기 위해 자신의 완력을 사용할 만반의 준비가 되어 있다고 다시

금 천명했다. 그러나 이제 미국의 정책가들이 삼분되어 갑론을박하고 있었다. 우선 이 책의 초반부에서 다루게 될 전통을 따르는 '고전적classical' 자유주의자들이 있었다. 톰 페인과 제러미 벤담의 후예인 이들은 국제 연합United Nations의 기치 아래 자유롭게 상호 협력하는 민주 국가가 세력 균형을 신봉하는 구식의 귀족 계급을 대체할 때에야 평화가 가능하다고 생각했다. 지미 카터 대통령은 이들의 화신이었다. 두 번째로 헨리 키신저 박사를 따르는 '현실주의자들realists'이 있었다. 이들은 평화가 자유주의자들이 극도로 혐오하는 국가 간 세력 균형을 인정하고 유지할 때에 가장 잘 보존될 수 있다고 보았다. 이들에게 각국의 통치 형태는 상관이 없었다. 끝으로 '신보수주의neo-conservatism'라는 잘못된 명칭으로 불리고 있는 소위 '강경 자유주의muscular liberalism' 집단이 있었다. 새롭게 떠오르고 있는 이들은 자유 세계를 위협하는 적을 무찌르기 위해서라면 미국은 독자적으로라도 자신의 막대한 힘을 사용하는 것을 주저할 이유가 전혀 없다고 판단했다. 또한 이들은 이 과정에서 사용될 수단이나 영입할 — 혹은 버려둘 — 동맹에 대해서도 너무 까다롭게 잴 필요가 없다고 주장했다. 틀리고 맞든 이러한 관점은 레이건 정부의 정책과 동일시되었다. 레이건의 경계 하에 소련이 붕괴되었다는 사실과 냉전을 피한 방울 흘리지 않고 완벽한 승리로 종결시켰다는 사실은 분명 신보수주의자들의 신념이 옳았다고 말하는 듯 했다.

그리고 다시 20여 년이 흘렀다. 클린턴 대통령과 부시 대통령의 미국은 고전적 자유주의와 유사한 방향으로 나아가는 듯 보였다. '집단 안보collective security'를 유지하고 필요시에만 무력을 사용함에 있어 미국은 국제 연합의 지휘 아래 동맹국들뿐만 아니라 이전의 적들과도 협력했다. 하지만 바로 이 때 9·11테러[2001]가 터졌다. 이제 미국은 자국민에게 엄청난 위해를 가할 수 있는, 하지만 전통적인 수단을 가지고는 억제하거나 격퇴할 수 없는 적과 대치하고 있다는 사실이 드러났다. 동시에 미국의 군사력의 힘과 범위는 인류 역사상 능가할 나라가 없었다. 이런 상황 덕분에 신보수주의자들은 미국의 정책이 동맹만이 아니라 적과도 교섭할 수 있어야 한다고 믿는 '현실주의' 정책이나 국제 협력을 강조하는 자유주의 정책에 수반되는 제약에 더 이상 구속받을 필요가 없다고 설득력 있게 주장할 수 있었다. 미국은 홀로 '테러에 대한 전쟁War on Terror'을 수행할 터였다.

이라크에서의 전쟁[2003~2011]은 그 결과였다. 이 서문을 쓰고 있는 순간에도 이라크 전쟁은 여전히 진행 중이다.

'역사'는 되풀이 되지 않는다. 하지만 종종 어떤 사건은 의미심장하게 재현되곤 한다. 독자들은 이 책에서 '자유주의 양심liberal conscience'의 화신인 글래드스턴이 1882년 영국의 독자적인 이집트 침공을 정당화하고자 제시했던 다음의 말을 되풀이해 마주할 것이다.

무정부와 갈등으로 점철된 현재 이집트의 국내 상황을 평화와 질서의 상태로 완전히 바꿔놓지 않는 한 우리는 우리에게 주어진 임무를 다한 것이 아니다. 남은 시간 우리는 문명화된 유럽 열강의 협력을 기대해야 할 것이다. 허나 협력을 이끌어낼 기회를 모두 소진했다 할지라도 영국은 이일을 혼자서라도 끝까지 책임져야 할 것이다.

그랬다. 이집트 전쟁[제2차 영국-이집트 전쟁, 1882년 7월~8월]은 짧았고 희생도 비교적 적었다. 그러나 이집트를 "무정부와 갈등으로부터 평화와 질서"의 상태로 바꿔놓기 위해 영국은 이집트에 70년 넘게[1882~1956] 더 주둔해야만 했다.

　애석하게도 변한 것은 별로 없는 듯싶다. 자유주의 양심의 열망이든 아니면 그것의 의도치 않은 결과든.

마이클 하워드

2007년 11월

문고판 서문

이 책은 '자유주의 딜레마liberal dilemma'라 정의될 수 있는 난제를 그려내고자 하는 하나의 시도다. 한편으로, 자유주의 전통은 실제로 평화적이지는 않다 하더라도 이 책에서 이해되는 바와 같이 대체로 평화적이라 할 수 있다. 자유주의 전통은 전쟁을 정상적인 국제 관계로부터의 불필요한 탈선으로 간주하며, 합리적이고 질서정연한 세계에는 전쟁이란 없을 것이라 믿는다. 노예제가 폐지되었듯이 전쟁도 인류의 양심에 따른 집단적인 노력으로 완전히 종식될 수 있을 것이기 때문이다. 다른 한편으로, 자유주의 전통은 외세의 억압으로 고통 받는 이들의 해방이나 자유주의 윤리가 확고히 자리 잡은 사회의 생존을 위해 전쟁을 해야만 하는 경우도 있다는 점을 인정한다. 또한 '평화'를 유지하기 위해서 자유주의 양심상 도저히 용납할 수 없는 불의에 대해서도 지속적으로 관용을 베풀 수도 있어야 하며, 심지어는 자유주의 윤리가 기초하고 있는 '부르주아' 구조 전체의 붕괴를 초래할 수도 있는 전체주의 사회의 점진적인 팽창을 용인할 수도 있다.

오늘날 고도로 산업화된 국가들 사이의 공식적이고 계획적인 대격돌로서 전쟁의 파괴력은 너무나 엄청나서 제 아무리 호전적이고 수정주의적인 정권이라 할지라도 최후의 수단으로서만 전쟁을 고려할 따름이다. 클라우제비츠가 자신의 『전쟁론Vom Kriege』(1832)에서 묘사한 '장검great battle sword'은 이제 너무나 무거워져서 어느 누구도 쉽사리 휘두를 수 없다. 하지만 이라크와 이란과 같은 작은 국가 간 충돌[1980~1988]은 여전히 계속되고 있으며, 아프가니스탄에서의 소련[1979~1989], 리비아에 대한 미국의 행동[1986], 포클랜드 제도를 되찾고자 하는 영국의 노력[1982] 등에서 볼 수 있듯이 전쟁을 방불케 하는 주요국의 군사력 사용 또한 국제 정치의 고유한 본질처럼 되어버렸다. 그러나 20세기 말을 특징짓는 군사력의 주된 충돌은 19세기 초 중부 및 동남부 유럽에서 시작된 이래 세계 전역으로 확산된 '해방 전쟁wars of liberation'이라 하겠다.

그러한 충돌은 '자유주의 딜레마'를 더욱 첨예하게 만든다. 한편으로, 자신들의 땅을 빼앗기고 외세의 지배 하에서 살고 있는 팔레스타인인들이나 기본적인 '정치적 권리'마저 박탈당해 고통 받고 있는 남아프리카의 다수 '흑인' 대중[남아프리카 인종 분리 정책인 아파르트헤이트Apartheid를 지칭]은 전통적인 '자유주의 양심'에 대해 매우 적대적일 수밖에 없다. 반면 이와 같은 문제를 해결하기 위한 수단으로 테러와 협박은 '정당한 명분just causes'에 입각한 것이라 해도 마찬가지로 잘못된 것이다. 자유주의의 해결책은 그와 같은 항거가 폭력이 아니라 합리적인 대화를 통해 원하는 바를 얻어내야 한다는 것이다. 왜냐하면 모든 갈등은 오인과 오해로 인한 것이기에 언제나 선한 의지를 가진 이들끼리의 평화적인 협상을 통해 해결될 수 있다고 믿기 때문이다. 하지만 수

년 동안의 평화 협상이 도저히 받아들일 수 없는 **현상 유지**status quo를 연장한 것 말고는 어떠한 성과도 이루지 못한 경우에는 대개 군사력이 동원될 수밖에 없었다. 결국 자유주의자들은 현상 유지가 여러 문제에도 불구하고 전쟁보다는 그나마 덜 악한 것이며 점진적인 변화의 기회를 제공할 것이라는 희망을 위로로 삼든가, 아니면 그러한 항거가 매우 정당하며 따라서 문제 해결을 위한 모든 폭력이 정당화될 수 있다고 생각을 바꿔야 한다. 터키의 압제 자체가 전쟁을 승인한 것과 진배없기에 그 같은 정권을 전복시키기 위한 싸움은 평화를 위한다는 목적 하에 정당화될 수 있다는, 1912년 발칸 전쟁[제1차 발칸 전쟁에서 몬테네그로, 그리스, 세르비아, 불가리아는 오토만 제국의 압제에 맞서 함께 싸웠다] 당시 노먼 에인절을 위시한 이들의 견해는 오늘날에도 여전히 반향이 크다.

현재 자유주의가 직면하고 있는 문제는 이 뿐만이 아니다. '해방을 위한 투쟁'은 빈번히 자유주의에 반하는 정권의 등장으로 끝을 맺었다. 그 같은 정권의 수장은 모든 사람이 '당'의 규칙과 원칙을 무비판적으로 따르기를 요구하는 마르크스주의자일 수도 있으며 혹은 야만적인 독재자일 수도 있다. 그들은 또한 외양에 있어 구체제ancien régime 하에서와 다를 바 없는 인종 탄압을 자행할 수도 있다. 아니면 이란에서와 같이 광기에 찬 신정 정치를 추구할 수도 있다. 서구의 자유주의자들이 자명한 진리로 신봉하는 계몽주의로부터 이어져 내려온 가치 체계 전반을 부정하는 이 같은 정권은 점점 더 늘어나 급기야 세계 공동체의 상당한 부분을 점하고 있는 실정이다. 이 같은 상황에서 자신들의 이상인 언론과 의사 소통의 자유 그리고 평화를 사랑하는 각국의 국민 간 자유로운 교류 — 간략히 말해, 각국의 국민이 서로 평화를 호소하는, 더 이상 전쟁이 존재하지 않는 전 지구적 공동체의 탄생 — 를 보편화하고자 자유주의자들이 일구어낸 여러 국제 기구는 그와 상반되는 호전적인 가치 체계를 위한 수단으로 변질되거나 아니면 아예 기능을 멈춰버릴 수도 있다.

이러한 경향에 비추어 볼 때 자유주의의 기본 가정이 그것을 가장 열정적으로 수용했던 미국과 같은 나라에서조차 상당한 의심을 받고 있다는 사실은 그리 놀랄 만한 일이 아니다. 미국에서는 제2차 세계대전 이후 한 세대 동안 외교 정책을 이끌었던 이데올로기적 보편주의 대신 미국 또한 역사상 대부분의 국가가 그러했듯이 자국의 이익에 따라 행동해야 한다고 주장하는 '신보수주의'가 확산되고 있다. 이는 분명 이데올로기적 적대국을 서로가 용납할 수 있는 현상 유지를 지속시키는 데 필요한 잠재적인 협조자로 인정하는, 헨리 키신저 박사가 직접 주창하지는 않았지만 1968년부터 1974년 사이 직접 집행했던 보수주의 외교 정책과는 다른 것이다. 신보수주의는 그와 달리 미국과 소련이 어떠한 공통의 이익도 해결책도 존재하지 않는, 도저히 어찌할 수 없는 끝없는 전쟁을 하고 있다고 가정한다. 즉, 미국이 신봉하는 자유주의 신념과 이를 항구적으로 위협하는 마르크스–레닌주의의 원칙과 행동 간 충돌이 벌어지고 있다고 보고 있는 것이다.

이들 신보수주의자에 따르면, 그와 같은 격돌에서 무기나 동맹 선택 등의 문제를 양심에 비춰서만 처리할 수는 없다. 만약 '해방 전쟁'이 상대를 약화시킨다면 분명 적극 지지해야겠지만, 그렇지 않고 우방을 위협하거나 우방의 안정을 저해한다면 제압해야만 한다. 우방의 정권에 대해 비판적으로 따질 필요는 없다. 왜냐하면 단지 극소수의 국가만이 안정적인 민주주의가 꽃피울 수 있는 전통과 사회 구조를 지니고 있을 뿐 아니라, 서구의 영향을 받게 된다면 스페인이나 포르투갈, 아르헨티나와 필리핀에서와 같이 조만간 평화로운 변화를 가져올 점진적인 개선의 과정이 개시될 것이기 때문이다. 하지만 어떠한 경우에서라도, 우호적인 정권을 돕기 위해서건 아니면 적대적인 정권을 약화시키고 압박하기 위해서건, 무력을 사용하거나 그것을 통해 위협을 가하는데 있어 결코 주저해서는 안 된다는 것이 이들 신보수주의자의 입장이다. 20세기의 교훈은 18세기의 약속을 저버렸다. 계몽된 이성의 역할은 '보이지 않는 손'에 의해 평화롭게 세계 곳곳으로 전파될 수 없다. 그 뒤에는 반드시 강건한 근육이 있어야 한다.

사람들이 신보수주의자들의 원칙과 행동에 대해 어떻게 생각하든, 적어도 그들은 투표권을 지닌 이들에게 고도로 다양화된 세계를 단순명료하게 보여준다. 그러나 국가 정책의 수단으로 전쟁은 법적으로 금지되어야만 한다고 믿는, 또 자신들의 신념을 국제 연합 헌장Charter of the United Nations에 아로새긴 전통적 자유주의자들은 여전히 혼동에서 헤어 나오지 못하고 있다. 왜냐하면 자신들만큼이나 순수하게 자유주의 원칙에서 정당성을 구하는 이들이 옹호하는 무력 갈등을 세계 도처에서 맞닥뜨리고 있기 때문이다. 18세기 이래 정치적 정당성의 기준이 변했을 수도 있다. 하지만 이의 적용을 둘러싼 논쟁은 여전히 첨예하게 진행되고 있을 뿐만 아니라 순식간에 군사 충돌로 확대되는 경우 또한 줄어들지 않고 있다.

허나 미래에 대한 전망 자체가 어두운 것만은 아니다. 영구 평화를 위한 칸트의 처방 중 하나인 "모든 국가의 헌법 체제는 공화정(시민들의 다양한 이익을 완벽히 반영하는 정치 체제)이어야 한다"는 주장은 타당성을 입증했다. 지난 두 세기 동안 다원적인 민주 정체는 서로 싸운 적이 거의 없으며, 앞으로도 서로 싸울 가능성은 매우 희박하다고 장담할 수 있다. 그러나 오늘날 소위 '서구'의 대다수를 이루고 있는 이 같은 민주주의 국가를 소련은 위협과 적대로, 대부분 제3세계 국가는 분노와 적의로 대하고 있다. 자유주의 양심은 이들의 적대감이 합리적인 행동과 대화가 지속 가능하다면 분명 극복될 것이라 확신하지만, 그럼에도 딜레마는 여전히 풀리지 않고 있다. 평화를 사랑하고, 경제적으로 부유하고, 점점 더 국가를 넘나드는 자유 민주주의 공동체가 자신의 궁극적인 이상을 실현키 위해 군사력의 사용을 포기하면서도 자신의 이익을 보전하는 동시에 영향력을 증대시킬 수 있을까?

마이클 하워드
옥스퍼드 1986

감사의 글

우선 이 강의를 할 수 있도록 나를 초청해주었을 뿐만 아니라 강의 준비 및 진행 과정에서 나를 격려하고 친절하게 대해준 케임브리지 대학 역사학과 교수들께 감사한다. 특히 처음 나를 이 분야로 인도했던 『힘과 평화의 추구: 국제관계사에서의 이론과 실천Power and the Pursuit of Peace: Theory and Practice in the History of the Relations between States』(1963)의 저자 F. H. 힌즐리Hinsley 교수에게 나는 큰 빚을 지고 있다. 누구라도 그 책을 읽어보았다면 이 책의 전반부 내용이 얼마나 많이 힌즐리 교수의 생각에 정초하고 있는지 알 수 있을 것이다. 록펠러 국제 관계 위원회Rockefeller Committee for International Relations의 동료들 또한 나를 계속 자극했다. 누구보다 제프리 베스트Geoffrey Best 교수와 헤들리 불Hedley Bull 교수는 정말로 많은 도움이 되었다. K. G. 트리벨리언Trevelyan 경께서는 친절하게도 트리벨리언 가문과 관련된 개인적인 문서를 내게 제공해주셨다. 올 솔즈의 내 동료인 제임스 매코니카James McConica 교수와 앤드루 하비Andrew Harvey 교수는 첫 장을 집필하는 데 있어 매우 유익한 조언을 해주었다. 끝으로, 에드나 레어드Edna Laird는 쏟아지는 초고를 참을성 있게 훌륭히 타자해주었다. 그녀의 도움이 없었다면 강의도 하지 못했을 것이고 이 책도 출판하지 못했을 것이다.

서론

조지 매콜리 트리벨리언

George Macaulay Trevelyan

만약 이 강의가 기리고 있는 조지 매콜리 트리벨리언이라는 분의 성함으로 '자유 연상free association' 놀이를 한다면, 대부분은 자유주의라는 어딘가 모호하기는 해도 매우 훌륭한 개념을 가장 먼저 떠올릴 것이다. 트리벨리언은 빅토리아 시대 마지막 위대한 자유주의 역사가다. 아마도 빅토리아 시대 마지막 위대한 자유주의자일 것이다. 그는 역사를 저 먼 과거로부터 점차 확대되어 온 자유에 관한 이야기라 굳게 믿었다. 그에게 있어 17세기는, 마치 미국인들이 백 년 후에나 그러하듯이, 영국인들이 군주정 독재의 사슬을 끊어버린 시대였다. 19세기는 이탈리아인들로 대표되는 유럽인들이 자유와 민족의 은총을 누리게 된 시대였다. 그러나 이후 모든 것이 잘못 돌아가기 시작했다. 1926년의 어느 개인적인 편지에서 트리벨리언은 "나는 지금 우리가 살고 있는 이 시대를 이해하지 못하고 있다. 그리고 내가 이해하고 있는 것조차도 마음에 영 내키지 않는다"라고 털어놓았다.[1] 그가 이해하고 있었던 과거의 이정표들은 당시 깊어만 가고 있던 혼란과 어떠한 관련도 없었다. 다른 자유주의자들, 특히 아래에서 상세히 다루게 될 그의 큰 형 찰스는 당시의 혼란을 과거의 이상들에 대한 새로운 도전이자 기회로 보고 사회주의 깃발 아래 과감히 새로운 시대를 향해 발을 내딛었다. 조지 매콜리 트리벨리언은 여전히 혼란스러운 연민의 감정으로 이를 지켜보았으나, 그 스스로 함께 하지는 못했다.

조지 트리벨리언에 대한 기억 속에서 자유주의 개념과 긴밀한 관계를 맺고 있는 것은 아마도 전쟁일 것이다. 트리벨리언은 군사 문제에 대해 지대한 관심을 가졌지만 천성적으로 평화적이고 우호적인, 따라서 그리 낯선 부류의 사람은 아니었다. 노섬벌랜드에 있는 트리벨리언 가문의 저택 마루는 삼형제가 언제든 기회가 될 때마다 갖고 놀았던 장난감 군인들로 발 디딜 곳이 없었다. 트리벨리언에게 명성을 안겨준 두 위대한 삼부작인 가리발리에 대한 연구와 『앤 여왕 시기의 영국England under Queen Anne』[2]은 단연코 군사 작전에 대한 방대한 묘사가 가장 영광된 자리를 점하고 있는 군사사였다. 그는 '북과 나팔의 역사drum and trumpet history'에 대한 오늘날과 같은 정도의 반감을 전혀 갖고 있지 않았다. 전쟁은 그에게 역사 그 자체였으며, 자신의 자유주의와도 전혀 모순되지 않았다. 그는 아마도 이렇게 물었을 것이다. 전쟁이 아니라면 어떻게 사람들이 자유를 쟁취하고 지켰겠는가? 평화를 옹호하는peaceful(하지만 평화주의자pacifist는 결코 아닌) 퀘이커교도Quaker 존 브라이트가 그의 영웅 중 한 명이었지만 가리발디 역시 그러했다. 조지 트리벨리언이 보기에 이 둘 사이에는 문제될 것이 전혀 없었다. 실제로도 이 둘은 사이가 좋았다. 브라이트의 글에는 가리발디가 영국을 방문했을 때 "나는 당신의 원칙에 전적으로 동감합니다. 만약 내가 군인이라면 나는 평화의 군인입니다"라고 말하면서 자신과 퀘이커교도 동지들과 반갑게 인사를 나누었다고 적혀 있다.[3] 물론 가리발디가 이 같은 주장을 한 마지막 '자유의 전사freedom fighter'는 결코 아니다.

　청년 트리벨리언은 조지프 체임벌린 시기의 군사적 제국주의에 반대했으며, 보어 전쟁[제2차 보어 전쟁, 1899~1902] 또한 반대했다. 특이하게도 그는 큰형 찰스가 자유주의적 제국주의에 동조하고 있을 때조차 '보어인들의 편'에섰다. 1914년 이들의 입장은 뒤바뀌었다. 찰스는 영국의 전쟁 선포에 대한 항의 표시로 교육부 장관직을 내던졌다. 그는 민주적 통제를 위한 연합Union of Democratic Control의 결성을 도우며 독일과 평화 협정을 체결하기 위해 부단히애썼다. 그리고 1918년 찰스는 둘째 로버트에게 "국제주의를 위한 유일한 길은 혁명이네. (…) 그리고 국제주의는 전 세계 사회주의자들의 연대를 통해서만 가능할 따름이네"라고 통보한 뒤 노동당에 입당했다.4 이를 시작으로 찰스 트리벨리언은 노동당 내에서도 더 좌파적인 입장으로 나아갔으며 마침내그 너머로까지 갔다. 1939년 찰스는 스태퍼드 크립스와 어나이린 베번과 함께공산주의자들과의 민중 노선Popular Front[1936년 네빌 체임벌린의 유화 정책에 반대하여 자유당 의원 리처드 에클랜드, 옥스퍼드 대학 정치학자로 노동당 이론가였던 G. D. H. 콜, 로버트 부스비 보수당 의원 등이 주축이 되어 결성된 초당적 조직]을 열성적으로 지지했다는 이유로 노동당에서 축출되었다. 하지만 막내 조지는 제1차 세계대전에 대해 크게 고민하지 않았다. 그는 큰 형 찰스에게 이 전쟁이브라이트가 크림[크림 전쟁, 1853~1856]에 대해 비판했던 것[1855년 2월 "죽음의천사가 전국을 배회하고 있다The Angel of Death has been abroad throughout the land"는 유명한 연설을 지칭]이나 그 자신이 남아프리카[제2차 보어 전쟁]에 대해 반대했던 것과 같은 지배 계급의 군사주의를 입증하는 또 다른 증거가 절대 아니라고 적었다. 조지는 큰 형에게 "이 전쟁은 삶과 죽음의 문제입니다"라고 말했다. 조지 트리벨리언은 자신이 온정어린 손길로 정리했던 통일을 위한 투쟁의 역사의 마지막 단계에 도달한 사랑하는 이탈리아인들과 함께 혼신의 힘을 다해 용감하게 싸웠다.

　트리벨리언 가문의 삼형제는 전쟁과 국제 관계에 대한 자유주의 철학의 두 독특한 전통을 몸으로 보여주고 있다고 할 수 있으며, 이 책이 관심을 가지고 다루고자 하는 바 역시 이 두 전통이 어떻게 발전했으며 서로 연결되어 왔는가라고 하겠다. 둘 다 유구하고 훌륭한 계보를 잇고 있으며 오늘날에도 중요한 영감의 원천이기도 하다. 나는 '자유주의 양심'이란 용어를 택했는데, 이유인즉 '양심'이라는 단어가 단순히 신념이나 태도만을 의미하는 것이 아니라 이에 비추어 행동하도록 만드는 내적 욕구까지 포함하기 때문이다. 나는 일반적으로 세계가 마땅히 그러해야 할 모습을 보이고 있지 않다고 생각하면서, 모든 인간 존재의 내적 잠재력이 더 완전히 구현될 수 있도록 세계를 변화시킬 이성과 행동의 힘을 믿는 모든 사상가를 '자유주의자'라 칭하고자 한다. 당연히 여기에는 세계를 변화시킬 수 없는 현실로 있는 그대로 받아들이는, 따라서 다소 너그럽게 스스로를 적응시키는 보수주의자와 인류가 스스로 통제할 수는 없지만 간파할 수는 있는 역사 발전의 과정을 통해서만 구원될 곤경에 처해 있다고 보는 카를 마르크스의 추종자와 여타의 결정론자는 포함되지 않는다. 아마도 오늘날 영국과 미국의 거의 대부분 정치인과 정치학자가 자유주의라는 범주에 들어갈 것이다. 그러나 자유주의는 분명치 않은 뿌리로부터 자라난 그리고 오늘날과 같은 정도로 성숙하기까지 수세기가 걸려야만 했던 교리다.

1장

자유주의 양심의 성장

1500~1792

———

전쟁을 순수한 의례 행사로 바꾸거나 완벽한 승리로 끝낼 수 있었던 몇몇 사회를 제외한다면 아마도 사회를 이루고 살게 된 태초부터 사람들은 — 적어도 소수의 남자와 대부분의 여성은 — 전쟁의 존재 자체에 대해 매번 통탄해 마지 않았을 것이다. 그럼에도 전쟁 자체를 악으로 여겼던 이들조차 대개는 전쟁을 필요악이라 생각했다. 전쟁의 책임은 다른 곳, 세상에 대한 하나님의 의도나 자신의 신조와 문화를 지키고 전파하고자 하는 어쩔 수 없는 행동에 있었다. 이것이 기독교 교회가 시초부터 줄곧 견지해왔던 일반적인 입장이라 하겠다. 콘스탄티누스 황제 이래 자신의 믿음과 사회의 관행 사이에 도저히 좁힐 수 없는 간극이 놓여 있다는 사실을 눈치 챈 기독교인은 같은 동료 신자 중에서도 극히 일부에 불과했다. 복음서의 가르침은 충분히 유연해서 기독교가 전사들의 종교가 되고 또 그렇게 수세기 동안 유지될 수 있도록 허용했다. 교회의 가르침은 교회를 둘러싼 사회와 사회의 인식이 변하기 시작하면서 조금씩 바뀌어 갔다. 즉, 8~9세기 엄청난 침입으로부터 살아남기 위해 유럽에서 발전되었던 전사 사회가 평안을 되찾고 분화되기 시작하면서, 평화의 기술이 가능해지고 바람직한 것으로 여겨지면서, 전쟁이 더 이상 생존을 위해 반드시 필요한 것이 아니라 문화적 관습의 문제가 되면서, 또 전사 엘리트들이 없어서는 안 될 수호자들이 아니라 점점 더 폭압적인 훼방꾼들로 치부되면서 교회의 가르침도 점차 변해갔다.

전쟁에 대한 비판적인 태도의 첫 모습은 16세기가 시작될 무렵 에라스뮈스의 글에 잘 나타나 있다. 전쟁에 대한 에라스뮈스의 비판은 그 자체로 별로 특기할 만한 것이 없는 전쟁의 부수적인 공포에 대한 비탄을 많이 담고 있다. 그도 그럴 것이 에라스뮈스 자신은 어떠한 중대한 전쟁도 경험하지 못했다. 물론 우첼로의 그림 「산로마노의 전투Rout of San Romano」에 비견할 만한 글을 쓰기는 했지만 에라스뮈스의 글은 친구로부터 받은 헨리 8세의 1512년 프랑스 원정[1512~1514]에 관한 편지에 근거한 것이었다.

> 얼굴과 목소리만으로도 심장이 떨릴 정도로 엄청난 공포를 일으키는 야만인 같은 보병대들, 전투 대형으로 정렬해 있는 철갑을 두른 군인들, 무기들이 부딪혀 나는 소름끼치는 섬광들, 어마어마한 무리가 자아내는 듣기 역겨운 소음들, 위협의 눈초리들, 거친 나팔 소리, 섬뜩한 트럼펫의 굉음, 우레와 같은 대포 소리 (…) 완전히 미치기 일보 직전, 전투가 맹렬히 개시된다. 이제 말 그대로 살육이다. 죽이는 자와 죽는 자의 잔인한 얼굴들. 처참하게 죽은 자들이 계속 쌓여만 간다. 이제 들판은 피로 엉기고, 강은 피로 물든다.[1]

종종 그렇듯 전쟁에 대한 에라스뮈스의 혐오감은 사실 전적으로 개인적인 감정상의 충격, 즉 스코틀랜드의 왕 제임스 4세의 아들로 자신이 아꼈던 제자 알렉산더의 죽음으로 인한 것이었다. 멋지고 똑똑하고 학식 있었던 젊은 제자는 플로덴 전투Battle of Flodden[1513, 영국 동북부 지역에서 치러진 잉글랜드와 스코틀랜드 사이 전투]에서 아버지와 함께 전사했다. 이에 에라스뮈스는 애도가를 통해 "도대체 네가 모든 시인의 신 중 가장 어리석은 마르스[Mars, 고대 로마 신화에 등장하는 전쟁의 신]와 무슨 인연이 있단 말인가? 왜 너는 예수 그리스도가 아니라 무사들[Muses, 그리스 신화 속 예술과 학문을 관장하는 아홉 명의 여신]에게 바쳐졌을까? 너의 젊음, 너의 아름다움, 너의 온화한 천성, 너의 정직한 마음 — 이 모든 것이 퍼붓는 나팔 소리와 포격 그리고 칼과 도대체 무슨 상관이 있단 말인가?"라고 울부짖었다.[2]

　　"모든 신 중 가장 어리석은 신." 이는 정말로 새로운 해석이었다. 전쟁은 어리석은 짓이다. 그것은 이성적이지 않다. 그것은 영광되지도 필요하지도 않다. 전쟁을 일삼는 자들은 존경이 아니라 비난을 받아 마땅한 자들이다. 에라스뮈스는 싸움을 일삼는 자들을 경멸했으며, 이후 수 세대의 지식인이 그를 따랐다. 에라스뮈스는 싸움을 일삼는 자들을 "전쟁 바보들, 아둔한 군주들 (⋯) 금수보다도 못한 자들"이라 욕했다. 또한 에라스뮈스는 이들이 "가장 야만인처럼 싸운 군인만이 다음 전쟁에서 지휘관이 될 자격이 있다고 믿는다"며 신랄하게 꾸짖었다.[3] 에라스뮈스의 이 같은 시각은 당대의 전반적인 문화적 경향과는 배치되는 것이었다. 발다사레 카스틸리오네의 『궁정인Cortigiano』(1528)에 선명히 드러나 있듯이, 르네상스 인간이 추구했던 모든 면에서의 뛰어남을 의미하는 비르투virtú는 서재나 아늑한 여성의 침실에서만이 아니라 전쟁터에서 우선 발휘되어야 했다.[4] 반면 기사에 대한 일반 대중의 이미지는 여전히 말로리나 아리오스토 혹은 『아마디스 데 가울라Amadis de Gaula』(1304)의 로망스 romance에 기초하고 있었다.

전쟁에 대한 에라스뮈스의 비판은 이성적인 것이라기보다 감정적인 것이었다. 그는 "기독교인은 말할 나위 없이 모든 인간에게 전쟁이라는 단어보다 더 사악하고, 더 끔찍하고, 더 파괴적이고, 더 끈덕지고, 더 역겨운 것을 뜻하는 단어는 없다"라고 잘라 말했다.[5] 여기서 무엇이 우선시되고 있는가가 흥미롭다. 에라스뮈스가 전쟁을 비판했던 가장 중요한 까닭은 종교가 아니라 인류애 humanity 때문이었다. 마찬가지로 그는 자신의 제자가 무사들에게 바쳐졌다고 보았으며 예수 그리스도는 나중에야 추가되었다. 그럼에도 에라스뮈스는 후일 자유주의 평화주의의 초석이 될 전쟁에 대한 이성적인 비판을 발전시키기도 했다. 에라스뮈스는 자신의 힘과 영광을 과시하고자 하는 군주는 형언할 수 없는 고통을 대가로 영토를 넓히려고 하기보다 왕국의 행복을 증대시키기 위해 노력하는 것이 더 바람직하다고 충고했다. 그는 동물들이 서로 싸우지 않는 것으로 볼 때 전쟁은 "자연스럽지 않다"고 주장했다. "동물들이 인간들이 도처에서 그러하듯 서로를 죽이기 위해 떼 지어 돌격한다는 이야기를 들어 본 이가 있는가?"[6] 전쟁은 정부가 백성을 더 확실하게 지배하기 위해 쓰는 가면이었다. 왜냐하면 "전쟁이 선포되면 모든 국사가 소수의 손아귀에 들어가기 때문이다."[7] 여전히 유의미한 논리에 따라 에라스뮈스는 '정당한just' 전쟁조차 용납될 수 없다고 보았다. "만약 어떤 이가 자신은 전쟁을 일으킬 충분한 사유를 갖고 있다고 주장한다면, 이 복잡다단하고 변화무쌍한 인간사 속에서 어느 누가 똑같은 주장을 하지 못하겠는가? 진정 자신의 땅으로부터 쫓겨나거나 다른 이들을 쫓아내지 않은 사람들이 어디 있단 말인가?" 또 아무리 정당한 이유로 전쟁을 한다고 해도 그 비용이 어마할 텐데? "만약 당신이 이익과 불이익을 서로 가늠해본 후 정당하지 못한 평화가 정당한 전쟁보다 훨씬 더 나은 것이라는 점을 깨우쳤다면, 왜 굳이 마르스의 운을 시험하려 드는가?"[8]

바로 이러한 것이 앞으로 우리가 계속 마주해야 할 주장이다. 전쟁은 자연스럽지도 이성적이지도 않다. 전쟁은 자원을 행복이 아니라 파괴를 위해 쓸데없이 유용하는 것이며, 정부가 자신의 사악한 목적을 위해 일으키는 것이다. 제아무리 칭송할 만한 목적일지라도 그 수단을 정당화할 수는 없는 일이다. 에라스뮈스는 전쟁을 정당화할 수 있는 상황이란 존재치 않는다는 자신의 주장을 결코 철회하지 않았으며, 이는 그가 살았던 시기 유럽에서 일어났던 전쟁의 모습 ─ 예컨대, 헨리 8세와 프랜시스 1세의 거창한 열병식과 교황 율리우스 2세의 호전적인 주장 ─ 을 관찰해보면 쉽게 그 이유를 짐작해 볼 수 있다. 기독교 세계를 지키고 그 영토 안에서 하나님의 정의를 보전하기 위해 기독교 기사들은 정당히 폭력을 휘두를 수 있다는 중세의 이념은 이제 사실상 사라졌다고 할 수 있다. 하지만 폭력을 국가 간 체계system of states를 질서정연하게 보존하기 위해 필요한 수단으로 보는 근대적인 시각은 마키아벨리의 저작 속에서야 ─ 아주 희미한 형태로 ─ 나타나기 시작한다. 16세기가 저물 무렵 유럽에서 전쟁은 대개 가장 천박하고 우매한 방식으로 비르투를 과시하기 위한 경쟁의 문제가 되고 있었다.

하지만 에라스뮈스는 겉으로 나타나는 끔찍한 결과 이상으로 고민하지는 않았다. 천재적인 재능을 지녔지만 그는 심오한 정치 분석가는 아니었으며, 게다가 한 번도 권력에 따른 책임을 짊어진 적이 없었다. 오히려 에라스뮈스는 단지 전쟁의 공포를 나열하는 것만으로도 충분히 전쟁을 비판할 수 있다고 생각했던, 따라서 다른 이들로부터 본능적인 동의는 이끌어낼 수 있었지만, 자연이나 이성에 완전히 반하는 이 현상을 어떻게 다루어야 하는지에 대한 건설적인 충고는 별달리 하지 않았던 수많은 인도주의적 사상가 중 처음으로 등장한 사상가였다.

에라스뮈스의 친구였던 토머스 모어는 이와는 매우 다르게 문제에 접근했다. 정치적 책무를 직접 맡아보았던 모어는 아마도 그 덕택에 문제의 복잡성을 알아챘다.

모어는 전쟁이 결코 영광되지 않다는 에라스뮈스의 주장에 동의했다. 그는 자신의 이상적인 정체인 유토피아Utopia의 시민은 "전쟁을 그 자체로 난폭한 것으로 보고 단순히 싫어하는 것이 아니라 혐오하기까지 한다. (…) 대다수 국가에서와 달리 유토피아의 시민은 전쟁에서의 영광된 승리를 영광된 것으로 여기지 않는다"고 말했다.9 하지만 전쟁을 매우 경계하고 꺼림에도 유토피아인들은 다양한 이유로 전쟁을 하기도 한다. 대부분의 논거는 중세 말 크게 유행했던 개전에 관한 법jus ad bellum 개념으로부터 도출되었다. 전쟁은 자신의 영토나 친구의 영토가 외부로부터 침략을 당했을 경우 할 수 있으며, "전제적인 억압과 예속으로부터 불행한 이들을 자유롭게 해주기 위해" 할 수 있다. 또 방어만 아니라 자신이 입은 피해를 앙갚음하려는 친구를 돕기 위해서도 할 수 있다. 중세 어느 법전에서나 쉽게 찾아 볼 수 있는 이와 같은 정당화 이외에도 유토피아인들은 아주 새로운 논거 하나를 제시했는데, "이들은 만약 어떤 이들이 땅을 경작하지 않고 그냥 방치하고 있는데도 불구하고 다른 이들이 자연법에 의거해 마땅히 그 땅으로부터 도움을 받고자 할 때 그 이용이나 소유를 거부하면 전쟁을 일으킬 정당한 사유가 된다고 보았다."10 즉, 모어는 '정의'의 전쟁에 대한 중세적 개념을 계승하면서도 다가올 300여 년을 장식할 식민지 전쟁을 조심스레 예견하기도 했다. 하지만 모어는 어떻게 정당화를 하든 적어도 르네상스 시대 사람들이 북유럽에서 싸운 것과 같은 종류의 전쟁이 되어서는 안 된다고 판단했다. 전쟁에는 어떠한 영광도 있어서는 안 되며, 가능한 적은 피를 흘려야 한다. 전쟁은 정책의 연속이 되어야 하며, 다른 수단에 대한 최소한의 첨가물이 되어야 한다.

결국 모어는 유토피아인들로 하여금 인간적인 한계 내에서 잔인하게 전쟁을 치르도록 했다. 모어는 유토피아인들에게 "전쟁의 유일한 목적은 올바른 대안이 적절한 시기에 주어졌더라면 분명 싸우지 않고 얻었을 것을 얻기 위함이다"라고 주의를 주었다.[11] 유토피아인들은 용기나 명예가 아니라 기술과 교활함을 우선시 했다. 이들은 적의 수장의 암살에 보상금을 걸기도 했다. 또한 이들은 내부 분열을 책동했으며, 만약 이것이 실패했을 경우에는 "이웃 나라로 하여금 적에 저항하도록 유도할 뿐만 아니라 왕이 될 자는 넘쳐난다kings never lack 등과 같은 오래된 주장을 다시금 제기하도록 자극한다." 유토피아인들은 가능한 직접 싸우지 않고 대신 용병을 고용한다. 허나 피치 못할 상황에 다다른 경우 "싸우지 않기 위해 애썼던 만큼 용감하게 전투에 임한다. (…) 그들의 전쟁 기술은 그들의 용맹을 증대시키며, 어렸을 적부터 받은 교육을 통해 주입된 건전한 사고 방식과 훌륭한 정부 제도는 그들의 용기를 배가시킨다."[12]

모어는 에라스뮈스 못지않게 인간적이고 기독교적이었지만, 전쟁의 공포가 단순히 불평을 한다고 해서 없어지지 않는다는 것을 알고 있었다. 전쟁은 모어의 유토피아인들에게 있어서조차 중대한 문제였다. 다음 200여 년의 사상가들과 마찬가지로 모어는 유럽 사회가 전쟁이 어떠한 상위의 공통된 권위체도 존재하지 않는 상황 하에서 갈등을 조정하기 위해 피할 수 없는 방법이 되어버린 국가 간 체계로 이루어져 있다는 사실을 인정했다. 상황이 그렇다면 가능한 피해를 최소화하는 방식으로 전쟁을 치러야 했으며, 이는 인류애나 종교의 관점만이 아니라 상식적으로 볼 때도 그랬다. 얼마 지나지 않아 이 같은 철학의 세부 내용이 17, 18세기의 위대한 국제법 학자들 — 흐로티위스, 푸펜도르프, 에머리히 드 바텔 — 에 의해 채워졌다. 좋든 나쁘든 전쟁은 국제 체제에서 제거될 수 없는 하나의 관례가 되었다. 이제 할 수 있는 일은 가능하다면 전쟁의 원칙을 정리하고 그 수단을 문명화하는 것이었다.[13]

혹자는 200여 년 남짓한 시간이 전쟁의 관례화에 대한 어떠한 강력한 문제 제기 없이 흘러갔다는 사실에 의문을 품을 수도 있을 것이다. 아마도 유럽 대륙 내 학자들과 교양인들은 『모험가 짐플리치시무스Der abenteuerliche Simplicissimus』(1669)에서 그리멜스하우젠이 냉소적으로 나열한 암흑의 공포에 너무나 겁먹고 있었기에, 반면 영국에서 전쟁은 대부분 유럽 바깥에서 일어나는 일로 돈벌이가 되는 사업, 즉 상업적 팽창으로 인한 경쟁의 모습으로 보였기에 인도주의적 관심을 불러일으키지 못했을 수도 있다. 그러나 30년 전쟁[1618~1648]의 소용돌이 속에서 새로운 주장들이 대두되기 시작했다. 흐로티위스는 자신이 보기에 "가장 야만적인 국가조차 수치스럽게 여겨야 할, 전쟁을 일으킬 수 있는 권리"에 대한 비판을 시작으로 『전쟁과 평화의 법De jure belli ac pacis』(1625)을 써내려갔다.[14] 프랑스의 수도사 에므리크 크뤼체는 한발 더 나아가 1623년 출판된 『새로운 키네아스Nouveau Cynée』에서 국가들 사이의 갈등을 중재를 통해 강제로 조정할 국제 연합 회의Assemblée des nations unies를 최초로 제안했다. 크뤼체는 진정으로 에라스뮈스적인 방식으로 전쟁을 반대했다. 그가 보기에 전사들의 삶은 문명화된 이들에게는 가치 없는 삶이었다. "우리는 야만적인 습성을 버리고 모든 이에게 인류애와 진정한 명예의 길을 알려줘야 한다. 이 길을 알게 되면 전사들은 잔악무도한 방식으로 살아가지 않을 것이다."[15] 모어나 흐로티위스와는 달리 크뤼체는 에라스뮈스처럼 전쟁의 정당한 사유는 절대 있을 수 없다고 생각했다. 그는 전쟁은 오만과 야만이라는 두 쌍둥이 같은 악에 의해 벌어지는 것이기에 이 둘을 처분해야만 전쟁이 사라질 것이라고 주장했다.

하지만 크뤼체는 전쟁의 원인에 대한 이 같은 단순한 분석에 만족하지 않았다. 크뤼체는 전쟁의 발생이 사회 구조와 관련이 있다는 그리고 사회 구조가 변화 가능하다는 사실을 간파했던 첫 학자들 중 한 명이었다. 크뤼체는 "인간들, 특히 전쟁을 일삼는 자들이 천성적으로 가만히 있지 못하기에" 전쟁이 일어난다고 분석했다. 그러므로 평화적인 직업 — 농업이나 상업 혹은 기술이나 교양과 관련된 직업 — 을 육성해서 사회 구조의 균형을 바꾼다면 이들과 같은 자들은 사라질 터였다. 크뤼체는 "전사 정신espirit guerrier"을 완전히 제거하기가 그리 쉽지 않다는 점을 인정했다. 크뤼체는 하지만 전쟁을 일삼는 자들을 해적과 "미개인sauvages"의 침범을 막기 위한 작전을 주된 임무로 하는 소규모 직업 군인으로 종사케 할 수는 있다고 보았다. (토머스 모어처럼 크뤼체 또한 자신의 평화 논의에서 유럽 바깥 세계의 불행한 이들은 제외했다). 끝으로 크뤼체는 평화의 추구가 무역의 완전한 자유를 통해 가장 잘 이루어질 수 있다고 믿었다. 평화는 무역을 촉진시킬 것이고, 무역은 평화를 북돋울 것이다. "교역의 조건은 어디에서나 동등해야만 한다. 특히, 세계의 모든 지역과 선의의 관계를 유지하는 것을 목표로 삼는 보편적인 평화의 경우에서는 더더욱 그러해야 한다."[16]

바로 이때부터 이후 두 세기 동안 전쟁과 평화에 대한 자유주의 사고를 지배할 주장이 처음으로 들리기 시작했다. 전쟁은 국가들 사이의 잘못된 인식과 전사 계급의 지배로 인해 초래된 것이다. 이 두 문제에 대한 해결책은 자유 무역에 있었다. 무역은 전쟁에 경도된 귀족들 대신 평화를 사랑하고 생산에 종사하는 이들의 부와 힘을 증대시킬 것이고, 다양한 나라의 사람들을 서로 계속 만나게 해 모두가 궁극적으로 단일한 이익 공동체에 속한다는 사실을 명확히 깨닫도록 해줄 것이다.

따라서 크뤼체는 후일 애덤 스미스가 "보이지 않는 손hidden hand"이라 명명하게 될 경제 발전에서 전쟁을 종식시킬 장기적인 해결책을 구했던 것이다. 이전에는 에라스뮈스, 이후에는 코브던을 제외하고 크뤼체처럼 국가 간 체계 자체 ― 체계를 이루고 있는 개별 국가 내 지배 계급의 구성과 상관없이 갈등이 상존하고 충돌이 발생하는 체계 ― 에 내재된 문제를 정확히 간파한 이는 없었다. 더 정통적인 사상가들은 ― 예컨대, 프랜시스 베이컨이나 존 로크와 같은 천재조차도 ― 국가 간 전쟁을 너무나 당연한 것으로 받아들였기에 도덕적인 차원에서 전쟁에 대해 논하는데 그리 많은 시간을 들이지 않았다. 베이컨과 로크는 국가들이 호소할 수 있는 공통의 법정이 존재하지 않는 상황에서 전쟁은 전적으로 합리적인 행위라 생각했다. 로크는 "자연 상태state of nature란 권위를 가진 공통의 판결권자가 없는 상황을 뜻하며, 다른 사람에 대한 권한 없는 폭력의 행사는 전쟁 상태state of war를 초래한다. 문제는 결국 공통의 판결권자의 존재 여부다"라고 논했다. 국가가 서로에 대해 "자연 상태"에 처해 있기 때문에 정부는 "다른 국가에 의한 피해를 방지하고 조정하기 위해 또한 침범과 침략으로부터 자국을 보호하기 위해 (…) 군대를 양성할" 권리만 아니라 의무가 있었다.[17]

이렇듯 18세기에 접어들면서 대개의 정치 사상가들은 전쟁을 더 큰 악을 방지하기 위해 필요한, 사회 조직에 의해 유발되는 필요악이라 생각했다. 18세기 동안 이 같은 관점은 전쟁은 사회 조직의 산물일 수는 있지만, 따라서 사회 자체를 비난할 근거는 되지만, 그렇다고 해서 그것이 전쟁을 정당화하지는 못한다는 관점으로 조금씩 수정되어갔다.

『법의 정신L'esprit des lois』(1748)의 첫머리에서 몽테스키외는 토머스 홉스의 사회 이전의 상태에 대한 유명한 설정과는 달리 자연 상태에서 인간은 전쟁을 일으키기에는 너무나 소심하기에 인간에게 전쟁은 **자연스럽지 않다**고 설파했다. 한 개인으로 인간은 모든 동물 중 가장 약하다. 하지만 "인간은 사회 상태state of society에 들어서면서 자신이 약하다고 생각지 않게 된다. 이제 평등은 사라지고 전쟁 상태로 진입한다. 개별 사회는 각자의 힘을 자각하기 시작하며, 그에 따라 서로 다른 국가 간 전쟁 상태가 초래된다."[18] 몽테스키외는 이 같은 상황을 피할 수 없다고 보았으며, 다음과 같이 토머스 모어의 결론과 매우 유사한 결론에 다다랐다. "국제법은 본질적으로 개별 국가들이 평시에는 서로에 대해 가능한 모든 선의를 베풀어야 하며, 전시에는 그들 각자의 진정한 이익을 포기하지 않는 범위 내에서 서로에게 가능한 적은 피해를 주어야 한다는 원칙에 의거한다." 전쟁을 할 수 있는 권리는 필요와 엄정한 정의로부터 연원하며, "만약 군주들의 양심이나 위원회가 이와 같은 규준을 따르지 않아도 된다고 한다면, 그 결과는 끔찍할 것이다. 즉, 만약 이들이 각자의 영광과 편의, 이익의 원칙에 따라 마음 내키는 대로 행동한다면 대지는 피로 흥건히 젖을 것이다."[19]

반면 루소는 『전쟁 상태L'état de guerre』(1896)라는 미완성 소고에서 이와는 전혀 다른 결론에 이르렀다.[20] 루소는 인간은 천성적으로 평화를 사랑하고 소심하기에 인간을 전쟁으로 이끄는 것은 관습과 경험이라는 몽테스키외의 주장에 찬동했다. "시민이 된 다음에야 군인이 될 수 있다." 루소가 보기에 전쟁은 억누를 수 없는 적대감의 문제가 아니었다. 오히려 전쟁은 "지속적인 관계를 전제로 하는 영속적인 상황의 문제였다." 따라서 전쟁은 공적 존재, 즉 "사회 계약에 의해 탄생되고 자신의 소망이 곧 법이 되는 '주권자sovereign'라 불리는 도덕적인 존재" 사이에서만 가능했다.

루소는 그럼에도 제 아무리 합리적인 '국제법'일지라도 전쟁을 통제하거나 종식시킬 수 없다고 판단했다. 국제법은 국가 간 체계의 구조에 내재되어 있는 경쟁적인 힘의 추구를 완전히 누그러뜨릴 수 없었다. 생피에르 신부가 스페인 왕위 계승 전쟁[1702~1713] 직후『유럽의 영구 평화를 위한 제언Projet pour rendre la paix perpétuelle en Europe』(1713)에서 제안했던 바와 같은 형태의 국제 기구도 해결책이 되지 못했다. 사실, 생피에르의 기획은 상호 안보 조약을 통해 현상 유지를 지속시키려는 시도에 지나지 않았다. 후일 이 책을 편집한 루소는 생피에르의 제안을 저자 자신보다 더 화려하게 소개한 뒤 실현 가능성이 전혀 없는 공상에 불과한 논의라고 일축했다. 루소는 유럽의 각국 정부가 품고 있는 이익을 거스르는 대안을 내놓는 것은 아무런 소용이 없다고 꼬집었다.[21] 악의 뿌리, 즉 사회 계약 자체부터 문제 삼아야 했다. "사회 계약이 단번에 제거되기만 하면 전쟁은 더 이상 없을 것이다. 어느 누구도 죽지 않으면서 국가만 순식간에 흔적도 없이 사라질 것이다." 그렇다고 홉스가 그렇게 두려워했던 혼란이 초래되지는 않을 것이다. 루소는 "홉스를 비롯한 여러 철학자의 실수는 자신이 보고 있는 인간과 자연 상태의 인간을 혼동하여, 한 체제에서만 존속할 수 있는 존재를 다른 체제로 이전시킨 데 있다"고 지적했다. 전쟁은 사회악이기에 사회를 한데 묶고 있는 끈을 제거함으로써만 치료될 수 있었다.[22]

분명 루소는 이와 같은 해결책을 상당히 냉소적인 어투로 제시했지만, 루소의 해결책은 이후 모든 세대에 걸쳐 낙관론자와 평화를 열망하는 이들을 이끌었다. 물론 좀 더 보수적인 이들에게 루소의 해결책은 극심한 두통으로 고통 받고 있는 이에게 머리를 쳐내면 완치 가능하다고 말하는 것과 다를 바 없었다. 루소가 말한대로 자연 상태에서 인간은 오염되지 않은 덕성을 지녔었다 손치더라도 그것이 사회가 조직되면서부터 인류를 구속하고 타락시켰던 사회적 끈을 제거하는 동시에 처음과 같이 되살아날 리는 만무했다. 바로 이러한 불완전한 창조물을 홉스는 '직시하고' 있었다. 홉스가 일반화한 인간의 불완전성은 결국 정치인들의 몫이었다. 게다가 타락하지 않은 인간이 루소가 돌아가야만 한다고 말한 '자연' 상태에서 살아갈 능력을 지니고 있는지 여부 또한 의문스러운 문제였다. 루소의 다른 수많은 번뜩이는 생각처럼 이 또한 철저한 검증을 거친 주장이 아니었으며, 루소 자신도 처음부터 이를 너무나 잘 알고 있었다.

정부, 군주, 관료의 기득권을 부정하면서 루소는 18세기에 걸쳐, 특히 프랑스에서 세를 넓히던, 자유주의 사고의 주류 안으로 들어오게 된다. 앞서 보았다시피, 전쟁이 사회 관계의 불완전한 형태로부터가 아니라 정치인들과 군인들, 군주들과 외교관들의 사악한 계략 때문에 야기된다는 생각은 적어도 에라스뮈스의 시대로까지 거슬러 올라가는 역사적인 배경을 지니고 있었다. 이 같은 시각은 계몽주의 시대 프랑스에서 두 가지 아주 뚜렷한 이유에서 단일한 지적 전통으로 자리 잡아갔다.

우선 상당수의 프랑스 계몽주의 철학자들philosophes이 속했던 신분으로 귀족이 아닌 제3계급Tiers état은 여전히 핵심 정치 권력에서 배제된 집단이었다. 특히 군사 정책이나 외교 정책과 관련된 업무로부터는 완전히 소외되었다. 이 두 분야는 귀족 계급이 마지막에 가서야 넘겨줄 독점물이었다. 귀족들의 행동 양식은 물론이거니와 어떤 의미에서는 직업 기회 또한 전쟁을 정상적인 사회 현상으로 인정하고 기대하기에 존재할 수 있었다. 귀족 계급에게 17세기 중반 이래 유럽에서 발전되어온 전쟁은 자신들의 일상적인 생활 양식과 도저히 어울리지 않는 시간이 아니라 오히려 흥미 넘치고 짜릿한 시간이었다.[23] 혹자는 베스트팔렌 평화 협정[1648, 1618년 발발한 30년 전쟁을 종결시킨 협정]의 체결을 기점으로 해 유럽의 지배 계급이 17세기 초 혼란스러운 전쟁 상황을 합리적인 질서로 변모시키는데 성공하지 않았냐고 반문할 수도 있을 것이다. 루이 14세의 시대 이래 발전되어온 정교한 외교 의례, 세력 균형 개념에 기초한 국가 정책의 계산, 평시에는 서로 예를 갖추고 교류하는 점차 전문화되어가고 있는 군대에 의해 수행되는 전쟁 — 이 모든 것이, 특히 이전에 벌어졌던 일들을 기억하고 있는 이들에게는 이성과 문명, 질서의 승리로 보였을 수도 있는 것이다. 허나 전쟁에 아무런 참여도 할 수 없었던 이들에게 전쟁은 그에 참가한 이들의 권력 및 지위 유지와 급여 제공 말고는 어떠한 목적도 없는, 쓸모없고 역겨운 놀이로 보였을 수도 있다. 계몽주의 철학자들은 전쟁이 예전에 비해 문명화되었다는 사실에 전혀 기뻐하지 않았다. 오히려 그들은 전쟁과 같이 야만적인 일은 반드시 사라져야만 한다고 강조했다.

두 번째 이유는 18세기 유럽, 특히 프랑스에서, 전쟁이 더 이상 이득이 되지 않는다는 점이 점차 명백해지고 있었다는 사실에 있다. 루이 14세 시기 콜베르는 전쟁, 부, 국력은 동의어나 다름없다고 확신에 차 말할 수 있었다. 영국의 경제학자들 역시 대영 해군이 카리브해에서 스페인의 독점권을 뭉개버리고, 인도와 서인도 제도에서 프랑스를 쫓아내던 18세기 초까지 그와 같은 주장을 설득력 있게 되풀이할 수 있었다. 그러나 콜베르의 정책은 유럽을 적으로 한 것이었으며, 결국 1689년부터 1713년까지 25년간의 전쟁[1697년 끝난 9년 전쟁과 1702년 발발한 스페인 왕위 계승 전쟁]으로 치달으면서 프랑스를 파산 상태로 이끌었다. 당연히 프랑스 경제학자들은 입장을 바꾸기 시작했다. 애덤 스미스와 중농주의자들이 유명한 저작을 내놓기 훨씬 이전부터 중상주의에 기초한 모든 국가 기구는 장프랑수아 믈롱, 다르장송 백작, 앙주 구다와 같은 이들의 공격을 받았다.[24]

　이들 사상가는 전쟁과 평화의 정신이 서로 조화될 수 없다고 주창했다. 소수의 청부업자들과 무기 제조업자들을 제외하면 어느 누구도 전쟁으로부터 이익을 챙기지 못한다. 이들은 상업 경쟁이 전쟁의 주된 원인이기에 무역은 자유화되어야 한다고 논증했다. 18세기 중엽에 이르면서 이 모든 주장은 프랑스에서는 프랑수아 케네와 튀르고 그리고 중농주의자들에 의해서, 영국에서는 애덤 스미스와 그의 추종자들에 의해서 다음과 같은 거대한 이론으로 종합되었다. 즉, 자연법은 조화와 협력을 명했다. 하나님의 섭리는 **선험적으로**a priori 어떠한 경제적인 이익의 상충도 불가능하도록 필요의 고리로 인류를 묶어놓았다. 갈등과 전쟁은 그와 같은 이익을 잘못 이해해서 초래된 것이다. (이후 마르크스주의자들은 이를 "허위 의식false consciousness"이라 칭했다). 따라서 케네가 주장한 바대로 올바른 정부의 목표는 모든 전쟁의 원인을 피하면서 부의 창출을 위해 가능한 전력을 다하는 것이 되어야 했다.[25]

　하지만 전쟁을 일삼으면서 여전히 봉건 선조의 삶의 양식과 사고를 고수하길 원하는 계급이 정부를 좌지우지하고 있는데 어떻게 그와 같은 정책을 추진할 수 있단 말인가? 몽테스키외조차 전쟁은 인간의 사회적 조건의 필연적인 산물이라는 자신의 분석을 "군주정의 정신은 전쟁과 지배의 확대에 있으며, 평화와 절제는 공화정의 정신이다"라는 비역사적인 주장으로 거침없이 정당화했다.[26] 프러시아의 이마누엘 칸트도 『영구 평화론: 하나의 철학적 기획Zum ewigen Frieden. Ein philosophischer Entwurf』(1795)에서 국가들 사이의 영원한 평화를 위한 첫 번째 요건으로 "모든 국가의 시민 헌정 체제는 공화정이어야 한다.

(…) 만약 시민들의 승낙이 전쟁의 유무를 결정하는 데 있어 필수적이라고 한다면 그와 같은 끔찍한 놀이를 시작하기 전 시민들이 심사숙고하는 것보다 더 자연스러운 일은 없을 것이다"라고 주장했다. 반면 주권자는 "전시에도 축제와 스포츠, 왕궁과 궁정에서 흥겨운 향연을 계속 즐길 것이다. 이러한 이유로 주권자는 아주 사소한 일에도 쉽사리 전쟁을 선포할 수 있는 것이다."[27]

전쟁과 평화에 대한 칸트의 관점은 분명 위의 인용문보다 더 섬세하며, 짧은 문단 안에서 이를 모두 설명하기란 불가능하다. 한편으로 칸트는 몽테스키외가 아닌 홉스의 자연 상태에 관한 관점을 수용했다. 칸트는 "서로 같이 모여 사는 인간들 사이의 평화 상태state of peace는 자연 상태가 아니다. 왜냐하면 자연 상태는 설령 공공연한 적대 상태는 아닐지라도 그 같은 위협이 상존하는 전쟁 상태이기 때문이다. **평화 상태는 구축되어져야만 한다**[강조는 저자]"라고 단언했다.[28] 다른 한편으로 칸트는 장기적으로 볼 때 전쟁조차도 결국 평화 상태의 구축이라는 목적에 이바지한다고 확신했다. 이유인즉,

> (…) 절대 끝나지 않을 것 같은 과도한 전쟁 준비와 평화 상태에서도 모든 국가가 분명하게 느낄 필요를 통해 자연은 인간으로 하여금, 처음에는 힘들겠지만, 무법천지의 상태를 벗어나 국가 연합으로 나아가도록 유도한다. 그제야 모든 국가는, 심지어 가장 작은 국가조차도, 자신의 안전과 권리를 — 자신의 힘이나 자신만의 법적 기준이 아니라 오로지 위대한 국가 연합의 통일된 힘과 뜻에 따라 채택된 법의 결정을 통해 — 기대할 수 있게 된다.[29]

따라서 칸트는 '보이지 않는 손'이 전쟁까지도 영원한 조화, 즉 "영원한 평

화"를 이룩하기 위해 활용한다고 믿었다. 하지만 그렇다고 해도 칸트는 전쟁이 어떠한 경우에라도 정당화될 수는 없다고 생각했다. 오히려 그는 전쟁이 도덕법에 정면으로 배치된다고 주장했다. 칸트는 '전쟁법'에 관한 모든 생각이 자기모순에 빠져 있다고 보았다. 칸트는 또한 전쟁의 불가피성이 전쟁을 정당화하지는 못한다고 강조했다. 왜냐하면 영원한 평화는 최상의 선이며, "그것을 성취할 가능성이 전혀 없다 하더라도 (이성이 명하는) 그러한 목적에 따라 행동하는 것이 우리 의무이기 때문이다." 실제로 칸트는 "보편적이고 영구적인 평화의 구축은 순수 이성의 한계 내에서의 권리에 관한 이론의 한 부분이 아니라 전체 목표와 의도에 다름 아니다[강조는 저자]"라고 적었다.[30] 즉, 칸트에게 평화를 위한 투쟁은 그 자체로 정언 명제였던 셈이다.

칸트는 이에 국가들이 서로 법의 구속을 받는 국제 체제만 아니라 모든 인간이 자유로운 시민이 되는 국제 사회로의 발돋움을 도울 발판으로서 '공화적인 헌정 체제republican constitutions' ─ 오늘날 우리가 '책임 있는 정부responsible governments'라 부르는 정체 ─ 를 "평화 상태"의 구축에 필요한 핵심 요소로 꼽았다. 하지만 루소는 '책임 있는 정부'에 한 가지 사항을 더 추가했다. 그것은 에라스뮈스가 결론을 맺지는 않았지만 제안했던 바이기도 하다. 루소는 생피에르의 글에 대한 논평에서 "군주와 그들의 사무를 대신해 주는 신하의 업무는 다음과 같은 두 가지 목적, 즉 자신들의 지배를 국외로 넓히거나 아니면 국내에서 절대적인 권력을 확립하는 일과 관련될 뿐이다"라고 지적했다. 이들에게 전쟁은 백성에 대한 자신들의 지배를 공고히 하기 위해 반드시 필요했다. 이에 "정복 군주는 적과 싸운 만큼 백성과도 싸웠던" 것이다.[31] 만약 절대주의의 종말이 전쟁의 종식을 의미한다면 그 역 또한 사실일 것이었다. 전쟁의 종식은 곧 그와 같은 정부의 존재 이유와 통제 기제에 대한 치명적인 공격이 될 터였기에 군주와 군주를 보필하는 자들은 결코 그에 동의하지 않을 것이었다. 그러므로 루소는 혁명의 결과로 그렇게 되는 경우를 제외한다면 생피에르의 국가 연합과 같은 기획이 받아들여질 가능성은 전혀 없다고 보았다. "하지만 이와 같은 가정을 따를 때 유럽 연합이 바람직한 것인지 아니면 두려워해야 하는 것인지 자신 있게 말할 수 있는 이가 있을까"라고 루소는 냉담히 덧붙였다.[32]

따라서 전쟁은 자연에 내재된 조화를 깨닫고 이를 만개시키기 위해 반드시 필요한 법제화에 실패했기 때문에 발발한다는 경제학자들의 생각은 전쟁이 지배 계급, 즉 제3계급에 반대되는 귀족 계급의 기득권에 정초하고 있기에 귀족 계급이 전복되기 전에는 결코 끝나지 않을 것이라는 계몽주의 철학자들의 관점과 쉽게 결합될 수 있었다. 이 학파의 가장 극단적이고 열성적인 구성원 중 한 명이 바로 사람들은 평화를 사랑하지만 그들의 지배자의 일시적인 기분에 따라 전쟁에 휩쓸리게 된다고 되풀이해 논한 콩도르세 백작이었다. 콩도르세 백작은 따라서 외교관이 전쟁에 가장 큰 책임을 져야 한다고 주장했다. 이들은 전쟁을 예방하기는커녕 조장했다. 동시대인들 중 한 명에 따르면, 외교는 "자신을 드러내기를 두려워하고, 어둠의 장막 뒤에서만 성공할 수 있다고 믿는, 그래서 온갖 속임수로 자신을 숨기는 음흉한 기술에 다름 아니다."[33] 콩도르세 백작은 동맹은 "국가의 통치자가 자신의 실수를 덮거나 자유에 반하는 음모를 성공시키기 위해 백성을 전쟁으로 내모는 수단에 지나지 않는다"라고 강하게 비판했다.[34] 역으로 이성과 도덕이 지배하는 새로운 세상에서 외교는 필요치 않을 것이었다.

바로 그와 같은 새로운 세상이 대서양 건너편에서 막 떠오르고 있었다. 1781년 동맹인 루이 16세의 궁전에 급파된 미국 대사 존 애덤스는 프랑스 외무 장관 베르젠에게 "북미의 위엄은 외교 의례나 자질구레한 의전으로부터 나오는 것이 아닙니다. 그것은 오로지 이성과 정의, 진리와 인류의 권리, 그리고 유럽 국가들의 이익들로부터 나옵니다"라고 주지시켰다.[35] 마침내 철학자들의 꿈이 실현되는 듯 보였다. 드디어 군주정과 귀족 계급을 바람에 날려버리고 이성과 평화로부터 정책이 나와야 한다고 외치는 공화정이 등장했다. 하지만 어느 누구도 이 같은 공화정이 지난한 전쟁[미국 독립 전쟁, 1775~1783]이 아니었다면, 프랑스 계몽주의 철학자들이 그렇게 비난해마지 않았던 외교 원칙에 따라 행동한 프랑스 정부의 동맹에 따른 개입이 없었다면 아마도 이기지 못했을 바로 그 전쟁이 아니었다면, 존재하지도 못했을 것이라는 사실에 곤혹스러워 하지 않았다.

미합중국이 새로운 세계 질서를 개시할 것이라는 유럽인들의 믿음을 가장 유려하게 보여준 이는 아마도 『인간의 권리The Rights of Man』(1791~1792)의 저자 토머스 페인일 것이다. 그는 "구체제 하에서 정부는 자신의 증대를 위해 권력을 전유했었다. 반면 새로운 체제 하에서 정부는 사회 공동의 이익을 위해 권력을 위임받았다. 전자가 전쟁 체제를 유지함으로써 자신을 지탱했다면, 후자는 진정으로 국가를 부유케 할 수단인 평화 체제를 요구하고 있다"고 논했다. 이어서 페인은 이 같은 새로운 체제는 대서양 건너편에서만 찾아볼 수 있으며, "아테네가 작은 본보기였다면, 아메리카는 큰 본보기가 될 것이다. 전자는 고대 세계의 이상이었다. 후자는 이제 당대의 존경의 대상이 되고 있다"라고 확언했다.[36]

페인의 『인간의 권리』는 이 장에서 그 발전 과정을 살펴본 여러 사고를 너무나도 명확하고 설득력 있게 종합해 제시했다. 사실 『인간의 권리』가 출판된 이후 외교 정책을 다룬 자유주의자와 사회주의자의 글은 모두 페인이 처음

쏟아냈던 맹렬한 논조의 메아리에 불과하다고 말할 수 있다. 케네에 이어 페인은 만연된 가난과 인류의 비참한 처지의 근본 원인은 "문명의 원칙에 내재된 자연적 결함에 있지 않다. 그것은 문명의 원칙의 보편적인 작동이 방해받고 있다는 사실에서 기인한다. 당연히 그 결과는 끝날 줄 모르는 전쟁과 낭비의 체제다. 이에 국가들은 피폐해지고 모두의 행복을 가능케 할 문명의 능력은 소진되고 있다"라고 강하게 경고했다.[37] 페인은 애덤 스미스를 따라 해답은 자유 무역에 있다고 확신했다. "만약 상업이 되도록 넓은 지역에서 자유로이 허용된다면, 전쟁 체제는 뿌리 뽑힐 것이며, 문명화되지 못한 정부에 항거하는 혁명이 폭발할 것이다."[38] 페인은 루소를 따라 문제는 결국 정부 체제에 있다고 설파했다.

> 이전의 구조 위에 놓여 있는 정부 체제가 문제다. [왜냐하면] 국민들 사이의 증오심은 그들의 정부가 체제의 정신을 유지하기 위해 환기시키고자 취한 정책에 다름 아니기 때문이다. 정부들은 서로를 '배신자' '음모를 꾸미고 있다' '야망을 품고 있다'고 비난하는데, 이는 국민들의 상상력을 자극해서 적대감에 불을 붙이기 위한 방편일 따름이다. 인간의 적은 인간이 아니다. 하지만 잘못된 정부 체제 하에서는 그렇게 된다.[39]

몽테스키외와 칸트와 함께 페인은 희망이 공화정 제도에 있다고 굳게 믿었다. 1791년 페인은 "프랑스에서 정부 형태가 바뀌자마자[프랑스 대혁명, 1789~1794] 새로운 정부와 함께 평화와 번영을 가져다줄 공화주의 원칙과 경제가 같이 모습을 드러냈다. 그리고 조만간 똑같은 일이 다른 나라에서도 벌어질 것이다"라고 호언장담했다. 이듬해에도 페인은 여명이 밝았음을 믿어 의

심치 않았다. "정부 문제와 관련해 이전에는 한 번도 없었던 이성의 아침이 인류의 머리 위로 떠오르고 있다. 이전의 정부는 오늘날 야만이 되어 사라질 것이며, 국가들 사이의 도덕적인 조건도 바뀔 것이다. 인류는 이제 자신의 동족을 적으로 간주하는 원시적인 사고에 따라 살아가지 않을 것이다."[40]

이 글이 출판된 지 채 몇 개월이 지나지 않아 프랑스와 이웃 국가들은 역사상 유례없는 강렬한 적의를 일으키며 25년 동안 맹렬히 계속된 전쟁[프랑스 혁명 전쟁, 1792~1802과 나폴레옹 전쟁, 1802~1815을 지칭]에 휘말렸다. 프랑스 대혁명에 의해 어떠한 종류의 아침이 밝게 되었든 그것은 분명 이성의 아침은 아니었다. 당연히 평화의 아침도 아니었다.

2장

전쟁, 평화, 민족주의

1789~1870

18세기 말에 이르면서 전쟁과 평화, 즉 국제 관계에 대한 자유주의 이론은 제 모습을 갖추게 된다. 『인간의 권리』에서 톰 페인은 계몽주의의 여러 관점을 종합해 오늘날까지도 서구의 많은 자유주의자들이 별다른 수정 없이 그대로 전도하고 있는 '복음'을 완성했다. 그 교리에 따르면, 인류는 정부의 기득권 ─ 후일 윌리엄 코빗이 "기성 권력 기구Establishment"라 명명할 ─ 이 아니라면 완벽한 조화 속에서 살아갈 터였다. 모든 '전쟁 체제'는 평민들의 생계를 담보로 군주와 정치인, 군인과 외교관, 그리고 무기 제조업자가 자신들의 권력과 일자리를 지키고 독재를 공고히 하고자 고안한 것이었다. 기득권의 힘줄을 끊어버리고, 대중의 이익이 진정으로 대표될 수 있는 정치 체제를 세우고, 국제 교류를 방해하는 모든 인위적인 장벽을 무너뜨릴 수만 있다면, 모든 악몽은 순식간에 사라질 터였다. 국가 간 갈등도 국내에서와 같이 적절한 제도를 통해 원만히 해결될 것이었다. 이렇게 볼 때, 평화는 본질적으로 세계 방방곡곡에 민주적인 제도를 전파하는 문제에 다름 아니었다.

　이 같은 신념이 혁명 전쟁과 나폴레옹 전쟁 그리고 19세기 내내 유럽을 들끓게 했던 '민족 해방'을 위한 투쟁만 아니라 20세기 천인공노할 인종 대학살을 겪으면서도 — 이 시기 귀족 계급의 기성 권력 기구는 그 힘이 완전히 파괴되지 않은 곳에서도 제한되었으며, 정부에 대한 대중의 압력과 참여는 꾸준히 증가했다. 그러나 이와 같은 진보도 전쟁의 빈도를 현저하게 낮추지는 못했다 — 계승되었다는 사실은 그 자체로 역사학자의 관심을 충분히 끌 만한 주제다. 물론 이 같은 신념이 살아남을 수 있었던 것은 변화와 적응의 과정을 통해서였다.

　국가 간 분쟁이 선한 의지를 지닌 인간들 사이의 합리적인 토의와 동의를 통해 평화적으로 해결될 수 있다는 18세기 프랑스 계몽주의 철학자들의 기본적인 생각은 국제 관계에 대한 대다수 서구 자유주의자의 사고의 밑받침이 되었다. 합리적인 토론과 합의가 가능하기 위해서는 혁명으로 구체제 정부를 무너뜨린 뒤 이성적이고 공평무사한 이들이 권력을 쟁취해야만 한다는 톰 페인의 생각 또한 적절히 변형되어 내려오면서 오늘날 대다수 사회주의자의 국제 정치에 대한 사고의 밑받침이 되었다. 하지만 19세기에는 또 다른 종류의 자유주의 사고도 모습을 드러내게 된다. 그 관점에 따르자면, 국가 사이의 평화는 모든 국가가 자유로이 존재할 때에만 가능했다. 평화의 필수 조건은 당연히 평화를 사랑할 것이라 가정된 '인민people'의 투쟁을 통한 자기 의식의 쟁취에 있었다. 협력 이전에 자기 구현이 있어야 했다. 즉, 강조점은 공동체가 아니라 다양성에 있었다. 이 과정은 궁극적인 평화를 가능케 할 정당하고도 필수적인 전쟁을 핵심 전제로 했다. 적색, 흑색, 금색으로 이뤄진 독일의 삼색기에 담긴 의미 — 피와 어둠을 뚫고 빛으로durch Blut und Nacht zum Licht — 는 모든 신생 국가의 국기에도 해당될 수 있었다. 오늘날 상당수의 '제3세계' 국가 역시 전쟁과 국제 정치에 대한 이와 같은 태도를 따르고 있는데, 왜냐하면 그것이 '민족 해방'을 위한 투쟁의 근저에 놓인 원리rationale이기 때문이다.

먼저 첫 번째 관점, 즉 인간을 공동의 이익 아래 한데 모으는 자연에 내재된 법을 완전히 파악할 수만 있다면, 전쟁은 사라질 것이라는 믿음이 어떻게 되었는지 살펴보도록 하자. 이 교리의 가장 영향력 있는 논증은 프랑스 대혁명 전야인 1789년에 출간된 제러미 벤담의 『보편적이고 영원한 평화를 위한 계획Plan for a Universal and Perpetual Peace』이다. 이 책에서 벤담은 순전히 여론의 자유로운 표출에 응하는 정부의 지각 있는 행동의 관점에서 전쟁과 평화의 문제에 접근했다. 벤담의 다른 글과 마찬가지로 이 글 역시 최소한의 지식에 기초한 거친 일반화로 독선적이고, 편협했으며, 또 너무 단순했다. 그가 보기에 보편적이고 영원한 평화를 위한 필수 조건은 영국과 프랑스가 더 이상 식민지를 놓고 다투지 않는 것이었다. 벤담은 만약 식민지 경쟁이 아니라면 유럽은 "봉건 체제, 종교적 열광, 정복의 열망, 불확실한 계승 문제를 제외하면 다툴 일이 전혀 없다. 이 네 가지 중 첫 번째는 다행스럽게도 모든 곳에서 끝을 보았으며, 두 번째와 세 번째도 대부분 사라졌다. 마지막도 영국과 프랑스에서는 아직 끝나지 않고 있지만 어쨌든 쉽사리 처리될 수 있을 것이다"라고 자신했다.[1] 따라서 만약 영국과 프랑스가 식민지에 대한 의존을 포기하고, 해군을 경찰 수준으로 감축하고, 무역 차별을 완전 철폐하는 동시에 모든 동맹 관계를 단절한다면, 보편적이고 영원한 평화를 향한 기반이 마련될 터였다.

벤담은 프랑스 계몽주의 철학자들의 일반적인 주장을 자신의 조국이라는 구체적인 경우에 적용함으로써 제1차 세계대전 전야까지 영국의 자유주의 외교 정책의 기초가 될 계획을 고안해냈다. 평화는 식민지에 대한 욕망의 포기, 군비 축소, 자유 무역, 대륙 문제에의 개입으로부터 거리 두기 등을 통해 얻어질 것이다. 이에 더해 벤담은 자유주의 교리의 핵심적인 요소가 될 비밀 외교에 대한 날선 비판도 가했다. 그는 "영국 외무성의 비밀 업무는 대부분 아무런 소용도 없을 뿐더러 자유와 평화가 가져다줄 이익을 모욕하는 것이기에 더 이상 허용되어서는 안 된다"고 강조했다.[2] 그럼에도 벤담은 국제주의의 역사를 통틀어 마땅히 명예의 전당에 오를 만한 건설적인 제안을 내놓기도 했다. 그는 국가들 사이의 갈등 해결을 위한 국제 공동 재판소Common Court of Judicature의 설립을 주창했다. 벤담은 이 재판소가 강제력을 지녀야만 하는지에 대해서는 의문을 남겨 두면서도 "원칙을 강제하기 위해 일부 국가가 우발적인 상황을 통제하는 것은 그리 나쁘지는 않을 것"이라고 말했다. 벤담은 국제 공동 재판소의 권한이 효과적으로 발휘되는지 여부는 참여하는 모든 국가에게 철저히 통보되는 절차의 공개성에 의해 판가름이 날 것이라 보았다. "실수와 무지에 맞선 정보와 이성의 힘은 어떠한 권고의 힘보다 훨씬 강력할 뿐만 아니라 분명하다. 정보와 이성은 또한 이기심과 사악함에 맞선 어떠한 수사보다도 더 강력하고 확실하다."[3]

벤담은 이에 국제 공동 재판소의 법적 권한을 강제하는 가장 효과적인 방법으로 "국제 공동 재판소 설립 시 모든 참여국이 자국 내 언론의 자유를 보장할 것을 약속하는 조항을 삽입하도록" 하자고 제안했다.[4] 허나 벤담이 그에 따른 주권 침해로 인해 발생할 여러 문제의 궁극적인 본질, 즉 (애석하게도 오늘날 우리가 겪고 있는 상황과 유사한) 어떤 나라는 언론의 자유를 누리지만 어떤 나라는 누리지 못할 경우 발생하는 난관에 대해 심사숙고했다는 증거는 없다. 벤담과 벤담을 따랐던 이들의 사고의 근저에는 모든 민족, 모든 국가, 모든 문화가 동질하다는, 아니 적어도 그렇게 될 수 있다는 가정이 놓여 있었다.

하지만 이는 폭력적인 항거를 되풀이해 불러일으킨 문화 제국주의의 한 형태이기도 했다. 주세페 마치니는 그 같은 논의에 대한 불만을 아래와 같이 명료하게 토로했다.

> 자칭 세계시민주의자들은 (…) 행동 및 조직과 관련된 질문이 제기될 때면 모두 자신의 나라나 자신의 도시가 운동의 중심이 되어야 한다고 우긴다. 이들은 민족성을 파괴하지 않는다. 단지 이들 자신이 속한 민족의 이익을 위해 다른 모든 민족의 이익을 압류하고자 할 따름이다. [이들의 전제는] 도덕적이고 지적인 측면에서 **영구적이고도 독점적인 선도**permanent and exclusive initiative다. 하지만 이들의 주도권을 별 수 없이 인정할 수밖에 없는 힘없는 민족에게 이는 여느 형태의 강탈과 마찬가지로 대단히 위험하다.[5]

사실 벤담은 모든 사람을 영국인으로 만들고자 했다. 영원한 평화를 위한 그의 계획은 당시 존재하지도 않았고, 많은 이가 바람직하지도 않다고 생각했던 수준의 문화적, 정치적 동질성이 구현될 때에만 현실성이 있었다. 이제 이 문제를 다루기로 하자.

벤담의 제안에는 또 다른 문제가 있었다. 벤담은 이 책에서 다루게 될 다른 사상가들과 마찬가지로 완전한 의미의 평화주의자가 아니었다. 모두 자기 방위의 필요성, 즉 외세의 침범을 막기 위한 수준의 군사력 보유를 정부의 의무라 믿었다. 벤담은 순전히 공리주의적인 이유로 전쟁을 반대했다. 적어도 영국에게 전쟁은 이익이 되지 않았다. 하지만 벤담은 어떤 이들에게는 전쟁이 이득이 될 수 있는 상황이 여전히 있을 수도 있다는 점을 인정했다. 벤담은 "뉴질랜드 사람들의 정복은 그들에게는 나름대로 가치가 있다"고 말했다. 당연히 당대의 독재자 나폴레옹의 유럽 정복도 나름의 의미를 지니고 있었다. 보나파르트가 정복 사업을 개시하기 10년 전 벤담은 "독재자에게 자신의 나라에 인접한 지역은 그냥 주어진 것과 진배없다. 새로운 정복지의 사람들은 그가 만족할 만큼 그의 군인이 되어주었고, 그곳의 자원은 그가 원하는 만큼 그의 지갑 속으로 들어갔다"고 적었다.[6] 결국 이 같은 기준에 따르면 보나파르트뿐만 아니라 히틀러의 전쟁도 전적으로 합리적이었다. 하지만 이런 경우 국제 사법 재판소는 어떻게 보나파르트나 히틀러와 같은 독재자를 견제할 것인가? 그리고 그들과 같은 독재자가 외부의 기구가 자신의 영토 내에서 무엇이 출간되고 출간되지 말아야 하는지 결정하도록 가만히 내버려둘 이유가 있을까?

혹자는 나폴레옹 전쟁의 경험이 벤담과 프랑스 계몽주의 사상가들의 생각에 흠집을 내지 않았을까 하는 의문을 가질 수도 있을 것이다. 프랑스에서 봉건적인 '기성 권력 기구'의 파멸과 대중 민주주의의 등장은 평화로운 협력의 새로운 시대를 도래시키기는커녕 지난 200여 년 동안 유럽 대륙에서 벌어졌던 전쟁 중 최악의 전쟁으로 유럽을 고난에 빠뜨릴 호전적인 정부에게 날개를 달아주었다. 따라서 [나폴레옹 전쟁이 끝난] 1815년 [오스트리아의 빈에 모인] 유럽의 정치가들이 자유주의자들이 전쟁의 주된 원인이라 믿어 의심치 않았던 외교 기제와 세력 균형 그리고 은밀한 이익 배분과 이권 보장의 복원이야말로 평화를 확보할 최선의 방도라고 믿었다는 사실은 그리 놀랄만한 일은 아니다. 그러나 프랑스와 영국의 자유주의자들과 한창 세를 불리고 있었던 미국 자유주의자들은 1792년에서 1815년 사이의 경험에도 불구하고 전쟁의 원인에 대해 처음부터 다시 검토하고 분석하고자 하지 않았다. 오히려 그들은 당시 이미 전통으로 자리 잡은 방법 속에서 좀 더 면밀하게 해결책을 찾고자 했다.

사실, 후일 '평화 운동peace movement'이라 불릴 전통적인 방식, 즉 교육과 시위 그리고 선전을 통해 전쟁의 폐지를 주장한 중산층 자유주의자들을 중심으로 한 정치 단체가 등장한 시기는 나폴레옹 전쟁이 끝난 뒤부터라 할 수 있다. 사회사가들은 왜 그 때였는지 잘 설명해주고 있다. 중산층 자유주의자들은 유럽과 북미를 변모시키고 있었던 산업과 무역의 발전에 힘입어 부와 영향력을 급속히 키우고 있었다. 이들은 각자의 사회 — 특히 [프러시아의 본래 영토인] 라인 동부 지역 — 에서 고집스럽게 과거 전사의 모습에서 자신들의 위상을 찾고자 한 농촌 지역의 귀족적인 엘리트들의 성향과 이익에 맞서 싸워야만 했다. 대외적으로 전쟁은 제조업자들이 시장과 원자재 제공 지역에의 접근을 어렵게 해 무역의 흐름을 방해했다. 경제사가들은 나폴레옹 전쟁이 영국 경제에 가져다준 이익이 불이익을 충분히 상쇄하고도 남는지에 대해 여전히 확실한 결론을 내리지 못하고 있으나,[7] 당시 영국의 사업가들은 전쟁을 통해서 얻을 수 있는 만큼의 이익을 평시에도 얻을 수 있기를 고대했다. 그러므로 평화 운동은 이들로부터 또 프랑스와 미국에 있는 이들의 동료들로부터 정치적인 지원은 물론이거니와 재정적인 지원까지도 받아낼 수 있었다.

당연히 평화 운동을 뒤에서 떠받쳤던 지식인도 상당수 있었다. 영국 경제학자들 사이에서는 애덤 스미스와 벤담의 주장이 그리고 프랑스 경제학자들 사이에서는 케네와 튀르고의 주장이 빠른 속도로 확산되고 있었다. 공리주의의 아버지인 제임스 밀은 "최대 다수의 최대 행복greatest happiness principle"을 보장할 유일한 방도인 부의 축적을 방해하는 가장 큰 장애물로 전쟁을 지목했다. 1808년 밀은 "기업의 자유가 보장되어 있고, 사람들이 각자가 번 것을 걱정 없이 쓰고 즐길 수 있는 모든 나라에서 정부에게 돌아오는 가장 큰 혜택은 전쟁에 대한 지칠 줄 모르는, 계몽된 반감이다"라고 적었다.[8] "어떠한 것도 전쟁으로 인한 파괴를 보상할 수 없다. 개인의 창조적인 노력은 결코 전쟁의 막대한 낭비를 메울 수 없으며, 번영의 씨앗은 결국 사라지고 말 것이다."

경제학자 존 매컬러는 전쟁이 경제적으로 이득이 된다는 중상주의의 오류를 무너뜨리는 일이야말로 정치경제학자들의 중심된 임무라 믿었다. 1824년 매컬러는 "프랑스 대혁명에 따른 전쟁을 제외한 지난 세기에 일어난 대부분의 전쟁은 배타적인 상업적 이익을 지키거나 늘리기 위해 치러졌다. 그러나 '만일 다수의 사람들이 자신들이 원하는 바가 그러한 방법을 통해서는 절대 얻어질 수 없다는 사실을 알았다면, 그처럼 엄청난 피와 자원을 허비하면서까지 싸웠을까'라고 반문해본 이가 정녕 없단 말인가?"라고 물었다.[9] 그로부터 20년이 지난 1848년 존 스튜어트 밀은 이 같은 주장을 기정 사실fait accompli처럼 논할 수 있었다. "본질적으로 전쟁에 반하는 사적인 이익을 강화하고 배가시킴으로써 상업은 빠른 속도로 전쟁을 무용지물로 만든다. 세계 평화의 주된 보장책은 국제 무역의 급속한 성장과 확장이며, 이것이 사상과 제도 그리고 인류애의 무한한 진보를 추동하는 위대하고도 영원한 안전 장치라는 점은 더 이상 과장할 필요가 없는 사실이다."[10]

영국 해협 건너편에서도 이와 동일한 생각이 점차 확산되고 있었다. 프랑스 경제학자인 장바티스트 세 역시 전쟁의 반생산성을 강조했다. 전쟁은 자신들의 지위를 보전하려는 사악한 관료들, 국내의 불만을 일소하려는 정부, 명예와 승진을 꾀차려는 군인들, 중상주의의 잘못된 교리들 때문에 일어났다. 세는 "전쟁은 그것이 소모하는 것보다 더 많은 자원을 낭비한다. 왜냐하면 얻을수 있는 것을 얻지 못하게 만들기 때문이다"라고 꼬집어 말했다.[11] 존 스튜어트 밀과 마찬가지로 세는 전쟁이 구시대의 유물이라 단언했다.

이제 전쟁을 치르기 위해서는 예전보다 훨씬 더 많은 비용을 쏟아 부어야 하기에, 대중의 공개적이거나 암묵적인 동의 없이 정부가 전쟁을 감행하는 것은 불가능해졌다. 하지만 대중이 자신의 진정한 이익이 무엇인지 조금씩 깨달으면서 그들의 동의를 얻기가 점점 더 어려워지고 있다.

200여 년 전 크뤼체처럼 세 또한 생산 계급, 즉 "산업가들les industrieux"이 점차 그들이 속한 사회에서 영향력을 행사할 수 있게 된다면 약탈적인 군사 계급의 중요성은 자연스럽게 낮아지리라 예견했다. 생산 계급이 중심인 정부는 국제 연대의 원칙에 부합하는 정책만 추구할 터였다.[12] 생산 계급이 약탈을 일삼는 계급의 자리를 차지할 수만 있다면 전쟁은 가고 평화가 찾아올 것이라는 믿음은, 에드먼드 실버너Edmund Silberner의 말을 빌리자면, 1840년대 "지난 한두 세대에 걸친 경제학자들의 낙관적이고 열정적인 사회적 이상을 총체적으로 정리한" 프레데리크 바스티아의 저작에서 보여지게 된다.[13] 그 같은 믿음은 얼마 뒤 오귀스트 콩트와 실증주의자들의 저작에서도 나타났다. 바스티아는 전쟁이 다른 이들의 노고를 짓밟으려는 욕망에서 발단한다고 보았다. 하지만 장기적으로 볼 때 생산이 약탈을 대체할 것이며, 정치경제학의 임무는 바로 그 길을 보여주는 것이라고 바스티아는 생각했다. "정치경제학은, 우리가 단지 승리한 이들만 보더라도, 전쟁이 언제나 소수의 이익을 위해 다수의 희생을 대가로 치러진다는 사실을 보여준다. 따라서 다수가 이 점을 명확하게 인식하는 것만으로도 충분하다. 아직도 분열되어 있기는 하지만 여론의 저울은 결국 평화의 편으로 기울 것이다."[14]

19세기 초 자유주의 사상가들은 여론의 교육과 상업의 확대 그리고 상업을 통해 부를 축적하는 계급의 권력화에서 전쟁 문제에 대한 해결책을 찾았다. 이에 여론을 움직이기 위한 초기 평화 운동이 일어났다. 하지만 그 시작은 공리주의적인 이유보다도 도덕적인 이유에서 전쟁을 반대한 이들에 의해 이루어졌다.

17세기 영국에서 조지 폭스에 의해 설립된 이래 아메리카 대륙 식민지에서 급속히 퍼져나간 '친우회Society of Friends' 혹은 '퀘이커교'는 성 아우구스티누스 이전 교회의 절대적인 평화주의를 고수했던 작은 기독교 분파 중 하나에 불과했다. 18세기 말엽까지도 절대적인 평화주의는 이들 분파들 사이의 상호 관계에 적용되는 신조에 지나지 않았다. 19세기에 접어들면서 이들 — 프라이Fry, 캐드버리Cadbury, 로이드Lloyd, 거니Gurney, 폭스Fox, 스터지Sturge — 은 영국과 미국 모두에서 번성하기 시작했다. 영향력을 행사할 수 있게 되자 이들은 정치 활동을 전개해 나갔으며, 당시 유행하던 복음주의로부터도 자극을 받았다.[15] 이들 중 상당수는 나폴레옹 전쟁을 통해 처음으로 대규모 전쟁 구호를 펼칠 수 있는 기회를 얻었으며, 이로써 유럽 최악의 전쟁을 직접 경험했다. 그 같은 활동은 이들에게 큰 명성을 안겨주기도 했다. 어쨌든 이들은 전쟁을 악으로 규정했으며, 자신들의 임무가 전쟁에 초연한 자세를 취하는 것이 아니라 전쟁을 완전히 근절시키는 것이라 믿기 시작했다. 이들은 이에 과감히 단체를 조직하고, 로비를 하고, 집필 활동을 하면서 정치판에 뛰어들었다.

새로운 퀘이커교 학파의 선동가 중 가장 열의가 넘쳤던 이는 엑서터 출신의 의류 소매상 조너선 다이먼드였다. 다이먼드가 톰 페인을 비롯한 다른 이들이 앞서 주장한 적이 없는 새로운 제안을 내놓은 것은 아니다. 다이먼드는 단지 계급 전쟁의 측면을 한층 더 뚜렷하게 부각시켜 논파했을 따름이다. 1823년 출판된 한 선전문에서 다이먼드는 전쟁이 인간의 고통에 대한 냉담한 무관심, 국민적 자부심과 과민 반응, 영광에 대한 잘못된 생각, "전쟁을 더 용이하게 만들 계략을 다수 가지고 있는" 정치인들의 자기 이익, "전쟁이 주머니를 두둑하게 해주기에 전쟁을 갈망하는, 엄청난 수의 병참 장교와 조달업자, 중개업자와 기계공"의 기득권에 따른 이해관계로 인해 발생한다고 분석했다.[16] (간단히 말해, '군산 복합체military-industrial complex'). 더 나아가 전쟁은 "사회 고위층이 고상하게 앉아서 수익을 챙길 수 있는, 즉 천박하게 무역에 종사하지 않으면서 자신의 부유한 삶의 수준을 유지할 수 있도록 해줄 일거리를 제공한다. (…) 바로 이러한 이유 때문에 고위직에 있는 자들, 영향력이 있는 자들, 잘 사는 자들은 전쟁을 조장하는 데 큰 흥미를 갖게 되는 것이다." 다이먼드는 방어적인 성격의 전쟁조차 정당한 전쟁으로 인정하고자 하지 않았다. 다이먼드는 "국가들이 서로 격노하고 있고 군대가 이미 소집되어 전투가 치러지고 있는 경우 한편이 방어를 목적으로 싸운다고 할지라도 결국에는 양측 모두 공격자가 된다는 점을 모르는 이가 어디 있단 말인가? (…) 전쟁이 개시되면 공격과 방어의 구분은 무의미해진다"라고 지적했다. 다이먼드는 "전쟁의 절대적이고 전면적인 포기만이 전쟁을 완전히 근절할 유일한 희망"이라고 결론을 내렸다. 이러한 주장은 얼마 지나지 않아 다음 백 년 동안 미국과 서유럽에서 몸과 마음을 기꺼이 바쳤던 수많은 이의 목표가 되었다.

첫 번째 평화 협회Peace Society ─ 영원하고도 보편적인 평화를 증진시키기 위한 모임Society for the Promotion of Permanent and Universal Peace ─ 는 1816년 퀘이커교도인 윌리엄 앨런에 의해 런던에서 창설되었다. 미국에서도 비슷한 시기에 이와 유사한 단체가 등장했다. 이들의 주장은 벤담의 주장과 똑같았다. [1828년 창설된] 미국 평화 협회American Peace Society는 "국가 간 갈등을 우호적인 토의와 중재를 통해 해결하기 위해 이미 개시된 실천을 확대, 촉진하고자 한다. 또한 (…) 국가 간 분쟁을 합리적인 존재인 인간답게 이성에의 호소를 통해 해결하고자 한다. (…) 이 모든 것은 세계를 지배하는 여론에 의해 강제되는 원칙을 따르는 국가 연합Congress of Nations에 의해 이루어져야 한다. (…) 전쟁은 그럴 때에만 완전히 없어질 것이다"라고 선언했다.[17] 이들의 행동은 곧 확산되었다. 1843년 국제적인 평화 대회Peace Convention가 런던에서 개최되었다. 여기에는 292명의 영국인, 26명의 미국인, 그리고 유럽 대륙에서 6명이 참석했으며, 이들은 어떻게 자신들의 선교사적인 운동을 발전시킬 것인가를 주되게 논했다. 이들은 또한 위기 시에도 '분별력prudence'을 잃지 않게 해줄 중용의 이로움에 대한 믿음도 강조했다.[18] 5년 후인 1848년에는 브뤼셀에서 평화 회의Peace Congress가 열렸으며, 이후 매년 다른 유럽 도시에서 그 같은 만남이 이루어졌다. 이는 매우 주목할 만한 현상이었다. 각국 정부는 이 같은 변화를 존중했으며, 서로 친선사절을 파견하면서 군축과 중재 그리고 인류의 형제애를 향한 감동적인 결심을 서로 주고받았다. 하지만 1853년 크림 전쟁이 터졌고, 당분간 그러한 기획은 중단될 수밖에 없었다.[19]

그 사이 평화 운동의 활동은 자유 무역 운동free trade movement에 의해 더욱 풍성해지고 공고해졌다. 그러나 이 둘을 구분하기는 그리 쉽지 않다. 전자의 도덕주의와 후자의 공리주의는 상당 부분 겹쳐 있었다. 이 두 흐름을 결합한 위대한 영국의 정치 지도자가 바로 리처드 코브던이다. 그에게 이 둘은 "하나이며 동일한 목적"을 지니고 있었다.[20] 그럼에도 코브던의 동기는 매우 공리주의적이었다. 그의 전기를 집필한 존 몰리John Morley가 지적했듯이, "코브던이 인류가 전쟁을 범죄로 여기길 원한 까닭은 종교적이거나 인도주의적인 이유가 아니라 정치적인 이유에서였다."[21] 예를 들어, 1846년 코브던은 "현재의 체제는 사회를 부패시키고, 부를 소모하며, 거짓된 신을 영웅시하며, 휘황찬란할지라도 속임수에 지나지 않는 영광을 새로운 세대의 눈앞에 앉혀 놓고 있다. (⋯) 만약 우리가 전쟁으로부터 세계를 실제로 지켜낼 수만 있다면 조만간 사회 개혁을 향한 거대한 움직임이 일어날 것이다. 나는 기차, 증기선, 보통 우편에 더해서 자유 무역을 향한 우리 자신의 노력이 그 일을 해내리라 확신한다"고 적었다.[22] 코브던은 상당히 난처해하며 스스로 누차 강조했듯이 평화주의자는 아니었다. 그는 설령 자기 방어라는 엄격한 기준을 통과하지 못하더라도 어떤 전쟁은 필요할 수도 있다고 보았다.[23] 1853년 스스로 설명했듯이, 평화 운동 내부에도 "자기 방어를 포함한 모든 전쟁을 반대하는 사람들이 있는가 하면, 그렇게까지 극단적으로 나아가지 않고 자기 방어를 제외한 종교적인 이유로 인한 모든 종류의 전쟁을 반대하는 사람들도 있다. 그런가 하면 정치경제적, 재정적인 측면에 대한 고려를 근거로 삼아 평화를 호소하고 전쟁을 위한 값비싼 준비물의 감축을 주장하는 사람들도 있다. 솔직히 나 자신은 마지막 경우에 해당된다고 말하고 싶다."[24]

코브던과 그의 동료인 존 브라이트에 의한 전쟁에 대한 공리주의적 비판, 즉 중산층의 주머니 사정에 대한 공공연한 호소는 그럼에도 불구하고 모두에게 인기가 있는 것은 아니었다. 『펀치Punch』지는 "맨체스터 평화 상품Manchester Peace Goods. 맨체스터는 단 한 곳만 있을 뿐이며, 나머지 세계는 맨체스터의 수익 대상에 지나지 않는다"라고 말하며 냉소적으로 비꼬았다. 『맨체스터 가디언Manchester Guardian』지는 "영향력을 지닌 다수의 중산층이 영국의 명예와 안전보다 자신들의 산업적 이익을 더 중히 여길 것이라는 잘못된 판단"을 비판했다.[25] 코브던은 의도적으로 논쟁에 불을 지폈다. 코브던은 영국의 위대함이라는 신성한 이미지를 위해서 대영 해군이, 그의 말을 직접 빌리자면, "좀 수수하지만 지속력 있는, 상업을 지배하는 가격 경쟁력cheapness의 원칙을 대체하도록 한 번 해보자"고 제안했다. "상비군과 해군은 결국 소비자를 유혹하기보다는 내칠 것이다. 상비군과 해군은 영국의 상업을 완벽히 보호하지도 못할뿐더러 영국 정부로 하여금 영국의 제조업자들에게 더 많은 세금을 부과하도록 만들기에 '가격 경쟁력'의 승리를 구가하기 어렵게 만들 것이다." 코브던은 이익과 평화가 서로 맞물려 돌아간다고 보았다.

_(반곡물법[Anti-Corn Law, 곡물법은 1815년에서 1846년 사이 국내 곡물 생산의 보호를 주된 이유로 수입 곡물에 부가한 관세 조치로 농산물 가격의 상승을 초래해 런던과 맨체스터를 비롯한 주요 도시의 노동자 계급의 불만이 컸다] 시위가 극에 달하고 있을 무렵인 1843년 9월 코브던은 코번트가든에서 다음과 같이 연설했다). 자유 무역. 도대체 자유 무역이란 무엇인가? 자유 무역이 국가들을 갈라놓았던 장벽을 무너뜨리고 있지 않는가? 때때로 자신들을 옭아맸던 사슬을 끊고 뛰쳐나와 온 나라를 피로 적셨던 자부심과 복수심, 증오심과 시기심의 안식처를 에워싼 바로 그 장벽을 말이다. 정복을 하지 않는다면 우리는 무역을 할 수 없다고 겁박하며 정복과 지배의 욕망을 자극해 전사 우두머리로 하여금 다른 나라를 섬멸시킬 것을 명하는 전쟁과 정복이라는 독약을 배양하는 [끔찍스러운] 감정을 자유 무역이 누그러뜨리고 있지 않는가?[26]

코브던은 "정부 간에는 가능한 더 적은 교류를 그리고 세계의 국민 간에는 가능한 더 많은 교류를"이라는 유명한 문구로 호소했다.

코브던과 브라이트는 자유주의 사상가들 사이에서는 이미 친숙했던 (전쟁에 대해 지대한 관심을 변치 않고 가지고 있으면서 세력 균형을 교묘히 조작하고 있는) 지배 계급에 대한 날선 비판에 웅변조의 열정 이외에 보탤 것이 없었다. 그러나 코브던과 브라이트는 지배 계급에 대한 비판을 정치적 논의의 공통된 화두로 올려 놓았다. 브라이트는 1858년 10월 버밍엄에서 행한 유명한 연설에서 "'세력 균형'에 대한 과도한 집착은 대영 제국의 귀족 계급에게 숨 쉴 구멍을 제공하는 거대한 체제 그 이상도 그 이하도 아니다"라고 부르짖으며 신랄한 비판을 가했다.[27] 6년 뒤 파머스턴이 독일 통일의 개시를 알리는 전초인 슐레스비히홀스타인 위기[Schleswig—Holstein crisis, 1848년 유럽 대륙을 휩쓴 혁명의 여파로 슐레스비히와 홀스타인 공국의 지배권을 두고 발생한 덴마크 왕국과 독일 연방 사이의 충돌로 여기서는 2년 뒤 오스트리아와 프러시아 간 전쟁의 원인이 되는 1864년 제2차 슐레스비히홀스타인 전쟁을 지칭]에의 개입을 주저하고 있을 무렵, 브라이트는 들뜬 마음으로 "이 역겨운 우상 — 어떠한 야만족이 숭배한 것보다도 더 역겨운 우상이 마침내 내던져졌다. (…) 만약 세력 균형이 이 나라에 가한 고통을 기록한 대차대조표가 있다면 너무나 길어서 어느 누구도 다 훑어볼 수 없을 것이다"라고 열변을 토했다. 조지 트리벨리언은 브라이트에 대한 전기에서 이 연설에 대해 다음과 같이 평했다. "1864년 무너져 내린 이 우상[세력 균형]은 1866년과 1870년 대륙에서 전쟁[보오 전쟁과 보불 전쟁]이 진행될 동안 다곤[Dagon, 메소포타미아 셈 족이 다산의 상징으로 숭배했던 반인반어의 신]처럼 바닥에 널브러져 있었다. 영국이 당시 번영과 평화를 한껏 누릴 수 있었던 것은 바로 이 때문이다. (…) 이 우상이 오늘날[1913] 다시 등장할 것인지 아닌지는 정말 시간문제다."[28] 사실 그러했다. 트리벨리언이 이렇게 기술하고 있었던 제1차 세계대전 전야, 자유주의 정부는 일련의 사건으로 인해 유럽의 세력 균형이 단순한 우상이 아니라 도저히 벗어날 수 없는 체제라는 사실을 인정할 수밖에 없었다.

코브던과 브라이트는 세력 균형이라는 역겨운 우상 대신 대륙 문제에 대한, 특히 다른 나라의 국내 문제와 관련된 사안에 대한 불간섭을 진정한 유일신으로 모셨다. 코브던은 군비 축소와 중재 그리고 자유 무역과 더불어 불간섭을 평화의 무대를 지탱할 가장 핵심적인 축대로 꼽았다.[29] 1846년 브라이트에게 말했듯이, 코브던은 줄곧 "다른 나라 문제에 대한 간섭과 조약, 외교적 흥정 등으로 이루어진 세력 균형 체제에 대해 본능적으로 매우 강한 반감을 갖고 있었다." 코브던은 "영국은 다른 나라 문제에 얼마나 많은 염려와 주의를 불필요하게 쏟아 붓고 있는가? 우리는 얼마나 얕은 지식을 가지고 다른 나라 사이의 문제를 조정하는 역할을 떠맡고 있는가? 만약 우리의 에너지를 우리 자신에게 우선 쓴다면 우리의 형편은 정말로 나아질 텐데"라고 종종 되뇌곤 했다.[30] 그는 당시 자유당으로부터 상당한 지지를 받고 있었던 이탈리아의 독립을 후원하는 여러 단체의 활동을 편견에 찬 눈으로 바라보았다. 1856년 코브던은 "진실은 어느 곳에서도 자유를 증진시키려는 생각이 눈곱만큼도 없는 우리의 귀족적인 정치인들이 이탈리아인들, 폴란드인들, 체르케스인들을 자신들만의 목적을 위해 정치적으로 이용하고 있다는 것이다. 우리는 이러한 사실을 영국의 대중과 세계에게 재차 알려야만 한다. 이들이 영국 내에서 자유를 증진시킬 궁리는 하지 않고 다른 나라 사람들의 슬픔에 대한 동정에 호소하도록 우리 국민이 가만히 내버려 두는 한 이들의 이 같은 놀이는 계속될 것이다"라고 경고했다.[31]

영국은 자신의 일에만 신경을 쓰는 것이 가장 바람직하다는 코브던의 생각은 영국민 대다수의 입장을 대변한 것이라 할 수 있다. 그것은 윌리엄 코빗에서 찰스 제임스 폭스까지 거슬러 올라가는 수많은 걸출한 인사를 배출한 철학이었다.[32] 선거권이 확대되면서 영국의 정치인들은 유럽 문제에 대해 지도적인 역할을 맡거나 그들이 전혀 알지 못하는 저 머나먼 곳에 살고 있는 사람들을 위해 개입하기를 점점 주저하게 된다. 하지만 얼마 지나지 않아 코브던과 브라이트는 자신들이 전체 자유주의 교리의 중심 논제 — 지배 계급만이 전쟁을 원하며, '인민'은 자신들의 의견을 자유롭게 개진할 수만 있다면 아마도 평화를 열광적으로 소원할 것이라는 믿음 — 를 매우 미심쩍어 하는 여론의 파도에 맞서고 있으며 급기야는 그에 휩쓸리고 있다는 사실을 깨닫게 된다.

크림 전쟁의 경험은 평화 운동에 있어 매우 불길한 징조였다. 애버딘 경의 정부는 러시아 제국과의 전쟁을 매우 조심스럽게 전망하고 있었지만, 모든 열린 창구를 통해 들어오고 있는 여론의 압박을 계속 무시할 수만은 없었다.[33] 코브던은 어떠한 상황을 예견해야만 하는지에 대한 암시를 1851년 만국 박람회Great Exhibition에서 받았다. "나로 하여금 영국민의 진정한 기질을 파악하도록 만들었던 사건 중 가장 충격적인 사건은" 평화와 번영의 상징이라 할 수 있는 크리스털 궁[Crystal Palace, 1851년 만국 박람회를 기념하기 위해 건설된 유리 건물로 런던 남부에 소재]에서 코브던 자신이 군사 귀족 기득권의 화신에 불과하다고 치부했던 웰링턴 경에 대해 "사회 계층을 막론하고 수만 명이 공히 보여준 광적인 존경과 흥분이었다."[34] 코브던은 이를 영국인 모두가 귀족 계급의 악에 의해 오염된 것은 아닌가라고 이해할 수밖에 없었다. 이듬해 코브던은 "귀족들이 자신들의 사악한 목적을 위해 영국민의 전투적 기질을 변질시키고 있다"고 논하며 책임을 추궁했다.[35] 하지만 코브던 한 사람의 덕망만으로 여론을 움직일 수는 없었다. 영국 정부의 정책에 대한 코브던과 브라이트의 반대는 하원에서만 아니라 신문 지상에서도 또 공개석상 이후 모임에서도 거센 야유의 대상이 되었다. 따라서 코브던과 브라이트는 평화와 민주주의가 반드시 잘 어울리는 것은 아니라는, 특히 전쟁 문제와 관련해 여론이 언제나 옳은 것은 아니라는 사실을 처음으로 알아챈 자유주의 지도자였다. 즉, '인민'은 어떠한 이유에서든 실제로 매우 호전적으로 돌변할 수도 있었다. 물론 코브던과 브라이트가 이를 경험한 마지막 자유주의 지도자는 절대 아니다. 코브던은 자신을 뽑아주었을 뿐만 아니라 자신과 자신의 추종자들이 이제껏 당연히 평화를 선호하리라 믿어 의심치 않았던 계급으로부터도 점차 고립되어가고 있다는 사실을 깨달았다. 크림 전쟁이 끝난 뒤에도 이들은 여전히 혼란에서 헤어 나오지 못했다. 1864년, 생의 마지막 해, 코브던은 "오만한 자존심과 자기 충족의 정신이 심지어는 영국의 상업 계급과 산업 계급의 대다수에게까지 퍼져있는 것을 볼 때면 나는 가끔 국가 차원의 대재앙이나 견제만이 이 만연된 악을 치료할 유일한 방법일 수도 있겠구나 라고 냉소적으로 자위하지 않을 수 없었다"고 개탄했다.[36]

결국 코브던은 생의 마지막에 이르러 현실을 있는 그대로 받아들일 수밖에 없었다. 코브던은 귀족 계급과 그들의 어리석은 추종자들만 아니라 사람들 모두가 호전적으로 돌변할 수도 있다는 점을 인정했다. 1863년 가을, 악화일로에 있던 슐레스비히홀스타인 문제를 둘러싼 긴장 상태를 지켜보면서 코브던은 어렴풋하게 모습을 드러내고 있는 것이 단순한 **각료들의 전쟁**Kabinettskrieg이 아님을 직감했다. 코브던은 만약 전쟁이 발발한다면, "이는 독일 민족이 전쟁을 결의했기 때문일 것이다. 민족 간 전쟁이 모두 그랬듯이 이 전쟁도 결국 피로 흥건한 싸움이 될 것이다"라고 전망했다.[37] 민족 간 전쟁이 모두 그랬듯이! 하지만 당시 많은 이가 여전히 생생히 기억하고 있었듯이 바로 그 "민족 간의 전쟁"에 의해 유럽은 산산조각이 나 있었을 뿐만 아니라 그럼에도 이런저런 불만은 계속 불거져 나오고 있었다. 앵글로·색슨과 라인 서편 지역 국가의 부유한 중산층을 중심으로 전개된 '평화 운동'의 진단과 처방, 즉 군축과 중재, 불간섭과 자유 무역이 이러한 갈등을 진정 해결할 수 있을까?

하지만 대륙의 수많은 자유주의자에게 그와 같은 처방은 독선적인 섬나라의 생각으로 이번 세기 나타난 역사의 흐름과 무관한 것이었다. 이들에게 시급한 목표는 평화가 아니라 자유였다. 그리고 자유를 위해서라면 싸워야만 할 수도 있기에 당연히 전쟁은 정당화되었다. 1845년 제임스 그레이엄 경에게 보낸 공개 서한에서 주세페 마치니는 "유럽의 지도는 다시 그려져야만 합니다"라고 강변했다. "자발적인 감정에 따라 하나가 된 위대한 대중은 유럽을 재편하고자 한다. (⋯) 도처에서 대중은 새로운 국민이 되기를 열망하고 있다. (⋯) 이미 경계선 상에서 신호를 보내고 있는 이 같은 미래의 모습을 경의 정치인 중 고려하고 있는 이가 있기는 합니까?"[38] 마치니는 코브던의 불간섭주의를 "국가 간 관계에 이식된 비열하고도 어리석은 (⋯) 무신론으로 자기 이익을 신격화한 것에 지나지 않는다"고 강하게 비난했다.[39] 자유 세력과 억압 세력 사이의 피할 수 없는 위대한 결전을 앞둔 상황, 선한 의지를 가진 모든 이들은 봉기해야 마땅했다.

결국 19세기 중반, 엄청난 여세를 몰아치던 '평화 운동'은 마찬가지로 대등한 힘을 결집한 호전적인 민족주의와 정면으로 부딪히게 된다. 이 둘이 함께 가기는 그리 쉽지 않았다. 사실 공리주의 철학자들의 저작이나 퀘이커교도들의 책자에서 이들이 혁명 전쟁의 원인이나 그것이 유럽 사회에 가져다준 파장을 감지하기 시작했다는 증거는 찾아보기 힘들다. 냉소적인 이들은 영국이 혁명 전쟁에 뛰어든 이유를 군사적인 영광에 대한 전통적인 귀족 계급의 집착과 식민지 시장에 대한 중산층의 탐욕으로 설명하기도 했었다. 하지만 그 어느 것도 프랑스 군대 — 순종적인 직업 군인들만 아니라 무기를 부여잡은 프랑스 국민들로 이뤄진 군대 — 로 하여금 이웃 나라를 침범해 헌법을 폐기하고, 보나파르트를 따라 빈에서 베를린으로, 마드리드로, 끝내는 모스크바로까지 진군하도록 이끌었던 강렬한 열망을 설명하지는 못한다. 당연히 그와 같은 해석은 이 엄청난 폭발이 독일과 이탈리아, 러시아와 스페인 등지에서 불러일으켰던 반향을 설명하지도 못한다. 처음으로 수백만에 달하는 이들이 전쟁이 끔찍하기는 하지만 필요할 뿐만 아니라 장엄할 수도 있다는 점을 깨닫기 시작했다. 그리고 이들은 죽음을 마다하지 않고 싸울 이유를 국민nation이라는 개념에서 찾았다.

이 자리는 국민주의의 사회학적 근원을 탐구하거나 프랑스에서 군주정을 중핵으로 한 봉건 질서의 붕괴가 어떻게 해서 그처럼 가공할만한 군사적 에너지의 분출을 가져왔는지를 설명하는 자리는 아니다. 그렇게 터져 나온 군사적 에너지는 모든 시민이 절대 충성을 맹세하는, 따라서 만약 부름을 받는다면 기꺼이 목숨을 바칠 국민이라는 개념에 의해 한 곳으로 모아졌다. 프랑스인들에게 군대는 곧 국민이었으며, 국민은 전쟁을 통해 탄생했다. 먼저 프랑스 국민을 해방시킨 다음 이웃 나라 국민을 해방시킬 전쟁. 프랑스 국민은 우선 군주정이 자신과 배치된다고 단정한 뒤 군주정을 둘러싸 무너뜨렸다. 1789년 인권 선언Déclaration des droits de l'homme et du citoyen de 1789은 "모든 주권의 원칙은 본질적으로 국민으로부터 나온다"고 공표했다.[40] "어느 집단도 어느 개인도 국민으로부터 직접 도출되지 않은 권위는 절대 행사할 수 없다." 하지만 바로 이 때 프랑스 국민은 프랑스가 다른 나라와 관계를 맺고 있으며 이들로부터 위협을 받고 있다고 느꼈다. 독일의 경우 분명 강한 반감을 갖고 있었다. 프랑스 대혁명이 일어나기 전부터 헤르더는 다양성이 지닌 우수성을 칭송하면서 독일 국민이 고유한 **민족정신**Volksgeist을 새롭게 발견하고 제시할 수 있어야만 한다고 설교했다.[41] 1806년 예나에서의 참혹한 패배 이후 피히테는 독일 국민은 침입자에 맞설 도덕적이고 육체적인 힘을 고유한 민족 문화의 깊은 샘 속에서 찾아내야만 한다고 부르짖었다. 하지만 이 같은 시도는 자신들의 지배자들을 겨냥하지 않았다. 독일의 자유주의자들은 오히려 자신들을 다스리고 있는[호엔촐레른Hohenzollern] 왕가에게 자신들이 선두에 설 수 있게 해달라고 간청했다. 독일의 자유주의와 독일의 민족주의는 독립된 국가 간 단순한 동맹이 아니라 통일된 독일 국가의 기치 아래 싸운 전쟁[보불 전쟁]에서 승리한 1871년 1월 프러시아 국왕[빌헬름 1세]이 베르사유 궁에서 독일 황제로 등극하는 순간 최고조에 달했다.

프러시아의 경제학자 프리드리히 리스트는 평화를 가져다 줄 자유 무역에 대해 "현실 세계의 조건 하에서 일반적인 자유 무역의 결과는 보편적인 공화정이 아니라 그 반대인 산업과 상업 그리고 해군력을 갖춘 열강들의 패권 아래 덜 발전된 국가들이 보편적으로 복종하는 것이다"라고 논박했으며, 이후에도 많은 이가 이와 같은 주장을 되풀이했다. 리스트는 보호 무역은 "국민 국가가 자신의 영속성과 번영 혹은 패권국으로의 성장을 보장받기 위해 고군분투한 자연스러운 결과"에 다름 아니라고 주장했다. 게다가 전쟁은 농업 국가가 자발적으로 산업화를 추진하도록 유도하기에 또 호전적인 국민 간 사회적 유동성을 촉진시키기에 경제 성장의 밑거름이 되기도 했다. 당연히 이 같은 전쟁이 순수한 의미의 방어전이 될 필요는 없었다. 리스트는 "국경을 확정하고자 하는 시도는 국민 국가의 가장 중요한 전제 조건 중 하나이기에 정당한 것임을 분명히 밝힐 필요가 있다. 당연히 이것이 때에 따라서는 전쟁의 정당한 사유가 된다는 점도 명심해야 할 것이다"라고 강조했다.[42]

그렇다면 국민 국가에 소속되어야만 인간은 자유로울 수 있단 말인가? 루소의 말을 빌리자면, 어떻게 "개개인이 모두와 결합되어 있지만 오로지 자기 자신에게만 복종하면서 예전처럼 자유로울 수 있단 말인가?"[43]

민족주의자들은 자유를 향한 길은 민족nation의 탄생, 아니 민족의 해방을 통해서만 발을 디딜 수 있다고 주장했다. 사람들은 자신들이 언어와 유산에 의해 특정 민족에 귀속되어 있다는 사실을 알고 있어야만 하며 (만약 아직도 이를 모르고 있다면) 인지하도록 만들어야만 한다. 프랑스에서 이탈리아로 또 폴란드와 발칸 반도로 그리고 끝내는 세계 전역으로 전파될 이 같은 신조를 따랐던 젊은 복음주의자 중 가장 정열적이고 가장 학식 높았던 주세페 마치니는 이렇게 설파했었다. 1831년 청년 이탈리아[Giovine Italia, 1831년 마치니가 통일 이탈리아 공화국 건설을 목표로 결성한 단체]를 위해 마치니가 기안한 법령은 (이는 청년 독일[실제로 1830년대부터 1850년까지 이어진 독일 민족 부흥 운동을 청년 독일Junges Deutschland이라 부른다]과 청년 폴란드[실제로 19세기 후반에서 20세기 초반까지 진행되었던 폴란드 민족 부흥 운동을 청년 폴란드Młoda Polska라 부른다]만 아니라 궁극적으로는 청년 유럽[실제로 마치니는 1834년 청년 이탈리아를 모델로 한 국제적인 민족주의 단체 청년 유럽Giovine Europa을 결성했으며, 유사한 명칭의 독일과 폴란드 민족주의 단체도 이에 참여했다]의 전형이 되었다) 의식적으로든 무의식적으로든 당시부터 오늘날에 이르기까지 혁명적인 민족주의 집단의 지침서로 활용되었다. 마치니는 민족의 해방을 위한 전쟁을 설교했다. 이탈리아는 교육과 봉기를 통해 해방되어야 한다. "교육은 말과 글로 봉기의 필요성을 구체적인 예를 통해 일깨우는 방향으로 이루어져야 할 것이다. (…) 특히 게릴라 조직에 의한 봉기는 다른 나라의 멍에로부터 벗어나길 열망하는 모든 민족을 위한 진정한 전투 방법이다. (…) 봉기는 사람들에게 군사 교육을 시킬 절호의 기회일 뿐만 아니라 자신들의 땅 구석구석을 용감무쌍한 행동에 대한 기억으로 살아 숨 쉬도록 만들 것이다."[44] 전쟁, 특히 "승리 아니면 죽음이라는, 휴전을 모르는 필사적이고 결연한 전쟁"을 반드시 치러야만 한다고 마치니는 누차 강조했다.[45] 20년이 지난 뒤에도 마치니는 여전히 "진리와 정의를 되살리고자 하는 숭고한 전쟁, 비인도적인 독재를 끝내고자 하는 전쟁, 민족을 자유롭고 행복하게 해 하나님께서 흡족한 마음으로 내려다보시며 미소를 머금을 수 있는 전쟁"을 호소했다. 마치니는 이러한 전쟁에 특히 영국이 함께 해주기를 간절히 빌었다.[46]

반면 코브던과 평화 운동에 참여하고 있었던 그의 동지들에게 1821년의 그리스인들[오토만 제국의 지배에서 벗어나고자 한 그리스 독립 전쟁으로 1829년까지 지속], 1831년과 1864년의 폴란드인들[러시아 제국에 대항한 1831년 11월 봉기와 1864년 1월 봉기], 1849년의 헝가리인들[오스트리아 제국의 지배에 맞선 헝가리 혁명으로 오스트리아와 러시아 연합군에 의해 진압]의 그와 같은 호소는 엄청난 충격이었다.[47] 코브던은 1831년 봉기한 폴란드인들에 대해 "애국심 혹은 국민성은 본능에 가까운 감정으로 가장 야만적이고 가장 이성적이지 못한 이들의 마음속에서도 찬란히 타오른다. 애국심의 발현은 게다가 그것이 수호하고자 하는 가치나 쟁취하고자 하는 목표와 어떠한 관련도 없다"고 잘라 말했다.[48] 1849년 존 스튜어트 밀은 어떻게 "유럽의 후진국에서만 아니라 (…) 독일에서조차 민족 감정이 자유에 대한 사랑을 능가할 수 있단 말인가? 정말로 [독일 국민이 독일의] 통치자들에게 자신들과 다른 인종과 다른 언어를 쓰는 이들의 자유와 독립을 짓밟아 달라고 간청했단 말인가?"라고 되물었다. 이듬해 경제학자 나소 시니어도 "지금 유럽에 저주를 퍼붓고 있는 야만적인 민족 감정"에 대해 비판조로 논했다.[49] 1856년 코브던은 영국에서 민족주의를 옹호하는 여러 이익 단체는 모두 "다른 나라 문제에 개입할 계획을 나름대로 세우고 있을 것이다. 하지만 이들의 개입은 국제 기구와 조약에 대한 신뢰를 애당초 저버리고 있기에 가장 난폭하고 무질서한 재앙을 초래할 것이 분명하다. 이들의 개입은 세계 곳곳에서 봉기와 반란의 불씨를 당길 것이다"라고 경고했다.[50] 코브던의 친구이자 동지로 영국 평화 협회British Peace Society의 운영에 평생을 바친 헨리 리처드 또한 1864년 "민족이라는 개념이야말로 선진 문명의 기본 원칙에 반하는 천박하고, 조잡하며, 이기적이고, 기독교적이지 않은 개념이다"라고 힐난했다.[51]

당연히 리처드와 그의 동료들은 1867년 자신들의 온건하고 전통적인 조직과는 달리 혁명과 민족주의적 열망의 충족을 영원한 평화를 향한 핵심 전제 조건으로 천명한 평화와 자유의 국제 연맹Ligue internationale de la paix et de la liberté이 파리에서 창설된다는 소식을 반기지 않았다. 그도 그럴 것이 평화와 자유의 국제 연맹의 첫 모임의 주빈은 다름 아닌 가리발디였다. 또한 평화와 자유의 국제 연맹은 "영원한 평화를 위한 초석"으로 모든 나라에서 민주주의가 군주정을 대체해야 하며, 교회는 국가로부터 분리되어야 하며, 공화주의적인 방식으로 유럽 합중국United States of Europe이 건국되어야 한다는 원칙을 수립했으며, 이 같은 목표가 전쟁을 통해서도 쟁취될 수 있다는 점을 분명히 하였다.[52] 이 모든 것이 달성될 때에야 모든 나라가 자유로이 평화적인 협력 속에서 각자의 운명을 헤쳐 나가며 보편적인 조화에 자신만의 고유한 목소리를 가미하는 마치니의 이상, 즉 자유 국가로 이뤄진 보편적 공화국Universal Republic of Free Nations이 실현될 수 있었다. 자유주의자들의 이상 역시 영원하고도 보편적인 평화로 이와 다르지 않았다. 하지만 적어도 유럽 대륙에서는 평화가 정당할 뿐만 아니라 반드시 해야만 하는 전쟁을 더 치러야만 도래할 것이라고 믿는 이들이 점점 더 늘어나고 있었다.

3장

제1차 세계대전의 도래

1870~1914

———

19세기 중엽, 평화로운 40여 년이 흐른 뒤 또 다시 대규모 전쟁의 먹구름이 유럽 대륙을 뒤덮었다. 1859년 프랑스는 오스트리아를 진압하고 이탈리아를 해방시켰다[제2차 이탈리아 독립 전쟁]. 1864년 프러시아와 오스트리아는 덴마크를 격파하고 슐레스비히홀스타인을 '해방'시켰다[제2차 슐레스비히 전쟁]. 1866년 프러시아는 오스트리아를 무찌르고[보오 전쟁] 북부 독일 연맹Norddeutscher Bund을 탄생시켰다. 그리고 1870년에서 1871년 프러시아와 프러시아의 동맹국은 프랑스를 쳐부수고 독일 제2제국Deutsches Kaiserreich을 출범시켰다. 1859년에서 1871년 사이 유럽 열강의 군대는 실상 간결하지만 난폭하고 결정적이 될 전투를 치를 만반의 준비를 하고 있었다. 같은 시기, 대서양 건너편에서 평화 운동을 지지하던 미국인들은 엄청난 내란[남북 전쟁, 1861~1865]을 치르고 있었다. 영국의 동지들처럼 이들 대다수는 이 내란의 목적[노예 해방]에 적적이 지지를 보냈다. 그러나 이와 같은 일련의 사건으로 인해 평화 운동이 후퇴하고 있다는 사실을 감지하거나 또는 평화 운동이 정초하고 있는 전제를 다시 한 번 검토해 봐야겠다고 생각했던 이는 드물었다. 당시 평화 운동을 하고 있던 이들이 이를 솔직히 털어놓기란 당연히 어려웠을 테지만 일련의 대규모 전쟁은 한편으로 이들의 주장에 무게를 실어주고 있었다. 마침내 아메리카 대륙의 공화국은 평화 운동의 지도자 대다수를 배출한 산업 계급의 영도 아래 통합되었다. 유럽의 두 주요한 민족인 독일인과 이탈리아인은 국민 국가를 이룩했으며, 이제 분열보다는 안정을 추구하는 세력으로 여겨지기 시작했다. 반면 민족주의적 열망이 러시아와 오토만 제국 또 합스부르크 제국의 통치자들을 점점 더 난처하게 만들고 있었던 동부 유럽에는 여전히 많은 문제가 산재해 있었다. 게다가 자유주의자들은 유럽 너머 아직도 잠자고 있는 어둡고 드넓은 지역에 대해서는 아직 눈길조차 주지 않고 있었다. 하지만 유럽과 북미의 여러 열강은 드디어 우호적인 협력 속에서 안정적이고 영원히 지속될 평화를 향해 꾸준히 나아가고 있다고 장담할 수 있을 정도의 단계에까지 이른 듯 보였다.

문서상 1870년에서 1914년 사이의 기록은 아주 좋았다. 헤아릴 수 없을 정도로 많은 기능적 관계가 무역과 여행, 통신 분야에서 맺어지면서 유럽 공동의 문화는 귀족 계급의 표면적인 수준을 넘어 중간 계급으로까지 깊숙이 확산되고 있었다.[1] 선한 의지와 협력을 호소하는 정치적 움직임 또한 넘쳐났다. 평화 운동이 시작된 이래 줄곧 쟁취하고자 많은 공을 들였던 국제 중재는 1872년 영국과 미국, 이탈리아와 스위스, 그리고 브라질에 의해 선출된 이들로 구성된 법정을 통해 영국에 내려졌던 앨라배마Alabama 호에 대한 결정[남북 전쟁 당시 영국이 남부에 판매한 군함 앨라배마 호에 의해 미국 상선이 입은 피해 보상]으로 괄목할 만한 성과를 일궈냈다. 이후 1914년에 이르기까지 중재에 대한 조항이 포함된 조약 194개가 서명되었으며, 90여 개의 경우에는 중재 절차가 성공적으로 채택되었다. 평화 운동을 연구한 한 역사가에 의하면, 1900년 즈음 전 세계에는 425개에 달하는 평화 운동 단체가 활동 중이었다. 이들 단체의 지역 분포는 더 의미심장하다. 영국에는 46개, 독일에는 72개, 프랑스에는 16개, 미국에는 15개, 러시아에는 1개, 스칸디나비아 반도에는 적어도 211개의 단체가 등록되어 있었다.[2] 세계 평화 의회Universal Peace Congress 또한 1892년 이래 매년 개최되었다. 국제 의원 회의International Parliamentary Conference는 1889년 창설되었으며, 국제 의회 연맹Inter-Parliamentary Union으로 상설 기구가 되었다. 1899년과 1907년에는 헤이그 회의Hague Conference 가 열렸으며, 당시 사람들의 부푼 기대는 자세히 언급할 필요조차 없을 정도로 대단했다. 1915년 개최될 예정이었던 제3차 헤이그 회의를 준비하기 위해 1913년 덴하흐에 개장한 평화궁Vredespaleis은 당시의 분위기를 보여주는 자명한 증거다. 18세기 철학자들의 꿈이었던 전쟁의 폐지가 그들이 선전했던 방법 ― 평화를 사랑하는 세계 대다수 시민의 열망을 대표하는 합리적인 이들에 의한 문명화된 교류 ― 을 통해 마침내 달성되는 듯 보였다.

하지만 이 모든 문명화된 교류는 당시부터 오늘날까지 자유주의자들을 계속 곤란케 하는 문제를 제기하고 있었다. 만약 당신의 기준에서 볼 때 상대방이 문명화되어 있지 않다면 어떻게 할 것인가? 만약 상대방의 권력이 자신의 국민을 억압하고 인권을 무시하면서 획득된 것이라고 한다면 당신은 어떻게 할 것인가? "정부 간에는 가능한 더 적은 교류를 그리고 세계의 국민 간에는 가능한 더 많은 교류를"이라고 외친 코브던에게 이는 그다지 어려운 문제가 아니었다. 허나 전쟁과 평화의 문제가 해결될 수 있는, 즉 중재를 통해 전쟁을 예방할 수 있는 유일한 길은 정부 간의 교섭이다. 그리고 정부는 다른 국민과 자국민의 교류 여부를 결정할 수 있는 최종적인 위치에 있다. 게다가 지금도 여전히 그렇지만 영국의 자유주의자들은 영국, 러시아 제국, 오토만 제국 사이의 갈등의 종식을 기꺼이 환영한 측과 영국 정부가 자국민을 탄압하는 독재자의 피 묻은 손과 악수하는 것을 도저히 견딜 수 없는 모욕으로 여긴 측으로 양분되어 있었다.

죽을 때까지 코브던은 '보이지 않는 손'의 해결 능력을 넘어서는 난제가 있을 수도 있다는 사실을 인정하고자 하지 않았다. 코브던은 하원에서 자신을 비판한 이들에게 "나는 우리가 이 난관을 뚫고 나아갈 수 있도록 인도해주시는 하나님의 섭리가 존재한다고 믿는다. 허나 나는 하나님께서 우리에게 이 세상에서 당신의 말씀을 집행하도록 명했다고 생각하지는 않는다. 폴란드에서건 또 다른 지역에서건 불의가 행해졌다 하더라도 모든 불의는 가만히 내버려두면 스스로 알아서 치유될 정도로만 진행될 것이라 본다"고 답했다.[3] 하지만 이러한 **자유 방임**laissez-faire 교리는 경제 분야에서만 아니라 정치 분야에서도 점점 인기를 상실하고 있었다. 1874년 존 스튜어트 밀은 만약 어떤 이들이 외국 군대의 지원을 받고 있는 독재자에 맞서 자유를 쟁취하고자 분투하고 있다면 균형을 되돌려 주기 위한 군사 개입은 필요하다고 주장했다.[4] 글래드스턴은 이보다 더 강력한 비판을 제기했다. 그는 미들로디언 선거 운동[Midlothian campaign, 1880년 총선을 대비해 글래드스턴이 자유당 당수로 스코틀랜드 미들로디언에서 행한 일련의 연설로 근대적인 선거 운동의 시발점으로 꼽으며, 주로 오토만 제국에 대한 영국의 외교 정책 방향을 다루었다] 와중 코브던과 코브던의 추종자들이 제시한 관점은 "존경할 만한, 아니 고귀하기까지 하지만 어쨌든 간에 틀렸다. (…) 왜냐하면 전쟁이 제아무리 처참할지라도 어쩔 수 없이 해야만 하는 경우도 있기 때문이다. 정의와 신념 또 인류의 실수가 우리로 하여금 전쟁을 감수할 의무를 저버리지 말도록 요구할 때도 있는 것이다"라고 논박했다.[5] 글래드스턴은 영국민은 형제애를 호소하고 있는 동유럽의 여러 피지배 민족에 대해 도덕적 의무를 지닌다고 주장했다. 이러한 연유로 글래드스턴은 1876년 불가리아에서 터키의 행동[불가리아 민족주의 세력에 의한 4월 봉기로 오토만 제국은 이를 폭력적으로 진압했다]에 대해 "인류의 기억에서는 아닐지라도 이번 세기를 통틀어 가장 저급할 뿐만 아니라 음흉하고 난폭하기까지 한 행위로 기록될 것"이라고 맹비난을 퍼부었다. 글래드스턴은 영국 정부는 "유럽의 다른 열강과 함께 전력을 다해 불가리아에서 터키 정부를 축출해 내야만 한다"고 부르짖었다.[6]

1854년 정부 각료로 오토만 제국의 와해를 막기 위해 전쟁[크림 전쟁]에 뛰어든 글래드스턴의 입장과 이로부터 20여 년이 지난 뒤 야당의 지도자로 똑같은 행동을 되풀이하려는 보수당 정부에 맞선 미들로디언 선거 운동 와중 취했던 입장을 단순히 정치적 기회주의로 풀이해서는 안 될 것이다. 출중한 지식인이었던 글래드스턴은 세력 균형을 유지해야 할 필요, 즉 그의 표현대로 "유럽의 권력 배분을 조정해야 할 필요"에 대해 자신과 대치하고 있었던 보수당만큼이나 명확하게 인지하고 있었다. 1853년 맨체스터 유세에서 글래드스턴은 오토만 제국의 붕괴 이후 유럽 열강 중 어느 한 열강에 의한 힘의 독점은 "세계 평화를 위협할 것이다. 따라서 영국의 임무는 어떠한 희생을 감내하더라도 그 같은 결과를 확실히 예방하는 것이다"라고 연설했다.[7] 하지만 글래드스턴은 매우 감정적인 사람으로 전제 정부가 휘두르는 수단을 도저히 묵과할 수만은 없었다. "하나님의 존재를 부정하는 듯 보일 정도로 끔찍한 정부 형태"를 고수하는 나폴리의 부르봉 왕가든 더 이상 말할 필요조차 없는 터키의 잡터에Zaptiehs와 무더Muders[경찰관], 빔바시Bimbashis와 유즈바시Yuzbashis[군인], 캐마캄Kaimakams과 파샤Pashas[정부 관료]든,[8] 글래드스턴은 자신의 태도 속에서 어떠한 모순점도 발견하지 못했다. 극도의 긴장 상태 속에서 이 둘은 '유럽 공법public law of Europe'이란 단일한 개념으로 합쳐졌다. 이 개념에 따르면, 러시아의 공격 행위나 터키의 잔악 행위나 둘 다 위법 행위였다.

문제는 당연히 유럽 공법을 선포하고 집행할 법정이 존재하지 않다는데 있었다. 글래드스턴의 관점에서 볼 때, 그 같은 법정과 가장 유사한 것은 일치단결하여 같이 고민하고 같이 행동하는 유럽 열강들 간의 협의체였다.[9] 그러나 만약 어떠한 이유에서라도 이들이 함께 숙고하고 함께 행동하지 않을 시에는 영국 정부가 이들을 대신해 나설 책임이 있다고 글래드스턴은 믿었다. 1882년 글래드스턴은 알렉산드리아에 대한 영국 함대의 포격과 곧 이은 이집트 점령[제2차 영국-이집트 전쟁]을 승인한 자신의 행동을 아래와 같이 변호했다.

무정부와 갈등으로 점철된 현재 이집트의 국내 상황을 평화와 질서의 상태로 완전히 바꿔놓지 않는 한 우리는 우리에게 주어진 임무를 다한 것이 아니다. 남은 시간 우리는 문명화된 유럽 열강의 협력을 기대해야 할 것이다. 허나 협력을 이끌어낼 기회를 모두 소진했다 할지라도 영국은 이 일을 혼자서라도 끝까지 책임져야 한다.

이를 비판한 존 브라이트에 맞서 글래드스턴은 다음과 같이 덧붙였다.

아랍인들의 폭력에 맞서 무력을 동원할 시 나는 법적으로 어떠한 하자도 없을 뿐만 아니라 문명화된 세계를 대표하는 단합된 유럽 열강에 의해

규정되고 승인된 무력이 되도록 하고자 (…) 모든 노력을 기울였다.[10]

당연히 브라이트는 이 같은 해명에 만족하지 않았으며 내각에서 사임했다. 브라이트는 "자유당 정부든 토리당 정부든 모두 엄청난 공포와 고통, 범죄와 비용에도 불구하고 전쟁을 하고 있다"고 말하며 격렬하게 항의했다.[11]

영국 정부는 이로부터 74년 후인 1956년 이든 행정부가 '법의 지배rule of law'의 이념을 수호한다는 명목으로 이집트에 대한 군사 조치[이스라엘과 프랑스와 함께 이집트를 침공한 수에즈 사태Suez crisis를 지칭]를 준비하면서 이와 동일한 주장을 되풀이하게 된다. 한 편이 자신의 법적 지위와 법을 강제하기 위한 절차를 일방적으로 해석할 경우 언제나 그렇듯 대다수는 이 두 행위 모두 위선의 외투를 입고 자국의 이익을 추구하고자 취한 공격 행위로 간주했다. 하지만 전쟁은 개별 국가의 안전 보장 확보나 안정적인 세력 균형의 유지에 앞서 인류 공동의 이익에 견주어 정당화되어야만 한다는, 즉 자국의 이익만으로는 전쟁을 정당화할 수 없다는 글래드스턴의 생각은 전쟁의 도덕성에 관한 자유주의 사고에 있어서 중요한 진전이라 할 수 있다.[12] 글래드스턴은 국제 공동체의 존재를, 설령 이를 구현할 만한 제도가 구비되어 있지 않을지라도, 가정하고 있었다. 또한 글래드스턴은 국제 규범을 법령화하고 선포할 법정이 없을지라도 국제 규범의 존재를 믿었다. 글래드스턴은 열강들 간의 상호 협력을 통해 세력 균형을 유지해야 한다는 18세기의 관념을 받아들이면서도, 자국 내에서건 국제 관계에서건, 국가의 행동에 대해 일정한 도덕 기준을 적용하고 있었다. 마지막으로 글래드스턴의 관점은 그와 같은 기준이 유효하기 위해서는, 또 유럽 공법이 단순한 묘구 이상이 의미를 지니기 위해서는, 최후의 수단으로 전쟁이 감행될 수도 있다고 보았다. 국제 관계에 대한 이와 같은 글래드스턴식의 사고는 20세기 유럽과 미국의 대다수 자유주의 정치인의 인식과 행동은 물론이거니와 이들에 의해 설립된 국제 제도에도 지대한 영향을 미치게 된다.

이 같은 까닭으로 19세기 말 코브던의 소극적 자유주의는 국가 간 관계에서만 아니라 국내에서도 점차 영향력을 잃어갔다. 새로운 자유주의 세대를 대표하는 지도자 중 한 명이었던 H. N. 브레일스퍼드는 불간섭주의는 "우리 모두가 지니고 있는 인류애로부터 나오는 연민이 영국 해협을 건너" 얼마나 먼 곳까지 나아갈 수 있는지 정확하게 파악하지 못한 "아무런 내용도 없고 실행도 불가능한 허상"에 지나지 않는다고 비판했다.[13] 이 새로운 세대의 또 다른 저자인 J. A. 홉슨은 민주주의 국가들 사이에서는 구식의 제약이 더 이상 힘을 발휘하지 못한다고 주장했다. "외교 정책의 입안과 집행이 일부 귀족 계급의 손아귀에 있다면, 혹은 기업가의 이해득실이란 음모에 놀아나고 있다면, 또는 이 둘의 협력에 의해 좌지우지되고 있다면, 시기심으로 가득찬 중세 왕정의 정신과 근대 기업가의 끊임없는 욕망이 결합해 전투적인 분리주의 정신을 국제 관계에서 되살리고 자극할 것이다. 하지만 외교 관계에서도 일반 사람의 필요와 이익이 제대로 반영될 수 있는 길을 찾을 수만 있다면 저 밑에 가라앉아 있는 인류의 이익이란 정체성이 끊임없이 협력을 촉진시킬 국제 제도를 다지도록 만들 것이다"라고 홉슨은 기대했다.[14] 다시 우리는 톰 페인으로 되돌아왔다. 지배 계급이 오직 자기들의 이익을 위해 심어놓은 인위적인 제약으로부터 애덤 스미스의 "보이지 않는 손"을 자유롭게 풀어줄 수만 있다면 '보이지 않는 손'은 모두에게 이로운 방향으로 작동할 터였다.

이 같은 교리를 가장 우려하면서도 정확하게 풀이한 이는 아마도 철학자 T. H. 그린일 것이다. 1870년대 옥스퍼드대에서 한 강연을 묶은 『정치적 책무의 원칙에 관한 강의Lectures on the Principles of Political Obligation』(1885)에서 그린은 아래와 같이 설명했다.

> 국가 사이의 피할 수 없는 갈등이란 결코 존재하지 않는다. (…) 모든 국
> 가가 자신의 존재 이유가 자국의 영토 내에 거주하고 있는 모든 이의 능
> 력이 제대로 발휘되도록 하는 데 있다는 점을 명확히 인지하면 할수록
> 다른 국가도 그렇게 하기가 쉬워진다. 또 얼마나 많은 수의 국가가 그렇
> 게 하는가에 비례해서 국가 간 분쟁의 가능성은 낮아진다.
> 다른 한편으로, 어떤 국가에서 시민으로서의 평등이 그 개념에 비추어
> 불완전하게 구현되어 있다면, 이는 일정 정도 모든 국가에게 위험한 일
> 이기도 하다. 특권 계급이 지배하는 국가나 (…) 자신의 능력의 자유로운
> 계발을 방해받고 있는 이가 다수인 국가의 경우 (…) 국가 간에는 모종의
> 이익 다툼이 존재한다는 상상을 계속 불러일으킨다. 특권 계급은 무의
> 식적으로 자국의 이익이 국가 조직 내부의 개선보다는 국가 조직 외부의
> 개선에 있다고 생각할 뿐만 아니라 이 같은 생각을 퍼뜨리기도 한다. 반
> 대로 고통을 받고 있는 계급은 외부의 동정심을 유발해 자신들이 속해
> 있는 국가에 대한 외국의 개입을 유도한다. (…) 국가 간 전쟁은 결국 국가가
> 제 기능을 다하지 못하기 때문에 일어나는 것이다. 즉, 자국민의 권리를 제대로 보
> 전하거나 조정하지 못하기 때문에 일어나는 것이다[강조는 저자].[15]

이에도 불구하고 독립을 위해 투쟁하는 수많은 약소국의 권리와 이들의 정
당한 이의 세기를 세계 평화에 비추어 어떻게 공정하고 올바르게 가늠할 수
있을 것인가 하는 문제는 여전히 상당수 자유주의 사상가에게 큰 골칫거리였

다. 물론 사회적 효율성과 문명의 진보에 따른 이익을 위해 모든 약소국을 무시해버리자는 의견도 있었다. 대개 페이비언 운동[Fabian movement, 혁명보다 개혁에 중점을 두었던 영국 사회주의 운동]에 동조한 이들이 그랬다. 조지 버나드 쇼는 "국제 문명을 방해하는 국가는 크건 작건 상관없이 처단돼야 한다. 반면 국제 문명을 증진하는 국가는 모든 서구 열강의 보호를 받아 마땅하다"고 주장했다.[16] 하지만 이들은 소수에 불과했다. 20세기 초 자유당을 지지했던 대다수 지식인에게는 약소국과 억압받고 있는 민족의 권리에 관한 문제는 대단히 시급하고 중대한 사안이었다. 자유당 계열 지식인 중 한 명이었던 L. T. 홉하우스는 1904년 "자유주의 열정을 지탱한 영감의 상당 부분은 (…) 나폴레옹에 맞선 나라들, 터키에 맞선 동방의 기독교인들, 러시아에 맞선 폴란드인들, 오스트리아에 맞선 이탈리아인들, 잉글랜드에 맞선 아일랜드 사람들의 투쟁에 의해 불붙은 것이다"라고 힘주어 말했다. 홉하우스가 보기에 이는 의문의 여지가 없는 자명한 진리였다. "설령 지배 계급이나 지배 민족이 숭고한 다수결의 원칙에 따라 권력을 소유하고 있다고 해도 다른 계급이나 민족이 이들에 의해 구속받고 있다면 자유의 보호막은 더 이상 존재하지 않는다"고 홉하우스는 단언했다.[17]

이 같은 민족이 하나둘씩 세계만방에 자신의 정체성을 천명하자 이에 동감을 표했던 영국인들은 앞서 코슈트나 마치니를 도왔던 것처럼 이들의 주장을 알리고 대변하고자 결집했다. 아르메니아인과 페르시아인, 보어인과 인도인, 마케도니아인과 몬테네그로인, 불가리아인과 체코인, 크로아티아인과 세르비아인, 그리고 루테니아인 — 이들은 왜 가리발디의 영도 아래 이탈리아인들이 했던 것처럼 자유를 쟁취하기 위해 분투하지 않는단 말인가? H. N. 브레일스퍼드는 1897년 가리발디의 붉은 셔츠를 입은 이탈리아 자원병과 함께 터키에 맞선 그리스인들을 위한 투쟁에 뛰어들면서 경력을 쌓았다.[18] 1912년 발칸 연맹[그리스, 불가리아, 세르비아, 몬테네그로 간 맺어진 동맹]이 터키와 싸우기 위해 결성되자 자유당은 만장일치에 가까운 지지를 보냈다. 데이비드 로이드 조지는 이 싸움[1913년까지 오토만 제국에 맞서 치뤄진 제1차 발칸 전쟁]을 "자유의 경계를 확장하기 위한 전쟁"이라며 열렬히 환영했다.[19] 브레일스퍼드는 만약 발칸 반도의 민족이 "[터키의] 압제를 용인한다면" 이는 무력 저항보다 "더 뼈아픈 죄책감을 안겨줄 것이다"라고 강조했다. 노먼 에인절 역시 전쟁을 통해 국가가 무엇인가 얻을 수 있다는 생각은 거대한 환상이라고 주장한지 얼마 지나지 않았음에도 불구하고 "터키의 압제 하에서의 평화는 전쟁과 전혀 다를 바 없다. 발칸 민족의 해방은 문명을 향한 여정이다"라고 말하며 자신의 종전 주장을 뒤집었다.[20] 하지만 승승장구한 발칸 연맹은 해방된 민족에 대한 이 같은 기대와 달리 평화롭게 협력하지 않고 곧 서로 다투기 시작했다[불가리아에 맞선 제2차 발칸 전쟁, 1913년 6월~9월]. 얼마 지나지 않아 1913년의 이 같이 어긋난 기대는 더 끔찍한 재앙인 제1차 세계대전에 의해 완전히 파묻혀버렸다. 영국의 자유주의 언론은 이 때 이후로 민족 자결에 대한 무조건적인 지지 표명을 삼가게 된다.

중세 정의의 전쟁에 대한 개념이, 적어도 새로 등장한 민족과 관련해, 이처럼 어떠한 제어도 받지 않고 번지고 있었지만 자유주의자들은 18세기 합리주의자들의 주장을 논거로 삼아 열강들의 전쟁 준비를 계속 비판했다. 새로 등장한 민족의 경우와 달리 열강 간 갈등은 여전히 자신들의 지위와 권력 유지 그리고 부의 증식을 원하는 지배 계급의 이해득실로 인해 초래된다고 생각되었다. 하지만 19세기 후반 이와 같은 생각은 매우 중대한 수정을 거치게 된다.

앞서 살펴보았다시피, 19세기 초 경제학자들 사이에서는 생시몽과 생시몽의 추종자들이 산업가들이라 칭했던 중간 계급과 하층 계급의 점증하는 권력과 영향력이 조만간 귀족 계급의 기득권을 따라잡을 것이며, 그에 따라 반자동적으로 평화로운 국가 간 질서가 도래할 것이라는 주장이 상식처럼 받아들여지고 있었다. 이들의 예견은 어느 정도 들어맞았다. 19세기 중반의 부침 이후 유럽 열강은 40여 년 넘게 평화를 유지했다. 앞서 다루었듯이, 이 기간 동안 무역과 통신 또 자본은 국경을 넘나들며 유럽 사회를 점차 통합하고 있었다. 허나 당시 사회는 평화 운동에도 불구하고 여전히 전사 윤리가 살아남아 번성하던 사회였다. 코브던의 평화적인 국제주의는 조지프 체임벌린의 보호주의와 앨프리드 밀너의 제국주의에게 자리를 넘겼다. 영국에서는 중산층 자제에게 규율과 봉사, 애국심의 덕목을 심고자 공립 학교가 설립되었다.[21] 독일 국민 자유당Nationalliberale Partei[1867년 창당]의 부르주아 계급은 제국 정부의 '팽창forward' 정책을 충심으로 지지했을 뿐만 아니라 제국 군대의 부름을 받고 맡은 바 책무를 다하는 것을 최상의 특권으로 여겼다. 프랑스에서는 혁명 이전 귀족 계급의 전사 정신의 어떠한 유산보다 중산층의 급진적인 자코뱅[Jacobin, 프랑스 혁명 시기 로베스피에르를 위시한 급진주의자를 통칭] 군사주의 전통이 호전적인 국민주의가 자라날 수 있는 훨씬 더 비옥한 토양을 제공했다. 이는 폴 데룰레드와 불랑제 장군과 같은 이들에 의해 간간히 표출되기도 했지만, 드레퓌스 사건[Dreyfus Affair, 1894년 독일군과 내통한 혐의로 유대인 포병 대위 알프레드 드레퓌스를 체포한 일로 2년 뒤 실제 범인은 페르디낭 에스터하지라는 사실이 밝혀졌으나 이를 프랑스 육군 상부에서 무시하면서 극단적인 정치적 대립이 촉발되었다. 특히 반드레퓌스 측은 프랑스 내 군사주의적 민족주의를 응집시켰다]을 통해 진면모를 드러냈다. 20세기의 여명이 밝아올 무렵 유럽은 매우 호전적이고 군사적인 사회였으며, 상당히 심각한 수준의 군비 경쟁을 촉발한 증폭된 애국심과 외국인에 대한 혐오감은 예전의 귀족 계급에게만 책임을 돌릴 수 있는 성격의 것이 아니었다. 생시몽과 생시몽의 추종자들이 평화의 정신을 앙양시킬 것이라 기대했던 "부지런한industrious" 계급의 적의는 결코 덜 하지 않았다.

왜 그러했는가라는 질문은 단 하나의 명료한 답을 제시할 수 없는 역사적인 문제가 되었다. 이제야 우리는 겨우 대중 사회에서 그 같은 긴장의 원인과 여론의 동향을 연구하고 설명할 수 있는 지적 도구를 일궈내고 있다. 이제는 마르크스주의자든 마르크스주의자가 아니든 간에 아주 극소수의 역사학자만이 당시 세기가 바뀔 무렵 이미 널리 퍼져있었던 또 전간기에는 상식처럼 받아들여졌던 경제 결정주의에 기초한 단순한 설명에 만족할 뿐이다. '부르주아 계급bourgeoisie'은 (이 같이 엄밀하지 않은 개념을 사용하는 것이 허락된다면) 국가 간 경쟁과 전쟁에서 경제적인 이득을 챙길 수 있었다는 관점을 더 이상 고수하기란 어렵다. 프리츠 피셔Fritz Fischer가 독일의 경우와 관련해 보여주었듯이, 군비 증강과 제국 팽창으로부터 수익을 올렸던 기업도 일부 있기는 했지만 영향력 있었던 상당수 기업의 흥망은 자본주의의 국제적인 상호 교류 체제의 존속에 달려 있었다.[22] 영국과 독일의 기업을 부추겨 해외에서 경쟁하도록 만든 국가 간 경쟁은 상호 무역을 통해서 두 국가가 누릴 수 있는 공동의 이익과 비교해볼 때 하찮은 수준이었다. 종종 국가 간 경쟁에서 이들 기업은 정부의 조정자가 아니라 도구에 불과했다.[23] 자세히 살펴보면, 이 시기 대규모 무기 제조업체가 정부 정책에 미친 영향은 지극히 미미했다는 사실을 알 수 있다.[24]

이 시기 중간 계급의 호전성이 어느 정도까지 경제적인 이익보다 지위status 상승을 위한 노력의 일환이었는지 생각해 봐야 한다, 즉, 그것이 전사 윤리가 여전히 지배적인 사회에서 인정받고자 하는 욕망은 아니었는지 되짚어 봐야 한다. 달리 말해, 남성적인 공격성이나 전사적인 용맹성 혹은 국가의 부름에 대한 헌신성의 측면에서 볼 때, 회계사나 기업가 집안 출신이 토지 소유 귀족 계급 출신에 절대 뒤지지 않는다는 점을 보여주고자 했던 것은 아니었는지 살펴볼 필요가 있다. 만약 제1차 세계대전의 발발을 자본가 간 경쟁의 심화와 이들의 시장 확보 노력으로 설명하고자 하는 역사학자와 정치학자가 있다면 이들은 마치 시계를 잃어버린 곳이 아니라 불빛이 있어 앞이 잘 보이는 가로등 밑에서 잃어버린 시계를 찾는 술주정뱅이와 흡사하다고 하겠다.

카를 마르크스와 마르크스주의자들에게는 문제가 될 것이 전혀 없었다. 이들에게 맨체스터 학파[Manchester School, 리처드 코브던과 존 브라이트 등이 이끈 자유 무역 학파]의 평화주의는 자본가 계급이 귀족 계급의 지배 체제를 와해시킨 후 자신들의 지배 체제를 세우기 위한 방편에 지나지 않았다. 일단 자신들의 지배 체제가 들어서면 자본가 계급은 이를 공고히 하기 위해 노동자 계급만 아니라 자기들끼리도 싸울 것이 확실했다. 바꿔 말해, 부르주아 계급은 귀족 계급을 몰아내고 전쟁에서 이득을 챙기는 지배 계급이 되었을 따름이다. 따라서 지구상 모든 민족이 평화롭게 공존하고자 한다면 부르주아 계급도 마찬가지로 전복되어야만 했다. 마르크스주의자들에게 자본주의는 봉건제와 마찬가지로 필연적으로 전쟁을 뜻했다.[25] 따라서 사회주의의 교리는 본질적으로 톰 페인의 주장과 다를 것이 없었다. 사실 19세기 말 급진적인 자유주의자와 사회주의자의 당시 상황에 대한 판단은 상당 부분 일치했다. 단지 이들은 평화로운 정치 행동이 더 늦기 전에 이 상황을 치유할 수 있을 것인지 아니면 폭력 혁명이라는 대수술만이 곪아터진 이 상황을 고칠 수 있을 것인지에 대해 다른 답을 상정했을 따름이다.

자유주의자와 사회주의자 모두 자본가 계급이 유럽에서는 사이좋게 협력하고 있는 것처럼 보이지만 실상 유럽 바깥에서 이들의 경쟁은 매우 위태로운 상황을 낳고 있다는 홉슨의 유명한 주장이 상당히 설득력 있다고 생각했다. 남아프리카에서의 전쟁[제2차 보어 전쟁, 1899년에 발발]이 끝난 직후인 1902년에 출판된 홉슨의 『제국주의Imperialism』는 제국 팽창이란 대단히 복잡한 현상을 "경제적인 측면을 주된 원인"으로 삼아 과감하게 분석했다. 홉슨에 따르면, 유럽의 국가가 하나둘씩 기계 경제 체제로 진입하고 선진 산업 기술을 도입하면서 각국의 제조업자와 무역상, 금융업자는 모두 자국의 경제적인 자원만으로는 수익을 올리기가 점점 더 어려워졌다. 이들은 이에 자신들의 사적인 목적을 위해 정부로 하여금 멀리 떨어져 있는 발전이 덜 된 국가를 병합하거나 자국의 보호 아래 두도록 한다고 홉슨은 논했다.[26] 즉, 유럽 각국의 정부는 이와 같은 압력으로 인해 아직 개발이 덜 된 지역을 착취할 수밖에 없을 뿐만 아니라 이로 인해 전쟁 직전까지 되풀이해서 내몰린다는 주장이었다.

이 같은 주장이 어떻게 되었는지 굳이 추적할 필요는 없다. 홉슨의 분석은 슘페터나 필드하우스, 로빈슨과 갤러거와 같은 역사학자에 의해 가멸차게 비판을 받기도 했지만, 레닌에 의해 신성시되면서 현재 마르크스—레닌주의의 근본 기조가 되었다.[27] 여기에서는 단지 파쇼다 사건[Fashoda incident, 1898년 발생한 나일강 북부 유역을 둘러싼 영국과 프랑스 간 외교 분쟁], 의화단의 난[Boxer Rebellion, 1899년에서 1901년 사이 일어난 중국의 반외세 봉기로 이에 맞서 영국, 프랑스, 러시아를 비롯한 유럽 열강과 일본 등이 미국 등이 함께 진압], 보어 전쟁, 1905년과 1911년 모로코를 두고 발생한 두 번의 큰 위기[1905년 터진 제1차 모로코 위기는 프랑스와 스페인의 분할 논의에 독일이 반발하면서 발생했으며, 영국은 이집트에 내린 보강을 대가로 전자의 시도를 묵인했다. 1911년 터진 제2차 모로코 위기는 지역 주민의 반란을 진압하고자 프랑스가 군대를 파견하자 이에 자국민 보호를 명목으로 독일이 군함을 급파하면서 일어났다. 일촉즉발의 긴장 상태에도 불구하고 두 사태 모두 협상을 통해 평화적으로 마무리되었다]의 시대, 홉슨의 위와 같은 분석이 매우 설득력 있는 분석으로 여겨졌다는 점만 강조하기로 하자. 1913년에 이르면 자유주의자나 급진주의자나 사회주의자나 가릴 것 없이 모두 제국주의를 평화에 대한 두 가지 중대한 위협 중 하나로 꼽았다.

다른 하나는 군비 경쟁이었다. 군비 경쟁의 원인에 대해서 이들은 "죽음의 상인들merchants of death"의 탐욕과 영향력 이외에 다른 원인이 있다고 보지 않았다. 무기 제조업자들은 가혹한 비난을 면치 못했다.

(1913년 한 대표적인 급진주의 기관지는 다음과 같이 적었다). 전 세계가 잘 알고 있듯이 크루프[Krupp, 1810년 프리드리히 크루프가 설립한 주물 회사로 이후 아들 알프레트에 의해 철강 회사로 성장했으며 철도와 대포 생산에 주력했다]와 크루프 일당이 도처에서 획책하고 있는 공포와 불안을 자아내는 전쟁의 공포 앞에서 유럽 문명은 정말로 절망적인 상황에 처해 있다. (…) 강철 갑옷을 두르고 영웅들이 흘린 피를 안락한 사무실에 느긋이 앉아 있는 주주들actionnaires의 더러운 황금으로 바꾸는, 전설 속의 크로이소스[Croesus: 기원전 560년에서 546년 재위한 리디아의 마지막 왕으로 대단한 부자로 알려져 있다]보다 더 부유하지만 일말의 양심도 없는 음흉한 악의 세력이 유럽 각국의 심장부에서 치솟아 오르고 있다.[28]

같은 시기 노동당 기관지 『노동 지도자Labour Leader』 역시 다음과 같이 외쳤다.

국제 무기 제조상들armaments trusts은 자본주의의 수많은 악 중 가장 끔찍한 악이다. 이들은 죽음을 사고파는 국제적인 음모에 다름 아니다. (…) 지금이야말로 자신들의 피를 빨아먹으며 기생하고 있는 이 가증스러운 문어를 만국의 노동자 계급이 단결해 난도질할 때가 아닌가?[29]

여기에서 다시 우리는 왜 당시 수많은 이가 원인과 결과를 혼동했는지에 대한 설득력 있는 답변을 듣게 된다. 크루프와 비커스[Vickers, 1828년 설립된 영국 선박 회사로 군함 및 잠수함 건조], 슈나이더─크루소[Schneider─Creusot, 1836년 철강 회사에서 시작해서 군수 회사로 발전한 프랑스 사업체]와 스코다[Skoda, 1895년 설립된 체코 자동차 회사로 군용 자동차 생산] 등과 같은 일부 기업을 제외하면 전전 기간 유럽에서 광적인 군비 경쟁에서 이득을 챙긴 이는 찾아보기 힘들었다. 따라서 이 같은 요소를 복잡하고 위험한 상황으로부터 분리시킨 뒤 전쟁의 근본 원인으로 규정하는 것은 매우 손쉬운 일이었다. 심지어는 에드워드 그레이 경처럼 전혀 급진적이지 않은 이조차도 이러한 관점을 조심스럽게 따랐다.

(많이 인용되는 다음의 말을 그레이가 했다). 막대한 군사력은 반드시 전쟁을 야기하기 마련이다. 군비 증강은 (…) 다른 나라의 힘을 의식하도록 만들 뿐더러 공포를 조장하기도 한다. 공포는 의심과 불신뿐만 아니라 온갖 사악한 상상을 불러일으킨다. 결국 각국 정부는 만반의 준비 태세를 갖추지 않으면 조국을 배신하는 중한 범죄를 저지르는 것으로 믿게 되며, 모든 정부는 다른 정부의 이 같은 경계를 그들의 호전적인 의도를 보여주는 증거로 여기게 된다.[30]

제국주의자, 금융 자본가, 군국주의자, 무기 제조업자가 인류를 위해 요리하고 있는 마녀의 비약witches' brew을 무력화할 묘약이 당시 있었을까? 여전히 정보 및 선전의 증대와 국경을 넘나드는 국민 간 유대에 희망을 걸었던 이들이 있었다. 사회주의자 알프레트 프리트는 1908년 "우리는 더 건강하고 건전한 정체의 건설을 목표로 삼아야 한다. 열린 대화가 불러오는 신선한 공기와 문명과 진정한 인류애의 따스한 햇살이 국가 간 질투와 대량 살육으로 우리를 유도하는 나쁜 병균을 박멸해줄 것이다"라고 기대했다.[31] 1912년 E. D. 모렐은 국가 간 긴장 상황을 유발하는 핵심 원인으로 "비밀 외교secret diplomacy"를 지목하고 이에 대중에게 국제 정치의 현실을 상세히 알려줘야 한다고 강조했다. 모렐은 "교육을 받아 지식 있는 시민은 사실 관계에 관한 정보만 제대로 제공된다면 올바른 결론에 별다른 어려움 없이 도달할 수 있을 것이다"라고 확신에 차 말했다.[32] 1914년 브레일스퍼드는 문제는 결국 "민주주의의 정신을 어떻게 외교 분야에 주입할 것인가와 도처에서 국가 이익이라는 미명 하에 여론을 호도하며 사적인 이익을 챙기는 소수의 지배 계급에 어떻게 맞서 대항하고 이들을 물리칠 것인가에 달려"있으며, 해법은 "여론이 점차 계몽될 시as it becomes enlightened[강조는 저자] 외교 정책을 감시하고 지도할 수 있도록 하는 기제를 마련하는데 있다"고 주장했다.[33]

"교육받은 여론educated public opinion"을 논할 때 영국의 대다수 자유주의자는 자신과 같은 종류의 사람, 즉 계몽주의를 계승한 중산층 혹은 자신과 같은 수준으로까지 계도될 수 있는 성실하고 교육받은 제조업 종사자를 떠올렸다. 이에 반해, 특히 대륙의 사회주의자들은 훨씬 더 많은 이를 상정하고 있었다. 그들에게 '인민'이란 프롤레타리아트proletariat, 즉 성공적인 전쟁에서조차 이득을 챙기지 못하는 철저한 패배자인 임금 노예를 뜻했다. 브레일스퍼드도 대륙의 사회주의자들과 같은 결론을 내렸다. 찰스 트리벨리언 역시 조만간 이와 같이 생각하게 될 터였다. 브레일스퍼드는 자유주의자란 다음과 같은 자라고 통렬하게 비판했다.

> 오늘 군축과 중재를 논하는 자유주의자는 (…) 내일이면 자신의 경쟁 세력[보수주의자] 못지않게 현재 외교와 금융을 연결하고 있는 청부업자와 은행가에 의존하는 정당[보수당]을 위해 발 벗고 나설 것이다. 평화를 위한 교육과 조직은 오로지 사회주의 정당에 의해서만 온전히 이루어질 수 있다. 사회주의 정당만이 언제나 한 마음 한 뜻으로 군사주의와 제국주의에 반대표를 던지는 세력을 대표한다.[34]

이는 물론 사회주의 인터내셔널[Socialist International, 1889년 7월 파리에서 창설되어 1916년까지 활동한 노동당 및 사회당 국제 조직으로 제2인터내셔널Second International을 지칭]의 지도부가 따랐던 교리이기도 했다. 제1차 세계대전 발발 직전 장 조레스는 브뤼셀에서 대중 집회를 촉구하며 이렇게 부르짖었다. "당신은 프롤레타리아트가 누구인지 아십니까? 함께 평화를 사랑하고 전쟁을 혐오하는 우리 대다수가 바로 프롤레타리아트입니다!"[35] 1912년 11월 바젤에서 열린 인터내셔널 회의는 프롤레타리아트를 "세계 평화의 개시자"로 선포했다. 제1차 발칸 전쟁으로 말미암은 위기에 힘입어 유럽 각국의 사회주의 정당은 평화를 호소하는 일련의 대규모 대중 시위를 성공적으로 조직할 수 있었다. 10월 20일 베를린에서는 추정하건대 25만 명이 넘는 인원이 참여했다고 한다. 이로써 프롤레타리아트는 절대로 순순히 전쟁터로 끌려가지 않을 것이라는 바젤에서의 경고에 힘이 실리는 듯싶었다. "인터내셔널은 권력을 쥐고 있는 위정자들에게 이렇게 명령조로 소리칠 정도로 강력하다. 혹시라도 필요하다면 인터내셔널은 행동으로 이를 보여줄 것이다. 전쟁에 대한 전쟁, 세계 평화, 노동자 인터내셔널 만세!"[36]

그럼에도 불구하고 프랑스인 귀스타브 에르베의 제안, 즉 즉각적인 노동자 총파업을 통해 전쟁의 발발을 막아야 한다는 제안은 받아들여지지 않았다. 프롤레타리아트는 국제적international일 수는 있었지만 초국가적supernational이지는 않았다. 자유주의 사고 안에는 민족주의와 국제주의의 실타래가 여전히 뒤엉켜 있었다. 1911년 조레스는 다음과 같이 적었다.

> 독일 군대 밑에서 사나 프랑스 군대 밑에서 사나 다를 것이 전혀 없다고 말하는 프랑스인이 혹시라도 있다면 (…) 너무나 어처구니없어 뭐라 반박하기도 어려운 궤변을 늘어놓고 있는 것이다. 자신의 영속성과 통일성을 의식하는 역사적 집단으로 국가가 존재하는 곳이라면 이 같은 국가의 자유와 일체성에 대한 어떠한 공격도 문명에 반하는 공격, 곧 야만으로의 퇴보다. 바로 이것이 진리다.[37]

독일의 사회주의자 베벨 역시 이와 똑같이 말했다. "독일의 흙과 조국 독일은 다른 누구도 아닌 독일 인민인 우리 자신의 것이다. 만약 테러와 야만주의를 대표하는 러시아가 독일을 침공해 독일을 파괴하고 멸망시키고자 한다면 (…) 우리는 우리 위정자만큼이나 분노를 금치 못할 것이다."[38] 영국인 브레일스퍼드도 같은 생각이었다.

사회주의자는 정복자에 맞서 자신의 자유와 정체성을 지키고자 하는 모든 민족의 권리를 언제나 누구보다 나서서 존중하며 누구보다 끝까지 옹호한다. 더 발전된 나라는 모두 에르베의 제안을 따라야 한다는 주장은 덜 발전된 나라로 하여금 이들을 정복하고 노예로 삼으라는 초대에 다름 아니다. (…) 사회주의자가 가장 많은 나라가 가장 먼저 이웃 나라에 의해 점령당하고 약탈당할 것이다.[39]

즉, 노동자 계급의 지도자들은 노동자 계급의 애국심이 해당 사회 어느 집단의 애국심보다 절대 덜하지 않다고 보았던 것이다. 그렇다면 실제로 노동자 계급이 다른 어느 집단보다 더 열성적으로 평화를 갈망한다고 여길만한 근거가 있기라도 한 것일까? 앞서 우리는 크림 전쟁의 결과로 코브던이 품었던 환상이 깨지는 것을 보았다. 보어 전쟁 동안 코브던의 후계자들도 마찬가지였다. 신문들은 전쟁을 반대하는 이들을 매도했다. 이들의 집회는 해산되었으며, 심지어 집회가 끝난 뒤 이들은 폭행을 당하기도 했다. 이런 일을 겪은 뒤 홉하우스는 전쟁이 이기적인 계급 이익으로 인해 발발하기에 민주주의 국가는 당연히 평화를 선호할 수밖에 없다는 주장을 자신은 더 이상 믿지 못하게 되었다고 털어놓았다. 홉하우스는 "한 계급이 다른 계급을 대하는 것처럼 국가 또한 이기적으로 상대 국가를 무정하고 잔악하게 대할 수도 있는 것이다"라고 말했다. "사람들은 대체로 어떠한 사악한 이익도 품지 않는다는 주장은 다른 나라나 식민지와의 관계를 전혀 고려하지 않고 있다."[40] 독일에서는 막스 베버가 동일한 결론에 다다랐다. 베버는 "강대국의 사회주의 세력이라고 해서 역사 속의 다른 세력이 그랬던 것과 달리 자신의 협조자를 위해 힘없는 집단을 위협해 이익을 길취하는 행위를 굳이 꺼려해야 할 만한 명확한 이유는 사실 존재하지 않는다"고 주장했다. 베버는 또한 대중의 "평화 본능"에 대해서도 매우 회의적이었다. 베버가 보기에 대중은 그들의 위정자보다 더 쉽사리 감정에 따라 움직였다. 게다가 사회주의자들이 어떻게 주장하건 간에 대중은 유산 계급에 비해 전쟁에서 잃을 것이 별로 없었다. 오히려 대중에게 전쟁은 사회 변화와 지위 향상을 위한 절호의 기회가 될 수도 있었다.[41] 조지 버나드 쇼는 당시 상황을 다음과 같이 나름대로 풀이했다. "계급을 떠나 외국 여행을 가본 적이 적거나 외국 문학에 대한 이해가 낮은 경우 사람들은 호전적이 되며, 외국인에 대해 편견을 가지며, 난폭한 운동 경기에서처럼 한 판 붙고자 한다. 간단히 말해, 외교 문제와 관련해 망나니처럼 행동하게 되는 것이다."[42]

제1차 세계대전의 발발은 이 모든 공포를 확인시켜주었다. 평화를 호소하는 인터내셔널의 지도자들은 자신들이 조국에서조차 지지를 받지 못하고 고립되어 있다는 사실을 깨달았다. 오스트리아의 사회주의자였던 빅토르 아들러는 세르비아와의 전쟁을 환영한 빈 대중의 열정을 목도한 뒤 "노동자 계급에 맞서 옳다고 고집하느니 차라리 함께 잘못되는 것이 낫다"라고 참담히 결론을 내렸다.[43] 독일 사회민주당Sozialdemokratische Partei[1875년 창당] 당원이었던 빌헬름 디트만은 "당은 달리 행동할 수 없었다. 만약 사회민주당이 전쟁을 반대했다면 당은 전선에 나가 있는 이들뿐만 아니라 국내에 있는 이들로부터 엄청난 비난을 받아야만 했을 것이다. 사회주의 조직은 모두 대중의 분개에 앞에 완전히 쓸려갔을 것이다"라고 말하면서 제국 의회Reichstag에서 참전에 찬성한 당의 결정을 두둔했다.[44] 평화주의자였던 램지 맥도널드는 하원에서 결연히 항의한 뒤 노동당 대표직에서 물러났다. 1914년 적어도 서유럽에서 노동자 계급의 반응은 옳든 그르든 간에 프롤레타리아트 계급이 이번 전쟁을 자기들의 이익만 쫓는 엘리트들의 음모에 의해 조작되는 국가 정책의 문제로 간주하고 있지 않다는 점을 분명하게 보여주고 있었다. 서유럽의 노동자 계급은 이번 전쟁이 어느 누구보다 자신들이 직접적으로 관련된, 조국의 존망이 걸린 문제로 인식했다.

만약 전쟁이 발발한다면 이는 제국주의와 자본주의 간 갈등의 결과라고 굳게 믿고 있었던 자유주의자들에게 이 새로운 국민전war of nations은 실로 엄청난 충격이었다. 왜냐하면 1914년 즈음 자유주의 이론가 사이에서는 경제 분야에서의 경쟁이 예상했던 것보다 덜 위험한 수준으로 판명되었기에 전쟁의 위험 역시 줄어들고 있다는 주장이 설득력을 얻고 있었기 때문이다. 영국과 프랑스는 이집트에서의 갈등[파쇼다 사건]을 큰 문제없이 조정했으며, 프랑스와 독일 또한 모로코에서의 두 번의 충돌[모로코 위기]을 원만히 해결했다. 또한 오토만 제국의 문제와 관련해 독일과 영국은 협력 관계를 유지하고 있었다. 유럽 열강은 1912년 발칸 사태에 직면해 지체 없이 협조해 성과를 올리면서 평화를 향한 — 글래드스턴이 말했던 의미에서 국제 공법의 수호자의 역할을 맡고자 하는 — 공동의 의지와 능력을 만방에 알렸다[영국과 프랑스, 독일과 오스트리아–헝가리, 러시아와 이탈리아가 제1차 발칸 전쟁을 종식시키고 오토만 제국과 발칸 연맹 간 영토 조정을 하기 위해 1912년부터 1913년까지 개최한 런던 회담London Conference을 지칭]. 그리고 이 모든 것의 뒤에는 위기가 발생할 때면 언제나 국제 주식 시장의 동향을 통해 전쟁에 대한 공포를 충실하게 드러내 주었던 금융 자본의 국제적인 이해관계와 함께 거대 은행 가문과 기업 활동 조합industrial combines의 국제적인 이해관계가 굳건히 버티고 있었다. 그렇다면 코브던이 결국 틀렸을 수도 있단 말인가? 촘촘히 짜인 공동의 금융과 상업의 이익의 국제적인 네트워크의 구축이야말로 평화를 위한 최상의 보장책이 아니었단 말인가?

"톰 페인 이후 가장 멋들어지게 영어 선전문을 쓴" 작가로 마땅히 추앙

받았던 노먼 에인절은 이 두 질문에 그렇다고 답했다.**45** 『거대한 환상Great Illusion』(1911)에서 에인절은 전쟁이 일어날 리 없다고 단정내리지 않았다. 에인절은 단지 전쟁이 쓸모없으며, "군비 경쟁과 전쟁 문제에 대한 해법은 바로 이 같은 진리를 터득하는 데 있다"고 주장했을 따름이다.**46** 에인절은 자본가에게 "조국이란 없다. 자본가는 (…) 군비 경쟁과 정복 그리고 영토 분쟁이 자신의 목적에 도움이 되지 않을 뿐더러 오히려 심각한 해가 될 수도 있다는 점을 알고 있다"고 적었다.**47** 에인절은 어느 나라도 더 이상 힘으로 다른 나라의 부와 무역을 강탈할 수 없을 것이라고 장담했다. 에인절은 "채권이나 무역 계약이 압류의 위협으로 인해 방해를 받는다면 신용에 기초한 부는 줄어들기 마련이다. 신용의 붕괴는 당연히 정복자의 신용과 부에도 좋지 않은 영향을 미친다. 따라서 정복자는 정복이 자신에게 득이 되도록 하려면 적의 재산일지라도 보호해줘야만 한다. 아니면 정복은 경제적으로 볼 때 헛된 일이 된다"고 논했다.**48** 이제 모든 사람을 설득해 이를 믿도록 만들어야 했다. 즉, 여론에 **호소**appeal하는 것이 아니라 여론을 **교육**educate해야 했다. 에인절이 보기에, 일반 대중의 생각은 여전히 앞선 시대의 오래되어 낡아빠진 개념에 의해 지배되고 있었다. "유럽의 정치 상황을 쇄신하기 위해서는 무엇보다 일반 대중의 생각을 쇄신해야 할 것이다."**49**

1914년 여름 에인절의 『거대한 환상』 못지않게 당대 상당한 영향력을 행사했던 브레일스퍼드의 『강철과 황금의 전쟁War of Steel and Gold』이 출판되었다. 이 책에서 브레일스퍼드 역시 여론을 교육해야만 한다는 주장에 적극 찬동했다. "국가가 위기에 처한 순간에도 민주주의가 제대로 작동하기를 바란다면 지금보다 더 많은 교육적인 선전과 원칙을 확고히 정립하기 위한 의식적인 노력이 바로 요구된다."**50** 이어 브레일스퍼드는 세력 균형을 유지하기 위한 무혈 투쟁과 군비 경쟁으로부터 막대한 수익을 올리는 기득 세력이 유럽 사회 내 있기는 하지만 "오늘날 유럽인 중 전쟁을 원하는 이는 찾아보기 힘들며, 전쟁을 원하는 이들 중 마지막 결단의 순간이 닥쳤을 때 실제로 공격을 개시할 정도로 정말로 사악한 힘을 가진 이는 더더욱 찾아보기 힘들다"고 장담하며 에 인절의 주장에 동의했다.[51] 앞서 벤담이 그랬듯이 브레일스퍼드 또한 상업 경쟁만 안정된다면 전쟁을 촉발할 만한 어떠한 요인도 없다고 확신했다. 브레일스퍼드는 "유럽에서 정복의 시대는 끝 난지 오래다. 발칸 국가와 오스트리아 그리고 러시아 제국 간의 문제를 제외한다면 현 정치 상황에서 유럽의 국민 국가 간 경계가 마침내 무너져 내렸다는 것만큼 자명한 정치적 사실은 없다. 나는 여섯 열강 사이에서는 더 이상 전쟁은 없으리라 자신한다"라고 적었다.[52]

만약 대륙의 사회주의자들이 브레일스퍼드와 마찬가지로 낙관적인 예측을 하지 않았다면 이 정말로 시기적으로 운이 없는 예측을 영국의 무지와 섬나라적인 특성을 보여주는 한 예로 치부할 수도 있을 것이다. 허나 1914년 6월 제2인터내셔널은 국제 상황이 전반적인 긴장 완화에 접어들었다고 발표했다. 소수 희망에 부푼 이들은 일 년 전 열렸던 평화를 향한 대중의 감명 깊은 시위가 지배 계급을 위압하는 성과를 거두었다고 치사하고 있었지만, 대개는 카를 카우츠키의 다음과 같은 견해에 동의하고 있었다. 즉, 제국주의는 분명 위험한 긴장 관계를 낳고 있지만, "정반대로 경제적인 이유로 평화의 보존에 관심을 가지며, 이에 다른 요인의 성장을 고무하는 요소 또한 사회 내부에 존재한다." 카우츠키의 동료인 베벨은 "오늘날 세계 평화의 가장 중요한 보장책은 자본주의의 국제적인 투자라 할 수 있다"고 확언했다. 1914년 6월 네덜란드의 사회주의자인 플리헌 또한 군사주의와 군비 경쟁의 위험을 인정하면서도 "진실로 전쟁을 정당화할 만한 확실한 이익은 어디에도 존재하지 않는

다"고 적었다.[53]

　다시 말해, 1914년 자유주의자들과 사회주의자들은 전쟁을 열망하는 자본가 계급이 평화를 갈구하는 강력한 세력으로 완전히 탈바꿈했다는 최면에 걸려 진정한 위험을 과소평가하고 있었던 것이다. 즉, 이들은 자신들이 오랫동안 비난해 마지않았던, 세력 균형에 기초한 국가 간 체계에 내재되어 있는 힘에 따른 위험과 자신들이 북돋웠던 군사적 민족주의라는 새로운 힘에 따른 위험을 과소평가하고 있었던 것이다. 바로 이 둘이 결합되어 자유주의자들과 사회주의자들이 세우고자 온갖 수고를 아끼지 않았던 초국가적 공동체를 재건할 희망조차 품지 못하도록 완전히 초토화시켜 놓았다. 하지만 1914년 유럽 각국의 자유주의자 대다수는 어떠한 양심의 가책도 느끼지 않고 출정했다. 이들 중 일부는 민족의 권리를 주장하고 수호하기 위해서 싸웠다. 반면 다른 일부는 외세의 침략으로부터 고향 땅을 지키기 위해 싸웠다. 영국의 경우에는 유럽 공법에 대한 글래드스턴의 이상을 견지하기 위해 싸웠다. 누구도 이들을 비난할 수 없었다.

군사력과 국제 연맹

1914~1935

지난 장 말미에서 우리는 어떻게 해서 유럽의 자유주의자 대다수가, 심지어는 평화 운동에 열성적으로 참여했던 이들조차, 일말의 양심의 가책 없이 참전할 정도로 제1차 세계대전을 정당한 전쟁으로 여기게 되었는지 살펴보았다. 러시아의 자유주의자들은 자신들이 슬라브 민족의 자결을 위해 싸운다고 믿었다. 독일과 오스트리아의 자유주의자들은 러시아의 독재로부터 유럽을 지켜내고자 전쟁에 임했다. 프랑스와 벨기에, 세르비아의 자유주의자들은 각자 자신들의 조국을 수호하기 위해 싸우고 있는 것이 분명하다고 생각했다. 이탈리아인들은 오스트리아에 맞서 민족 해방을 마무리하고자 피를 흘렸다. 영국의 자유주의자들은 자신들이 유럽 공법을 보존하는 한 편 야만적이고 명분 없는 침공으로부터 여러 작은 나라의 권리를 방어하고 있다고 자신했다.

하지만 영국의 자유주의자 대다수는 일이 말처럼 쉽지만은 않을 것이라는 점을 알고 있었다. 독일의 벨기에 침공은 명백히 국제법 위반 사항으로 이에 대한 개입은 어떠한 관례적인 정치 도덕의 관점에서도 정당화될 수 있었다. 허나 영국은 독일이 벨기에를 공격하지 않았다고 해도, 또 프랑스와의 비밀 조약 체결 여부를 떠나, 상당 기간 중립을 고수할 수 있는 처지가 절대 아니었다. 에드워드 그레이는 영국이 처한 상황을 하원에서 어느 의원도 대꾸하지 못할 정도로 알기 쉽게 풀어 설명했다.

> 이 같은 위기 상황에서 만약 우리가 벨기에와의 조약에 따른 명예와 이익을 지키고자 하지 않는다면, 마지막에 우리가 아무리 막강한 힘을 가지게 된다고 해도 바닥에 떨어진 우리 명성에 비추어보아 그것이 그렇게 가치가 있는 것인지 나는 정말로 되묻고 싶다. 또한 나는 참전 여부와 상관없이 어느 열강도 전쟁이 끝날 무렵 서유럽 전체가 적대 세력의 지배 아래 들어가는 것 — 만약 전쟁의 결과가 그와 같다면 — 을 저지할 만큼 막강한 힘을 휘두를 수 있는 위치에 머물러 있을 것이라 절대 생각하지 않는다.[1]

즉, 유럽 공법의 문제 기저에는 "잘못된 우상"인 세력 균형에 대한 피할 수 없는 고려가 깔려 있었던 것이다. 하지만 유럽 공법의 문제 기저에는 전쟁이 진행될수록 더 영향력을 발휘하게 될 그리고 결국에는 전쟁에 대한 20세기 자유주의적 정당화의 핵심 주제가 될 이데올로기적인 요소도 자리하고 있었다. 국제법 위반을 벌하기 위해 아니면 대륙에서 세력 균형을 유지하기 위해 독일과 싸워야 했던 것은 아니었다. "민주주의를 위해 안전한" 세계를 건설하기 위해서는 반드시 발본색원해야 할 군국주의적이고 파괴적인 철학의 손아귀에서 독일이 놀아나고 있기에 싸워야 했다.

영국의 자유주의 언론 매체는 단 며칠 만에 이 같은 결론에 다다랐다. 1914년 7월 31일 『맨체스터 가디언』지는 여전히 동맹과 세력 균형에 대한 고려로 참전을 주장했던 이들을 모두 싸잡아 비판하며 다음처럼 우려를 표했다. "혹시라도 영국이 어떤 비밀 협약의 형식적인 조문에 의해 부지불식간에 대륙의 두 군국주의 동맹[독일과 오스트리아—헝가리 동맹과 프랑스와 러시아 동맹을 지칭] 간 결전이라는 사악한 도박의 파괴적인 광기에 이미 휩쓸린 것이 제발 아니기를." 일주일 뒤인 8월 6일 또 다른 자유주의 계열 신문인 『데일리 뉴스』는 "어쩌면 우리가 중립을 지키는 것이 옳을 뿐만 아니라 신중하고 더 정치가다운 행동일지도 모른다. (…) 지난 10여 년 동안의 잘못된 정책 때문에 우리는 지금 이 끔찍한 전쟁에 휘말려 있다. (…) 어차피 휘말린 전쟁 (…) 우리는 필히 승리를 거두어야만 한다"고 적으며 현실을 받아들여야 할 것이라고 논했다. 『데일리 뉴스』는 이틀 뒤 "지금 야만주의가 최후의 발악을 하고 있다"라고 희망을 내비쳤으며, 9월 말에 가서는 위대한 자유주의 언론인이었던 A. G. 가드너의 현재 영국은 "암흑의 정신에 맞선 빛의 정신이다"라는 논조의 사설을 실었다.[2] 이 즈음 H. G. 웰스는 "전쟁을 끝내기 위한 전쟁war to end war"이란 문구를 지어냈다. 11월 말 독일군이 첫 번째 이프르 전투에서 영국의 방어선을 뚫기 위해 마지막 사력을 다하고 있을 무렵 아마도 영국의 자유주의자 대다수는 "이 전쟁은 삶과 죽음의 문제다"라는 조지 트리벨리언의 견해에 깊은 동의를 보내고 있었을 것이다.[3]

모두가 아니라 대부분이 그러했을 것이라는 말이다. 앞서 살펴보았듯이, 찰스 트리벨리언은 영국의 참전을 반대하며 관직을 내던진 여럿 중 한 명이었다. 램지 맥도널드는 하원에서 홀로 반대 입장을 고수했다. 저명한 노먼 에인절과 E. D. 모렐은 전쟁 발발 며칠 뒤 맥도널드의 노동당 동료인 필립 스노든과 또 다른 고위층 인사인 전직 외교관 아서 폰슨비와 함께 민주적 통제를 위한 연합을 결성하기로 결의했다. 전쟁 자체를 반대하는 것이 이들의 목적은 아니었다. 이들은 단지 독일의 승리가 자신들이 염두에 두고 있는 바를 가져다주지 않을 것이 분명하기에 행동을 취했다. 전쟁 중에는 외교 정책에 대해 명확히 사고하고자, 전쟁 후에는 자신들의 이상에 따른 새로운 국제 체제의 등장을 위해 노력하고자, 즉 이들은 이 전쟁이 "전쟁을 끝내기 위한 전쟁"이라는 점을 분명히 하고자 민주적 통제를 위한 연합을 결성했던 것이다.

민주적 통제를 위한 연합의 관점은 단체의 활동에 제일 열성적으로 참여했던 모렐의 『전쟁 이후The Morrow of the War』(1914)라는 책자에 명쾌하게 제시되어있다. 전쟁의 원인에 대한 전통적인 자유주의 교리를 상세히 논하고 있는 모렐의 이 책자는 국제 정치에 대한 영국의 자유주의 사고가 제러미 벤담과 톰 페인 이래 거의 변한 것이 없다는 사실을 잘 보여주고 있다.[4]

> (모렐은 다음과 같이 적었다). "세력 균형" 이론과 비밀 외교는 결합될 시 전쟁을 불러오는 두 요소다. 이와 매우 밀접한 또 다른 두 요소가 전쟁의 불씨를 당기게 되는데 바로 군비의 지속적인 증강과 무기 제조 기업의 사적 이익에 대한 관용이다.

따라서 평화 협정의 한 부분으로 대대적인 군축과 더불어 무기 제조업의 국유화가 전반적으로 이루어져야만 했다. 이와 함께 외교 정책에 대한 민주적 통제를 가능케 할 적절한 기제도 마련되어야만 했다. "만약 전쟁이 끝난 뒤에도 이전의 정치 체제와 외교 체제 그리고 그 수단이 존속된다면, 또 만약 평화 협정이 전쟁 이전의 체제를 고수하고자 하는 세력과 전통에 따라 체결된다면," 국제 정치 상황의 개선은 이루어지기 어려웠다. 국제적인 감독 아래 진행된 선거에 따른 대다수 인구의 동의 없는 영토의 양도 또한 있어서는 안 되었다. 하지만 가장 중요한 것은 다음이었다.

영국의 외교 정책은 세력 균형을 유지할 목적으로 동맹을 맺고자 해서는 안 된다. 영국의 외교 정책은 열강 간 협력에 기초한 행동과 함께 공개적인 토의와 결정에 기초한 국제 협의체International Council의 설립을 목표로 삼아야 할 것이다. 왜냐하면 국제적인 동의를 전제로 하는 기구만이 건실한 평화를 보장할 것이기 때문이다.

30년 전쟁 이래 조금씩 무르익고 있었던 국가 간 연맹에 대한 생각은 이제 몇몇 선지자에 의해 이따금씩 떠올려진 어렴풋한 상념에 머물지 않았다. 국가 간 연맹은 이제 열성적인 정치 세력의 구체적인 대안으로 제시되었으며, 광범위하고도 확고한 지지를 빠른 속도로 얻기 시작했다. 1914년 가을, 당시 최고령 정치인이었던 브라이스 경을 총책임자로 미래 전 세계를 아우를 국제 기구를 연구하는 단체가 결성되었다. 이 단체는 이듬해 봄 국제 연맹 협회League of Nations Society로 발전되었다. 이 단체의 목표는 전쟁이 끝난 뒤 세계의 모든 나라에 열려 있는 국가 간 연맹을 창설하는 것이었다. 이 국가 간 연맹에 참여를 원하는 국가는 모든 분쟁이 중재를 통해 해결되어야 한다는 데 찬성해야 했다. 회원국은 또한 이 국가 간 연맹이 필요할 경우 침략국에 대해 상당한 수준의 제재를 강제할 수도 있어야 한다는 데도 동의해야 했다. 얼마 지나지 않아 국제 연맹 협회 못지않게 고귀한 단체가 미국에서도 결성되었는데, 바로 전임 대통령인 윌리엄 하워드 태프트가 총재직을 맡은 평화를 강제하기 위한 연맹League to Enforce Peace이었다. 이 단체는 단순히 "제재"의 필요성을 지적하는데 머물지 않았다. 이 단체의 명시적인 목표는 "회원국 모두가 우선 평화적인 방법으로 전쟁을 예방하도록 하는 한편 (…) 갈등의 사유를 먼저 듣지 않고 전쟁에 뛰어든 국가에 대해서는 즉시 무력 제재를 가할 수 있는 전 세계적인 조직"이 되는 것이었다.[5]

하지만 모든 회원국에서 근본적인 정부 개혁이 수반되지 않는 이 같은 열망을 현실적이라 할 수 있을까? 모렐은 현실적이지 않다고 보았다. 『전쟁 이후』에서 모렐은 아래와 같이 지적했다.

상비군과 해군의 완전한 해체나 상당한 수준의 축소와 더불어 아레오파고스 회의[Areopagus: 고대 아테네의 귀족이 중심이 된 자문 기관으로 사법권을 지녔다]와 유사한 공동의 협의체에 의해 모든 분쟁 사안이 조정되는 유럽 연방은 (…) 헌법에 기초해 통치되는 서구 민주주의 국가가 자국의 (…) 안녕이 전문 외교관의 간계나 무모한 행동 혹은 군사 귀족 계급의 야망에 휘둘리는 정부 형태 하에서는 보호될 수 없다는 사실을 깨닫기 전에는 결코 실현될 수 없다.[6]

민주적 통제를 위한 연합을 위해 쓴 『협상의 외교 정책The Foreign Policy of the Entente』이란 짧은 책자에서 청년 버트런드 러셀은 이 같은 주장을 훨씬 더 열정적으로 설파했다.[7]

영국의 민주주의의 이익은 인류 전체의 이익과 어떠한 점에서도 마찰을 일으키지 않는다. 반면 영국의 지배 계급의 이익은 인류 전체의 이익과 수많은 점에서 마찰을 일으킨다. (…) 부유한 자들은 위험한 모험과 국가의 위상을 높이기 위한 정책이란 호소에 쉽게 동조할 것이다. 하지만 임금 노동자 계급은, 만약 노동자 계급이 자신들에게 진정 이득이 되는 것이 무엇인지 알고 있을 뿐만 아니라 호전적인 애국주의의 그럴듯한 문구에 현혹되지 않았다면, 평화와 국제 화합의 정책을 요구할 것이다[강조는 저자].

여기서 우리는 다시 한 번 평화는 민주주의 ─ 또는 적어도 **지도 받는**guided 민주주의 ─ 의 확산에 기초한다는 자유주의 교리를 만나게 된다. 하지만 이러한 믿음의 직접적인 결론은 결국 민주주의가 전 세계에 동일하게 전파되어 있어야 한다는 것이다. 바로 이 같은 생각이 수많은 자유주의자로 하여금 독일의 군국주의에 맞서 싸우는 것을 정당한 전쟁이라 여기도록 만들었다. 하지만 이는 불간섭주의에 대한 자유주의 신념의 포기, 즉 새롭고 더 확대된 종류의 개입을 인정한다는 것을 뜻했다. 연합국이 독일 국민을 대신해 독재 정부에 맞서 싸우고 있다고 말할 수는 분명 없었다. 그럼에도 영국을 위시한 연합국은 독일 국민의 의사와 상관없이 독일의 정부 형태를 세계 평화에 도움이 되는 방향으로 바꾸기 위해서 피를 흘리고 있었다.

민주적 통제를 위한 연합과 여러 협력 단체는 아주 대담하고 일관성 있게 독일의 군국주의와 여전히 의심이 가기는 하지만 독일 국민을 계속 명확히 구분하고자 했다. 이들은 독일 국민이 현실을 직시하고 자신들이 진정으로 원하는 바가 무엇인지 감지하면 이웃 국민과의 모든 갈등은 평화롭게 마무리될 것이라 가정했다. 따라서 독일을 능멸하거나 파괴해서는 안 되며 오히려 전쟁에서 연합국이 승리한 뒤 (그리고 아마도 '민주적인' 정부가 들어선 뒤) 독일은 국제 사회의 온전한 구성원으로 대우받아야 한다는 것은 당연히 이들의 주장의 확고한 전제였다. 이들은 이에 당혹을 금치 못하고 있는 영국 정부에게 한 시라도 빨리 평화의 목적을 선언하라고 촉구했다. 이들은 영국 정부를 비롯한 연합국의 자기 절제가 독일 국민으로 하여금 자신들의 지도자들이 자신들을 얼마나 잘못 인도해왔는지 분명하게 깨닫도록 만들 것이라고 믿었다.[8] 한편 이들은 이와 동시에 자신들 중 일부가 제1차 발칸 전쟁 당시 보여주었던 열망과는 매우 대조적으로 작은 민족 국가의 요구에 대해서는 정색을 표했다. 제1차 세계대전 초기 영국의 언론 매체가 보여주었던 "용감무쌍한 땅꼬마 세르비아"에 대한 지지와 전쟁 중 오스트리아 제국 내에서 인종 분규를 조장하고자 했던 연합국의 시도는 영국의 자유주의자들로 하여금 자신들의 전제 중 일부에 대해 다시 생각해보도록 만들기에 충분했다. 작은 나라의 요구에 대해 가장 경멸적인 반응을 보였던 이는 예상대로 버나드 쇼였다. 쇼는 "나는 말 그대로 작은 나라를 절대 신뢰하지 않는다. 나는 우리가 작은 나라를 대신해서 큰 나라에 맞서 싸워야 한다는 주장에도 단호히 반대한다. (…) 왜냐하면 작은 나라는 골칫거리일 따름인 국경과 바벨탑building of Babel 이래 혼란만 가중시킨 언어를 늘릴 뿐이기 때문이다"라고 주장했다.[9] 이 문제에 대해 온건한 입장을 취했던 골즈워디 로즈 디킨슨이 전쟁이 끝난 뒤 털어놓은 생각은 이보다 더 경악할 만한 것이었다. 디킨슨은 세르비아를 "작고 원시적이며, 야만적이고 호전적인 나라"로 묘사했다. 디킨슨은 발칸 반도의 나라는 대부분 "원시적이고 폭력적인 자들로 이루어진 도적떼"에 지나지 않는다고 단정했다.[10] 노먼 에인절을 비롯한 또 다른 자유주의자 일부는 평화의 진정한 적은 자본주의가 아니라 민족주의가 아닐까, 자본주의와 민족주의 간에는 분명히 모종의 필연적인 관계가 있는 것은 아닐까 고민하기 시작했다. 혹시 국가 사회주의가 더 바람직한 대안이 아닐까?[11]

만약 그렇다면 민족적 이상의 완전한 구현이 더 안정적인 유럽을 가져다주었을까? 브레일스퍼드는 오히려 더 끔찍한 상황이 닥쳤을 것이라고 생각한 이들 중 한 명이었다. 1917년 브레일스퍼드는 R. W. 시턴왓슨과 L. B. 네이미어처럼 중부 유럽의 민족주의 운동을 열성적으로 지지했던 지식인들을 강하게 비판했다. 브레일스퍼드는 "민족을 기준으로 삼아 유럽의 지도를 다시 그리는 일은 영국의 학자들이 무료한 시간을 보내기 위해 하는 소일거리에 지나지 않는다. 이들과 같은 이상주의자들은 힘에 의한 지배가 반드시 종식될 것이라 굳게 믿기에 좁은 땅에 갇혀 있는 보헤미아나 크기는 작아졌지만 독립을 쟁취한 헝가리가 이웃한 거대 군사 제국의 압력에 맞서 주권을 지켜낼 수 있을 것인지에 대해서는 아예 생각조차 하지 않고 있다"라고 꼬집었다. 브레일스퍼드는 이들 같은 신생 국가는 "언제나 그랬듯이 독일과 러시아의 체제 사이에서 왔다 갔다 할 수밖에 없을 것이다"라고 덧붙였다. 설상가상으로 소수 민족인 이들 작은 국가는 자국 내부에 있는 또 다른 소수 민족을 통해 "현재 유럽에 들끓는 증오와 혼란을 다시 자국 내부에서 분출해낼 것이다."[12] 따라서 연합국의 전쟁 목적이 민주주의와 민족 자결의 미명 아래 독일과 오스트리아의 정치 체제의 박멸로 구체화되어 갈수록 역설적이게도 자유주의 비판 목소리는 유럽에서 발전 가능한 국가 간 체제를 유지하기 위해서는 독일의 국력과 오스트리아의 제국 구조를 보존해야 한다는 주장으로 흘러갔다. 사실 이는 세력 균형과 거의 진배없는 것이었다. A. J. P. 테일러Taylor가 비꼬아 지적했듯이, 제1차 세계대전이 끝날 무렵 민주적 통제를 위한 연합과 급진주의 세력이 촉구했던 바는 1914년으로의 복귀, 즉 현상 유지와 별반 차이가 없었다.[13]

하지만 1917년과 1918년에 이르면서 이 문제는 영국의 자유주의 비판 세력의 손을 떠나게 된다. 그리고 영국 정부의 손에서도 떠나게 된다. 미국이 연합국 측으로 전쟁에 뛰어들면서 사실상 미국이 염두에 두고 있는 방향으로 승리가 이루어질 것이었다. 승전국 미국이 생각하고 있던 방향은 톰 페인이 앞선 세계가 결코 지니지 못했던 온갖 덕으로 넘쳐나는 새로운 공화국을 찬양한 이래 자유주의 세력이 진심으로 갈망해왔던 방향 같았다.

1914년 이전 미국의 시민 중 국제 문제에 대해 진정으로 고심했던 이들은 기껏해야 자신들과 뜻을 같이했던 유럽의 동지들과 생산적인 만남을 꾸준히 이어오고 있었던 평화 협회나 국제 의회의 회원들뿐이었다. 물론 이들은 자신들의 경제력이 커지고 수가 늘어나자 국제 평화 운동에서 더욱 중심된 역할을 맡게 된다. 앤드루 카네기는 1910년 1,000만 달러를 기금으로 국제 평화를 위한 자선 단체Endowment for International Peace를 설립해 전쟁의 원인과 국제법의 발전 그리고 반전 여론의 형성 문제와 관련된 연구를 지원했다. 카네기의 불굴의 신념은 이후 전 세계 평화 단체의 혈관에 수혈을 해주었다. 미국 평화 협회는 카산드라[Cassandra: 그리스 신화에서 트로이 전쟁 속 인물로 트로이의 공주였다. 아폴로 신에게 예언 능력을 받았으나 감사의 표시를 하지 않아 설득력을 잃었다]가 자신의 사악한 예언이 맞아떨어지는 것을 보고 고소해 했듯이 schadenfreude, "문제는 유럽에서 전쟁이 왜 이번 여름에 터졌는가가 아니다. 문제는 왜 몇 해 전에 전쟁이 터지지 않았는가다"라고 지적하며 1914년 전쟁의 발발을 반겼다. 이 때까지만 해도 이들에게 제1차 세계대전은 군국주의와 침략으로부터 민주주의와 유럽 공법을 지켜내기 위한 전쟁이 아니었다. 아직 이들은 "이 전쟁의 진정한 원인은 유럽에 쌓이고 쌓인 무기와 전쟁 물자다. (…) 전쟁을 위한 수단이 평화와 안전을 보장한다고 믿는 것보다 더 잘못된 환상은 없다"고 믿었다.[14]

이와 같은 "두 집안이고 뭐고 몽땅 다 망해버려라a plague on both your

houses"라는 분위기는 민주적 통제를 위한 연합의 주장 및 활동과도 잘 맞물렸으며, 민주적 통제를 위한 연합의 지도부는 워싱턴에서 적지 않은 환영을 받았다. 1917년 4월까지 월슨 대통령이 행했던 연설 중 민주적 통제를 위한 연합의 선전물에 이미 거론되지 않은 주장은 사실상 없었다. 특히 1917년 1월 22일 "모든 자유주의자와 전 세계 인류의 친구 그리고 자유를 위한 모든 기획을" 열정적으로 옹호한 위대한 연설에서 월슨은 "승리 없는 평화 (···) 동등한 국가 간 평화"를 호소했다. 더 이상 민족을 개인의 소유물처럼 이 주권에서 저 주권으로 마음대로 넘겨져서는 안 된다. 시민으로서 자유는 소수 민족이나 소수 종교 집단에게도 주어져야 하며, 군축은 즉각 이루어져야한다. 또한 "어떠한 국가도 이를 어기지 못하도록 강제할 힘을 보유한" 국제 기구가 탄생되어야 한다.[15] 일 년 뒤 이 모든 제안은 14개 조항[Fourteen Points, 1918년 1월 월슨 대통령이 국회에서 제시한 세계 평화를 위한 기본 원칙]으로 확대되었다. 로런스 마틴Laurence Martin의 말을 빌리자면, 월슨의 14개 조항은 "당시까지 제시되었던 어떠한 자유주의 대안보다 더 포괄적이고 더 획기적인 제안으로 영국의 급진주의자들이 소망했던 바를 거의 그대로 담아내고 있었다."[16]

"승리 없는 평화" "동등한 국가 간 평화." 이는 벤담으로 하여금 국제 체제에 대해 희망을 가지도록 했던 합리적인 사람들 간의 문명화된 대화를 전제로 했다. 하지만 미국이 본격적으로 전쟁에 뛰어들자 분위기가 달라지기 시작했다. 월슨 대통령은 프랑스 대혁명의 십자군적 정신을 내세우며 미국인들을 전장으로 이끌었다. 분명 톰 페인은 이 같은 성주에게는 전쟁을, 농민에게는 평화를guerre aux châteaux, paix aux chaumières의 정신을 칭송해마지 않았을 것이다. 이 선생은 평화 운동에 참여했던 이득이 적적으로 지지할 십자군 전쟁이었다. 미국 평화 협회는 "이 전쟁은 영토나 무역로 또는 상업적인 고려에 따른 전쟁이 아니다. 이 전쟁은 영구적인 원칙을 위한 전쟁이다"라고 선언했다. "독일 제국 정부가 완전히 무너지기 전까지는 전쟁을 절대 끝낼 수 없다." 1917년 4월 카네기 재단의 수탁을 받은 이들은 "국가 간 지속 가능한 평화를 공고히 구축할 가장 확실한 방법은 민주주의가 완전히 승리할 때까지 독일 제국 정부에 맞서 싸우는 것뿐이다"라고 강조했다.[17] 윌슨 대통령이 다짐했던 바도 이와 다르지 않았다. "문제는 결국 하나다. 평화 협정은 최종적인 것이 되어야만 한다. 타협이란 있을 수 없다. 어떠한 협상도 절대 용납할 수 없다. 협상을 한다는 것은 도저히 참을 수 없는 일이다."[18]

미국이 참전하기 직전 급진적인 사회 사상가 소스타인 베블런은 이 같은 시각을 나름의 재치와 열정을 담아 호소했었다. 베블런은 지배 계급이 독일에서만 아니라 영국에서도 확실히 축출될 때에만이 평화가 도래할 것이라 보았다. 이유인즉, 베블런이 보기에 "공정한 경기fair play"를 중시하는 [영국의] 이 약해 빠진 "신사들"은 평화 협정의 체결에 있어서도 어느 정도 절제를 할 것이 분명하기 때문이었다. 바로 이러한 이유로 전쟁은 더 오래 지속되면 될수록 바람직했다. 따라서 성공적인 평화 협정의 기회는 "침략국의 지휘관들이 얼마만큼 저급하게 전쟁을 치를 태세인가에 달린" 것처럼 보였다.[19] 평화는 "위협적이고 호전적인 국가의 무조건적인 항복" 위에서만 가능했다. 왜냐하면 그래야만 전쟁이 끝난 뒤 이들 왕조 국가를 "무소불위의 권위를 가지고 철저히 감시함으로써 이들의 정부를 지방 정부와 같은 수준으로 효과적으로 축소시킬 수 있을" 것이기 때문이었다.[20] 베블런은 독일 사회가 본래 민주적이라는 주장을 전혀 믿지 않았다. 베블런은 평화 연맹League of Peace을 작동시킬 초석으로 전후 독일에 반드시 마련되어야 하는 민주적인 정부는 "독일 국민의 완고한 충성심 덕택에 지금까지 군림해 온 독일 지배 계급의 정말로 필사적인 저항에 맞서서 시작부터 강제되어야 할 것이다"라고 주의를 주었다.[21] 실제로 독일 국민은 강제로 해방되어야 했다.

베블런은 자유주의 사상가 대부분이 그냥 지나치고자 했던 두 가지 사항을 분명히 인지하고 있었다. 첫 번째 사항은 세계의 문화적 다양성이다. 어떤 사회는 역사적인 이유로 다른 사회보다 더 호전적이거나 더 위계적이기도 하다. 따라서 [영국이나 미국과 같은 사회는] 이처럼 자신과 현저히 다른 사회와 위험을 무릅쓰고 평화롭게 지내던가 아니면 문화 제국주의의 책무 — 정복이든 재교육이든 — 를 떠맡아야 했다. 둘째는 민주적인 사회가 치루는 전쟁이 종종 불완전한 평화나 타협에 따른 평화로 끝나기도 한다는 점이다. 벤담이 평화를 향한 위대한 수단으로 여론을 지목했을 때 벤담은 산업화된 사회에서 전쟁이 불러일으킬 대중의 열정을 상상조차 할 수 없었던 시대에 살고 있었다. 반면 이제 문제는 민주적인 정치인이 발을 딛고 있는 영국과 프랑스, 이탈리아의 여론이 합리적인 평화를 불가능하게 만든 장본인이라는 사실에 있었다. 윌슨 대통령은 자신은 "[사악한] 위정자들을 물리치고 유럽의 [선한] 국민에게 다가설 수 있는" 능력을 지니고 있다고 자부했지만,[22] 오히려 윌슨은 여론에 맞서 옳다고 우기기보다는 차라리 여론과 함께 잘못된 길로 가는 것이 나을 수도 있다는 빅토르 아들러의 교훈에 담긴 진리를 간파하고 있었던 로이드조지나 클레망소 혹은 올란도와 같은 정치인 — 이들 각자가 어떻게 생각하고 있었는지는 모르겠지만 — 에 비해 절반도 그들에게 다가가 있지 못했다. 안타깝게도 윌슨 역시 조만간 이 같은 사실을 몸소 터득하게 된다.

따라서 베르사유 평화 협정은 체결되었으나 자유주의 양심은 협정에 대해 마치 원죄와 같은 죄책감을 갖고 있었다. 찰스 트리벨리언은 "이는 정확히 우리가 예견한 바다. 제국주의적 전쟁은 제국주의적 평화로 끝났다"고 평했다.[23] 민주주의와 민족 자결로 상당히 고무되어 있었던 자유주의 감정의 화려한 외관과는 달리 영국 정부와 여러 동맹국은 이전에 치렀던 모든 전쟁과 똑같은 방식으로 전쟁을 치렀다. 즉, 영국을 포함한 연합국 모두는 관련된 국민의 바람을 무시하고 자기들끼리 적의 소유물을 나눠먹는 비밀 조약을 맺으면서 각자의 이익을 키우기 위해서 싸웠던 것이다. 트리벨리언은 이를 아래와 같이 꼬집어 지적했다.

> 전쟁 초 자유당 지도부가 직면했던 문제는 모든 민족의 자결권이었다. 자유당 지도부는 오스트리아의 지배를 받고 있는 크로아티아인과 체코슬로바키아인 또 이탈리아인에 대한 동정을 호소했다. 자유당 지도부는 폴란드의 독립도 요청했다. 하지만 파리에서 유럽이 다시 분할되고 이전의 탄압을 대신할 새로운 탄압이 수십 여 곳에서 허용되었을 때 어느 누구도 항의하지 않았다. 폴란드에 병합된 독일인, 이탈리아와 체코슬로바키아에 병합된 오스트리아인, 루마니아에 병합된 세르비아인이나 헝가리인의 운명을 옹호하는 원칙이나 정의도 자유주의를 내세운 항의도 찾아볼 수 없었다. (…) 자유당 지도부가 견지했던 "전쟁을 끝내기 위한 전쟁"이란 자유주의 신념은 국가 간 불평등과 군비 증강을 존속시킨 제국주의적 평화로 막을 내렸다.[24]

트리벨리언의 이 같은 비판은 민주적 통제를 위한 연합에 소속된 자유주의자들의 입장을 대표하는 것이었으며, 전쟁이 끝날 무렵 이들 대다수는 **집단적으로**en masse 노동당을 지지하게 된다. 노먼 에인절과 아서 폰슨비, 찰스 트리벨리언과 E. D. 모렐, 노엘 벅스턴과 골즈워디 로즈 디킨슨, 또 레너드 울프도 이에 속했다.[25] 초창기 이들의 동지였던 브레일스퍼드와 홉슨은 이미 노동당에 입당해 있었다. 이후 자유주의 양심은, 물론 모두 그렇다는 말은 아니지만, 대개는 노동당 기관지를 통해 발언을 하게 된다. 레너드 울프의 표현을 빌리자면, "노동당의 외교 정책은 글래드스턴의 자유주의를 통해 코브던과 브라이트의 전통을 계승했다."[26]

자유당의 경우에서와 같이 베르사유 협정의 [독일에 대한] 일방 조치diktat의 부당함에 대한 비판은 노동당의 초기 외교 노선의 핵심 원칙이 되었다. 독립 노동당[Independent Labour Party, 1898년 창당된 영국 사회주의 정당으로 1900년 창당된 노동당과 전간기 내내 긴밀한 협력 관계를 유지했다]의 집행위는 베르사유 협정에 대해 "자본주의적이고, 제국주의적이며, 군사주의적인 강제다. 베르사유 협정은 1914년 이전에 존재했던 온갖 악을 되살릴 것이며 종국에는 세계 평화가 아니라 참혹한 전쟁을 가져다 줄 것이다"라고 혹평을 가했다.[27] 노동당 논객들은 특히 체코슬로바키아에서 수백만의 독일인을 외세의 지배 아래에 방치한 것과 더불어 자르 지역과 서프러시아 지역 독일 영토를 프랑스와 폴란드가 각각 병합하도록 한 것을 강하게 꾸짖었다. 이들은 또한 오스트리아와 독일의 합방Anschluss — 해당 지역 거주민 대다수가 이를 갈망하고 있음에도 불구하고 — 을 금지한 것에 대해서도 마찬가지로 날선 비판을 가했다.[28] 독일인에 대한 이들의 연민은 진심이었으며 매우 관대했다. 반면 프랑스에 대한 이들의 애정은 훨씬 덜했다. 그도 그럴 것이 프랑스가 이전의 자유주의 구상에 의거해 독일에 대한 정책을 수립하기란 대단히 어려운 일이었다. 푸앵카레가 패전국 독일 국민에게 가했던 가혹한 조치에 대한 프랑스 여론의 절대적인 지지를 자본주의나 제국주의 혹은 전통적인 지배 계급의 책략으로만 설명하기란 불가능하다. 브레일스퍼드는 이에 대해 "공화적인 체제라 하더라도 소규모 자영농과 영세한 투자가로 이루어진 나라는 영국의 시각에서 볼 때 절대 자유주의 국가가 아니다"고 결론지었다.[29] 바로 이것이 문제였다. 즉, "영국의 시각에서 볼 때" 영국과 스칸디나비아, 미국을 제외하면 대다수의 국가가 자유주의 국가가 아니었던 것이다.

그렇다면 베르사유 협정의 잔해 속에서 건질만한 것이 하나도 없었단 말인가? 당연히 아니다. 무엇보다 지난 200여 년 동안 평화를 사랑하는 이들의 열망을 모두 담은 규약Covenant을 품은 국제 연맹League of Nations이 있었다. 분명 찰스 트리벨리언처럼, 국제 연맹은 정의롭지 못한 평화를 강제하기 위한 목적으로 자본가와 제국주의자가 결성한 동맹에 지나지 않는다고 치부했던 이들도 있었으며, 모렐처럼 그와 같이 썩은 나무에서 신선한 열매가 열릴 리 만무하다고 체념했던 이들도 있었다. 하지만 대다수는 국제 연맹이 당시 상황에서 기대할 수 있는 최상의 해법이라는데 동의했다. J. A. 홉슨은 전쟁 와중 "평화와 진보를 온전히 보장할 수 있는 방법은 몇몇 국가 사이에서와 마찬가지로 국제 사회에 대한 민주적 통제뿐이다. 허나 이것이 현재 상황에서 우리가 성취해낼 수 있는 국제 사회를 향한 최상의 첫 도약을 거부할 이유가 될 수는 없다"고 잘라 말했었다.[30] 자유주의 사상가의 일반적인 소망은 국제 연맹이 최소한 새로운 세계 질서를 건설하기 위한 토대가 되어주는 것이었다. 램지 뮤어는 "이제부터 영국 외교 정책의 중추는 막대한 군비 증강과 동맹 간 경쟁을 대체할 국제 연맹에 대한 믿음이 되어야 할 것이다"라고 강조했다. 길버트 머리는 진정한 벤담의 정신을 따라 "국가 간 편견과 언제나 홀로 몰래 수작부리는 습관적인 작태로 말미암아 발발하거나 초래되었던 전쟁은 이제 국제 연맹이 제시하는 국제 협력의 광범위한 장과 더불어 국제 연맹이 매우 강경하게 요구하는 정보의 신실한 교류를 맞닥뜨리게 될 것이다"라고 기

대에 부풀어 말했다.[31]

바로 이 같은 생각이 지배적인 관점이 되었다. 1928년 노동당은 "개별적인 협약과 협상 혹은 동맹에 기초한 평화 대신 국제 평화와 질서의 조정자로서 국제 연맹에 대한 진심어린 지지를" 열렬히 호소했다.[32] 새로운 방식의 외교 정책의 중추로서 국제 연맹에 대한 지지는 노동당과 자유당을 초월한 것이었다. 보수주의자였던 세실 경이 의장으로 지휘했던 국제 연맹 연합[League of Nations Union, 1918년 영국에서 설립된 조직]은 영국 곳곳에 지부를 두었을 뿐만 아니라 초당적인 지지를 받았다. 사람들은 국제 연맹 연합을 "반곡물법 동맹 이래 가장 성공적인 단체"라며 들떠 말했다.[33] 게다가 반곡물법 동맹과는 달리 국제 연맹 연합은 모든 당과 계급에 걸쳐 지지를 받고 있었다. 어쩌면 국제 연맹 연합이 1930년대 초반 영국의 주류 정치 여론을 대표하고 있었다라고 말하는 것이 정확할 것이다. 국제 연맹 연합은 전간기 전쟁과 관련된 모든 생각에 대한 일반적인 반감이 표출되는 주요한 통로였다.

국제 연맹 운동League of Nations Movement의 바람직했던 여러 요소 중 하나는 바로 위선적인 일반론에 빠져들지 않았다는 점이다. 국제 연맹 규약의 함의는 국제 연맹의 인쇄물과 선전을 통해 반복적으로 공표되었다. 대부분의 내용, 예컨대, 강제적인 중재와 군축 그리고 국가 간 모든 조약이 국제법적으로 효력을 지니기 위해서는 공개적으로 체결될 필요와 같은 내용은 벤담과 벤담의 동시대인들로부터 유래한 것이었다. 이에 더해 평화가 현상 유지의 무비판적인 승인을 수반해서는 안 된다는 인식도 새롭게 둥지를 틀었다. 또한 국제 연맹은 시대에 뒤쳐진 조약과 더불어 "방치할 시 세계 평화를 위협할 수도 있는 조건 조항conditions"을 재고해야만 한다는 생각도 새롭게 들어섰다.[34] 이는 곧 베르사유 평화 조약의 재협상 가능성을 열어두겠다는 것을 뜻했다. 허나 가장 중요한 변화는 전쟁 중 평화를 강제하기 위한 연맹과 같은 단체의 현실적인 판단에서 발전된 집단 안보 개념에 있었다. 이제 고립주의는 끝났다. 지역을 불문하고 모든 전쟁과 전쟁의 위협은 곧 국제 연맹과 직결된 문제로 간주되었다. 어느 국가든 의무 조항을 어기고 도발할 경우 평화를 강제하기 위한 방안이 마련될 터였다. 해군과 육군의 파병은 국제 연맹 이사회Council의 권고 사항에 머물렀지만, 국제 연맹의 회원국은 침략국에 대해 경제 및 금융 제재를 집행해야 할 의무를 지녔다. 이 모든 것은 국제 관계에 대한 글래드스턴의 생각에 다름 아니었다. 즉, 국가 간 공법은 분명 존재하며 만약 필요하다면 물리력을 통해서라도 뒷받침되어야만 한다.

하지만 군사 제재가 국제 연맹의 지휘를 받는 군대에 의해 이루어져야 하는지에 대해서는 당연히 상당한 논쟁이 있을 수밖에 없었다. 대다수는 국제 연맹은 전쟁을 막기 위해 존재하지 전쟁을 하기 위해 존재하는 것이 아니기에 "이전의 전쟁을 대신해 새로운 전쟁"을 미리 상정하는 것은 대단히 어리석은 짓이라고 생각했다.[35] 1919년 7월 하원에서 국제 연맹 규약을 설명하면서 세실 경은 "국제 연맹의 이사회나 총회Assembly의 결정을 집행하기 위해 무력에 의존하는 일은 절대 없을 것이다. 현재 상황에서 이는 사실 불가능한 일이다. 우리는 여론에 의존하고 있으며, 만약 우리가 여론을 잘못 판단하고 있다면, 모든 것이 잘못된 것이다"라고 자신의 견해를 피력했다.[36] 1934년 4월 "평화 투표[Peace Ballot, 1934년에서 1935년에 걸쳐 국제 연맹과 집단 안보에 대한 국민 여론을 확인하고자 치러진 여론 조사 운동]"라고 다소 부적절하게 명명된 운동의 주된 목적은 당연히 이 문제를 명확히 하는 것이었다.[37]

평화 투표는 무엇보다 다음과 같은 지극히 중요한 질문을 던졌다. 즉, "만약 한 나라가 다른 나라를 침공하고자 할 때 나머지 나라는 이를 저지하기 위해 함께 ⓐ 경제적이고 비군사적인 수단을 강구해야 하는가? 아니면 ⓑ 만약 필요하다면 군사적인 수단까지도 강구해야 하는가?"

이에 대해 1,150만 명이나 응답했으며, 이는 이듬해 총선 투표 총원의 절반을 상회하는 인원이었다. 첫 번째 질문에 대해서는 응답한 이중 90퍼센트가 강구해야 한다고 답했으며, 두 번째 질문에 대해서는 응답한 이중 50퍼센트 남짓이 군사적인 수단의 사용에 대해 찬성했다. 단지 20퍼센트만이 [군사적인 수단의 사용에 대해] 강하게 '반대'했다.[38] 평화 투표의 결과는 벤담이 믿어 의심치 않았던, 하지만 벤담을 따랐던 이들을 연거푸 낙담시켰던 여론의 놀라운 표명이었다. 의심할 여지없이 이 같은 여론조사는 이듬해 10월 영국 정부가 "이제부터 영국 외교 정책의 근간은 국제 연맹이 될 것이다"라고 선언하게 되는 자신감의 원동력이었다.

이와 마찬가지로 중요한 것은 노동당의 태도였다. 1933년 전당 대회에서 노동당은 노동 운동은 "절대 전쟁에 참여해서는 안 된다. 노동 운동은 사력을 다해 전쟁을 반대해야 한다"는 찰스 트리벨리언의 제안을 지지했다. 노동당은 또한 "전쟁이 발발하거나 전쟁의 위협이 있을 경우 그에 맞서 조직화된 노동자 계급이 총파업을 포함해 어떠한 행동을 해야 하는지에 대해서도" 향후 논의해 보기로 결정했다.[39] 1933년 전당 대회에서 노동당이 채택했던 이 같은 입장은 1914년 이전 제2인터내셔널의 모든 소속 단체가 예외 없이 비난해마지 않았던 귀스타브 에르베의 제안에 다름 아니었다. 이 같은 입장 변화에 대한 지지는 다음의 두 측으로부터 나왔다. 한 측은 당 대표였던 조지 랜즈베리가 주축이 된 무조건적 평화주의자들과 반전론자들이었으며, 다른 측은 전쟁이 자본주의의 본질적인 모순으로부터 유발되는 경쟁적인 제국주의 간 충돌로 인해 촉발된다고 단순하게 추론한 홉슨-레닌의 이론을 고수했던, 변화하는 상황에 적응할 생각이 전혀 없었던 사회주의자들이었다. 후자의 지적 지도자는 엄청난 다작가로 유명세를 얻은 해럴드 래스키 교수였다. 래스키는 자신의 신조를 다음과 같이 간결하게 정리했다. "해외 투자는 제국주의를 부르며, 제국주의는 군사주의를 부른다. 그리고 군사주의는 전쟁을 부른다. (…) 제국주의 단계에 이르면 자본주의와 전쟁의 관계는 필연적이 된다."[40] 또는, 버나드 쇼의 말처럼, "1914년부터 4년 동안 계속된 참혹한 전쟁은 본질적으로 아프리카 시장을 장악하기 위해 영국, 프랑스, 이탈리아 자본가가 한 편이 되고 독일의 자본가가 다른 한편이 되어 싸운 전쟁이다."[41]

이 두 번째 집단의 정치적 지도자는 찰스 트리벨리언과 매우 비슷한 사회적 배경을 지녔던 스태퍼드 크립스 경이었다. 크립스가 보기에 국제 연맹은 현재 상황에 흡족해 하고 있는 자본가 세력의 도구에 지나지 않았다. 크립스는 전쟁은 재산을 가진 이들과 노동자들 사이의 경제 권력을 둘러싼 투쟁에서 기인하며, "바로 이 투쟁의 일환으로 침략과 폭력 행위가 자행되는 것이다"라고 분석했다. "항시 우위를 겨루는 자본가 집단의 경쟁상의 필요로 인해 전쟁 중간에 잠시 휴전 협정이 체결될 수도 있겠지만, 절대 평화의 여건과 분위기가 조성되는 것은 아니다."[42] 평화를 위한 진정한 경제적 기초는 세계의 모든 노동자의 공동의 이익이며, 따라서 "우리는 영국에서 이 같은 소망을 충실히 반영할 정부를 먼저 수립해야만 한다. 당연히 이 정부는 보통 사람의 통제에 따라 움직여야 할 것이다."[43] 여기서 우리는 진정으로 평화를 열망하는 이들 — '인민' — 이 혁명을 통해 권력을 확실히 쟁취하기 전에는 세계 평화란 있을 수 없다는 간명하면서도 매력적인 톰 페인의 교리와 또 다시 조우하게 된다.

이 같은 주장은 간단명료하고 설득력 있는 주장이기는 했지만 당시 상황에서는 매우 적절치 않은 주장이었다. 1933년 노동당 전당 대회에서 진정한 보통 사람이라 불릴 만한 자격이 있는 어니스트 베빈은 이 문제를 명쾌하게 지적했다. 베빈은 다음과 같이 물었다. 전쟁에 반대하는 총파업이라고? "누가 또 무엇을 위해 파업을 한다는 것이지요? 이탈리아와 독일의 노동조합주의 trade unionism는 이미 파괴되었습니다. 프랑스에도 사실 없다고 보면 됩니다. 미국에서는 힘이 정말로 보잘 것 없습니다. (…) 전쟁이 터질 경우 러시아 정부에 맞선 총파업은 불가능합니다. 이제 남은 나라는 영국과 스웨덴, 덴마크와 홀란드뿐입니다."⁴⁴ 몇 개월 뒤 오스트리아의 사회주의 정당은 빈에서 돌푸스 정부의 곡사포에 무참히 박살났다. 영국 노동당 지도부는 이 같이 어둡게 돌아가고 있는 유럽의 상황에 비추어 전반적인 상황을 신속하게 재검토했으며, 톰 페인이 아니라 국제 연맹과 집단 안보를 중시하는 글래드스턴의 방향으로 입장을 완전히 선회했다. 1934년 노동당 지도부는 이전 해 전당 대회의 결정을 대표 인원 3명당 1표씩 주어지는 대의원 투표를 통해 번복했다. 노동당은 대신 영국 정부는 모든 분쟁을 평화적인 수단을 통해 해결해야만 한다고 천명한 보고서를 채택했다. 이는 만약 [영국] 정부가 국제 연맹에 의해 침략국으로 지목되거나 아니면 중재를 거부하고 전쟁에 뛰어들면 지지를 철회하겠다는 의미였다. 하지만 노동당은 "평화를 파괴하는 나라에 맞선 집단 행동의 의무를 다하려는 과정에서 발생할 수도 있는 모든 위험과 결과에 대해서는 정부의 책임을 묻지 않고 지지할 것을" 약속했다. 노동당 지도부는 사실 아래의 문제를 인지하고 있었던 것이다.

국제 연맹의 권위에 복종하지도 자신이 한 서약을 지키지도 않으면서 파렴치하게 군사적인 수단을 사용한 침략국을 제어하려는 국제 연맹을 지

원하기 위해 영국 정부가 육군과 해군을 동원해야만 하는 상황이 닥칠 수도 있다.[45]

일 년 뒤인 1935년 9월 아비시니아 위기[Abyssinian crisis, 이탈리아 식민지 소말리아와 에티오피아 사이 국경 분쟁을 빌미로 국제 연맹의 회원국이었던 이탈리아 가 마찬가지로 국제 연맹의 회원국이었던 에티오피아를 침공하면서 벌어진 사태]로 인해 문제가 추상적인 수준에서 현실 정치의 수준으로 구체화되자 영국 노동 당은 전당 대회를 통해 당의 결정을 다시 한 번 확인했다. 랜즈베리와 크립스 의 반대와 더불어 노동당 역사상 최장 시간 동안 계속된 격론을 거친 뒤 노 동당은, 다른 나라와의 협력 하에, "이탈리아를 제재하고 국제 연맹의 권위를 수호하기 위해 국제 연맹 규약이 허용하는 범위 내에서 모든 수단을" 강구할 마음의 준비가 되어있다는 것을 천명하기 위한 결의안을 216만 8,000명 대 10만 2,000명으로 95퍼센트에 달하는 절대 다수의 찬성으로 통과시켰다.[46]

클레멘트 애틀리는 이 결정을 다음과 같이 설명했다.[47]

이 결정으로 국제 연맹을 통한 집단적인 평화 체제의 구축이 노동당 외 교 정책의 근간이 되었다. (…) 노동당은 [이제] 세력 균형 이론을 거부하 며 국가 주권이 전 세계적인 책무에 종속될 것을 요구했다. (…) 노동당은 [이제] 집단 안보와 군축을 연계했으며, 만약 필요하다면 침략국을 처단 할 목적으로 군사력을 사용해야만 하는 경우도 있을 수 있다는 점을 인 정했다.

이러한 설명이 사탕발림 — 애틀리는 직설적인 사람으로 이를 잘 하지 못했다 ─ 에 불과했던 것은 아니라는 점을 명심해야 한다. 애틀리의 설명은 오히려 당시 수많은 이들이 믿었던 간결하지만 건설적인 철학을 신중하게 요약한 것이었다. 한편에는 비밀 외교와 동맹, 군비 증강과 세력 균형을 통해서 또한 자국민의 애국심을 자극해 이들을 나날이 파괴적이 되어가는 전쟁으로 내몰면서 자기 이익만 쫓는 구식의 정부가 있었다. 반대편에는 정부는 여론을 따르며 상호 이익을 위해 협조하는 또한 군축을 하면서 갈등을 합리적으로 조정하는, 이에 더해 필요한 경우 자신의 물자와 자원을 동원해서라도 집행할 법의 보호를 받으며 평화를 만끽하는, 생각을 같이 하는 국가들로 이루어진 공동체가 있었다. 집단 안보에 대한 이와 같은 이상은 적어도 1933년 2월 "의회는 어떠한 상황이 닥친다 할지라도 국왕과 영국을 위해서는 싸우지 않겠다"는 유명한 결의안에 찬동한 옥스퍼드 연맹[Oxford Union, 옥스퍼드 대학교의 유서 깊은 토론 클럽] 소속 일부 대학생을 고무시켰다. 이들이 절대 싸우지 않겠다고 했던 것은 아니다. 실제로 6년 후 이들 대부분은 참전을 했다. 하지만 이들 대학생의 참전을 추동한 것은 위의 문구가 상기시키고 있는 이타적인 애국심이 아니라 정당화 여부를 떠나 자신들이 모든 사회를 함께 묶어주고 있는 국제법의 기본 원칙을 지키고 있다는 믿음이었다.[48]

1935년 총선에서 [스탠리 볼드윈이 이끌었던] 거국 내각National Government이 채택했던 원칙이기도 한 집단 안보에 대한 이와 같은 국민적 합의는 이루어지자마자 시험대에 올랐으며, 시험대에 오르자마자 실패를 맛봐야 했다. 집단 안보를 지지했던 이들이 정확하게 간파했듯이, 이는 영국 정부가 공공연한 선언에도 불구하고 여전히 전통적인 방식으로 국제 문제에 접근했기에 수포로 돌아갔다. 이제 우리는 관련 문서가 공개되어 있어서 당시 영국 정부가 어떠한 이유로 그처럼 행동했는지 알 수 있다. 사실 영국 정부에게는 다른 방도가 없었다.

외관상 아비시니아 사태는 명확한 답이 주어져 있는 매우 쉬운 문제였다. 국제 연맹의 구성국인 이탈리아가 다른 구성국인 아비시니아에 대해 명백한 공격을 감행했다. 게다가 이탈리아는 중재 절차도 따르지 않았을 뿐만 아니라 자신의 행동을 정당화하려는 어떠한 노력도 기울이지 않았다. 1931년 만주 사변[Manchuria crisis, 일본 관동군이 중국 침략을 본격화하기 위해 만철 폭파 사건을 조작해 일으킨 전쟁]의 경우에도 모호한 점은 전혀 없었다. 게다가 이번 침략국은 국제 제재, 특히 경제 봉쇄와 해군력 행사에 대단히 취약했다. 일본의 통신망은 대영 해군에 의해 언제라도 절단날 수 있었다. 만약 이에 반발해 일본이 전쟁을 선포한다면 일본 해군은 순식간에 초토화될 것이었다. 일본에 대한 제재는 사실상 국제 연맹 규약이 정해놓은 의무 조항에 해당되었을 뿐만 아니라 모두가 이를 충분히 실행 가능하며 효과적인 조치라 보았다. 단 영국 정부는 예외였다.

영국 정부는 다르게 판단했다. 내각 사무 처장Secretary of the Cabinet이자 제국 방위 위원회[Committee of Imperial Defense, 1902년 제2차 보어 전쟁의 여파 속에서 유기적인 방위 전략을 수립하기 위해 창설된 정부 기구] 의장으로 정부 내에서 상당한 영향력을 지녔던 모리스 행키 경은 새뮤얼 호어 경과 나눈 11월 25일의 흥미로운 대화를 기록으로 남겼다. 행키는 이제 현 정부가 총선에서 승리를 거두었으니까 다음과 같지 않겠느냐고 예상했다.

이제 더 이상 표 때문에 좌익의 비위를 맞출 필요 없이 정부가 원하는 대로 할 수 있게 되었다. 호어는 정부가 국제 연맹을 저버릴 것이며, 여론은 이를 용납하지 않을 것이라 말했다.[49] 나는 동의하지 않았다. 나는 외무성을 제외한 모든 정부 관료는 (외무성 내 상당수도) 제재, 특히 석유 제재에 반대하고 있으며, 밖에서 내가 만났던 대부분의 지식인도 나와 똑같이 판단하고 있다고 말했다. 이에 대해 호어는 정부 관료 모두 이 문제에 대해 "너무 겁먹고 있는 것 같다"고 지적했다. 나는 우리는 사실에 근거하고 있다고 답했다.[50]

"우리는 사실에 근거하고 있다!" 자신을 비판하는 이의 입을 다물게 하기 위해 공무원들이 즐겨 사용하는 저 냉담하고 더 이상 반박하기 어려운 대꾸! 행키가 말한 사실이란 도대체 무엇이었을까? 간단히 말해, 1931년 이래 영국의 방위 계획을 담당했던 이들은 극동 지역에 있는 영국의 자산이 일본 해군의 공격에 너무 많이 노출되어 있다는 점을 우려하고 있었다. 영국의 극동 지역 자산은 싱가포르로 항해해서 일본 해군의 공격을 억제하는, 유사시에는 일본 해군을 격퇴시킬 수 있는 주력 함대에 의존하고 있었던 것이다. 설상가상으로 1933년 이래 영국의 방위 계획을 수립했던 이들은 독일 군사력의 부활도 걱정해야 했다. 물론 프랑스는 훨씬 더 불안에 떨고 있었다. 이에 영국은 이탈리아를 불필요하게 적대해서는 안 되며, 만약 가능하다면 영국과 동맹을 맺도록 이탈리아를 회유해야 한다는 주장이 신중론이었다. 행키는 호어에게 아래와 같이 말했다. 혹시라도 전쟁이 발발한다면,

영국이 이탈리아를 끝내 물리칠 것이 확실하지만, (전투기와 잠수함 공격 등으로 인해) 영국 해군 또한 심각한 손실을 감수해야 할지도 모른다. (…) 극동 지역에서 일본의 모호한 태도와 서부 지역에서 독일의 재무장을 고려한다면, 우리는 이처럼 쓸데없는 전쟁에 힘을 낭비해서는 안 된다. 또

한 극동 지역으로 향하는 우리의 주된 병참선 중심에 자리한 나라를 영영 적국으로 만들어서도 안 될 것이다.

이는 구식의 체제에 따른 주장으로 자유주의 양심이 정말로 비도덕적이라 치부했던 세력 균형에 기초한 계산에 다름 아니었다. 애틀리는 하원에서 이미 이와 같은 주장에 대한 근심을 털어놓은 바 있다. 1935년 7월 애틀리는 "최근 몇 년 동안 저를 괴롭혔던 문제는 바로 아비시니아를 비롯한 여러 안건에 대한 입장을 논할 때 우리가 가장 고민했던 바가 무엇이 옳은가가 아니라 각각의 안건이 국제 문제와 관련된 여러 다른 사안에 미치는 결과였다는 사실이다"라고 말하며 자신의 불편한 심경을 토로했다.[51] 애틀리와 애틀리의 동료는 어떤 방향이 옳은 방향인지 정확히 알고 있었으며, 이들에 대한 영국 여론의 지지 여부는 호어-라발 협정[Hoare-Laval Pact, 1935년 아비시니아 위기를 넘기기 위해 영국 외무상 호어와 프랑스 총리 피에르 라발 사이에 체결된 협정으로 베니토 무솔리니의 요구대로 에티오피아의 분할을 승인했다]을 통해 밝혀졌다. 아비시니아를 대가로 이탈리아 문제를 평화적으로 해결하고자 했던 영국 정부의 시도는 여론의 엄청난 반발을 샀다. 이는 3년 뒤 총리 네빌 체임벌린이 뮌헨에서 히틀러와 매우 유사한 협상을 성사시켰을 때 영국 전역에서 들렸던 안도의 한숨과는 너무나 대조적인 것이었다. 아무튼 성난 여론을 가라앉히기 위해 당황한 새뮤얼 호어가 (잠시 동안이지만) 희생되었다. 하지만 이 같은 시각이 행키와 행키의 동료 사이에 만연되어 있던 시각이었다.

아비시니아 사태를 보면서 우리는 지금까지 우리가 살펴보았던 두 가지 개념, 즉 집단 안보와 세력 균형이 정면으로 부딪히고 있음을 알 수 있다. 정말로 사려 깊은 여론의 지지를 받은 것은 전자였으나, 결국 지배적인 것은 후자였다. 하지만 이제 전쟁을 해야만 한다고 조언한 측은 자유주의 양심의 목소리인 전자였다. 반대로 평화를 지키기 위해 대내외적으로 온갖 굴욕을 참아낸 측은 정부와 관료 그리고 혐오스러운 '기성 권력 기구'의 목소리인 후자였다.

이 같은 경향은 얼마 지나지 않아 또 다시 되풀이된다.

5장

파시즘의 도전

1936~1945

지난 장에서 우리는 제1차 세계대전의 결과로 영국의 자유주의자들의 전쟁과 국제정치에 대한 생각에 일어났던 다양한 변화를 추적하고자 했다. 평화는 혁명을 통해서만 성취될 수 있다는 페인의 교리는 이제 노동당 내 좌파 진영의 입장이 되었다. 해럴드 래스키가 그 가장 열렬한 주창자였으며, 스태퍼드 크립스는 그 정치적 담지자였다. 지칠 줄 모르는 찰스 트리벨리언 경은 이제 예순을 넘겼지만 이 같은 신념을 지키기 위해 자신보다 어린 동료 어느 누구 못지않게 동분서주했다. 반면 민족 자결 위에서만 평화가 가능하다는 마치니의 교리를 따르는 이들은 혼동 속에 있었다. 마치니의 교리는 파리 강화 회의[Paris peace conference, 1919년 베르사유 평화 회담을 지칭]에서 큰 혼란을 불러일으켰다. 점차 마치니의 교리가 어떠한 형태의 의회 민주주의보다, 무솔리니의 파시스트 운동이나 그것을 모방했지만 폭발력은 몇 배로 강했던 알프스 이북의 경우를 차치하더라도, 극우 권위주의와 훨씬 더 잘 어울린다는 점이

드러났다. 1932년 노먼 에인절이 『보이지 않는 암살범들The Unseen Assassins』에서 지적한 바와 같이 마치니의 교리는 사실 국제 질서와 관련된 문제에 대해 어떠한 해답도 제시하고 있지 않았다. 에인절은 다음과 같이 논박했다.[1]

> 국가들 사이의 무정부는 자본주의로 인해 초래된 것이 아니다. 당연히 사회주의에 의해 해결되지도 않을 것이다. 게다가 사회주의 국가는 민족주의적이기도 하다. 그렇기 때문에 사회주의 국가는 개개인이 경제 단체 — 특히 국경을 신경 쓰지 않고 활동하는 국제적인 경제 단체 — 를 자유롭게 조직할 수 있는 국가보다 분쟁을 야기할 만한 요소를 더 많이 갖고 있다고 하겠다.

에인절은 결국 해결책은 "세계의 발칸화를 초래할 민족주의가 아니라 국제주의다"라고 결론지었다.[2] 전쟁에 대한 해결책은 자각self-knowledge과 교육 그리고 국제 제도의 구비에 있었다. 바로 이와 같은 생각이 양차 세계대전 사이에 자유주의 사고의 주류를 인도했으며, 모든 집단 안보 개념의 초석이 되었다. 하지만 집단 안보의 유일한 보장책은 여론의 힘이라는 벤담의 견해가 광범위한 지지를 받았던 1920년대와는 달리,[3] 1930년대 중반 이와 같은 믿음은 더 이상 견지되기 어려웠다. 일본의 만주 침공과 독일에서 히틀러의 등극은 아비시니아 위기 이전부터 이미 앞으로 어떤 일들이 벌어질 것인지 암시했다. 유사시 인류의 문명화된 합의에 따라 재정된 법을 이를 위반한 국가에 맞서 강제할 필요와 의무를 논한 글래드스턴의 단호한 권고가 오히려 그러한 강제는 결코 필요치 않을 것이라는 벤담의 차분한 확신보다 더 적절한 것으로 보이기 시작했다.

지난 장에서 우리는 집단 안보 개념에 대한 이와 같은 합의가 얼마나 광범위하게 이루어져 있었는지, 또 얼마나 많은 사람이 집단 안보를 국제 사회를 새롭게 질서 잡는 방식으로, 즉 군비 경쟁과 세력 균형에 기초한 이전의 나쁜 방식에 대한 신중하고도 실천 가능한 대안으로 여겼는지 살펴보았다. 1933년 레너드 울프는 이 새로운 대안을 다음과 같이 설명했었다. "보편적인 세계 질서, 즉 국가들의 질서정연한 사회에서는 각자의 '권리'를 둘러싼 분쟁이 일어날 경우 누가 옳은지는 분쟁 당사국 간 군사력의 상대적 격차가 아니라 분쟁과 무관한 국가의 공정한 중재와 결정에 의해 판가름이 날 것이다. 이와 같은 국가들의 질서정연한 사회에서 (…) 개별 국가는 침략으로부터 자신을 지키기 위해 각자의 무기나 동맹국의 군사력이 아니라 (…) 국제 사회 전체, 즉 집단적인 안전 보장과 모든 국가의 협력에 의존할 것이다."[4] 이것이 바로 1934년 실시되었던 평화 투표의 근저에 놓였던 철학으로 노동당과 자유당 모두 기꺼이 채택했던 관점이다. 또한 1935년 총선에서 거국 내각 역시 이와 같은 입장을 따랐다. 물론 이 같은 시각은 몇 개월 뒤 호어-라발 조약의 체결과 함께 내팽개쳐질 터였다. 1920년대의 모든 희망에도 불구하고, 또 국제 연맹 규약과 켈로그 조약[Kellogg Pact, 1928년 미국 국무장관 프랭크 켈로그와 프랑스 외무장관 아리스티드 브리앙의 주도 하에 체결된 국제 조약으로 모든 분쟁의 평화적 해결을 선언]에도 불구하고, 군사력과 세력 균형 그리고 비밀 외교를 통해 평화를 유지하고자 했으나 실패를 되풀이했던 이전의 사악한 철학이 어느 때보다도 더 확고히 권좌에 올라 서 있는 듯 보였다.

이 시기 이후 영국 정부와 야당 및 재야 세력을 한데 묶어주었던 잠시 동안의 합의는 피기되었다. 킹즐리 마틴이 기술한 바 있듯이, 아비시니아 위기는 "1930년대를 나누는 분기선을 그었다. 이후 영국이 건설적인 세계 정책을 위해 나설 것이라는 유일한 희망은 사라졌다."⁵ 아비시니아 사태에 대한 자유주의자들의 판단은 매우 정확했다. 이들은 자신들은 법의 지배를 새롭게 확립하고자 애쓰고 있는데 반해, 영국 정부는 독일과 일본의 수정주의적 요구를 견제할 수 있는 현상 유지를 추구하는 열강들 간의 제휴, 즉 세력 균형을 되살리고자 애쓰고 있다고 판단했다. 달리 말하자면, 전자는 이탈리아를 비난하는 것을 뜻한 반면 후자는 이탈리아를 회유하는 것을 뜻했다. 전자의 방법은, 물론 이를 지지하는 많은 이가 생각하고자 하지 않았지만, 이탈리아와의 전쟁의 위험을 감수해야 했다. 하지만 영국 정부에게 아비시니아 문제를 놓고 이탈리아와 전쟁을 하는 것은, 후일 (매우 유사한 상황 하에서) 한국 전쟁 [1950~1953]의 경우와 마찬가지로, 잘못된 적과 잘못된 시간에 잘못된 장소에서 잘못된 전쟁을 치르는 것을 의미했다.

1934년 이래 영국의 수석 보좌관들은 장기적으로 국제 안보를 위협할 주된 요소로 독일의 군사적 부활을 지목했다. 한편 상당수 자유주의자들은 독일인들이 매우 부당하게 취급받고 있으며 따라서 이들의 베르사유 조약 개정 요구는 지지 받아 마땅하다고 생각하고 있었다. 1935년 3월 히틀러가 독일에서 징병제를 다시 실시했을 때 노동당 계열『데일리 헤럴드Daily Herald』지는 유럽이 "마침내 베르사유의 상처에서 고름을 짜내고 있다"라고 대서특필하며 히틀러의 행동은 유럽이 이제 "희망으로 가득 차" 있다는 것을 보여주는 상징이라며 환영했다.⁶ 일 년 뒤 히틀러가 로카르노 조약[Locarno Treaties, 1925년 독일 외무 장관 구스타프 슈트레제만의 제안에 따라 독일과 프랑스, 영국이 주축이 되어 맺어진 조약으로 독일의 베르사유 조약에 따른 서부 국경의 인정과 연합국의 독일 동부 국경 문제에 대한 차후 조정 약속을 주된 내용으로 했다]을 파기하고 라인란트를 점령했을 때 휴 돌턴은 하원에서 "노동당은 독일에 대한 어떠한 군사적, 경제적 제재도 지지하지 않을 것이다"라고 연설했다. 돌턴은 이에 더해 "자국의 경계를 넘어서까지 함부로 무력 침공을 획책하는 무솔리니의 행동과 (…) 설령 비난받아 마땅할지라도 제3제국Drittes Reich의 경계 내에서 이루어진 히틀러의 행동은" 명확히 구분되어야 한다고 강조했다.[7] 사실, 좌파 진영은, 심지어는 집단 안보를 강제할 필요가 있다고 생각했던 돌턴과 같은 이조차도, 여전히 자신들의 근본 원칙을 버리고 대신 군사력의 비교 계산에 기초해 사태를 파악하고자 하지 않았다.

노동당 진영은 그와 같이 생각하고 있었던 사람들, 즉 국가 간 경쟁과 군사력 그리고 동맹의 세계를 염두에 두고 있었던 장관과 각료에 맞서 결속을 다졌다. 노동당은 만장일치로 정부의 예산안Service Estimates을 부결시키기로 결정했다. 노동당 내 좌파 진영은 적대 계급의 손에 무기를 쥐어줄 것이 자명하기에, 노동당 내 중도 진영은 유일한 구원책이라 여겼던 집단 안보의 원칙에 따라 이 무기가 사용되지 않을 것이 자명하기에 정부의 예산안을 반대했다. 1936년 2월 『뉴 스테이츠먼New Statesman』지 또한 정부가 군비 증강을 원하는 까닭은 오로지 "정부 스스로 국제 연맹을 신뢰하고 있지 않을 뿐만 아니라 유럽이 다시 이전의 세력 균형 체제로 회귀하고 있다고 판단하고 있기 때문이 아닌가"라고 캐물었다. 4개월 뒤 『뉴 스테이츠먼』지는 노동당은 "정부의 예산안을 부결시켜야만 하며, 모든 이에게 그에 반대하라고 호소해야만 한다. 왜냐하면 재무장화에 대한 지지는 곧 진정한 집단 안보가 아니라 세력 균형 정책, 즉 전쟁을 의미하기 때문이다"라고 결론을 내렸다. 노동당은 이 같은 제안을 수용했으며, 정부의 예산안에 대한 반대는 결국 "재무장화 계획이 중추를 이루고 있는 정부의 모든 외교 정책에 대한 반대"를 뜻한다고 설명했다.[8] 노동당 진영의 이와 같은 입장을 가장 단호하게 제시한 글은 아마도 1937년 출판된 당 대표 클레멘트 애틀리의 서약서 『노동당 바로 알기The Labour Party in Perspective』일 것이다.[9]

> 노동당은 (…) 집단 안보 정책을 위해 반드시 필요한 경우에만 군비 증강을 허용할 것이다. 노동당은 파시스트 세력의 호전적인 정책으로 인해 유럽에 닥친 위험을 볼 때 결국 군비 증강을 허용할 수밖에 없을 것이라 판단하고 있지만, 파시스트 세력에 맞설 이 자본주의 정부의 의지가 석연치 않다. 모든 정황을 미루어 보건대 정부가 현재 추진하고 있는 정책은 세력 균형의 유지에 기초한 구식의 '동맹'을 되살리려는 시도에 다름 아니다. 정부가 현재 하고 있는 일이 영국을 지키기 위해 반드시 필요한 일이라고 우긴다면 이는 논점을 회피하는 것에 지나지 않는다. 나는 군비 경쟁에 뛰어드는 것이 영국의 안전을 보장할 것이라 생각지 않는다. 오히려 나는 군비 경쟁이 또 다른 세계대전으로 영국을 곧장 이끌 것이라 본다.

즉, 노동당은 당시 영국 정부가 마지못해 고려하고 있었던 조치인 전쟁과 국가 방위가 노동당이 지향하는 방향, 즉 '집단 안보의 강제'와 '파시즘에 대한 저항'과 정반대되는 조치라고 보았던 것이다. 1930년대 중반 자유주의 양심은 전쟁과 파시즘 모두 가멸차게 반대했으며, 이에 쉽사리 두 가지가 똑같은 것이라 믿었다. 둘 중 하나에 대한 반대는 곧 나머지 하나에 대한 반대라고 생각했던 것이다. 급기야 노동조합 회의[Trades Union Congress, 1868년 맨체스터에서 창설된 잉글랜드와 웨일스를 모두 아우르는 노동조합 연합으로 노동당의 근간일 뿐만 아니라 어나이린 베번 등 노동당 고위 인사 다수를 배출했다]는 7월 런

던에서 국제 총회를 열어 아래와 같은 대단히 획기적인 선언을 하게 된다.[10]

파시즘이 전 세계에서 인간의 자유와 노동자의 권리를 파괴하고자 한다. 또 노동자 단체와 민주주의를 어떻게든 박살내려고 한다. 이에 노동조합회의 국제 총회는 모든 나라가 가능한 모든 수단을 동원해서라도 파시즘을 물리쳐야 한다고 누차 강조하고자 한다. (⋯) **무슨 수를 써서라도 파시즘을 물리쳐서 전쟁의 기회를 근절해야만 한다**[강조는 저자].

"파시즘과 전쟁에 대한 반대"는 모든 좌파 진영을 결집시킨 구호가 되었으며, 재무장화에 반대하는 투표는 곧 파시즘에 반대하는 투표로 여겨졌다. 애틀리는 1936년 10월 열린 노동당 전당 대회에서 정부의 재무장화 정책에 대한 지지는 결국 "당신의 자유를 계속 요구할 것이다. 결국에는 파시즘을 무찌르기 위해 파시즘에 다름 아닌 체제를 당신이 수용하도록 강요할 것이 뻔하다"라고 경고했다.[11]

영국 정부도 파시스트 정부라고 성급히 매도하고 싶지 않았던 이들조차 (사실 상당수의 좌파 진영 인사들은 진지하게 영국 정부도 파시스트 정부라고 판단하고 있었다) 영국 정부가 정말로 파시즘과 **싸울** 의지를 갖고 있다고 생각지 않았다. 애틀리의 말을 다시 한 번 인용하자면,

물론 현 정부는 파시스트 국가를 두려워한다. 하지만 현 정부가 진정으로 무서워하는 것은 파시즘에 맞설 강력한 힘을 지닌 노동자다. (⋯) 어느 정부도 국내에서 불평등을 묵인하면서 국외에서 완전한 평등을 주창할 수 없다. 이렇게 볼 때 국외에서 평화와 민주주의를 배신한 정부가 자산

조사Means Test[저소득층에 대한 복지비 지급에 앞서 해당 가계의 소득과 자산이 기준에 맞는지 조사하는 것으로 1929년 대공황Great Depression 이후 일자리를 잃은 노동자 상다수가 이를 노동자 계급을 탄압하기 위한 조치로 여기고 강하게 반발했다]를 [국내에서] 자신의 표상이자 상징으로 삼는 것은 전혀 놀랍지 않다.

여기서 우리는 1936년에서 1939년까지 노동당을 완전히 지배하다시피 한, 정권을 잡고 있는 썩어빠진 악당무리를 모조리 몰아내지 않는 한 어떠한 정당한 국제 질서도 불가능하다는 톰 페인의 정신을 다시 한 번 만나게 된다. 그러나 이제는 어느 누구도 더 이상 세계 평화가 혁명에 따라 자동적으로 도래하리라 믿지 않았다. 정반대였다. 스페인의 경우[1936년에서 1939년 사이 프란시스코 프랑코를 따르는 우파 군부 세력의 쿠데타로 시작된 스페인 내전을 지칭]가 극명하게 보여주듯이, 영국의 노동자 계급은 그제야 다른 나라의 노동자 계급과 어깨를 걸고 파시즘 세력에 맞선 투쟁에 나설 수 있었다.

1936년을 지나면서 자유주의자들의 국제 정세 판단은 완전히 달라졌다. 아비시니아 사태 이후 국제 연맹을 중심으로 한 집단 안보에 대한 기대는 완전히 수그러들었다. 대신 음흉한 파시즘 세력과 민주주의 세력의 끝없는 대결이라는 마니교의 종말론적인 관측이 들어섰다. 이 싸움은 이전의 세력 균형 체제나 집단 안보에 대한 어떠한 희망도 적실성을 갖지 못하는, 초국가적인 이데올로기 간 격돌이었다. 스페인 전장은 그 대격돌의 장이었다.

파시즘은 자유주의자만 아니라 사회주의자도 경악케 했다. 산업화된 대중사회에서 폭발할 수 있는 힘에 대해서는 부르크하르트나 니체와 같은 19세기의 위대한 사상가들이 약간의 암시를 던지기도 했다. 그러나 벤담과 밀만이 아니라 마르크스와 엥겔스조차도 자신들을 따랐던 이들에게 대중적이면서도 권위적인, 대중의 여론을 군국주의적 윤리로 변모시키는, 전통적인 계급 구조만 아니라 민주주의의 가치에 대해서도 공히 적대적인, 설상가상으로 세계 평화에 대해서는 일말의 고려조차 하지 않는 정치 세력의 등장에 대비해야 한다는 어떠한 경고도 남기지 않았다. "파시즘은 곧 전쟁이다"라는 구호는 실상 동어반복이었다. 파시즘을 옹호하는 자들 또한 공공연하게 그렇게 외쳐댔다. 프랑코 정권과 같이 사회 질서를 보존하려고 하는 권위주의적인 우파 정권과 독일의 국가 사회주의자, 즉 나치당Nationalsozialistische Deutsche Arbeiterpartei의 급진적이고 허무주의적이며 파괴적인 철학의 미묘한 차이를 논하고자 했던 이는 정말로 공정하고 선입견이 없는 극소수의 정치학자뿐이었다.

따라서 여러 미묘한 입장 차이에도 불구하고 자유주의자들과 급진주의자들은 스페인에서의 전쟁을 공히 어느 전쟁보다도 정당한 전쟁, 즉 "전쟁에 대한 전쟁"이라 생각했던 것이다. 1936년 8월 해리 폴릿은 "스페인에서의 싸움은 갈림길에 놓인 세계를 뜻한다. 이정표는 이미 세워져 있다. 민주주의와 평화 아니면 파시즘과 전쟁"이라 외쳤다.[12] 이처럼 촉발된 감정은 지금 칠레의 아옌데정부에 대한 우리의 감정과 매우 흡사한 것이었다[1973년 미국의 지원을 받은 군부 쿠데타로 인해 살바도르 아옌데의 사회주의 정부가 붕괴된 일을 말함]. 즉, 민주적인 절차를 철저히 준수해 수립되었을 뿐만 아니라 공식적으로 노동자의 편에 선 정부가 외세에 의해 암암리에 지원 받고 있는 반동 세력에게 공격당하고 있다. 스페인에서의 전쟁을 지지했던 어떤 이들은 이 전쟁이 19세기 투쟁의 연장선상에 있다고 주장하기도 했다. 스페인의 반동 세력인 교회와 귀족 그리고 군대는 마치니와 가리발디 그리고 이들을 따랐던 수많은 사람이 그토록 오랜 동안 맞서 싸웠던 바로 그 적이었다. 킹즐리 마틴은 "프랑코에 맞선 투쟁에 불을 붙인 것은 구식의 폭정으로부터 해방되고자 하는 소망이다"
라고 적었다. "문제는 스페인이 성직자와 군대의 전제적인 지배로 인해 미개하
고 가난한 땅으로 뒤쳐져 있어야 하는가다."[13]

수많은 영국의 상류층 젊은이가 바이런 경의 정신을 받들어 싸우고자 스페
인으로 건너갔다. 스티븐 스펜더도 그 중 한 명이었다. 스펜더는 "나는 19세기
영국의 자유주의자들이 봉건제 아래에서 고통 받고 있는 수많은 나라를 도
왔던 것처럼 스페인에서의 자유 운동과 민족 해방을 위해 이 한 몸 바치고자
한다"고 썼다.[14] 노동자 계급 출신 투사들의 경우에는 영국에서는 숨죽이고
있지만 어쨌든 모든 사회에 도사리고 있는 계급투쟁을 마무리할 싸움터로 스
페인을 보았다.[15] 이들은 파시즘에 대항한 스페인에서의 싸움이 국내의 반동
세력과 억압 세력에 맞선 투쟁과 전혀 다를 바 없다고 확신했다. 단지 스페인
에서는 적이 바로 눈앞에 있었기에 겨냥해서 쏴 죽일 수 있었다.

끝으로, 이보다 더 널리 퍼져있었던 불안으로부터 벗어나고자 사력을 다했
던 이들도 있었다. 스페인 내전이 발발하기 일 년 전 출판된 양심적 병역 거
부를 다룬 선집에서 줄리언 벨은 아래와 같이 적었다. 벨 역시 스페인에서 죽
음을 맞이했던 케임브리지 대학의 수많은 젊은 지식인 중 한 명이었다.[16]

> 적어도 나와 같은 세대와 군복무를 해야만 하는 세대의 경우 — 가장 열
> 성적이고 헌신적인 반전론자들은 양심적 병역 거부보다 혁명적인 실천을
> 위해 행동할 가능성이 높은 이들이었다. (…) 우리 중 인류와 인류의 미래
> 를 염려하는 이들은 오로지 효과적인 행동만이 중요하다고 있다고 믿기
> 시작했다. (…) 나는 나와 같은 세대가 주도하는 반전 운동이 종국에는 —
> 필요하다면 폭력을 써서라도 — 전쟁을 멈출 수 있으리라 자신한다.

20여 년 전 자신들의 선대가 플랑드르로 건너갔듯이[제1차 세계대전] 이들 영국의 젊은이들은 스페인으로 건너갔다. 전쟁에 맞선 전쟁에 목숨을 바치기 위해서.

이들과 같은 급진주의자들은 전통적인 평화 운동의 수법과 행동에 대해 일말의 동정도 보이지 않았다. 1937년 9월 브뤼셀에서 열린 평화를 위한 연합 Rassemblement universel pour la paix에 참석한 뒤 킹즐리 마틴은 다음과 같이 자신의 심경을 털어놓았다.[17]

> 나는 이 어처구니없는 회의에 분노가 치밀었다. 나는 의자에 앉아 있는 세실 경의 위엄 서린 얼굴을 쳐다보았다. 그리고 그 옆에 앉아 원고 정리와 통역을 하고 있는 겁 없고 언제나 낙천적인 필립 노엘베이커를 쳐다보았다. 나는 국제 연맹의 전문 연설가들이 '서로의 어려움과 관점을 서로 이해할 수 있도록' 돕는 이 회의가 얼마나 가치 있는 것인지 말하는 것을 들었다. 이들은 집단 안보라는 것이 여전히 존재하고 있는 것처럼 꾸며댔다. (…) 심지어 이 회의는 평화의 날, 평화 축제, 평화당까지 고안해냈다. (…) 물론 평화 선서도 있었다. 하지만 다른 것과 마찬가지로 이 선서는 정말로 문제가 되는 다음의 질문을 조심스럽게 회피하고 있었다. 평화주의자는 침략 행위에 맞서 싸워야 하는가 아니면 싸우지 말아야 하는가?

결국 급진주의자들에게 '평화'는 더러운 단어였던 것이다. 물론 '유화 정책 appeasement'은 훨씬 더 더러운 단어였다. 이 싸움을 방관한다는 것은 잘해야 이 싸움의 의미를 전혀 모르고 있거나 아니면 적과 공모하고 있다는 것을 뜻했다.

반면 영국 정부는 당연히 이 싸움에서 한 발 물러나 있고자 했다. 이데올로기의 측면에서 볼 때, 영국 정부는 좌파 진영의 주장에 별로 공감하고 있지 않았다. 국가 정책이나 계획의 측면에서 볼 때, 영국 정부는 설령 이제는 더 이상 잘못된 적은 아닐지라도 잘못된 시간에 잘못된 장소에서 또 다른 전쟁에 휘말리는 것을 원치 않았다. 수석 보좌관들은 파시즘에 대적하는 것에 대해 제대로 고려조차 하지 않았다. 반면 이들은 독일과 싸우는 문제에 대해서는 심각히 고민했다. 특히 독일과의 엄청난 공군력 격차를 고려할 때 영국은 아직 싸울 채비가 되어 있지 않다고 이들은 판단했다. 내각은 진심으로 어느 나라하고도 싸우고 싶어 하지 않았다. 1937년 상황이 아직 약소국에 맞서 경찰 행동을 신속하고 효과적으로 취할 때가 아니라 영국의 주요 도시가 극도로 위험한 상황에 처할 수도 있는 중대한 전쟁에 직면하고 있다는 점이 분명해졌을 시점, 내각은 대다수 영국민의 여론과 크게 동떨어져 있지 않았다.

독일 문제의 경우, 영국 여론은 급진주의 세력에 의해 독일의 재건 요구, 즉 **동등한 권리 요구**Gleichberechtigung가 정당한 것이라고 교육받지 않았는가? 앞서 우리는 이전의 세력 균형 체제에 대해 가장 적대적이었던 이들이, 바꿔 말해, 집단 안보를 가장 열정적으로 호소했던 이들이 어떻게 해서 너무나 자연스럽게 독일에게 가해진 잘못된 조치를 바로잡아야만 한다고 누구 못지않게 주장하게 되었는지 살펴보았다. 제1차 세계대전 당시 가장 영웅적인 양심적 병역 거부자로 노동당 내에서 진정으로 신성시되었던 인물인 클리퍼드 앨런은 이미 1933년 3월 자신의 동지들에게 나치의 잔악 행위만 보고 그릇된 판단을 하지 말아 달라고 간청했다.[18]

현재 독일에서 자행되고 있는 도저히 믿기 어려운 수많은 만행에 대한 우리의 공포는 너무 과한 것 같다. 우리는 지금 나치의 잔학 행위에 대한 분개로 인해 독일 문제의 다른 부분을 잘못 판단하거나 심지어는 무서운 생각까지도 할 수 있는 매우 위험한 상황에 처해 있다. 허나 독일은 재무장이나 군축에는 전혀 관심이 없다. 독일은 오로지 다른 나라와 동등하게 대우받기를 원할 뿐이다.

이후 5년 동안 앨런과 그와 생각을 같이했던 이들은 독일인에게 가해진 여러 잘못된 조치를 바로잡아야만 한다는 죄책감과 제3제국에서 벌어지고 있는 만행을 조화시키고자 애썼지만, 시간이 흐를수록 그 같은 노력을 하기가 더 괴로울 따름이었다. 필립 로디언을 비롯한 다른 이들과 함께 이들은 "나치의 야만성은 전쟁 이후 독일이 감내해야만 했던 처우에 대한 반발이기도 하다. 따라서 독일에 거주하는 유대인에게 합당한 권리를 되돌려 주기 위한 최선의 방안은 증오를 증오로 막는 것이 아니라 유럽에서 독일에게 걸맞은 지위를 인정함으로써 나치의 사악한 면의 뿌리를 제거하는 것이다"라고 주장했다.[19] 1937년 1월 홉슨은 앨런에게 아래와 같이 적었다.[20]

나는 '국제 관계'가 안전한 기초 위에 서 있지 않는 한 어떠한 것도 제대로 성취될 수 없다고 생각한다. 또 나는 다른 나라와의 관계 중 독일의 식민지 요구에 대한 우리의 태도가 모든 발전을 저해하고 있다고 확신한다. 독일은 식민지 없이도 자원을 획득할 수 있으며, 영국은 독일의 식민지였던 지역을 되돌려줄 수 없을뿐더러 지역 주민의 공식적인 동의 없이는 어떠한 대체지도 제공할 수 없다는 말로 '가지지 못한have not' 나라를 만족시킬 수는 없지 않은가?

더 강조하지 않더라도 유럽의 경쟁적인 제국주의 세력 간 충돌을 전쟁의 주된 원인으로 지목한 교리의 주창자가 이렇게 말했다는 점은 정말로 의외다. 하지만 첫 번째 체코 위기[Czech crisis, 오스트리아 병합 이후 히틀러는 상당수의 독일 민족이 거주하고 있다는 이유를 들어 체코슬로바키아의 수데텐란트 국경지역의 할양을 요구했다]가 있었던 1938년 5월 10일 『맨체스터 가디언』지에 보낸 홉슨의 편지는 예상을 더욱 빗나간다.[21]

> 엄밀히 따지자면 체코슬로바키아는 단 한 번도 국가였던 적이 없다. 체코슬로바키아가 단일한 국가였다는 공언이야말로 전후 조약의 가장 어처구니없는 실수다. (…) 당연히 국가로서 체코슬로바키아는 항구적인 불만 세력인 소수의 독일인들을 빼앗긴다고 해서 크게 피해를 입지는 않을 것이다. 물론 그렇게 되면 독일은 인구와 영토 그리고 산업의 측면에서 이득을 보겠지만 그렇게 하는 것이 우리 입장에서 차후 다른 방식으로 개입할 여지를 남겨두는 적절한 조치가 아니겠는가?

따라서 독일에 대한 유화 정책은 작은 국가의 권리의 관점에서 볼 때는 아니더라도 민족의 관점에서 볼 때는 올바른 정책이었다. 세력 균형의 관점에 따른 주장은 무시할 수 있었다. 킹즐리 마틴은 이에 동의했다. 1938년 8월 『뉴 스테이츠먼』지에 실린 유명한 논설에서 킹즐리 마틴은 "체코인들은 주데텐 지역 거주 독일인들이 현재의 국경에 만족할 수 있도록 최대한 협력하겠다고 과감하게 제안해야 할 것이다. 혹시라도 (…) 그것이 불가능하다고 해도 국경 조정 문제는 물론 어렵겠지만 빠른 시일 내에 해결되어야만 한다. 보헤미아 국경 지역의 전략적인 가치 때문에 세계 전쟁의 기회를 제공해서는 안 된다"고 논했다.[22] 클리퍼드 앨런은 국제적인 보장 아래 수데텐란트 지역이 독일로 평화적으로 이양될 수 있도록 할 방책의 고안과 선전에 자신의 삶의 마지막 몇 개월과 남은 열정을 모두 쏟아 부었다. 1938년 10월 7일 앨런은 한 동료에게 다음과 같이 적었다. "우리가 고생해 만들어서 베를린 방문 때 리벤트로프에게 제시한 4국 회담[Four Power Conference, 1933년 6월 무솔리니의 초청으로 로마에서 개최된 영국, 프랑스, 독일, 이탈리아 간 안보 회담으로 약소국의 권리보다 열강 간 평화를 우선시했다. 회담의 결과로 4국 협정Four Power Pact이 같은 해 7월 서명되었다] 방안이 세계 평화를 구원한 도구가 되었다는 사실을 떠올리면 가슴이 뭉클해진다."[23] 앨런은 다섯 달 뒤 여전히 행복에 겨운 채로 세상을 떴다. 하지만 이 때까지였다. 클리퍼드 앨런이 죽은 지 12일 뒤 히틀러는 프라하에 입성했다.

따라서 유화 정책은 파시즘에 대한 투쟁 못지않게 자유주의 양심의 산물이었으며, 이 둘에 대한 감정은 한 마음 내에 조화롭게 자리할 수 있었다. 킹즐리 마틴이 대표적인 경우다. 체코인들은 전쟁의 불씨를 당길 생각을 접고 독일에게 영토를 떼어줘야 한다는 주장에도 불구하고 킹즐리 마틴은 1938년 3월 『뉴 스테이츠먼』지에 아래와 같은 글을 보냈다.[24]

이제 영국민은 체임벌린 총리에게 파시즘을 묵인하거나 북돋우는 정책을 위해서 결코 세금을 더 내지도 징병이나 규제를 더 승인하지도 않겠지만, 반대로 정부가 정말로 민주주의를 위하고 침략 행위에 맞서고자 한다면 어떠한 희생도 치를 각오가 되어 있다고 말할 필요가 있다.

진정으로 양심적인 이들에게 이는 정말로 끔찍한 문제였다. 파시즘을 북돋을 위험을 무릅쓰고서라도 독일의 잘못된 행동을 벌해야 하는가? 독일의 잘못된 행동을 바로잡기만 하면 파시즘은 사그라들 것인가? 아니면 베르사유 협정에 따라 빼앗긴 권리와 영토를 되찾기만 하면 독일인들은 평화를 사랑하고 서로 예를 갖추는 열강들로 이루어진 공동체에 참여할까? 이로써 독일의 군국주의는 시들어버리지 않을까?

하지만 제2차 세계대전 발발 직전 두 해 동안 자유주의 양심은 대체로 유화적이기보다 호전적이었다. 1937년 이후 하원에서 노동당은 설령 자신을 지키기 위해서였을지라도 어쨌든 간에 정부의 연간 예산에 대한 반대를 철회했다. 휴 돌턴이 1937년 10월 전당 대회에서 지적했던 바와 같이, "조만간 정권을 잡을 지도 모를 노동당은 영국민이 상상조차 하기 싫어하는 치욕과 위협에 더해 국내 문제에 대한 외국의 간섭을 허용할 위험에 처해" 있었다.[25] 물론 이때까지도 파시즘에 맞선 싸움을 민주주의 국가와 추축국 간 국가 차원의 대결이 아니라 국제적이면서도 국내적이기도 한 계급투쟁의 일환으로 여긴 이들도 있었다. 이들은 자국 내에 있는 자본가라는 적과 해외에 있는 파시스트라는 적을 구분하지 않았다. 즉, 이들은 스페인을 군사적으로 도와야 한다는 주장과 영국의 군비 증강을 막아야 한다는 주장이 서로 모순된다고 생각지 않았다. 같은 1937년 10월 전당 대회에서 젊은 어나이린 베번은 다음과 같이 반대 의사를 표명했다.

우리는 파시스트 국가에 맞서 싸우기 위해 필요한 무기를 제공하기 위해서라면 또 세계 평화를 공고히 하기 위해서라면 어떠한 희생도 감내할 준비가 되어 있다. (…) 허나 우리는 우리 손목가지를 잘라버릴 적[영국의 보수 자본주의 세력]의 손에 칼자루를 쥐어주지는 않을 것이다.[26]

이들의 이의 제기는 10 대 1의 다수결로 받아들여지지 않았다.

1939년 3월 히틀러의 체코슬로바키아 침공은 1935년 여름 [아비시니아 사태로 인해] 집단 안보 문제가 불거졌을 때만큼이나 광범위한 국민적 합의를 일구어냈다. 1939년의 합의는 이전에 비해 훨씬 더 오래 지속될 터였다. 독일의 정당한 분개에 대한 유화 정책이 유럽에서의 안정을 회복시킬 것이라는 마지막 환상은 완전히 산산조각 났다. 윈스턴 처칠을 수장으로 하는 전통주의자들은 1914년에 싸웠던 것처럼 싸울 만반의 준비가 되어있었다. 사실 이 이전에도 영국은 자신의 독자적인 행동 능력을 파괴할 정도로 강력한 적대국이 유럽 대륙에서 힘을 축적하는 것을 저지할 목적으로, 즉 강권 정치의 노골적인 이유를 앞세워 종종 싸웠었다. 하지만 이제 사태를 이런 식으로 바라보고자 한 이는 전통주의자만이 아니었다. 노먼 에인절이 자신의 자서전에서 통탄하며 회고하고 있듯이, "나 자신을 비롯한 거의 대부분 자유주의자에게 세력 균형은 정말로 악취가 풍기는 개념이자 정책이었다. (…) 하지만 우리는 곧 강권 정치가 다른 국가에 압도당하지 않으려는 정치라는 사실을 깨달았다."[27] 반면 글래드스턴을 신봉했던 자유주의자들은 히틀러의 이웃 주권 국가의 권리 침해만 아니라 독일 내 잔악 행위로 인해 유럽 공법이 위협받고 있다고 보았다. 이들은 설령 히틀러를 문책할 열강들의 협의체가 존재하지 않는다고 해도 영국은 이에 홀로라도 대응해야 할 책임과 의무가 있다고 생각했다. 한편 마치니의 추종자들이 볼 때 히틀러의 체코슬로바키아 정복과 곧 이은 폴란드 침공보다 작은 국가들의 독립을 필히 지켜줘야 한다는 점을 더 명확하게 보여준 예는 없다. 다른 한편 파시즘에 맞선 노동자 계급의 이익과 민주주의를 대변하는 이들에게 이번 전쟁은 마테오티의 살해 이후 점점 더 가열되고 있는 또 이미 자신들 중 상당수가 스페인에서 희생된 투쟁의 연장선상에 있었다.

소수의 강경한 공산당원만이 이제는 스태퍼드 크립스와 찰스 트리벨리언조차도 저버린, 이 전쟁 역시 자본주의의 모순으로 인해 초래된 제국주의 세력 간 분쟁이라는 모스크바의 입장을 맹목적으로 따랐다. 영국 공산당은 결국 이같은 입장 때문에 이후 25여 년 가까이 영국 여론에 어떠한 실질적인 영향력도 행사하지 못하게 된다.

이렇게 해서 자유주의 양심은 또 다시 국가 간 분쟁을 정당한 전쟁으로 여기게 되었다. 급진주의자 중 일부는 전통을 고집하는 이들과 같은 중대에 생활을 해야 한다는 사실과 더불어 민주주의를 위해 싸우는 법을 자신의 정치적 견해를 대놓고 무시하는 [귀족적인] 장교 계급의 지휘 아래 부대 막사의 [야만적인] 훈병 상사로부터 배워야 한다는 사실에 상당한 거부감을 갖기도 했다. 이들이 때때로 감지했듯이 사실 이 전쟁은 그들의 전쟁이 아니었다. 이 같은 생각을 강하게 품고 있던 이들 중 일부는 전장에서 멀찌감치 떨어진 대서양 건너편에서 사태를 관망하는 편을 택했다. 하지만 푸딩의 맛은 먹어봐야 알 수 있는 것처럼proof of the pudding lay in the eating 핵심은 전쟁을 하는 목적과 전쟁이 끝난 뒤 들어설 평화에 있었다.

전쟁 발발 직후 네빌 체임벌린이 발표한 연합국 측의 목표는 나무랄 데 없었다. 체임벌린은 "이 전쟁에서 우리는 독일 국민에 맞서 싸우는 것이 아니다. 우리는 독일 국민에게 어떠한 악감정도 갖고 있지 않다. 우리는 거짓된 독재 정권에 맞서 싸울 뿐이다"라고 강조했다. 이로부터 한 달 뒤 체임벌린은 "우리는 승리만을 목표로 하지 않는다. 우리는 승리 이후 더 나은 국제 체제의 토대를 마련하고자 애쓰고 있다. (…) 나는 독일 국민을 포함한 모든 유럽인이 평화를 소망한다고 자신한다"고 재차 강조했다.[28] 체임벌린의 이 같은 주장은 사람들은 모두 평화를 원하지만 지배자들이 이들을 전쟁으로 내몬다는 18세기 철학자들의 교리의 진수를 담고 있었다. 당연히 노동당은 체임벌린의 이 같은 정책 기조에 찬동했다. 독일이 아니라 나치즘이 전복되어야만 했다. 『뉴 스테이츠먼』지는 진심어린 마음으로 벤담의 주장을 따라 독일에 폭탄이 아니라 호소문을 살포하는 조치에 대해 찬사를 아끼지 않았다. 킹즐리 마틴은 "우리가 해야 할 가장 중요한 일은 독일 국민에게 자신들의 통치자들이 어떠한 만행을 자행하고 있는지 알려주는 것이다"라고 적었다.[29] '독일 인민'도 다른 모든 사람들과 마찬가지로 본래는 선하기에 충분히 용기를 북돋아 설득한다면 분명 군국주의적인 위정자를 모두 스스로 내치고 영국의 친구들과 도움을 제공하는 이들처럼 자신들도 합리적이고 민주적이며 평화를 사랑한다는 점을 보여줄 것이라는 믿음은 쉬이 사라지지 않았다.

분명 그러한 독일 국민도 있기는 했었다. 하지만 1940년에 이르면 그러한 독일 국민 중 가장 용감했던 이들은 이미 집단 수용소에 갇혀 있었으며, 집단 수용소에 끌려가지 않고 살아남은 이들의 정치적 무능력은 전쟁이 진행될수록 그들을 돕고자 했던 사람들의 주장의 신빙성을 떨어뜨렸다. 독일의 유럽 정복과 수백만에 달하는 유대인 대학살은 '독일 인민'의 진정한 소망을 무시하며 자신들이 내키는 대로 행동하는 소수의 무법자들이 저지른 짓이라고 변명하기조차 어렵게 만들었다. 전쟁 기간 동안 놀랍도록 일치단결된 모습을 보여준 영국에서도 이번 전쟁은 서로 비슷해 구분하기 어려운 나치의 관구장 gauleiters과 영국의 공무원, 비밀 국가 경찰[Geheime Staatspolizei, Gestapo]과 런던 경시청으로 이루어진 파시스트 적대 세력에 맞선 국제적인 십자군 전쟁이라고 주장하기가 날로 어려워져갔다. 1941년 6월 22일 소련이 전쟁에 뛰어들자 영국 공산당조차도 이 같은 입장을 고수하고자 하지 않았다. 우파 진영만큼이나 좌파 진영도 이번 전쟁을 독일에 맞선, 안타깝게도 독일 국민 상당수가 현혹된 대단히 독일적인 철학에 맞선 매우 특수한 전쟁이라 생각했다. 1941년 11월 어나이린 베번조차도 "우리는 무시무시한 철학으로 무장한 프러시아의 군사주의를 유럽에서 영구적으로 축출해내야 할 것이다"라고 말했다. 이듬해 9월 노동조합 회의의 의장[프랭크 울스턴크로프트]은 연례 대회에서 한 발 더 나아가 "불한당 같은 독일의 위정자들은 말할 것도 없고 독일 국민 모두가 수백만에 달하는 무고한 이들에게 자신들이 가했던 고통을 똑같이 겪어보게 하지 않는 한 (…) 즉, 독일 국민은 그냥 내버려둔다면 언젠가는 또 다시 유럽을 노예로 삼고자 시도할 것이다"라고 연설했다.[30]

이번에는 제1차 세계대전 와중 민주적 통제를 위한 연합이 취했던 태도, 즉 전쟁이 끝나는 즉시 독일은 바로 복구되어야 할 뿐만 아니라 다른 국가와 동등하게 대우를 해줘야 한다는 태도에 대한 어떠한 급진적인 동조도 없었다. 사실 독일이 국가로서 존재하도록 내버려두어야 하는지에 대해서도 많은 이가 부정적으로 생각했다. 당연히 '독일 국민'에게 필요한 것은 무엇보다도 장기간에 걸친 통제와 재교육이었다. 1943년 7월 클레멘트 애틀리는 "독일 국민에게 새로운 길을 제시하기 위해서는 승리를 쟁취한 열강이 모두 함께 매우 적극적인 조치를 취할" 필요가 있다고 강조한 보고서를 각료 회의에 제출했다. 구체적으로 필요한 조치는 노동당 전국 집행 위원회National Executive Committee가 이듬해인 1944년 4월 열린 전당 대회에서 공지하고 대다수 당원의 지지를 득한 보고서에 말끔히 나열되었다. 독일은 완전히 무장 해제되어야 할 뿐만 아니라 상당 기간에 걸쳐 점령되어야 할 것이다. 융커 계급Junkers[독일 동부 지역을 거점으로 삼았던 보수적인 토지 귀족 세력으로 프러시아의 지배층을 이루었다]과 폐쇄적인 군대는 물론이거니와 산업가의 권력 또한 모두 빼앗아야만 한다. 독일의 경제는 국제적인 감시와 통제 아래 있어야 할 뿐만 아니라 독일의 잠재적인 전쟁 수행 능력 역시 현저하게 낮아져야 한다. 또한 독일은 자신이 강탈한 것에 대해서 완벽히 보상과 복구를 해주어야만 한다. 애틀리는 독일인들이 땅에 떨어진 신뢰를 회복하기 위해서는 "도덕과 정신의 대혁명"의 과정을 거칠 필요가 있다고 주장했다. 애틀리가 하원에서 연설했듯이, "독일인들을 야만으로부터 자신들이 짓밟아 놓은 문명으로 탈바꿈시키는 과정이 오래 걸리지 않을 것이라 생각하는 이가 있다면 큰 오산이다."[31]

결국 1945년 영국의 자유주의 사상가들의 입장은 소스타인 베블런이 30여 년 전에 단호하게 견지했던 입장과 같았다. 즉, 독일인들에게 자유는 강제되어야 하며 어떻게 해야 자유로워질 수 있는지도 강제로 가르쳐주어야만 한다. 민주주의는 모든 국가가 똑같이 민주적일 때에만 평화적일 수 있으며, 민주주의 국가는 비민주적인 국가를 자신의 형상에 따라 필요하다면 강제로라도 새롭게 주조해야만 한다. 이 같은 생각은 전혀 새로운 생각이 아니었다. 다른 유럽인들이 자유로워지기를 꺼려하자 프랑스제 총검을 들이댔던 프랑스 대혁명의 열렬한 지지자들도 이와 똑같이 생각했다. 이를 반대한 엘리트들은 축출되었다. 이들은 대신 자신들과 생각을 공유하고 신뢰할 수 있는 자들을 책임자의 위치에 임명하고 지원했다. 교육 제도는 물론이거니와 종교도 통제되었으며, 필요할 경우에는 바뀌지기도 했다.

베블런의 나라 미국에서는 독일 국민을 재교육해야 한다는 주장이 강하지 않았다. 재교육은 시간이 걸리는 일이었으며 이에 미국은 다른 연합국에게 이 일을 맡기고자 했다. 오히려 미국에서는 독일에 대한 처벌과 더불어 독일을 분할하거나 농업 국가로 만들어서 국가로서 독일의 힘을 상당한 정도로 축소시키거나 아니면 아예 이번 기회에 완전히 절단내버려야 한다는 주장이 더 설득력을 가졌다. 이 같은 접근법은 도덕적일 뿐만 아니라 법적인 접근법이었다. 독일은 국제법과 도덕성을 난폭하게 침해했기에 응당한 처벌을 받아 마땅하다. 테헤란[1943년 11월에서 12월 사이 연합국의 수장 루스벨트와 처칠, 이오시프 스탈린이 만나 전후 질서를 논한 테헤란 회담을 지칭]에서 루스벨트는 "독일 국민으로 하여금 자신들이 전쟁에서 패했다는 사실을 뼈 속 깊이 느끼도록 만들어야만 한다. 또한 자신들이 문명화된 사회의 예절을 함부로 짓밟았다는 사실을 마음 속 깊이 뉘우치도록 만들" 필요가 있다고 연설했다.[32] 문명에 대한 반역을 주도한 자들은 모두 기소인부절차를 거쳐 기소된 뒤 적법 절차를 밟도록 해야 한다. 독일을 농업 국가로 만들고자 했던 모겐도 계획[Morgenthau Plan, 미국 재무 장관 헨리 모겐도가 제안한 전후 계획]은 인도적인 이유보다는 현실적인 이유로 인해 별다른 지지를 얻지 못했다. 하지만 국무 장관 코델 헐이 내놓은 제안에는 워싱턴을 비롯한 여러 지역에서 많은 이가 동의를 표했다.[33] 헐의 제안은 다음과 같았다. 우선 필요하다면 50년이라도 자신이 저지른 범죄에 대한 형기를 다하고 철저히 반성할 때까지 독일을 군사적인 통제 아래 두어야 한다. "독일 국민의 생활수준은 인접 국가의 생활수준의 평균보다 낮아야만 한다. 독일 국민의 생활수준은 독일 국민 스스로 나치즘과 인종적 우월감 등을 인권과 개인의 자유 또 평화를 향한 신념으로 바꾸는 정도에 비례해서 점진적으로 올려줘야 한다." 간략히 말해, 보복과 개혁은 같이 이루어져야 했다.

코델 헐은 글래드스턴이 단연코 찬성했을 법한 말을 하고 있었다. 해외에서만 아니라 독일 내에서 행한 범죄로 미루어 보건대 독일은 국가들의 공법을 확실히 위반했다. 이제 이 법은 평화를 사랑하는 유럽 열강들로만 이루어진 협의체가 아니라 전 세계 모든 국가를 아우르는 국제 연합에 의해 승인되었다. 이제 이 새로운 협의체는 공식적이고 영구적인 토대 위에 들어서야 했다. 독일과 추축국은 자신들이 저지른 범죄에 대한 대가를 장기간에 걸쳐 치른 뒤에야 국제 연합에 참여할 자격을 득할 것이다. 이번에는 어떠한 실수도 용납되어서는 안 된다. 이 새로운 국제 기구는 국제 연맹과는 달리 망설임 없이 단호하게 평화를 강제할 수 있는 국가 간 연합이 되어야만 한다. 1943년 9월 헐이 선언했듯이, "평화를 유지할 목적으로 조직된 국제 협력의 체제의 초석이 평화를 수호하기 위해 반드시 필요한 경우 무력을 사용할 수도 있다는 참여국의 의지라는 점은 너무나 자명하다."[34] 다음 달 헐의 헌신적인 활동의 결과로 연합국은 모스크바에서 모든 국가의 주권 평등에 기초한 평화와 안전 보장 유지를 목적으로 하는 보편적인 국제 기구의 창설에 동의하는 선언[Moscow Declaration, 1943년 10월 모스크바에서 미국과 소련, 영국과 중화민국의 외무 장관에 의해 조인된 선언으로 이들 네 열강은 독일을 비롯한 주축국의 무조건적인 항복이 있을 때까지 싸울 것과 더불어 국제 연합의 창설을 서약했다]에 서명했다. 이 선언에는 평화에 대한 위협에 대응할 군사력 사용에 관한 조항도 들어가 있었다.

따라서 1945년 여름 제2차 세계대전이 끝났을 때 국제 연맹과는 현저히 다른, 세계의 모든 주요 열강의 일치된 권위에 의해 지지를 받을 뿐만 아니라 진정으로 전 세계를 아우르는 국제 기구의 등장과 함께 프랑스 계몽주의 철학자들의 꿈이 마침내 실현된 듯 했다. 유럽의 일부 조심스러운 보수주의자는 국제 연합이 1815년[유럽 협조 체제Concert of Europe]과 1918년[국제 연맹]의 유사한 협의체와 마찬가지로 힘의 분배를 새롭게 확정짓고 이를 유지하는 데에만 몰두하는 승리한 열강들의 협의체에 불과하다고 폄하하기도 했다. 반면 자유주의자들, 특히 미국의 자유주의자들이 보기에 국제 연합은 그 이상의 의미를 가지고 있었다. 국제 연합은 국가 간 관계만 아니라 국내 문제까지도

살피는 양심, 즉 인류의 집단적 양심이었다. 두 차례의 세계대전이 민주적인 사회의 평화를 사랑하는 특성에 관한 모든 환상을 깨뜨렸을 수도 있다. 허나 두 차례의 세계대전은 비민주적인 사회 — 빌헬름 독일과 나치 독일과 더불어 일본 제국주의의 군국주의 — 의 호전적인 본질을 낱낱이 보여주는 증거를 통해 민주적인 제도의 보편화가 세계 평화를 위한 충분조건은 아닐지라도 필요조건은 된다는 점을 일깨워 주었다. 바꿔 말해, 새로운 세계 질서의 목표는 민주적인 정부의 확산에 있었다. 평화와 민주주의는 상호의존적이었다.

적어도 이것이 1941년 이래 미국이 주도적으로 작성, 발표했던 연합국 정부의 연이은 선언이 짊어졌던 짐이었다. 1941년 8월 대서양 헌장[Atlantic Charter, 루스벨트와 처칠이 공동으로 발표한 전후 처리 원칙]을 통해 영국과 미국 정부는 "모든 민족이 각자의 정부 형태를 선택할 권리를 존중하겠다"고 약속했으며, "주권과 자치 정부를 강탈당한 민족은 이를 되찾을 수 있기를" 희망했다. 영국과 미국 정부는 또한 "관련된 민족의 자유로운 의사와 일치하지 않는 어떠한 영토상의 변화"도 용납하지 않겠다고 약속했다. 미국과 영국 정부는 이에 더해 "모든 지역의 모든 사람이 공포와 빈곤으로부터 벗어나 각자의 삶을 영위할 수 있도록 돕고자, 모든 국가가 자국의 국경 내에서 평안을 도모할 수단을 제공할" [국가 간] 평화를 일구어내기를 소원했다.[35] 이 같은 열망은 얼마 지나지 않아 루스벨트의 "네 가지 자유: 빈곤으로부터의 자유, 공포로부터의 자유, 언론의 자유, 종교의 자유"로 간명하게 정리되었다. 몇 개월 뒤 미국은 전쟁에 뛰어들었으며, 1942년 새해 첫날 연합국은 생명과 자유, 독립과 종교의 자유를 보전하기 위해 또한 "자국의 영토 내에서만 아니라 타국의 영토 내에서도 인간의 권리와 정의를 수호하기 위해" 다시 한 번 모든 힘을 모으기로 결의했다.[36] 하지만 가장 중요한 선언은 1945년 2월 11일 산산조각 난

유럽의 중심부를 향해 자국의 군대가 진격하고 있을 무렵 미국과 소련, 영국 정부의 수장이 얄타[루스벨트와 스탈린, 처칠이 만난 얄타 회담을 지칭]에서 회동한 뒤 발표한 유럽 해방에 관한 선언Declaration on Liberated Europe일 것이다.[37]

유럽의 질서 구축과 경제 복구는 해방된 민족이 (나치즘과 파시즘의 유산을 완전히 제거한 뒤) 각자 원하는 형태의 민주적인 제도를 구축할 수 있도록 돕는 절차에 따라 이루어져야 할 것이다. (이에 이들 세 정부는 유럽의 해방된 민족이) 우선 각자 자신 내 모든 민주적인 요소를 상당 부분 대표하는 임시 정부를 구성할 수 있도록 돕기로 결의했다. 또한 (이들 세 정부는) 이후 가능한 빠른 시일 내에 자유 선거가 실시되어 국민의 의지에 따른 정부가 수립될 수 있도록 노력하겠다고 약속했다.

회원국 모두가 "평화에 대한 위협을 예방하고 제거하기 위해서라면, 또 침략 행위나 평화를 파괴하는 여타의 행동을 진압하기 위해서라면 효과적인 집단 조치를 취하겠다"는 헌장에 서약한 국제 연합의 설립과 더불어, 유럽 해방에 관한 선언은 서구의 자유주의 사상가들이 제2차 세계대전이 그래도 나름대로 의미는 있었다라고 평가할 수 있는 가장 확실한 증거였다. 앞서 일어났던 모든 전쟁의 경우에서와는 달리 군비 경쟁에 의해 과열되고 세력 균형에 의해서만 억제되는 주권 국가의 무정부 체제로 회귀하는 일은 이제 없을 것이라고 이들은 확신했다.

6장

공산주의의 도전

1945~1975

1945년 서구 세계의 대다수는 (소련의 경우에는 절대 다수가) 자신들이 싸워 이긴 이번 전쟁이 필요했을 뿐만 아니라 '정당했다'고 확신했다. 전통주의자들에게 이번 전쟁은 국제 정치에서 세력 균형 체제를 재건하기 위한 또 다른 전쟁이었다. 정치에 큰 관심을 두지 않았던 상당수 영국 국민과 소련 국민은 말 그대로 생존을 위해 싸웠다. 반면 우리가 이 책에서 자유주의자로 분류한 이들에게 이번 전쟁은 18세기 자유주의 양심의 발단 이래 자신들이 지지해온 모든 문화적 가치를 받들고 지키기 위한 전쟁이었다. 이들에게 이번 전쟁은 파시즘에 맞선 '민주주의'라는 가치, 언론과 종교의 자유라는 가치, 가난과 공포로부터의 자유라는 가치, 외세의 폭압에 맞선 민족 자결이란 가치와 더불어 법의 지배를 받는 국제 공동체에 내재된 가치와 페인과 벤담, 글래드스턴가 마치니가 공히 주창했던 가치를 위한 전쟁이었다. 심지어 A. J. P. 테일러와 같은 혹평가도 이번 전쟁은 "좋은 전쟁"이었다고 말하며 자신의 분석을 마

무리했다.[1]

제2차 세계대전이 성공적인 십자군 전쟁이었다는 생각은 어디에서보다 미국에서 강했다. 어떤 의미에서 위에서 열거된 가치는 모두 정확히 미국의 가치였다. 이 같은 가치는 미국의 국부들이 건국을 준비하면서 마음에 품었던 가치였으며, 이후 이는 다른 나라의 정책만 아니라 미국의 정책을 판단하는 기준이 되었다. 『고별 연설에 대해To the Farewell Address』(1961)라는 흥미진진한 책에서 펠릭스 길버트Felix Gilbert 박사는 조지 워싱턴과 동시대인들이 얼마나 18세기 자유주의 철학자들의 사상과의 연관 속에서 생각하고 행동했는지, 어떻게 해서 이들도 언론의 자유와 무역의 자유가 영원한 평화를 보장한다고 믿게 되었는지, 그리고 18세기 자유주의 철학자들이 맹렬히 비판했던 세력 균형의 세계와 비밀 외교 그리고 귀족 계급의 군사주의를 이들 역시 얼마나 가멸차게 거부했는지 명료하게 보여준 바 있다.[2] 사실, 지구상 수많은 국가 중 유독 미국만이 인종적 공동체나 역사적 경험의 공유가 아니라 가치 체계에 대한 전념에서 자국의 정체성을 찾았으며, 이는 현재에도 어느 정도 그렇다고 할 수 있다. 달리 말해, 위와 같은 가치를 되풀이해 천명하는 것, 즉 자유주의 교리에 대한 끊임없는 지지와 헌신은 미국 사회를 통합시킨 근본 요소 중 하나였던 것이다.

이와 같은 측면에서 볼 때, 미국은 시초부터 구세계의 국민 국가가 아니라 세속적인 교회 혹은 엄청나게 큰 교파와 비슷했다. 건국의 과정에서 지대한 역할을 담당했던 교파와 마찬가지로 미국의 근원적인 관심사는 세속의 오염으로부터 자신을 지켜내는 것, 즉 구성원 각자가 자신의 신념에 따라 행동하고 이를 입증하는 내부지향적인 공동체를 건설하는데 있었다. 앞서 퀘이커교도와 관련해 살펴보았듯이, 부와 힘을 득하자 자신의 복음을 전도하고 그에 비추어 세계를 변혁하고자 속세에 뛰어들었던 교파처럼 미국 역시 부와 힘을 득하자 국제 정치에 관여하기 시작했다. 이들 교파가 속세를 대했던 방식과 동일하게 미국도 자신의 형상에 따라 국제 정치를 완전히 재편할 수 있을 때에만 양심에 비추어 일말의 부끄러움 없이 지낼 수 있으리라 생각했다. 우드로 윌슨에 의한 첫 번째 시도는 국제 상황에 대한 이해만 아니라 국내 정치를 유연하게 조정할 수 있는 능력 또한 부족했던 한 인간의 굴욕적인 실패로 끝이 났다. 전자의 문제와 관련해 어떠한 평가를 받든지 간에 프랭클린 루스벨트는 후자의 문제에 있어서만은 분명 성공적이었다. 어쨌든 미국의 여론은 상원 의원 헨리 C. 로지의 시대 이래로 빠른 속도로 또 놀랄 정도로 달라져 있었다. 1942년 말 이루어진 갤럽 조사[Gallup Poll, 1935년 조지 갤럽에 의해 설립된 미국 여론 조사 기관의 조사]에 따르면, 미국 국민의 75퍼센트에 이르는 이들이 전쟁이 종식된 뒤 평화를 수호하기 위한 목적으로 미국이 국제 기구의 일원이 되는 것에 대해 찬성했다. 이 비율은 제2차 세계대전이 끝날 때까지 유지되었다.[3]

허나 미국의 정치인과 언론이 모든 수위에서 되풀이해 강조했던 전제는 바로 이 국제 기구가 이전의 세력 균형 체제, 즉 구식의 유럽 협조 체제와 같아서는 절대 안 된다는 것이었다. 이 국제 기구는 법의 지배를 받는, 평화로운 새로운 세계의 기틀이 되어야 했다. 대서양 헌장에서부터 유럽 해방에 대한 얄타 선언에 이르기까지 미국의 정치인과 연합국이 연이어 작성해 발표한 선언은 이 같은 의도의 모호한 표명이 아니라 관련된 당사국 모두로 하여금 새로운 세계 질서의 구축에 적극 동참할 것을 맹세하도록 촉구하는 도덕적인 명령에 훨씬 더 가까웠다. 법의 지배를 받는 이 평화로운 새로운 세계는 자유주의자들이 지난 200여 년 동안 꿈꿔왔던 언론과 집회, 종교의 자유의 세계이자 이동과 무역의 자유가 완벽하게 보장된 세계였다. 미국과 미국 시민 대다수는 이와 같은 세계를 자신들 또한 번성하고 번영할 세계라 보았으나 일부 수정주의 역사학자는 이러한 열망이 세계 지배를 위한 미국의 자본주의적이고 제국주의적인 의도를 감추는 베일에 다름 아니라고 주장하기도 했다.[4] 이와 같은 지적은 루스벨트의 국무장관인 코델 헐에게 중요한 영감이 되어주었던 코브던과 맨체스터 학파의 가르침에 대해서도 퍼부어졌었다. 이는 일면 일리가 있는 비판이었다. 헐과 헐의 동료는 미국 시민의 복지와 다른 나라 시민의 복지가 양립불가능하다고 보지 않았다. 어쨌든 세계의 다양한 국가 간에 어떠한 필연적인 이익의 상충도 존재하지 않는다는 이 같은 생각이야말로 자유주의 교리의 핵심이었다. 상업이든 정치든 제로섬 게임zero-sum game이 아니었으며, 따라서 맨체스터에 혹은 디트로이트에 이로운 것은 이론상 인류 모두에게 이로운 것이었다.

하지만 애석하게도 이처럼 매력적인 교리를 돌려 말하자면 만약 하나님의 섭리라는 '보이지 않는 손'이 제대로 작동하지 않는다면 이는 관련된 이들이 무지하기 때문이거나 아니면 무턱대고 자신의 이익만 쫓기 때문이라 할 수 있었다. 즉, 서로의 의견이 일치하지 않고 서로의 이익과 관점이 도저히 양립할 수 없다고 판단되는 상황에 처했을 때, 당황하고 분노하며 쉽사리 이성적인 논의를 저버리고 상대방이 어떤 우주적인 의미에서 사악한 존재일 뿐만 아니라 위험하며 잘못되었다고 공공연히 힐난하게 되는 것이다. 바로 이와 같은 일이 제2차 세계대전이 끝난 뒤 미국과 소련 간에 비극적이게도 너무나 순식간에 벌어졌다.

전쟁을 치루는 동안 워싱턴은 소련이 전쟁이 끝난 뒤 엄청난 문제를 일으킬 가능성이 높은 나라라고 전혀 의심하지 않았다. 러시아는 아직 잘 알려져 있지 않은 광활한 대륙으로 모든 이가, 특히 루스벨트 대통령이 큰 희망을 걸었던 나라였다. 앞서 러시아를 신랄히 비판했던 이들도 적군Krasnaya Armiya의 승리 앞에서 잠시나마 아무 말도 할 수 없었다. 오히려 상당수 미국의 자유주의자는 새로운 세계 질서의 건설을 방해하는 나라로 영국을 지목했다. 대영 제국 내 특혜 관세imperial preference에 기초한 영국의 경제 영역, 스털링 지역[sterling area, 1931년 영국의 금본위제 탈피 이후 영국의 파운드 스털링을 기준으로 삼은 일련의 영연방 국가에 대한 통칭], 출중한 마키아벨리적인 강권 정치의 술수, 수많은 유색 인종을 거느리고 있는 식민 제국, 경솔한 미국인들을 비밀 외교와 세력 균형의 구식의 체제로 끌어들이고자 유혹하고 있는 반반하고 노련한 영국의 외교관과 만반의 준비를 끝내고 기다리고 있는 영국의 참모 장교 모두 조심해야 했다.[5]

영국 정부가 미국의 자유주의자들이 전후 세계의 성격에 대해 내렸던 낙관적인 전망에 동의하지 않았다는 것은 이제 명백한 사실로 밝혀졌다. 영국 정부는 정치적인 어려움만 아니라 승리 이후 연합국이 맞닥뜨리게 될 경제적인 어려움에 대해서도 미국 정부보다 훨씬 더 예리하고 정확하게 파악하고 있었다. 이제야 조금씩 공개되고 있는 영국 외무성의 문서 자료는 전후 세계 질서에 대한 영국 정부의 입장에 있어 전통주의적인 요소를 잘 보여주고 있다. 허나 이 전통은 세력 균형의 전통이 아니라 유럽 협조 체제의 전통, 즉 피트의 전통이 아니라 캐슬레이의 전통이었다. 영국 정부는 전후 세계 질서, 특히 전후 유럽 질서의 안정을 위해서는 승리한 연합국이 희생을 감수하더라도 단결해야 할 필요가 있다고 누차 강조했다. 무엇보다도 전쟁 이전의 고립주의로 회귀하려는 생각을 일절 하지 못하도록 미국을 설득해야만 했다. 설령 새로운 국제 기구가 식민주의를 강하게 반대할지라도 또 새로운 경제 질서가 제국 내

경제 특혜와 특혜 관세 지역을 허락하지 않을지라도 심지어는 이를 포기해서라도 미국을 설득해야만 했다. 국제 체제를 관리할 능력을 자신들은 절대 보유할 수 없다는 사실을 이제야 깨달은 영국 정부의 입장에서 볼 때 미국이 물러선다는 것은 대재앙에 다름 아니었다. 영국 외무성의 눈에 미국의 고립주의로의 회귀만큼이나 우려되는 일이 또 있었는데 그것은 바로 소련의 도저히 달랠 수 없는 뿌리 깊은 적대감의 조짐이었다. 왜냐하면 혹시라도 소련이 서유럽의 연합국으로부터 떨어져 나간다면 1815년 이후 프랑스가 연합국 축의 분열을 악용한 것처럼 독일이 다시금 강대국이 되기 위해 결코 놓치지 않고 악용할 상황이 초래될 것이기 때문이었다.[6]

관련 자료가 없는 상황에서 1945년 당시 소련의 목표와 동기에 대해 단정적으로 논하는 것은 섣부른 짓이겠지만 다행히도 성급한 이가 적지 않았으며, 이제 우리는 이들에 대해 권위 있는 평가는 아닐지라도 단순한 추론 이상의 평가를 내릴 수 있다.[7] 소련의 정책 아니 더 엄밀히 말해 이오시프 스탈린의 정책은 영국의 정책보다 강권 정치의 전통적인 원칙에 훨씬 더 철저하게 의거했던 것으로 판단된다. 영국 정부와 마찬가지로 스탈린이 상정했던 최악의 사태는 아마도 독일의 부활이었을 것이다. 하지만 스탈린은 독일의 부활을 자신이 보기에도 마땅히 소련에 대해 강한 적의를 지니고 있을 부르주아 국가와 협력해서 저지할 수 있으리라 생각지 않았다. 어떠한 확실한 동맹국도 확보하지 못한 상황에서 독자적인 행동을 통해서라도 자국의 경계를 가능한 서쪽으로 확장하고 공고히 다지는 것은 따라서 너무나 현명한 조치였다. 소련의 영토는 최소한 브레스트-리토프스크 조약[Treaty of Brest-Litovsk, 1918년 러시아 혁명 이후 독일을 위시한 추축국과 소련이 맺은 조약으로 소련은 발트해 연안, 캅카스 남부, 우크라이나 등 상당한 영토를 이양했다] 이전 러시아 제국의 경계로까지 확장되어야 했다.

　스탈린은 자신의 이 같은 의도를 이미 1941년 12월 영국 정부에게 분명히
밝혔다. 폴란드의 영토와 독립을 지켜주겠다는 약속 때문에 제2차 세계대전
에 참전을 결정했던 나라에게 스탈린의 이 같은 요구는 매우 당혹스러운 것
이었으나 영국 정부는 자신들이 폴란드 국민을 위해 할 수 있는 일이 사실상
없다는 것을 알았다. 프랑스 대혁명 이래 구식의 현실 정치realpolitik에 입각한
조치 중 가장 뻔뻔스러운 조치였던 1944년 가을 윈스턴 처칠이 스탈린과 합
의했던 '영향권spheres of influence'에 따른 동유럽의 분할에서 영국은 폴란드
에 대한 영향력 행사와 관련해 어떠한 요구도 소련에게 하지 않았다. 반면 미
국은 이와 같은 상황을 도저히 참을 수 없었다. 테헤란[Teheran Conference,
1943년 11월과 12월 이란의 테헤란에서 처칠과 루스벨트, 스탈린이 만나 나치 독일의
공략을 위한 제2전선의 구축에 합의한 회담으로 루스벨트는 여기서 스탈린을 처음으
로 만났다]에서 루스벨트가 대단히 협조적으로 보였던 스탈린에게 설명한 바
있듯이, 이는 미국 내 인종 투표[이듬해 11월 대통령 선거를 염두에 둔 폴란드계
미국인들의 로비 활동을 지칭. 이들은 같은 해 6월 재미 폴란드 협회Polish American
Association를 결성해 정치권에 대한 압박을 강화했으며, 루스벨트는 이들을 만나 폴
란드의 온전한 독립을 약속했다] 때문만은 아니었다. 가장 중요한 것은 무엇보
다 원칙principle이었다. 모스크바 주재 미국 대사였던 애버럴 해리먼은 1945년
6월 트루먼 대통령에게 "제 생각에 스탈린은 자유 폴란드에 대한 우리의 높
은 관심이 원칙의 문제라는 점을 이해하지도 못 할 뿐더러 이해할 것 같지도
않습니다. 스탈린은 매사에 매우 현실적인 인물입니다. 따라서 추상적인 원칙
에 대한 우리 신념을 스탈린이 분간해 내기란 대단히 어려운 일일 것 같습니
다"라고 조언했다.[8]

소련의 태도를 이해하기 위해 해리먼 만큼 노력을 기울였던 미국인은 거의 없었다. 얄타에서 유럽 해방에 대한 선언에 스탈린도 서명하지 않았는가? 이로써 스탈린은 폴란드 내 "모든 민주적인 요소를 상당 부분 대표하는 임시 정부를 구성할 수 있도록 [폴란드인들을] 돕기로" 결의하지 않았는가? 또 "이후 가능한 빠른 시일 내에 자유 선거가 실시되어 [폴란드] 국민의 의지에 따른 정부가 수립될 수 있도록 노력하겠다고" 약속하지 않았는가?[9] 지금 이 모든 서약을 폴란드에서만 아니라 루마니아를 비롯해 적군에 의해 통제되고 있는 동유럽의 모든 나라에서 내팽개치고 있단 말인가? 이들 지역을 점령한 적군과 적군이 들여온 전체주의적 압제의 수단은 앞서 이들 지역을 점령했던 독일군과 독일군이 이들 지역을 관리하고자 들여왔던 수단과 소름끼칠 정도로 유사하지 않은가? 독재자를 또 다른 독재자로 대체하기 위해 미국의 시민이 피를 흘리며 싸웠단 말인가?

해리먼과 모스크바에 있었던 해리먼의 비서 조지 케넌과 같은 미국의 관료는 문제를 더 온건하고 구식의 관점, 즉 정의의 관점이 아니라 힘의 관점에서 접근했다. 1946년 2월의 유명한 전보[Long Telegram, 소련과의 평화로운 공존이 불가능한 이유를 상세히 논한 케넌이 국무부에 보낸 장문의 전보]에서 케넌이 지적한 바와 같이, 소련의 힘은 소련의 군사력이 강해지면서 자연스럽게 확장되고 있었다. 부르주아 세계의 감춰진 의도를 강하게 의심했던 소련의 지도부를 고려할 때 소련은 확실한 견제가 들어가기 전까지 계속 팽창할 터였다.[10] 따라서 소련의 힘은 미국과 서구 세계가 자신들의 이해관계를 분명하게 — 필요하다면 무력 시위를 통해서라도 — 밝혀서 봉쇄해야 했다. 바꿔 말해, 미국과 서구 세계는 세력 균형의 전통적인 기제를 작동시켜서 소련을 봉쇄해야 했다. 폴란드는 넘겨줄 수도 있었다. 하지만 다행히도 아직은 정복되지 않았지만 소련의 팽창으로부터 위협을 받고 있는 지역, 예컨대, 지중해 지역이 있었다.

　제2차 세계대전이 끝날 무렵 지중해 지역에서 영국은 지역 차원의 대치 관계에 휘말려 있었다. 흔히 '동방 문제Eastern Question'라고 전혀 위험하게 들리지 않는 이름으로 통칭되는 지중해 지역에서의 대치 관계는 19세기 초 시작되었다. 유럽의 정치인들에게 지중해 지역에서의 대치 관계는 강권 정치의 원형을 보여주는 대표적인 예였다. 즉, 이들에게 '동방 문제'는 중동과 레반트 지역에서 영향력을 확고히 다지려는 러시아를 저지하기 위해 이 지역의 여러 작은 나라를 지원해주는 조치에 다름 아니었다. 이 같은 갈등 상황에서 러시아에 맞선 영국의 수단은 그리스 정부와 터키 정부였다. 영국은 이 두 정부를 외교 압박과 재정 지원 그리고 군사 원조와 같은 전통적인 기제를 통해 조정해왔었다. 하지만 1947년 2월 제2차 세계대전의 종전 후 들이닥친 첫 번째 대규모 경제 위기에 직면해 영국 정부는 지중해 지역에서의 대치 관계를 유지하는데 너무나 많은 비용이 소모된다고 판단했다. 결국 영국 정부는 이들 두 종속국에 대한 원조를 중단할 수밖에 없었다. 이제 영국은 100여 년 전 스트랫퍼드 드 레드클리프에 의해 개시되었던 러시아에 맞선 지중해 지역에서의 '거대한 게임Great Game'을 포기해야 했다.

　역사가들은 영국 정부의 이 같은 결정이 미국 정부로 하여금 유럽의 강권 정치의 장에 본격적으로 발을 들여놓도록 만들었다는 점에 의견의 일치를 보고 있다. 하지만 미국이 몰락하는 영국 제국을 구해주고 있는 것은 아닌가하고 애초부터 의심해왔던 하원에 이대로 말할 수는 없었다. 공화당 지도부는 미국의 여론이 납득할 만한 수준에서 설명될 때에만, 즉 자유주의 양심에 비추어서 타당할 때에만 지중해 지역에 대한 개입을 지지할 것이라는 점을 정부에 분명히 전달했다.[11] 이에 트루먼 대통령은 앞서 유럽의 정치인들이 미심쩍지만 피할 도리 없는 조치로 여겼던 세력 균형의 전통적인 체제 내에서 지역적 연루를 어떻게든 어둠의 세력에 맞선 마니교적인 대결을 위한 군사 조치로 바꿔서 설명해야 했다.

(1947년 3월 트루먼은 다음과 같이 공표했다). 우리 삶의 방식은 다수의 의지에 기반하며, 민주 제도와 대의 정부 그리고 자유 선거와 더불어 개인의 자유와 언론과 종교의 자유 그리고 정치적인 탄압으로부터의 자유에 대한 보장을 특징으로 한다. 다른 삶의 방식은 소수의 의지를 다수에게 강압적으로 주입하는 것에 기초한다. 이 같은 삶의 방식은 테러와 탄압, 신문과 라디오의 통제, 부정 선거와 개인의 자유의 억압에 의존한다.
(트루먼은 이어서 부연했다). 전체주의적인 정권을 세우고자 침략한 외세에 맞서 자신들의 제도와 국가를 지키고자 하는 자유민들을 (미국이) 나서서 돕지 않는다면 우리는 원하는 목표를 달성할 수 없다. (미국은) 자신들을 속박하려는 무장한 소수나 외세에 맞서 저항하고 있는 자유민들을 지원해야 한다. (…) 자유를 위해 싸우고 있는 전 세계의 자유민들이 도와달라고 우리에게 애타게 호소하고 있다. 혹시라도 우리가 이들을 제대로 지도하지 못한다면 세계 평화가 위태로울 것이다[강조는 저자].**12**

이것이 바로 트루먼 독트린Truman Doctrine이다.

이제 미국인들은 자신들이 어디에 서 있는지 알았다. 미국인들은 10여 년 전 유럽에서 처음 터졌을 때에는 너무나도 불행히도 회피했던 민주주의 세력과 전체주의 세력의 대립, 자유 세력과 독재 세력의 대립의 최전선에 서 있었다. 미국인들은 지난 실수를 반복하지는 않으리라 다짐했다. 미국인들은 또한 적을 "달래기만 하는appeasing" 실수를 되풀이하지도 않으리라 마음을 굳게 다잡았다. 당시 미국의 여론을 단단히 지배했던 이 같은 목소리 중 단 한 명의 말을 들어보자면, 반덴버그 공화당 상원 의원은 다음과 같이 말했다. "유화 정책은 피하고자 하는 위험을 더 북돋을 따름이다. (…) 뮌헨[Munich Agreement, 1938년 독일의 체코슬로바키아 수데텐란트 지역의 합병을 승인한 히틀러, 체임벌린, 무솔리니, 프랑스 총리 에두아르 달라디에 간에 맺은 협정]은 정말로 끔찍한 실수였다."[13] 미국은 이번만큼은 물러서지 않고 굳건히 대적할 터였다. 적의 공세는 1948년 본격적으로 시작되는 듯 보였다. 1948년 2월 독일에게 유린당한 후 암울한 10년을 보낸 체코슬로바키아[Czech coup, 소련의 지원 하에 체코슬로바키아 공산당에 의한 쿠데타를 지칭]를 시작으로 한 적의 공세는 같은 해 6월 베를린으로 확장되었다. 점령 정책에 대한 연합국 간 의견 불일치의 복잡한 틀 내에서 발생한 지역 작전이었을 소련의 베를린 봉쇄[Berlin blockade, 1948년 6월부터 이듬해 5월까지 이어진 소련군에 의한 베를린 봉쇄]는 이런저런 문제로 시달려온 독일 주둔 미군 지휘부에 의해 자유 세계 전체의 신경을 시험해보기 위한 의도적인 도발로 부풀려졌으며, 이에 상응하는 영웅적인 대응을 불러왔다.[14] 무엇보다도 2년 뒤 1950년 6월 북한의 공격이 감행된 한반도의 상황은 공산주의의 위협이 전 세계적으로 이루어지고 있음을 확실히 보여주는 듯 했다. 1930년대의 교훈이 너무나도 선명하게 떠올랐다. 트루먼 대통령은 북한의 침공 소식을 전해들은 자신의 반응을 아래와 같이 기록했다.[15]

나와 같은 세대에게 힘 있는 나라가 힘없는 나라를 침략한 것은 한국 전쟁이 처음이 아니었다. 나는 이에 앞선 만주[만주 사변]와 에티오피아[아비시니아 위기] 그리고 오스트리아[독일과 합방]의 경우를 되돌아보았다. 나는 민주주의 국가가 적절히 대응하지 못할 때마다 침략국이 어떻게 이에 힘입어 자신의 욕망을 채워나갔는지 똑똑히 기억하고 있었다. (…) 만약 공산주의 세력이 자유 세계의 어떠한 저항도 받지 않고 한국으로 진출하도록 내버려둔다면 어떠한 작은 나라도 힘센 공산주의 이웃 나라의 위협과 침략 행위에 맞서 분연히 저항하려 들지 않으리라 본다.

따라서 이번에는 집단 안보 체제가 제대로 작동되어야 했다. 이번에는 미국의 지도력과 다행히도 중대한 순간에 국제 연합에 불참한 소련 덕택에 집단 안보 체제가 제대로 작동했다. 이는 처음 있는 일이었으며 현재까지도 유일하다. 불과 15년 전 국제 연맹의 회원국은 아비시니아를 돕기 위해 나서야 했으나 불행히도 나서지 못했지만, 미국과 미국의 우방국은 국제 연합의 헌장에 따른 자국의 책임과 의무를 다하기 위해 국제 연합의 깃발을 휘날리며 남한을 돕기 위해 출정했다. 이들은 무법자와 그 동조자에 맞서 법의 지배를 강제할 위임된 무기를 가진 보안관posse comitatus이었다. 침략국 북한을 돕고 지원했던 중국은 무법 행위에 동조했기에 평화를 사랑하는 국가가 아니었으며, 이에 국제 연합에 가입할 수 있는 자격을 잃었다. 미국의 자유주의 양심에게 또 유럽과 여타 지역의 자유주의 양심에게 한국 전쟁도 의심할 여지없이 정당한 전쟁이었다. 이와 같은 행동이 15년 전에 취해졌더라면 — 윈스턴 처칠이 "불필요한 전쟁"이라 불렀던 — 제2차 세계대전은 결코 일어나지 않았을 것이다.

한국 전쟁의 결과는 미국의 군사화가 될 것이 자명했다. 사실 어찌 보면 이는 거의 하나님의 섭리와 같았다. 심지어는 정부 관료 중 '봉쇄 정책containment'에 대해 가장 온건한 입장을 취했던 이들조차 한국 전쟁 참전이 미국 역사상 유래 없는 수준의 평시 '방위 편제defence establishment'의 구축을 전제로 한다는 점에 동의했다. 제 아무리 고귀한 의도를 품고 있었다 할지라도 1950년 6월 이전 미국인들이 세계 패권으로서 희생을 무릅쓸 마음의 준비가 되어 있었다는 증거는 찾아보기 힘들다.[16] 한국이 이 모든 것을 바꿔놓은 것이다. 하룻밤 사이에 방위비가 네 배로 뛰었으며 계속 치솟았다. 하원의 공화당 의원들은 방위비가 너무 많다가 아니라 왜 더 많이 또 왜 더 일찍 요청하지 않았느냐고 트루먼 행정부를 다그쳤다. 한국 전쟁을 마니교적인 관점에서 접근해서는 안 된다고 주장했던 미 국무부 내 온건파는, 심지어는 냉철한 현실주의자였던 딘 애치슨조차, 설령 공산당 비밀 요원은 아닐지라도 "공산주의에 대해 너무 미온적인 태도를 취하고 있는 것은 아닌가"하는 의심을 샀다. 이 전쟁이 진실로 정의로운 전쟁이라면 이 전쟁은 절대 협상이 있어서는 안 될, 오직 승리만 있을 뿐인 십자군 전쟁이었다. 1952년 대통령 선거에서 공화당은 다음과 같이 공약했다.

> 우리는 다시 한 번 자유를 어두운 곳을 비추는 희망의 등불로 만들어야만 한다. 독재와 극악무도한 테러리즘 아래 헤아릴 수 없을 정도로 수많은 이들을 방치하는, 이들의 지배자들이 자신들의 포로를 우리를 파괴할 무기로 주조하도록 방치하는, 이 소극적이고 아무짝에도 쓸모없는, 게다가 비도덕적이기까지 한 '봉쇄 정책'에 진정으로 마침표를 찍고자 한다면 (…) 우리 [공화당의] 정책은 자유에 내재되어 있는 전파력 강한 해방의 힘을 되살려 놓을 것이다.[17]

막대한 비용에도 불구하고 이제 교착 상태에 처한 한국에서의 전쟁을 끝내고 정부 재정을 정상으로 되돌려 놓겠다고 약속한 대통령 후보 아이젠하워 장군의 같은 시기 정반대의 공약보다 이와 같은 수사가 공화당의 정권 창출에 더 도움이 되었을 것 같지는 않다. 허나 이와 같은 수사가 훗날 정치적으로 도움이 된다고 여길 만한 충분한 근거가 없었다면 공화당 지도부는 이처럼 말하지 않았을 것이다. 사실, 아이젠하워의 외교 정책이 선임자 트루먼의 외교 정책보다 다소 조심스럽고 실용적이었다고 해도 그 같은 수사는 국무 장관 존 포스터 덜레스의 거침없는 입을 통해 계속 흘러나왔다. 1957년 1월 아이젠하워 행정부가 수에즈 사태의 파국 이후 중동 지역에서 서구 세계의 영향력 회복을 위해 필요하다고 판단한 군사 조치에 대한 하원의 승인을 요청했을 때 이는 "국제 공산주의에 의해 조정되는 국가에 의한 노골적인 무력 공세로부터" 중동 지역을 보호하기 위한 미국의 군사력 사용이라는 명목으로 이루어졌다. 이리하여 트루먼 독트린에 이어 아이젠하워 독트린Eisenhower Doctrine이 냉랭한cold, 하지만 총력적인total 전쟁에 미국은 헌신적으로 임하겠다는 서약으로 추가되었다. 폴 해먼드Paul Y. Hammond가 미국 외교 정책에 관한 간명하고도 통찰력 있는 연구에서 기술하고 있듯이,

> 만약 (아이젠하워가) 군비 경쟁을 완화하고 소련을 회유하려는 자신의 의지를 가다듬고 선전했다면 아이젠하워는 아마도 자신의 인기와 정책의 효과는 물론이거니와 여론의 신뢰에 있어서도 정치적 대가를 크게 치러야 했을 것이다.[18]

1930년대 유럽의 스승으로부터 가르침을 받은 1950년대 미국의 자유주의 양심은 정의의 전쟁과 영구 평화를 모두 이해했고 또 지지했다. 이들은 영구

평화를 위해서 정의의 전쟁이 필요할 수도 있다는 점도 인정했다. 허나 정의의 전쟁과 영구 평화 사이에 자리할 수도 있는 속임수나 술책 혹은 흥정이나 협상을 하는 데 시간을 허비해서는 안 되었다.

트루먼 행정부와 아이젠하워 행정부의 사람들 모두 이를 잘 알고 있었다. 이들 중 상당수는 자신들의 선언적인 정책이 과장된 수사라는 점을 인정했다. 하지만 현실 정치의 극도로 제한된 상황에서 일지라도 소련의 힘을 되받아치고 가두어두려면 미국 스스로 힘을 키워야만 했다. 만약 여론의 제약으로 인해 무기력이나 핵무기에 의한 과잉 살육이라는 두 가지 대안만 주어진다면 이들은 주저 없이 후자를 택할 것이었다. 이렇게 해서 세계 역사상 유례없는 대규모 군비 경쟁이 불붙었다.

전문가의 인식과 대중적인 수사의 차이가 언제나 컸던 것은 아니었다. 베트남의 경우 이 둘 사이의 간극은 어느 때보다 좁았다. 1951년 11월 극동 문제 담당 국무 차관이었던 딘 러스크는 당시 프랑스령 인도차이나였던 지역에 대한 미국의 공식적인 정책을 아래와 같은 연설을 통해 공표했다.

인도차이나 지역의 진정한 문제는 이 지역 사람들이 자신들에게 적합한 미래를 스스로 일구어 나갈 수 있도록 해줄 것이냐 아니면 공산주의의 공포의 지배를 받으며 소련 공산주의 제국의 새로운 식민지로 강제로 흡수되도록 내버려둘 것이냐라 하겠다. 이 같은 상황에서 대다수 미국인은 인도차이나를 위협하는 군사적인 위협에 제대로 맞서려면 프랑스와 프랑스의 동맹국의 군대를 지지하고 지원해야 한다는 점에 적극 동의하고 있다.[19]

이렇게 해서 트루먼 독트린은 베트남으로까지 확장되었다. 베트남에 주둔해 있는 프랑스군과 이들에게 협조하는 세력은 "정복의 시도에 맞선 자유민"의 배역을 맡게 되었다. 하지만 국가 안전 보장 위원회National Security Council에서 이루어진 현실 정치에 따른 극비 계산은 더 오싹한 상황을 그리고 있었다.

(1952년 6월의 한 정부 보고서에는 다음과 같이 적혀 있다). 동남아시아 국가 중 한 국가라도 중국 공산당의 노골적인 혹은 은밀한 공세에 밀려 공산주의의 통제 아래 들어가는 날에는 엄청난 정신적, 정치적, 경제적 결과가 초래될 것이다. 적시에 효과적으로 대응을 하지 않아 한 국가라도 잃게 된다면 곧 이 지역 내 나머지 국가도 하나씩 공산주의에 투항하거나 공산주의와 제휴할 것이다. 그리고 나머지 동남아시아 국가와 인도에 이어 머지않아 중동 지역마저 공산주의와 손을 잡을 것이다.[20]

이로부터 18개월이 지난 1954년 1월 또 다른 극비 보고서는 이보다 훨씬 더 불안케 만드는 경우를 상정하고 있었다.

인도차이나에서의 분쟁을 통해 공산주의 세계와 반공산주의 세계가 전장에서 정면으로 대치하게 되었다. 따라서 인도차이나 전쟁에서의 패배의 파장은 동남아시아와 남아시아에 머물지 않을 것이다. 인도차이나 전쟁에서의 패배는 미국의 이익만 아니라 유럽과 다른 모든 자유 세계의 이익에 극심한 피해를 안겨줄 것이다.[21]

간단히 말해, 베트남은 자유 세계를 집어삼키려는 공산주의라는 홍수를 막고 있는 제방의 구멍으로 묘사되었다. 아이젠하워 대통령은 스스로 또 여러 유럽의 동맹국들이 조심했기에 베트남을 민주주의의 운명을 시험해 볼 전장으로 택해야 한다는 참모들의 조언을 따르지 않을 수 있었다. 하지만 10년 뒤 1964년 아이젠하워의 후임자[린든 B. 존슨, 1963년 대통령에 취임한 존슨은 이듬해 본격적으로 베트남 전쟁에 뛰어들었다]는 그처럼 자제하지 못했다.

이와 같은 인식이 함의하는 바가 무엇인지는 너무나 자명하다. 첫째로, 상대는 비인간화되었다. 상대는 더 이상 나름의 공포와 인식, 이해관계와 문제를 지닌, 따라서 합리적인 토론이나 타협이 가능한 대상이 아니었다. 소련의 모든 행동은 세계 정복이라는 명확한 계획에 따른 술책으로 해석되었다. 어디에서 일어났더라도 미국의 힘에 대한 반기는 모스크바의 계략에 의한 것으로 간주되었다. '세계 공산주의'는 성자와의 전쟁에서 승리를 거둔 『요한 묵시록Book of Revelations』의 짐승Beast까지는 아닐지라도 아폴리온[Apollyon, 요한 계시록의 악마]과 루시페르[Lucifer, 타락한 천사로 일반적으로 악마를 지칭]를 합쳐놓은 것만큼 교활하고 끈덕질 뿐만 아니라 거대하고도 강력한 단일한 적으로 인식되었다.

둘째로, 미국의 이익과 이익이 일치되는 모든 국가와 정부는 이들의 정치 체제의 성격과 관계없이 명예 민주주의 사회로 자동적으로 '자유 세계'의 일원이 되었다. '자유'라는 척도는 이제 더 이상 트루먼이 정의한 바, 즉 "민주 제도와 대의 정부 그리고 자유 선거와 더불어 개인의 자유와 언론과 종교의 자유 그리고 정치적인 탄압으로부터의 자유에 대한 보장"을 뜻하지 않았다. '자유'는 이제 미국의 영향권 아래에 있는가 또 미국이 시키는 대로 행동할 의사가 있는가의 문제로 전락했다.

끝으로, 미국의 동맹을 괴롭히는 세력은 — 식민지에서의 해방 운동, 미국에 우호적인 독재자에 맞선 사회주의 저항 운동이나 자유주의 저항 운동, 심지어는 아주 오래전부터 있어온 반정부 부족 운동 가릴 것 없이 ─ 모두 모스크바의 사주를 받고 있다고 여겨졌다. 물론 이러한 인식 대부분은 자성 예언 self-fulfilling prophecy에 불과했다. 민족주의 운동과 혁명적인 수사로 한껏 치장된 '민족 해방 전쟁'은 마르크스나 레닌의 정치적, 군사적 가르침보다 마치니의 정치적, 군사적 가르침에 부지불식간 더 많은 빚을 지고 있었다. 19세기 자유주의자들이 승인하고 응원했던 이탈리아와 발칸 지역에서의 민족주의 운동과 유사한 이들의 시도는 자유 세계를 무너뜨리고 뒤집어엎으려는 세계 공산주의의 교묘한 계략으로 읽혀졌다.

1960년대에 들어서면서 미국의 자유주의자들은 이와 같은 상황에 점점 더 불편해하기 시작했다. 산업 전반에 엄청난 영향을 미치는 막대한 규모의 군대와 가공할 무기 체계, 무기와 달러에 의해 지탱되고 있는 어딘가 미심쩍은 동맹국, 세계 인구의 절반을 가두고 있는 거대한 두 나라[소련과 중국]에 대한 맹목적인 적대감 ─ 민주적인 삶의 방식을 지키기 위해 이 모든 것이 정말로 필요하단 말인가? 미국 사회 내 전통적인 평화주의자들과 고립주의자들은 점점 더 강하게 이에 대해 항거했다. 전통적인 국제주의자들은 군비 감축과 국제적인 긴장 완화를 촉구했다. 전통적인 급진주의자들은 이 새로운 '군산 복합체'를 맹렬히 비판했다. 그리고 젊은 세대는 반항적으로 해방 운동의 지도자 ─ 카스트로와 체 게바라 ─ 를 영웅으로 삼았으며 이들 '자유의 전사'로부터 자신들이 미국에서도 구현하길 원했던 삶의 방식을 찾았다.

베트남에서의 전쟁은 미국 정부로 하여금 자신의 수사를 행동으로 입증하도록 요구하면서 사태를 최악으로 몰아갔다. 베트남 전쟁이 지금까지 미국의 선전과 현실 사이에 존재했던 터무니없는 간극을 폭로한 셈이다. 미국이 남베트남에서 무엇을 지키기 위해 싸우고 있든지 간에 분명 그것은 미국인들이 생각한 민주주의는 아니었다. 정말로 가공할 악의 세력을 물리치기 위해 이 전쟁을 치르고 있는 것이라 할지라도 베트남 사람들을 실제로 괴롭히는 악의 세력이 누구인지는 모든 텔레비전 화면을 통해 적나라하게 보여졌다. 베트남 반란군의 이데올로기가 무엇이었든지 간에 이들은 분명 헌신적인 수완과 영웅주의로 정신 무장을 하고 싸우고 있었다. 이들이 베이징이나 모스크바로부터 어떠한 지원을 받고 있든지 간에 북 베트남인들과 베트콩[Vietcong, 1954년 결성된 남베트남 민족 해방 전선Mặt trận Dân tộc Giải phóng miền Nam Việt Nam]은 절대로 '국제 공산주의'의 수동적인 도구가 아니었다. 민주주의와 평화 가치의 화신인 미국이 건국된 지 200여 년 만에 자유를 위해 싸우고 있는 소수 민족을 탄압하는 잔악무도한 전쟁을 행하고 있는지도 모른다는 등골 오싹한 의문이 미국의 자유주의자 사이에서 번져갔다.

유럽 출생으로 메테르니히의 숭배자였던 헨리 키신저 박사가 미국을 이와 같은 곤경에서 구출하는 과정을 깊이 다루는 것은 이 책의 주제와 어울리지 않다고 생각된다. 키신저 박사의 이름은 곧 강권 정치와 비밀 외교를 위시한, 미국의 자유주의자들이 영원히 뒤로 하고자 소망했던 국제적인 책략의 모든 기제를 뜻하는 단어가 되었다. 키신저 박사는 30여 년에 걸친 마니교도적인 대치 관계를 전 지구적인 유럽 협조 체제로 전환하는 놀라운 일에 전념했다. 이전의 유럽 협조 체제에서와 같이 위험한 대치 관계는 피하는 것이 좋지 않겠냐는 생각에 따라 암묵적으로 승인된 테두리 내에서 각자의 이익 추구를 가능케 하는 질서정연한 국제 체제의 틀을 보전하기 위해 열강들은 협력할 터였다. 이 질서정연한 국제 체제에서 상대의 군사력은 국제 질서의 안정 유지에 있어 핵심적이고 합법된 요소로 인식되었을 뿐만 아니라 용인되었다. 미국의 자유주의자들은 이 과정을 당혹해하며 지켜보았다. 하지만 이것이 앞서 벌어졌던 일보다 너무나도 바람직한 것이 분명했기에 이들은 단지 무언의 반대만 했다. 물론 키신저 박사가 강권 정치Machtpolitik의 무자비한 측면을 드러내며 전쟁을 캄보디아 지역으로까지 확대시켰을 때[Cambodian Civil War, 1968~1975, 미국은 베트남 전쟁을 위해 1969년부터 6년 동안 캄보디아 내전에 간섭했다]는 예외였다. 그리고 이제야 카터 대통령은 더 전통적인 미국의 가치를 외교 정책에서 재천명하고 있다. 허나 카터 대통령이 자신이 주창하는 보편적인 자유주의의 가치와 자신이 물려받은 강권 정치의 틀을 조화시키는데 성공할 수 있을 것인지는 좀 더 지켜봐야 할 것 같다.

결론

전쟁을 완전히 없애려는 선한 이들의 노력이 종국에는 더 끔찍한 상황을 가져왔다는 이와 같은 암울한 이야기로부터 우리는 어떠한 교훈을 도출해낼 수 있을까? 이들이 공언했던 신념들 중 몇몇을 다시 한 번 살펴보도록 하자.

우선 에라스뮈스의 저작에 깔려 있던 관점이 있다. 이 관점은 17세기 초 크뤼체에 의해 상세히 설명된 바 있으며, 이후 18세기 프랑스 계몽주의 철학자들과 19세기 코브던주의자들의 정통적인 입장이 되었다. 이 관점에 따르면 전쟁은 군사화된 지배 귀족 계급의 삶의 양식으로 인해 발생했으며, 따라서 귀족들을 몰아내고 생시몽이 **산업가들**이라 칭한 이들이 주도권을 잡으면 즉시 사라질 것이었다. 하지만 이와 같은 관점의 문제점은 일련의 사건에 의해 낱낱이 밝혀졌다. 귀족 계급의 해체는 전쟁의 감소가 아니라 오히려 격화를 초래했다. 17세기부터 19세기까지 이어지는 유럽의 사회 구조는 당시 전쟁의 형태를 설명할 따름이다. 즉, 이 시기 전쟁이 매우 빈번했지만 그 범위는 지극히 제한되었던 까닭은 귀족적인 전사 엘리트들의 지배 덕분이었다.

민주주의로의 이행은 결코 전쟁을 없애지 못했다. 클라우제비츠가 처음으로 이를 간파했듯이 오히려 민주주의는 애석하게도 발전된 기술이 완벽하게 구현될 수 있는 폭력적인 열정이라는 완전히 새로운 요소를 전쟁에 가미했다. 18세기 말 프랑스로부터 20세기 중반 미국에 이르기까지 민주주의 사회는 18세기 자유주의 사상가들의 기대에 부응하지 못했다. 오히려 민주주의 사회는 종종 종교 전쟁[wars of religion, 30년 전쟁을 비롯해 종교 개혁의 여파로 16~17세기 유럽 전역에 걸쳐 일어났던 분쟁]의 최악의 순간을 상기시키는 호전적인 열정을 되풀이해 분출했다.

토크빌이 정확하게 파악했듯이 민주주의 사회는 대체로 국제 문제에 대해 무관심했을 뿐만 아니라 동맹 체제에 대해 대단히 부정적인 입장을 취했다. 민주주의 사회는 게다가 세력 균형과 같은 추상적인 개념에 대해서도 회의적인 태도를 보였다. 설상가상으로 민주주의 사회는 국제 정치에 대한 무지로 인해 국제 문제에 대해 강한 의구심을 품기도 했다. 민주주의 사회는 종종 외국인들을 의심했으며 과대망상증에 빠지기도 했다. 또한 민주주의 사회는 자신의 평화로운 이상이 흔들린 경우 온 힘을 다해 앙갚음을 하기도 했다. 더 나아가 자유주의 이론은 전체주의를 전혀 고려하지 않았다. 즉, 모든 언론 매체를 조작하는 극단적인 이념주의자들이 얼마나 쉽게 — 파시스트들이 했던 것처럼 군국주의적인 철학을 철저히 주입시켜서 혹은 소련이나 중국과 같이 대단히 폐쇄적인 사회에서 수세대에 걸쳐 바깥 세계의 끊임없는 적대감을 의문의 여지가 없는 사실로 주입시켜서 — 사회 전체를 자신들이 원하는 대로 조종할 수 있는지에 대해 자유주의 이론은 전혀 고민하지 않았다. 사람들은 가만히 내버려두면 **본성상** 평화적일 것이라는 생각은 사람들은 **본성상** 호전적이라는 정반대의 주장과 마찬가지로 답변을 제공하기보다는 더 많은 의문거리를 자아낼 뿐이다.

둘째로 위와 연관된 신념으로 19세기 들어 더욱 두드러지게 나타났던 신념이 있다. 이 신념에 의하면 전쟁은 귀족들의 관습이 아니라 통치 계급의 기득권과 왜곡된 인식에 더해 이들이 대표하는 자본가들 — 특히 무기 제조업자들 — 의 이해관계에 의해 초래된다. 하지만 군비 경쟁이 분명 국제 긴장을 악화시킬 수는 있지만 엄밀히 말해 군비 경쟁은 국제 긴장의 원인인 만큼 결과이기도 하다. 기껏해야 이 둘은 공생 관계에 있다. 자본가 간 이익 충돌을 두 번의 세계대전의 원인들 중 가장 주된 원인으로 꼽는 역사가는 이제 거의 없다. 두 번의 세계대전에서 제국주의적인 경쟁이 한 역할은 극미했다. 사실, 양차 세계대전 동안 영국인들은 적보다 오히려 우방으로부터 영국 제국이 누렸던 이익에 대한 적의를 느꼈다.

셋째로 자유주의자들은 전쟁 발발의 책임을 외교관과 이들에 의한 세력 균형의 조작으로 돌렸다. 물론 잘못된 운전으로 인해 교통사고가 발생하듯이 서투른 외교와 무자비한 강권 정치로 인해 전쟁이 터지기도 한다. 허나 노먼 에인절이 깨달았던 것처럼 강권 정치는 상대국에 압도당하지 않으려는 정치다. 에라스뮈스와 조너선 다이먼드를 제외한 우리가 살펴본 모든 자유주의 사상가는 자신의 조국을 지키기 위해 싸울 준비가 되어 있었다. 하지만 이 같은 전쟁조차 불필요하도록 만드는 일은, 또 전쟁이 일어난 경우 막강한 상대국 앞에서 아무런 도움도 청하지 못하고 완전히 희망을 잃어버린 채 싸울 수밖에 없는 상황에 처하지 않도록 대비하는 일은 결국 정치인과 외교관의 몫이다. 이번 세기 내내 자유주의 정치인들의 목표는 바로 이 같은 일마저 필요치 않게 할, 진정한 전 세계적인 집단 안보 체제를 건설하는 것이었다. 전 세계적인 집단 안보 체제는 하지만 전간기 유럽이라는 한정된 사회에서조차 존재하지 않았던 상당한 정도의 상호 신뢰와 동일한 가치 그리고 각국이 인식하는 자국의 이익의 우연적인 일치를 전제로 한다. 그러나 현재 우리가 거주하고 있는 문화적으로 다양한 세계에서 이를 성취하기란 실로 요원하다.

전쟁에 대한 관심을 구체화시킨 모든 진지한 정치 사상가 — 모어와 베이컨, 홉스와 로크, 몽테스키외와 루소, 칸트와 헤겔 — 가 간파했던 핵심은 바로 전쟁이 어떠한 상위의 승인된 조정자도 존재하지 않는 주권 국가 간 체계에 내재된 요소이며, 이들 국가가 각자의 민주적인 구조에 따라 토착적이고 특수한 문화적 가치와 인식을 체화하면 할수록 유사시 자국의 이익을 지키기 위해 무력을 사용할 결정권의 소유를 뜻하는 주권을 쉽게 내놓지 않으리라는 것이다. 하지만 이에 대한 해결책은 루소가 냉소적으로 제안했던 주권 국가의 해체에 있지 않다. 왜냐하면 루소가 이어서 지적했듯이 주권 국가의 탄생을 통해서만 사람들은 스스로 완전히 자유로운 인간이라 느낄 수 있기 때문이다. 이러한 점에서 볼 때 마치니가 분명 옳았다. 국제주의를 성취하기 위해서는 우선 국가가 탄생되어야 하는 것이다. 하지만 문화적인 자기 의식과 정치적인 독립을 일궈낸 민족은 아직 이를 일궈내지 못한 민족의 요구를 너무나 쉽게 잊곤 한다. 프랑스 대혁명 시기 프랑스의 자유주의자들은 독일의 민족주의를 무시했다. 1848년 독일의 자유주의자들은 슬라브 민족주의를 무시했다.[22] 제1차 세계대전 시기 서구의 자유주의자들은 동유럽인들의 민족주의적 요구 앞에 점점 더 난처해했다. 그리고 제2차 세계대전 이래 서구 유럽과 미국의 자유주의자들은 천천히, 하지만 고통스럽게 제3세계의 민족주의와 타협했다. 자신의 정체성을 내세우는 유일한 방법이 무력의 사용이 되는 때도 있을 수 있다고 말했을 때 프란츠 파농은 마치니가 이미 말했던 바를 되풀이하고 있었을 따름이다.[23] 하지만 마치니와 마치니를 추종한 이들이 저지른 오류는 바로 국민 국가의 건설이 평화를 향한 필수조건이라 전제하면서 그것이 또한 충분조건이기도 하다고 자신한 데 있었다.

자유주의 사상가들의 이와 같은 딜레마의 밑바탕에는 에라스뮈스보다 훨씬 더 선대로부터 내려오는 전쟁을 일반화할 수 있는 단일한 추상체로 인식하는 습관이 놓여 있다. 바로 이와 같은 사고의 습관이 자신들은 '전쟁'을 진심으로 반대한다고 장담하면서도 집단 안보를 강제하기 위한 '군사 제재'를 옹호하고 심지어는 '파시즘에 맞선 저항'을 열렬히 주창한 양차 세계대전 사이 동안의 어리석은 혼동을 가져왔던 것이다. 오늘날 전쟁은 극렬히 반대하면서도 민족 해방을 위한 투쟁은 열정적으로 지지하는 이들도 마찬가지다. 하지만 '전쟁'이란 국가나 자신들의 정치적인 목적을 성취하고자 국가를 세우고자 열망하는 이들에 의한 군사력 사용을 총칭하는 용어에 지나지 않는다. 특정한 목적을 달성하기 위한 무력의 사용은 지지하지만 이외에 다른 목적을 달성하기 위한 무력의 사용은 반대할 수도 있는 것이다. 자기 자신이나 자신이 속한 사회를 보호하기 위한 무력의 사용조차 결사적으로 반대했던 간디와 같은 극단적인 평화주의자만이 진정으로 전쟁을 반대한다고 말할 수 있다. 그러나 만약 이들이 무력의 사용을 격렬하게 반대할지라도 다른 이들은 아니라면 이들 자신의 생존만이 아니라 이들의 가치 체계 또한 극도로 위험한 상황에 처할 수밖에 없다.

물론 이 같은 지적이 전쟁과 평화에 대한 자유주의 전통이 모두 자기기만에 불과할 뿐만 아니라 틀렸다는 것을 의미하지는 않는다. 분명 자유주의 전통은 종종 순진함으로 인해 아니면 지적 교만으로 인해 혹은 무지로 인해 또는 사고의 혼동으로 인해 그리고 정말 안타깝게도 위선으로 인해 손상되어 왔다. 하지만 어느 누가 자유주의 전통을 계승했던 이들의 열망에 공감하지 않을 수 있으며 또 이들의 성과를 완전히 부정할 수 있단 말인가? 전 지구적인 국제 공동체의 탄생의 과정에서 이루어진 진보는 상당 부분 자유주의 양심에서 영감을 받은 이들이 두 세기 이상에 걸쳐 끈질기게 노력해서 일구어낸 성과다. 이들이 애쓴 덕분에 비록 말뿐일지라도 사실상 모든 국가가 찬성하고 지지하는 가치가 오늘날 보편적인 가치로 인정받게 된 것이다. 또한 이들이 고생한 덕택에 원칙상에서라도 모든 국가는 각자가 자발적으로 승인한 국제 사회의 틀 내에서 공동의 책임과 의무를 지닌다고 믿게 된 것이다. 반면 위험은 다음과 같은 지점에 도사리고 있다. 즉, 국가들로 이루어진 이 사회의 각 행위자 — 아직 국가의 지위를 획득하지 못한 이들도 포함한 — 가 고유한 문화적 가치와 인식을 담지하고 있다는 사실을 잊어서는 안 될 것이다. 이와 더불어 이들 행위자가 필연적으로 또 당연히 자신의 생존에 궁극적으로 관심을 가질 수밖에 없다는 사실을 놓쳐서는 안 될 것이다. 이에 더해 앞선 두 사실에 반대되는 어떠한 선언이 발표된다 할지라도 이들 행위자는 자신을 보호하기 위해서 국제 공동체의 힘과 의지에 전적으로 의존하고자 하지 않는다는 사실을 명심해야 할 것이다.

따라서 아직 우리는 강권 정치와 국가 이성raison d'état의 세계에서 헤어 나오지 못하고 있다. 게다가 행위자로서 국가의 증가 자체가 더 평화롭고 더 질서정연한 세계를 보장하는 것도 아니다. 평화 상태는 "구축"되어져야만 한다고 주장했을 때 칸트는 분명 옳았다. 하지만 이 일이 우리가 매일 매일의 삶 속에서 매번 새롭게 착수해야만 하는 일이라는 것을 칸트조차 알지 못했을 수도 있다. 어떠한 처방도 어떠한 조직도 어떠한 정치 혁명이나 사회 혁명도 평화 상태를 구축해야만 한다는 영구불변의 책무로부터 인류를 자유롭게 해 주지는 못할 것이다.

주

| 서론 |

1 이 부분은 K. G. 트리벨리언 경께서 쓰신 트리벨리언 집안에 대한 미출간 원고에서 발췌했으며, 가족과 관련된 다른 사항들 또한 이에 기초했다.
2 *Garibaldi's Defense of the Roman Republic* (London, 1907). *Garibaldi and the Thousand* (London, 1909). *Garibaldi and the Making of Italy* (London, 1911). *England under Queen Anne*, 3 vols. (London, 1930~1940).
3 G. M. Trevelyan, *John Bright* (London, 1913), p.332에서 재인용.
4 Trevelyan의 글, *loc. cit.*

| 1장 |

1 Desiderius Erasmus, *Dulce Bellum Inexpertis*, M. M. Phillips, ed., *Erasmus and His Times* (Cambridge, 1967), p.110.
2 *Spartam nactus es, hanc orna*, Philips, *op. cit.*, p.105.
3 *Ibid.*, p.116~125.
4 J. R. Hale, 'War and Public Opinion in Renaissance Italy,' E. F. Jacob, ed., *Italian*

Renaissance Studies (London, 1960)을 참조.

5 Phillips, *op. cit.*, p.107.

6 *Ibid.*, p.112.

7 *Ibid.*, p.137.

8 *Ibid.*, pp.131~132.

9 St. Thomas More, *Complete Works*, ed. Edward Surtz & J. H. Hexter (Yale University Press, 1965), vol. iv, pp.201ff.

10 *Ibid.*, p.137.

11 *Ibid.*, p.203.

12 *Ibid.*, p.211.

13 J. T. Johnson, *Ideology, Reason, and the Limitation of War: Religious and Secular Concepts 1200~1740* (Princeton, 1975), pp.208~258을 참조.

14 Hugo Grotius, *De Jure Belli ac Pacis*, ed. William Whewell (Cambridge, 1853), vol. I, p.lix.

15 Edmond Silberner, *La guerre dans la pensée économique du XVI au XVIII siècles* (Paris, 1939), p.128에서 재인용.

16 *Ibid.*, p.133.

17 John Locke, *An Essay Concerning the Original Extent, and End, of Civil Government*, Part II, Chap. 3, Peter Laslett, ed., *Locke's Two Treatise of Government* (Cambridge, 1960), p.296. 또한 Richard H. Cox, *Locke on War and Peace* (Oxford, 1960) 참조.

18 de Montesquieu, *The Spirit of the Laws*, trsl. T. Nugent (New York, 1949), I. 2, p.5.

19 *Ibid.*, X. 2, p.134.

20 C. E. Vaughan, *Political Writings of J. J. Rousseau* (Oxford, 1962), vol I, pp.293~306.

21 Jean-Jacques Rousseau, *Perpetual Peace*, trsl. E. M. Nuttall (London, 1927), p.99.

22 Vaughan, *op. cit.*, pp.301~306.

23 E. G. Leonard, *L'armée et ses problèmes au XVIII siècle* (Paris, 1958).

24 Silberner, *Pensée économique du XVI au XVIII siècle*, pp.172~180.

25 Silberner, *op. cit.*, p.196.

26 Montesquieu, *op. cit.*, IX. 2, p.127.

27 Immanuel Kant, *Perpetual Peace: A Philosophical Proposal* (Grotius Society Publication, No.7, 1927), p.25.

28 *Ibid.*, p.24.

29 C. J. Friedrich, *Inevitable Peace* (Harvard University Press, 1948), p.30에서 재인용.

30 Friedrich, *op. cit.*, pp.85~86.

31 Rousseau, *Perpetual Peace*, p.105.

32 *Ibid.*, p.113.

33 Felix Gilbert, *To the Farewell Address: Ideas of Early American Foreign Policy* (Princeton, 1961), p.61.

34 *Ibid.*, p.65.

35 *Ibid.*, p.67.

36 Thomas Paine, *Collected Writings* (London, 1894), vol. I, pp.413, 424.

37 *Ibid.*, p.454.

38 *Ibid.*, p.456.

39 *Ibid.*, p.388.

40 *Ibid.*, p.453.

| 2장 |

1 Jeremy Bentham, *A Plan for a Universal and Perpetual Peace* (Grotius Society Publications, 1927), p.25.

2 *Ibid.*, p.31.

3 *Ibid.*, p.28.

4 *Ibid.*, p.31.

5 Joseph Mazzini, *Life and Works* (London, 1890), vol. III, p.10.

6 Bentham, *op. cit.*, p.37.

7 예를 들어, Phyllis Deane, 'War and Industrialisation,' J. M. Winter, ed., *War and Economic Development* (Cambridge U.P., 1975).

8 James Mill, *Commerce Defended* (London, 1808), pp.120~121.

9 John McCulloch, *A Discourse on the … Importance of Political Economy* (1824), pp.85~86.

10 J. S. Mill, *Principles of Political Economy* (London, 1848), p.582. 위에서 언급된 모든 저자에 대한 논평으로는 Edmond Silberner, *The Problem of War in 19th Century Economic Thought* (Princeton U. P., 1946), pp.42~66을 참조.

11 Silberner, *op. cit.*, p.72. 사실, 세의 이 같은 생각은 이미 1803년의 『정치경제학 논고Traité d'économie politique』에 나타나 있다. 하지만 『현실 정치경제학 강의 완본Cours

complet d'économie politique pratique, 1829』에서 완전해진다.

12 *Ibid.*, p.81~82.

13 *Ibid.*, p.92.

14 *Ibid.*, p.94.

15 Peter Brock, *Pacifism in Europe* (Princeton U. P., 1972), p.339.

16 Jonathan Dymond, 'War, Its Causes, Consequences Etc.,' *Essays on the Principles of Morality* (London, 1823).

17 A. C. F. Beales, *The History of Peace* (London, 1931), pp.46~53. Brock, *op. cit.*, p.345.

18 Beales, *op. cit.*, p.67.

19 Beales, *op. cit.*, pp.74~81.

20 W. H. Dawson, *Richard Cobden and Foreign Policy* (London, 1926), p.131.

21 John Morley, *The Life of Richard Cobden* (London, 1881), vol. II, p.70.

22 Morley, *op. cit.*, vol. I, p.411.

23 J. A. Hobson, *Richard Cobden: the International Man* (London, 1918), p.387.

24 *Ibid.*, p.94.

25 Donald Read, *Cobden and Bright* (London, 1967), pp.131, 136.

26 Richard Cobden, *Speeches on Questions of Public Policy* (London, 1870), vol. I, p.79.

27 G. M. Trevelyan, *John Bright* (London, 1913), p.274.

28 *Ibid.*

29 Hobson, *op. cit.*, p.82.

30 Dawson, *op. cit.*, p.97.

31 *Ibid.*, p.100.

32 A. J. P. Taylor, *The Trouble Makers* (London, 1957), *passim* esp. pp.28, 39를 참조.

33 Olive Anderson, *A Liberal State at War: English Politics and Economics during the Crimean War* (London, 1967)을 참조.

34 Dawson, *op. cit.*, p.123에서 재인용.

35 Hobson, *op. cit.*, p.90.

36 Hobson, *op. cit.*, p.326.

37 *Ibid.*, p.380.

38 Joseph Mazzini, *Life and Writings* (London, 1890), vol. III, p.257~258.

39 R. J. Vincent, *Non-Intervention and the International Order* (Princeton U. P., 1974), p.61에서 재인용.

40 Carlton Hayes, *The Evolution of Modern Nationalism* (New York, 1931), p.35에

서 재인용.

41 *Ideen zur Philosophie der Geschichte der Menschheit* (1784). Hayes, *op. cit.*, p.29와 Elie Kedourie, *Nationalism* (London, 1960), p.55을 참조.

42 Silberner, *op. cit.*, pp.136ff.

43 Jean-Jacques Rousseau, *Du Contrat Social*, Book I, Chapter 6.

44 Mazzini, *Life and Writings*, vol. I, pp.106 ff.

45 *Ibid.*, p.121.

46 Kenneth N. Waltz, *Man, the State and War* (New York, 1959), p.110에서 재인용.

47 한 예로 코슈트는 다음과 같이 말했다. "차르가 또 다시 억압받고 있는 인류를 위협하고, 국가들의 주권과 그들의 독립을 침해한다면 (…) 사람들은 브리타니아Britannia가 '그만해!'라고 호령하며 자신의 무적 삼지창을 휘두를 것이라 기대하고 있다." A. J. P. Taylor, *op. cit.*, p.59.

48 Hobson, *op. cit.*, p.33.

49 L. B. Namier, '1848: The Revolution of the Intellectuals,' *Proceedings of the British Academy XXX* (London, 1944).

50 Hobson, *op. cit.*, p.177.

51 Beales, *op. cit.*, p.111.

52 *Ibid.*, p.120.

| 3장 |

1 이에 대한 뛰어난 설명으로는 F. S. L. Lyons, *Internationalism in Europe 1815~1914* (Leyden, 1963) 참조.

2 *Ibid.*, p.239.

3 Dawson, *Richard Cobden and Foreign Policy*, p.106.

4 J. S. Mill, 'A Few Words and Non—Intervention,' *Dissertations and Discussions* (1874), III, 256.

5 A. J. P. Taylor, *op. cit.*, p.71.

6 Morley, *Gladstone*, II, p.121.

7 Morley, *op. cit.*, I, p.359.

8 *Ibid.*, I, p.290, II, p.121.

9 J. L. Hammond, *Gladstone and the Irish Nation* (London, 1938), p.54에 실린 '글래드스턴의 유럽관'에 관한 장 참조.

10 Morley, *op. cit.*, II, p.241.

11 Trevelyan, *Bright*, p.437.

12 Carsten Holbraad, *The Concert of Europe: a Study in German and British International Theory 1815~1914* (London, 1976), esp. pp.144~148, 165~171 참조.

13 F. M. Leventhal, 'H. N. Brailsford and the Search for a New International Order,' A. J. A. Morris, ed., *Edwardian Radicalism* (London, 1974), p.203.

14 Hobson, *Cobden*, p.408.

15 T. H. Green, *Principles of Political Obligation* (London, reprinted 1922), pp.170~172.

16 K. E. Miller, *Socialism and Foreign Policy* (The Hague, 1967), p.24에서 재인용.

17 L. T. Hobhouse, *Democracy and Reaction* (London, 1904), pp.157, 165.

18 H. N. Brailsford, *The War of Steel and Gold* (London, 1914), p.174.

19 A. J. A. Morris, *Radicalism against War 1906~1914* (London, 1972), p.352.

20 H. Weinroth, 'Radicalism and Nationalism,' Morris, *Edwardian Radicalism*, pp.226 ff.

21 구체적인 예로는 Geoffrey Best, 'Militarism and the Victorian Public School,' Brian Simon & Ian Bradley, eds., *The Victorian Public School* (London, 1975)과 Rupert Wilkinson, *The Prefects* (London, 1964) 참조.

22 Fritz Fischer, *Germany's Aims in the First World War* (London, 1967)와 *War of Illusions* (London, 1975).

23 Eugene Staley, *War and the Private Investor* (New York, 1967).

24 이에 대해서는 특히 Clive Trebilcock, 'The British Armaments Industry 1890~1914: False Legend and True Utility,' G. Best & A. Wheatcroft, eds., *War, Economy and the Military Mind* (London, 1976) 참조.

25 Silberner, *op. cit.*, p.267 ff.

26 J. A. Hobson, *Imperialism* (London, 1902), p.76.

27 Joseph A. Schumpeter, *Imperialism and Social Classes* (Oxford, 1951), D. K. Fieldhouse, *Economics and Empire 1830~1914* (London, 1973), R. E. Robinson & J. Gallagher, *Africa and the Victorians* (London, 1961).

28 *Concord*, June 1913, A. J. A. Morris, *Radicals against War*, p.335에서 재인용.

29 Miller, *Socialism and Foreign Policy*, p.47에서 재인용.

30 Grey of Falloden, *Twenty-Five Years* (London, 1926), vol. I, p.91.

31 Morris, *Radicals against War*, p.200에서 재인용.

32 L. W. Martin, *Peace without Victory* (Yale U.P., 1958), p.11에서 재인용.

33 H. N. Brailsford, *The War of Steel and Gold* (London, 1914), p.170.

34 *Ibid.*, p.161. 자신이 속한 사회 계층에게조차 실망한 중산층 자유주의자가 시대의 구원 세력으로 노동자 계급에게 기대를 건 것은 새로운 일이 아니었다. 코브던은 랭커셔 지역민들이 "무역의 번성과 함께 점점 더 보수적이고 귀족적이 되어가는 모습"을 보면서 평화 운동이 이제 대중에게 눈을 돌릴 필요가 있다고 판단했다. "결국 우리는 대중과 함께 행동해야만 한다. 그들을 올바르게 지도할 수만 있다면 우리는 절대 잘못될 일이 없을 것이다." W. H. Dawson, *Cobden and Foreign Policy*, p.143. 브라이트는 1878년 "만약 노동 조합이 평화를 외친다면 전쟁은 없을 것이다. 전쟁에서 때때로 이득을 챙기는 자와 계급이 있기는 하다. 허나 노동자에게 전쟁은 단지 손해만 끼칠 뿐이다"라고 강조했다. Beales, *History of Peace*, p.157.

35 George Haupt, *Socialism and the Great War* (Oxford U.P., 1972), p.11.

36 James Joll, *The Second International* (London, 1955), p.153.

37 *Ibid.*, p.112.

38 *Loc. cit.*

39 Brailsford, *op. cit.*, p.185.

40 L. T. Hobhouse, *Democracy and Reaction* (London, 1904), p.141.

41 H. Gerth & C. Wright Mills, ed., *From Max Weber: Essays in Sociology* (London, 1947), pp.169, 171.

42 Miller, *Socialism and Foreign Policy*, p.23에서 재인용.

43 Joll, *op. cit.*, p.153.

44 *Ibid.*, p.176.

45 Brailsford, *War of Steel and Gold*, p.161.

46 Norman Angell, *The Great Illusion* (London, 1913), p.vi. 이 책의 초판은 1909년에 [『유럽의 시각적 환상Europe's Optical Illusion』이라는 제목으로] 출판되었다.

47 *Ibid.*, p.309.

48 *Ibid.*, p.viii.

49 *Ibid.*, p.327.

50 Brailsford, *op. cit.*, p.160.

51 *Ibid.*, p.169.

52 *Ibid.*, p.35.

53 Haupt, *Socialism and the Great War*, pp.150~159.

1 Grey of Falloden, *Twenty-Five Years* (London, 1925), vol. II, p.306.

2 여기까지의 모든 인용은 L. W. Martin, *Peace Without Victory* (Yale University Press, 1958), pp.46~50.

3 이 책 p.22 참조.

4 E. D. Morel, *The Morrow of the War* (London, 1914). 민주적 통제를 위한 연합에 대해서는 Marvin Swartz, *The Union of Democratic Control in British Politics during the First World War* (Oxford, 1971)을 참조.

5 Beales, *A History of Peace*, p.293.

6 Morel, *op. cit.*

7 Bertrand Russell, *The Foreign Policy of the Entente* (London, 1914).

8 Kenneth E. Miller, *Socialism and Foreign Policy* (The Hague, 1967), p.54. Martin, *op. cit.*, p.66.

9 Miller, *op. cit.*, p.51.

10 G. Lowes Dickinson, *War: its Nature, Cause and Cure* (London, 1923), pp.66, 69.

11 Norman Angell, *The Unseen Assassins* (London, 1932), *passim.* 본 책 p.73.

12 H. N. Brailsford, *A League of Nations* (London, 1917), pp.4, 101.

13 Taylor, *The Trouble Makers*, p.149.

14 Beales, *op. cit.*, p.290.

15 L. W. Martin, *Peace without Victory*, pp.124~125.

16 *Ibid.*, p.161.

17 Beales, *op. cit.*, pp.291~292.

18 Elie Kedourie, *Nationalism* (London, 1960), p.130에서 재인용.

19 Thorstein Veblen, *An Inquiry into the Nature of Peace* (New York, 1917, 2nd Edn. 1919), pp.256, 276.

20 *Ibid.*, pp.239, 243.

21 *Ibid.*, p.243.

22 Martin, *op. cit.*, p.179.

23 John F. Naylor, *Labour's International Policy* (London, 1969), p.4에서 재인용.

24 Charles Trevelyan, *From Liberalism to Labour* (London, 1921), p.43.

25 Miller, *Socialism and Foreign Policy*, p.83.

26 Miller, *op. cit.*, p.252에서 재인용.

27 Miller, *op. cit.*, p.93.

28 *Loc. cit.* 또한 Taylor, *The Troublemakers*, pp.176~177.

29 Miller, *op. cit.*, p.250.

30 J. A. Hobson, *The Fight for Democracy* (London, 1917), p.54.

31 Miller, *op. cit.*, p.251.

32 *Loc. cit.*

33 E. F. M. Durbin, ed., *War and Democracy* (London, 1938), p.278의 R. H. 크로스만의 언급 참조.

34 Leonard Woolf, ed., *The Intelligent Man's Way to Prevent War* (London, 1933), p.295의 세실 경의 말 참조.

35 구체적인 예로서는 H. M. Swanwick, *New Wars for Old* (London, 1934) 참조.

36 E. H. Carr, *The Twenty Years' Crisis* (2nd edn., London, 1946), p.35에서 재인용.

37 평화 투표를 "우리는 전쟁을 반대하며 절대 또 다시 전쟁을 지지하거나 허용하지 않을 것이다"라고 1938년 봄 12만에 달하는 사람이 서명에 참여했던 "평화 서약Peace Pledge"과 혼동하지는 말 것.

38 D. P. Waley, *British Public Opinion and the Abyssinian War* (London, 1975), p.20.

39 Naylor, *Labour's International Policy*, p.58.

40 Leonard Woolf, ed., *The Intelligent Man's Way to Prevent War*, p.505.

41 Norman Angell, *After All* (London, 1951), p.141에서 재인용.

42 Stafford Cripps, *The Struggle for Peace* (London, 1936), pp.71~72.

43 *Ibid.*, p.83.

44 Naylor, *Labour's International Policy*, p.73.

45 *Ibid.*, pp.74~75.

46 *Ibid.*, p.109.

47 Clement Attlee, *The Labour Party in Perspective* (London, 1937), p.153.

48 R. B. McCallum, *Public Opinion and the Last Peace* (Oxford University Press, 1944), pp.177~179를 참조.

49 호어 자신이 제네바에서 영국은 "국제 연맹의 구성국이 모두 함께 국제 연맹 규약의 내용 전체를 지켜내야 한다는 데 찬성한다. 우리는 특히 어떠한 명분도 없는 일체의 도발 행위에 대해 계속 함께 맞서야 한다는 데 동의한다"라고 확약한 지 겨우 10주밖에 지나지 않았다는 사실을 고려할 때, 이것이 그가 말할 수 있는 최소한이었다. (Waley, *British Public Opinion*, p.38).

50 S. W. Roskill, *Hankey, Man of Secrets* (London, 1974), vol. III, p.187.

51 Naylor, *Labour's International Policy*, p.92.

5장

1 Norman Angell, *The Unseen Assassins*, p.201.

2 *Ibid.*, p.203.

3 E. H. Carr, *The Twenty Year Crisis*, pp.34~36 참조.

4 Leonard Woolf, *The Intelligent Man's Way to Prevent War* (London, 1933), p.12.

5 Kingsley Martin, *Editor* (London, 1968), p.178.

6 Waley, *British Public Opinion and the Abyssinian War*, p.27 참조.

7 Naylor, *Labour's International Policy*, p.132.

8 *Ibid.*, pp.149~153.

9 C. R. Attlee, *The Labour Party in Perspective* (London, 1937), p.190.

10 K. W. Watkins, *Britain Divided: the Effect of the Spanish Civil War on British Public Opinion* (London, 1936), p.146.

11 Naylor, *op. cit.*, p.160.

12 Watkins, *op. cit.*, p.148에서 재인용.

13 Kingsley Martin, *Editor*, p.211.

14 Samuel Hynes, *The Auden Generation* (London, 1976), p.263.

15 Watkins, *op. cit.*, p.172.

16 Julian Bell, ed., *We Did Not Fight*, Hynes, *op. cit.*, p.195에서 재인용.

17 Kingsley Martin, *Editor*, p.219.

18 Martin Gilbert, *Plough My Own Furrow: the story of Lord Allen of Hurtwood* (London, 1965), p.351.

19 1935년 2월 1일 로디언의 편지, Martin Gilbert, *Britain and Germany Between the Wars* (London, 1964), p.78에서 재인용.

20 Gilbert, *op. cit.*, p.380.

21 Gilbert, *op. cit.*, p.400에서 재인용.

22 C. H. Rolph, *Kingsley: the Life … of Kingsley Martin* (London, 1973), p.245에서 재인용.

23 Gilbert, *op. cit.*, p.415.

24 K. Martin, *Editor*, p.249.

25 Naylor, *op. cit.*, p.200.

26 *Ibid.*

27 Norman Angell, *After All* (London, 1951), p.137.

28 John Wheeler Bennett & A. J. Nicholls, *The Semblance of Peace* (London, 1972), p.14에서 재인용.

29 T. D. Burridge, *British Labour and Hitler's War* (London, 1976), p.24에서 재인용.

30 Burridge, *op. cit.*, pp.60~64.

31 *Ibid.*, pp.94, 118, 154.

32 Wheeler Bennett & Nicholls, *The Semblance of Peace*, p.167에서 재인용.

33 Cordell Hull, *Memoirs* (London, 1948), vol. II, p.1617.

34 *Ibid.*, p.1254.

35 Wheeler Bennett & Nicholls, *op. cit.*, p.42.

36 *Ibid.*, p.537.

37 *Ibid.*, p.631.

| 6장 |

1 A. J. P. Taylor, *The Second World War* (London, 1975), p.234.

2 Felix Gilbert, *To the Farewell Address: Ideas of Early American Foreign Policy* (Princeton, 1961).

3 Robert Divine, *Second Chance: the Triumph of Internationalism in World War II* (New York, 1967), pp.70, 73.

4 특히, Gabriel Kolko, *The Politics of War: Allied Diplomacy and the World Crisis of 1943~1945* (London, 1969).

5 영국의 의도에 대한 미군의 의구심에 대해서는, Albert C. Wedemeyer, *Wedemeyer Reports* (New York, 1958) 참조. 핵문제에 대한 영국의 의도에 대한 의구심에 대해서는, M. M. Gowing, *Britain and Atomic Energy, 1939~1945* (London, 1964) 참조. 경제 갈등에 대해서는, Richard N. Gardner, *Sterling-Dollar Diplomacy* (Oxford University Press, 1956) 참조.

6 영국의 공식적인 입장은 공공기록보존소Public Records Office, GAB 81에 있는 1943~1945년 시기 전후계획위원회Post-Hostilities Planning Committee의 기록에 나와 있다.

7 나는 미국과 영국의 많은 소련 연구가의 작업들 중에서 가장 설득력 있는 책으로 다음을 꼽고 싶다. Adam B. Ulam, *Expansion and Co-Existence: the History of Soviet Foreign Policy 1917~1967* (London, 1968).

8 E. L. Gaddis, *The United States and the Origins of the Cold War 1941~1947* (New York, 1972), p.234.

9 이 책 p.159 참조.

10 George Kennan, *Memoirs 1925~1950* (London & New York, 1963), Appendix C.

11 Dean Acheson, *Present at the Creation* (New York, 1969), p.219.

12 Harry S. Truman, *Memoirs, Vol. II: Years of Trial and Hope 1946~1953* (London, 1956), p.112.

13 Wheeler Bennett & Nicholls, *op. cit.*, p.431.

14 J. E. Smith, ed., *The Papers of General Lucius D. Clay* (Blooming and London, 1974), vol. II, esp. pp.447~623.

15 Truman, *op. cit.*, p.351.

16 Paul Y. Hammond, 'NSC-68: Prologue to Rearmament,' Warner R. Schilling & others, *Strategy, Policy and Defense Budgets* (New York and London, 1962), pp.267~379.

17 T. Hoopes, *The Devil and John Foster Dulles* (London, 1934), p.130.

18 Paul Hammond, *The Cold War Years: American Foreign Policy since 1945* (New York, 1969), p.136.

19 David Halberstam, *The Best and the Brightest* (New York, 1969), p.330에서 재인용.

20 *The Pentagon Papers*, Gravel Edition (Boston, 1971), vol. I, p.83.

21 *Ibid.*, p.434.

22 『독일 국민에게 고함Reden an die deutsche Nation』(1808) 제13강에서 프랑스 민족주의의 이기적 특성에 대한 피히테의 비판(*Sammtliche Werke*, Leipzig, 1845~1846), vol. viii, pp.459~480과 1848년 프랑크푸르트 국민회의Frankfurter Nationalversammlung 에서 독일의 자유주의자들이 "우리 땅 한복판에서 살아가려고 하는, 기생충처럼 우리 삶을 파괴하려고 하는 소수 민족의 시도"(L. B. Namier, *1848: The Revolution of the Intellectuals*, p.120)를 어떻게 대했는지 비교하는 것은 매우 흥미롭다.

23 Frantz Fanon, *The Wretched of the Earth* (London, 1965).

인명 색인

앨프리드 가드너 Alfred George Gardiner

1865년 6월 2일 / 1946년 3월 3일

영국을 대표하는 자유주의 신문 편집인으로 영국 남동부 첼름스퍼드 태생
이다. 14세 때 학교를 중퇴하고 신문사에 취직했다. 지역 신문 기자를 거쳐
1887년 신생 자유주의 신문 『노던 데일리 텔레그래프Northern Daily Telegraph』
에 자리를 잡았다. 1899년 이 신문의 주말판 편집인으로 승진했다. 대표적인
소영국주의자Little Englander로 자유주의 제국주의에 비판적인 입장을 취했
다. 제국에 대한 집착이 훨씬 더 중요한 국내 개혁을 방해한다고 확신했다.
1902년에는 당시 가장 많이 읽혔던 자유주의 논조의 신문 『데일리 뉴스Daily
News』의 편집인으로 자리를 옮겼으며, 전전 국내 개혁과 국제 평화를 요구
하는 급진적인 자유주의 목소리를 대변하고자 노력했다. 하지만 국제 문제
와 관련되어서는 선과 악의 이분법적인 관점을 고수했으며, 이에 독일에 대

한 선전 포고와 미국의 참전을 반겼다. 그러나 패전국 독일에 가혹한 베르사유 조약Treaty of Versailles은 강하게 반대했으며, 이는 후일 역설적으로 독일에 대한 유화 정책을 옹호하는 여론을 키웠다. 1919년『데일리 뉴스』편집인 직에서 물러났으며, 이후 영국과 미국의 여러 신문 잡지에 기고를 하는 동시에 "북두칠성 자리의 첫 번째 별Alpha of the Plough"이란 필명으로 여러 수필을 집필했다.

주세페 가리발디Giuseppe Garibaldi
1807년 7월 4일 / 1882년 6월 2일

니스에서 태어난 이탈리아 통일 운동Il Risorgimento 지도자이자 군인으로 시칠리아와 나폴리를 점령하면서 이탈리아 통일의 기반을 놓았다. 부친은 선원이었으며, 자신도 선원으로 일했다. 1833년 피에드몽-사르데냐 왕국의 해군에 입대해 근무했으며, 이 시기 주세페 마치니의 공화주의적 이탈리아 통일 주장을 접하고 크게 감명을 받았다. 1834년 피에드몽에서 공화주의 반란에 동참했으나 실패한 뒤 프랑스로 망명을 했다. 2년 뒤 1836년부터 1848년 사이 남아메리카로 건너가 이곳에서 브라질 제국에 맞선 저항에 참여하면서 게릴라 전술을 익혔다. 1842년에는 아르헨티나의 독재자에 맞서 우루과이 해군을 지도했으며, 이듬해에는 몬테비데오에서 이탈리아 용병대를 창설해 공을 쌓았다. 1848년 4월 자신의 이탈리아 용병대를 데리고 이탈리아로 돌아와 오스트리아에 맞서 본격적으로 통일 운동을 펼쳤다. 교황 비오 9세와 피에드몽-사르데냐의 국왕 카를로 알베르토와 함께 하고자 했으나 거절을 당한 후 밀라노에서 주세페 마치니를 만나 돕는다. 하지만 4개월 뒤 오스트리아 육군에 의해 포위된 후 스위스로 망명했다. 1848년 말 비오 9세가 로마에서 축출되자 이듬해 로마를 지키고자 귀국했으며, 이듬해 프랑스에 맞서 마지막까지 저항을 하면서 통일 운동가로서 명성을 쌓았다. 아프리카와 남미를 거쳐 1854년 이탈리아로 돌아왔으며, 1858년 피에드몽-사르데냐 왕국의 수상 카밀로 카보우르의 요청으로 오스트리아에 맞서 싸워 롬바르디를 획득하는데 기여했다. 이후 빅토르 엠마뉴엘 2세를 설득해 교황령을 시작으로 이탈리아 통일 전쟁을 하고자 했으나 별다른 소득을 얻지 못했다. 1860년 카보우르와 엠마뉴엘 2세의 지원 없이 자원병을 이끌고 시칠리아와 나폴리를 점령하는데 성공했으며, 엠마뉴엘 2세에게 이 두 지역을 선사했다. 이듬해 이탈리아 통일 왕국이 탄생했으나, 자원병에 대한 대우와 로마 정복에 대한 이견으로 카보우르와 갈등하기도 했다. 1866년 오스트리아와의 전쟁에 참전해, 베네치아의 획득에 기여했다. 4년 뒤 보불 전쟁 후반에는 프랑스 공화국을 도와 싸웠으며, 보르도 지역 국민 회의Assemblée nationale 의원으로 선출되었다.

마하트마 간디Mahatma Gandi, Mohandas Karamchand Gandhi
1869년 10월 2일 / 1948년 1월 30일

영국 식민지 인도 구자라트 포르반다르에서 태어났다. 부친은 포르반다르의 총리였다. 교육 시설의 부족으로 포르반다르에서는 제대로 된 교육을 받지 못했으나 라지코트로 이사하면서 지역 학교에 다녔다. 1887년 사말다스 칼리지에 입학했으나 적응하지 못했다. 의사가 되고 싶었으나 종교 문제로 포기하고 변호사가 되어 공직에 나가고자 했다. 이에 영국으로의 유학을 결심했으며, 1888년 9월 영국에 도착했다. 런던 대학에 입학해 1891년 변호사 자격을 획득했으며, 런던 채식주의 협회London Vegetarian Society에 소속되어 활동하면서 조지 버나드 쇼 등과 같은 페이비언 사회주의자와도 교류했다. 1891년 귀국 후 자리를 잡지 못하다 2년 뒤 남아프리카 동부 지역 나탈 소재 인도계 상사에 취직했다. 이후 20여 년 동안 남아프리카에서 인종 차별에 맞서면서 사회 운동가로 명성을 얻었다. 특히 1894년 나탈 거주 인도인에 대한 차별에 더해 선거권 박탈 조치가 취해지자 이에 맞선 탄원 운동을 주도했으며, 나탈 인도 국민 회의Natal Indian Congress를 창설하고 서기에 올랐다. 1899년 10월 보어 전쟁이 발발하자 간디는 영국 식민지 나탈의 시민으로서 인도인의 참전을 호소했으며, 의무 지원을 했다. 1902년 전후 인도인에 대한 차별이 계속되자 1906년 요하네스버그에서 대규모 시위와 저항을 주도한다. 이때부터 저항에 따른 모든 처벌을 감내하는 비폭력 저항 운동 사탸그라하Satyagraha를 주장했다. 1914년 7월 제1차 세계대전이 발발하기 직전 남아프리카를 떠나 런던에서 잠시 머문 뒤 이듬해 1월 봄베이에 도착했다. 영국의 전쟁 노력을 지지했으며, 인도에서의 병력 모집에 협력했지만 전후 1919년 영국 정부가 정치적 혼란을 예방하기 위해 적법 절차를 거치지 않아도 구속이 가능하도록 하자 비폭력 저항 운동을 개시했다. 같은 해 4월 13일 영국군이 바이사키 축제에 모인 400여 명의 인도인을 무차별 학살한 암리차르 대학살Amritsar Massacre에 분개했지만 이후 폭력 사태로 인해 잠시 물러났다. 하지만 암리차르 대학살에 대한 영국 정부의 태도와 1920년 8월 오토만 제국의 해체를 강제한 영국을 비롯한 승전국과 오토만 제국 간의 세브르 조약Treaty of Sèvres으로 상황은 다시 악화되기 시작했으며, 간디는 1885년 설립된 인도 국민 회의Indian National Congress를 재조직하며 영국 정부에 대한 비폭력 저항 운동과 영국 상품 불매 운동을 전개했다. 1922년 구속되었으나, 2년 뒤 풀려났다. 이후에도 인도에 대한 태도에 변화가 없자 1928년 식민지에서 자치령으로의 승격을 요구하며 전국적인 비폭력 저항 운동을 개시했다. 1931년 또 다시 구속되었다. 1930년

대 중반 이후 독일과 이탈리아를 휩쓴 파시즘은 물론 전쟁도 반대했다. 반면 인도 국민 회의는 전후 자치가 보장된다는 조건 하에 영국을 지원하기로 결정했다. 하지만 1942년 영국의 애매한 약속에 실망하고 영국의 즉각적인 철수를 요구하는 운동Quit India Movement을 전개했다. 일본과의 전쟁 중이었던 영국 정부는 간디를 비롯한 운동의 지도자를 구속, 구금하는 등 극단의 조치를 취했다. 1945년 승리 후 노동당이 정권을 잡으면서 영국 정부와 국민 회의, 무슬림 연맹Muslim League 간의 협상을 통해 1947년 8월 15일 인도와 파키스탄으로 독립한다. 이슬람 세력과 힌두 세력 간의 갈등의 심화에 절망했으며, 이듬해 1월 30일 이슬람 세력 테러리스트에 의해 저격당한다.

존 갤러거John Andrew Gallagher

1919년 4월 1일 / 1980년 3월 5일

영국 제국사 연구에 획기적인 공헌을 한 역사학자로 1937년부터 케임브리지 대학교 트리니티 칼리지에서 역사학 연구를 시작했다. 제2차 세계대전이 발발하자 육군 전차병으로 입대해 북아프리카, 이탈리아, 그리스 등지에서 근무한다. 전후 케임브리지 대학교로 돌아와 영국의 서아프리카의 진출에 관한 논문으로 1948년 트리니티 칼리지 특별 연구원으로 선출되었으며, 2년 뒤 식민지 연구 담당 강사로 임명되었다. 1963년 옥스퍼드 대학교 영국 연방사 담당 교수로 자리를 옮겼으나, 1971년 케임브리지 대학교 트리니티 칼리지 제국사 및 해군사 담당 교수로 되돌아왔다. 갤러거의 짧지만 가장 중요한 연구는 동료인 로널드 로빈슨과 함께 집필해 1953년 영국 경제사학회 학술지 『경제사 리뷰Economic History Review』에 개제한 「자유 무역 제국주의Imperialism of Free Trade」다. 전후 출판된 영국사 학술 논문 중 가장 많이 인용된 논문 중

하나인 이 논문에서 갤러거와 로빈슨은 영국 제국주의의 다양한 발전 과정을 추적했다. 특히 갤러거와 로빈슨은 영국 제국의 확장이 경제와 문화 영역을 중심으로 비공식적인 형태로 이루어졌으며, 공식적인 식민지 점령은 마지막 수단으로서 이루어졌다고 주장했다. 또한 갤러거와 로빈슨은 영국 제국의 확장이 계획적으로 이루어 진 것이 아니라 국내외 상황의 변화에 대한 정책 담당자의 전략적인 대응에 따른 측면이 크다고 주장했다. 무엇보다 로빈슨과 갤러거는 인도가 19세기 영국 제국 정책 담당자의 사고를 지배했다고 논했다. 1961년 출판된 『아프리카와 빅토리아 시대: 제국주의의 전략적 사고Africa and the Victorians: The Official Mind of Imperialism』는 인도의 방위가 영국 제국의 성장과 확장에 있어서 차지하는 위치를 상세히 분석하고 있다. 갤러거가 로빈슨과 같이 제시한 비공식적 제국informal empire과 전략적 사고official mind는 제국사와 식민사 연구에 있어 이전 마르크스주의의 경제 결정론을 극복하는 데 있어 중요한 발판이 되었다. 1982년 출판된 갤러거의 포드 강연Ford Lectures 『영국 제국의 쇠퇴와 부활 그리고 몰락Decline, Revival and Fall of the British Empire』은 여전히 근대 영국 제국의 역사에 대한 최상의 소개서로 언급된다.

앙주 구다Ange Goudar

1708년 3월 28일 / 1791년

몽펠리에 출신 프랑스 작가이자 모험가다. 부친은 프랑스 남부 랑그도크에서 의류 사업을 했으며, 지역 산업 관리 책임을 맡았다. 몽펠리에 예수회 학교에서 수학 후 부친의 사업을 배우고 확장할 목적으로 오토만 제국을 방문했으나, 프랑스 관리와의 갈등과 부친의 사망으로 1729년 고향으로 돌아왔다. 부친의 사업과 직위를 물려받으려고 했으나 실패하고 1733년 고향을 등졌다. 파리와 이탈리아 등지를 여행하며 도박과 문란한 생활을 하면서 이를 소재로 한 소설을 집필했다. 1746년 몽테스키외의『페르시아인의 편지Lettres persanes』(1721)에서 영감을 받아 소설『타마스 쿨리칸, 유럽 궁전의 스파이 L'Espion de Thamas Kouli-Kan dans les cours de l'Europe』를 출판했다. 소설의 직접적인 배경은 오스트리아 왕위 계승 전쟁이었으며, 이후 스파이를 소재로 삼은 여러 편의 소설로 상당한 인기를 끌었다. 이후 국립 극단 코메디 프랑세즈 Comédie Française에 입학해 공부하면서 문학, 예술, 정치, 경제 평론을 다수 썼다. 이 무렵 이탈리아 작가이자 모험가 자코모 카사노바를 만났다고 전해진다. 1750년 호세 1세의 사망 후 정권을 장악한 폼발 후작의 개혁을 돕는 한편 포르투갈과 프랑스의 관계 개선을 위해 1752년 리스본으로 파견된다. 전통적인 영국의 우방이었지만 경제적으로 낙후된 포르투갈의 직물 산업과 상업의 발전을 돕고자 노력하면서, 경제 문제에 대한 지식을 쌓았다. 이듬해 귀국 후 다시 도박에 빠져들어 아비뇽으로 추방되었으며, 이후 집필 활동에 전념했다. 1755년『루이 망드린의 정치 선언Testament politique de Louis Mandrin』에서는 징세 청부업자에 의존한 프랑스의 조세 체제, 총괄 징수 청부제ferme générale를 신랄히 비판했다. 이듬해 나온『잘못 이해된 프랑스의 이익Intérêts de la France mal entendus』에서는 풍요로운 농업 자원과 많은 인구에 기초한 경제 개혁 방안을 제시하면서 중농주의의 길을 열었다. 또한 1757년에는 2년 전 리스본 대지진에 대한 경제적 분석을 통해 영국에 종속된 포르투갈의 암울한 상황을 정리하며 대안을 모색했다. 같은 해 유럽의 성장을 저해하는 주된 요인으로서 전쟁의 종식시키기 위해서는 만연된 전쟁의 문화culture de la guerre를 극복해야 한다고 주장한『유럽 평화, 혹은 보편적 평화를 위한 기획

La paix de l'Europe, ou projet de pacification générale」을 출간했다. 이후 영국과 이탈리아 등을 방문했으며, 프랑스 정부 관료가 되고자 했으나 끝내 성공하지 못했다.

에드워드 그레이 Edward Grey, Viscount Grey of Fallodon

1862년 4월 25일 / 1933년 9월 7일

런던 태생 영국 정치인으로 윈체스터 칼리지를 졸업한 후 1880년 옥스퍼드 대학교 발리올 칼리지에 입학했다. 졸업 후 친척의 소개로 재무 장관 휴 칠더스의 개인 비서로 잠시 일한 뒤 1885년 영국 북동부 버윅 어폰 트위드 지역에서 자유당 하원 의원에 당선되어 정계에 진출했다. 1892년 재선에 선공한 그레이는 윌리엄 글래드스턴 내각에 외무 차관으로 입성해 1895년 보수당 내각이 등장할 때까지 일했다. 자유당 내각에서 외무 장관을 역임하고 1894년 윌리엄 글래드스턴 은퇴 후 내각을 넘겨받았던 아치볼드 프림로즈 로즈버리 경의 현상 유지를 핵심으로 하는 대외 정책에 동의했다. 1905년 말 헨리 캠벨배너먼 내각에 불혹의 나이로 외무 장관으로 임명되면서 정치 활동을 재개했다. 당시까지 외무 장관은 상원 소속이었다는 점을 고려할 때 이는 파격이었다. 제1차 세계대전의 발발로까지 이어지는 그레이의 외교 정책은 1902년 영일 동맹과 1904년 영불 협상을 기점으로 한 고립주의 전통에서의 탈피로 요약된다. 1907년 이란 지역의 영향력 분할 협상을 성사시키며 러시아와의 오랜 앙숙 관계를 해소했으며, 4년 뒤 제2차 모로코 위기는 프랑스와 함께 독일에 대한 외교적인 압박으로 성공적으로 넘겼다. 1914년 6월 28일 사라예보 사태 직후 사태 해결과 확전 방지를 위한 국제 협상을 시도했으나 독일의 중립국 벨기에 침공 이후 강경으로 돌아섰다. 전쟁이 본격화되면서 외무성의 업무 상당 부분이 전쟁성War Office에 의해 처리되면서 소외되었으며, 1916년 귀족에 봉해진 후 은퇴했다. 전후 전쟁 발발에 대한 책임 논쟁 속에서 자신의 입장을 정리한 회고록 『25년, 1892~1916Twenty-Five Years, 1892~1916』(1925)을 내놓았다.

제임스 그레이엄Sir James Robert George Graham, Second Baronet
1792년 6월 1일 / 1861년 10월 25일

영국의 정치인으로 1810년 옥스퍼드 대학교 크라이스트처치 칼리지에 입학했으나 1812년 나폴레옹 전쟁에 참전하고자 그만 두었다. 이베리아반도 전투에 참여 후 시칠리아에서 근무했다. 1826년 칼라일에서 하원 의원에 당선되면서 정계에 진출했다. 휘그당Whig party 소속이었지만 전통적인 영국의 젠트리 계급의 대변인을 자처하며 의회 개혁과 정부 지출 삭감 등을 위해 활발히 활동했다. 1830년 찰스 그레이 내각에서 해군 장관으로 임명되며 추밀원 고문관에 오른다. 방만한 해군 예산 체제를 개혁했으며, 1831년에는 의회 개혁법안Reform Bill을 마련하는데 참여했다. 이듬해 선거법 개정안이 통과된 이후에는 사회 혼란의 점증을 우려했으며, 여느 휘그 정치인과는 달리 국교회를 중심으로 한 정부의 권위 유지를 주장했다. 1834년 아일랜드 교회 예산의 전용에 반대하며 사임했다. 1830년대 정치적인 입장의 변화를 겪은 뒤 그레이엄은 1841년 로버트 필의 보수당 내각에 내무 장관으로 참여한다. 1842년 차티스트 운동Chartist movement에 강경한 자세로 맞섰다. 이러한 입장은 2년 뒤 1844년 당시 런던에 망명 중이었던 이탈리아 독립 운동가 주세페 마치니의 행방을 묻는 오스트리아 정부의 요구에 대한 협조에서도 드러난다. 그레이엄은 오스트리아 정부가 교황에게 압력을 넣어 아일랜드 가톨릭 세력의 봉기 참여를 억제해 주기를 원했다. 1845년 아일랜드 감자 기근에 대응해 이전과는 달리 곡물법corn laws의 단계적 완화를 주장했다. 이듬해 곡물법의 폐지에 따른 혼란으로 자유당이 정권을 잡았으며, 그레이엄은 1852년에야 해군 장관으로 다시 복귀한다. 1853년 크림 전쟁의 지휘 책임자 중 한 명이었지만, 해군의 늦은 대응과 잘못된 전략을 책임지고 1855년 사임한다.

토머스 그린Thomas Hill Green

1836년 4월 7일 / 1882년 3월 15일

19세기 후반부터 20세기 초반까지 유행한 영국 관념주의 운동British Idealist movement의 중심된 철학자이다. 요크셔 지방 출신으로 목사인 부친으로부터 초등 교육을 받은 후 1850년 영국에서 가장 오래된 사립 럭비 스쿨에 진학했다. 1855년 옥스퍼드 대학교 발리올 칼리지에 진학해 본격적으로 철학 공부를 시작했다. 스승 벤저민 조엣의 영향 하에 독일 관념 철학, 특히 이마누엘 칸트, 고틀리프 피히테, 게오르크 헤겔의 저작에 심취했다. 1860년 특별 연구원에 선출되었으며, 1878년 도덕 철학 교수로 취임했다. 대표적인 저작으로는 1871년 출판된 흄의 『인간본성론A Treatise of Human Nature』(1738)에 대한 비판적 소개, 자신의 강좌에 기반한 『윤리학 서설Prolegomena to Ethics』(1883)과 『정치적 의무에 관한 강의Lectures on the Principles of Political Obligation』(1885~1888)을 꼽을 수 있다. 영국의 경험론 전통과는 달리 대륙의 관념론 전통을 따라 자아의 이성적 실현으로서 자유를 이해하며 좀 더 적극적인 형태의 신자유주의New Liberalism를 호소했다. 1867년 선거개혁법Representation of the People Act과 관련해 재산에 따른 제한이 없는 완전한 보통 선거를 주장하며 가장 진보적인 목소리를 내었다.

한스 야코프 크리스토펠 폰 그리멜스하우젠Hans Jakob Christoffel von Grimmelshausen

1621년 / 1676년 8월 17일

프랑크푸르트암마인 부근 태생 독일 소설가로 1618년에서 1648년 사이 벌어진 30년 전쟁의 기록으로 유명하다. 어린 나이에 고아가 된 후 용병이 되어 30년 전쟁에 뛰어들었다. 얼마 후 신성로마제국군에 소속되어 근무했으며, 1639년부터 한스 라인하르트 폰 샤우엔부르크 장군의 비서로 일하기 시작했다. 1645년 샤우엔부르크 장군의 매제 요한 부르크하르트 폰 엘터 장군의 부대로 소속을 옮겨 싸웠다. 1649년 30년 전쟁이 종식되자 오늘날 독일과 프랑스 국경지대 도시 오펜부르크에 정착했으며, 샤우엔부르크 가문의 집사가 되었다. 이 시기 샤우엔부르크 가문의 의사 요한 퀴페 2세와 친분을 쌓았으며, 요한 퀴페 2세를 통해 소설과 문학에 관심을 가지기 시작했다. 이후 근처 마을 렌첸의 시장이 되었으며, 죽을 때까지 이 직을 유지했다. 1658년과 1660년 두 편의 짧은 풍자 소설을 집필했으나, 그리멜스하우젠의 주된 작품은 1669년 출판된 『모험가 짐플리치시무스Der abentheuerliche Simplicissimus』이다. 주인공 짐플리치시무스가 전쟁의 참상을 겪으며 성장하는 과정을 상세히 묘사한 이 소설은 17세기 가장 뛰어난 독일 소설 중 하나로 손꼽힌다.

윌리엄 글래드스턴William Ewart Gladstone

1809년 12월 29일 / 1898년 5월 19일

수상을 네 차례(1868~1874, 1880~1885, 1886, 1892~1894) 역임한 영국의 대표적인 자유주의 정치가로 리버풀에서 태어났다. 대서양 무역업으로 상당히 부유한 복음주의 집안의 5남매 중 넷째였다. 1821년 이튼 칼리지에 입학했으며, 1828년 옥스퍼드 대학교 크라이스트 칼리지에 진학했다. 1831년 졸업했으며, 2년 뒤 영국 중부 소도시 뉴어크에서 토리당Tory party 소속으로 하원에 진출했다. 1834년에서 이듬해까지 로버트 필의 보수당 정부에서 재무성 위원과 전쟁성 및 식민성 차관을 지냈다. 6년 뒤 1841년 필이 재집권하면서 상무부 차관에 임명되었으며, 이듬해 상무부 장관으로 승진했다. 상무부에 근무하며 정부 재정을 파악했으며, 토리당의 미래가 자유 시장에 따른 상업과 산업의 진보를 얼마나 적극적으로 수용하는가에 달려있다고 확신하게된다. 1845년 아일랜드 가톨릭 토지 계급에 대한 필의 포용 정책에 반발해사임했으나, 이듬해 전쟁 및 식민성 장관으로 복귀했다. 1846년 필 내각과 함께 물러나 6년 동안 야당으로 지내면서 토리당의 전통적인 보수주의에서 탈피하기 시작했다. 1852년 11월 애버딘 백작, 조지-해밀턴-고든이 자유 무역과 개혁을 외치며 휘그 세력과 제휴하자 동참했으며, 12월 재무 장관에 임명되어 1855년까지 일했다. 이후 세 차례 더 재무 장관을 지냈다(1859~1866, 1873~1874, 1880~1882). 첫 임기 때는 자유 무역을 기조로 과감한 관세 축소정책을 펼쳤으며, 정부 재정의 투명한 관리 및 통제를 제도화하고자 노력했다. 또한 소득세의 완전 폐지를 목표로 한 축소를 추구했다. 1853년 크림 전쟁의 발발에 따른 전쟁 비용에 대해서는 부채가 아닌 세금으로 충당하고자했다. 이는 1815년 나폴레옹 전쟁 이후 영국 제국의 급속한 성장에 따른 자부심만이 아니라 납세자가 전쟁의 경제적 측면을 인지해야 한다는 확신에 따른 결정이었다. 하지만 1855년 수상에 오른 헨리 존 템플 파머스턴 경이 크림전쟁 당시 예산 사용에 대한 의회 조사를 발동하자 이에 반발하여 사임했다. 오토만 제국에 대한 반감에도 불구하고 러시아의 팽창에 맞서기 위해서는 영국은 오토만 제국을 도울 수밖에 없다고 판단했으며, 이에 영국의 군사적인 개입을 지지했다. 1859년 파머스턴이 휘그당과 토리당 개혁 세력을 통합해 자유당을 창당하며 새로운 정부를 구성하자 재무 장관으로 합류한다. 두 번째 재무 장관 임기 때는 크림 전쟁으로 말미암아 지체된 소득세의 완전한 폐지에 초점을 맞추었다. 글래드스턴에게 가장 중요한 문제는 재정 건전성을 확보하는 일이었으며, 따라서 국제 문제나 군사 문제는 원칙상 우선시될 수 없었다. 이를 위해 자유 무역, 긴축 재정, 균형 예산을 핵심 기조로 재무성의 권한을 강화했다. 재무 장관 임명 3년 전인 1856년 발발해 지속되고 있었던 제2차 아편 전쟁에 대해서는 1839년에 발발해 3년 가량 진행된 제1차 아편 전쟁에서와 마찬가지로 도덕적이고 재정적인 이유에서 매우 비판적인 입장을 취했다. 제2차 아편 전쟁 비용과 더불어 1856년 종식된 크림 전쟁과 이듬해 발발한 세포이 항쟁 등에 따른 부채를 갚고, 동시에 프랑스와의 관계 강화를 통한 군비 축소를 위해 리처드 코브던의 도움을 받아 1860년 프랑스와 자유 무역 협정Anglo-French Free Trade Agreement을 성사시켰다. 이듬해 발발한 미국 남북 전쟁에는 남부의 노예제에 대한 반감에도 불구하고 북부의 산업 능력을 우려해 분단을 선호했으며, 이에 더해 참전에 따른 막대한 비용을 이유로 파머스턴의 중립 정책을 지지했다. 1865년 파머스턴의 사망으로 자유당이 분열되자 보수당은 이를 기회로 집권하고자 상당수의 도시 성인 남성 노동자의 투표권을 인정하는 인민대표법Representation of the People Act을 역으로 제안했으나 오히려 1868년 총선은 자유당의 승리였다. 1868년 12월 자유당 당수로 수상에 취임했다. 1874년까지 계속된 첫 수상 임기 때 글래드스턴의 국내 정책의 초점은 능력 중심의 평등 사회의 건설에 있었다. 외무성을 제외한 모든 정부 부서에 걸친 공무원 시험을 제도화했을 뿐만 아니라 케임브리지 대학과 옥스퍼드 대학 등에서 가톨릭을 포함한 비국교회에 대한 차별을 철폐했다. 또한 육군 내 구타 금지와 승진 체계를 대대적으로 개선했으며, 캐나다 등 자치권을 지닌 식민지에서의 철수를 통해 군의 효율화를 도모했다. 이와 더불어 조지프 체임벌린 등이 1869년 결성한 전국 교육 연맹National Education League의 요구에 응해 공교육 체계를 대대적으로 강화, 정비했다. 국제 문제에 있어서는 국제 중재를 통한 국가 간 갈등의 평화적 해결과 중립을 호소했다. 전자의 경우는 남북 전쟁 당시 영국에서 제조된 남부의 군함 앨라배마 호에 의한 북부 상선 공격에 따른 피해 보상을 통한 미국과의 외교 관계 개선을 들 수 있다. 후자의 경우는 1870년 보불 전쟁 당시 벨기에의 중립을 지키기 위한 파병이 해당된다. 독일의 알자스로렌 점령에 비판적이었으나 독일의 통일은 지지했다. 1870년 로마의 점령으로 일단락되는 이탈리아의 통일에 대해서도 적극 지지하는 입장이었다. 글래드스턴은 6년 전 영국을 방문한 주세페 가리발디를 만나 지지를 표명한 바 있다. 1874년 보수당 벤저민 디즈레일리에 패하며 물러났으나, 3년 뒤 1877년 조지프 체임벌린과 함께 자유주의 원칙의 호소, 전파를 통해 재집권하고자 버밍엄에서 전국 자유 연맹National Liberal Federation을 결성했다. 특히 글래드스턴은 보수당 정부의 원칙 없는 개입과 팽창을 수상 디즈레일리의 작위명을 빌려 비컨즈필드주의Beaconsfieldism라 칭하며 신랄하게 비판했다. 1879년에서 이듬해까지 스코틀랜드 미들로디언에서 행한 50여 차례의 대중 연설을 통해 글래드스턴은 6가지 자유주의 외교 원칙을 도출했을 뿐만 아니라 1832년 이래 일련의 선거법 개정에 따른 영국의 정치 체제 및 정치 문화의 변화를 과감히 이용했다. 글래드스턴의 6가지 원칙은 (1) 올바른 정부에 기초한 제국, (2) 전 세계 국가, 특히 영국과 같은 국가 간의 평화, (3) 유럽 열강 간의 긴밀한 협조 체제, (4) 불필요한 개입과 연류 반대, (5) 모든 국가의 동등한 권리 인정, (6) 자유에 대한 사랑이었다. 미들로디언 선거 연설로 힘을 얻어 1880년 두 번째로 자유당 내각의 수상에 취임했다. 하지만 글래드스턴의 6가지 외교 원칙은 중동 문제와 마주하면서 모순에 빠졌다. 1884년과 1885년 아프가니스탄 국경 갈등은 러시아와 평화 협상을 통해 잠시나마 중단시킬 수 있었으나 중동은 달랐다. 글래드스턴의 기본 입장은 오토만 제국과의 협력이나 오토만 제국의 폭압적인 국내 통치에 대한 도덕적인 판단 유보는 러시아의 팽창을 저지하기 위해 어쩔 수 없는 조치이지만, 동방 문제Eastern Question에 대한 직접적인 개입은 가능한 피해야 한다는 것이었다. 하지만 1882년 이집트 육군 대령 아흐메드 우라비의 이집트 민족주의 세력이 급속히 부상하는 와중 알렉산드리아에서 폭동이 일어나자 영국민의 안전과 수에즈 운하를 포함하는 지역의 안정을 명목으로 해상 포격을 가했다. 프랑스에 협조 요청을 했으나 거절당하자 단독으로 침공해 1882년 9월 이집트를 점령했다. 이후 수차례 이집트 문제에서 벗어나고자 했으나 실패하고 결국 수단으로까지 영향력을 확대했다. 아프리카 남부와 태평양 지역에 있어서 팽창은 자제했으나 남아프리카 지역에서는 1880년 영국 제국의 팽창에 맞선 트란스발 지역의 보어 공화국의 저항으로 제1차 보어 전쟁을 치러야 했다. 이듬해 확전을 우려하며 프리토리아 협정Convention of Pretoria을 통해 남아프리카 공화국의 자치 정부를 승인했다. 국내 정치에 있어서는 지역 정부의 강화와 선거법 추가 개정을 추진했다. 여성 참정권에 대해서는 여전히 반대했으나, 1884년 또 다른 인민대표법으로 10파운드 주택세를 내는 모든 남성 세대주에게 선거권을 부여했다. 1885년 총선에서 보수당에 패배하며 물러났으나 이듬해 재집권에 성공하며 세 번째 수상 임기를 시작했다. 하지만 아일랜드 문제 등으로 인해 1년 만에 물러났다. 아일랜드 문제와 관련해 글래드스턴은 아일랜드 자치와 소작농 문제를 지역 정부의 권한과 책임 강화를 통해 해결할 수 있으리라 보았다. 이미 1870년 제1차 아일랜드 토지법First Irish Land Act을 통해 소작

농의 권리를 보장, 강화하고자 했으며, 1881년에는 제2차 아일랜드 토지법을 통해 불공정한 지주 제도를 손보고자 노력했다. 1886년에는 아일랜드의 일부 지역에 대한 자치를 허락하는 첫 법안First Home Rule Bill을 내놓았으나, 조지프 체임벌린 등 자유당 내 아일랜드 자치 반대 세력에 의해 부결되고 사임한다. 1892년 총선에서 자유당이 집권하면서 82세의 고령에도 불구하고 수상에 취임했다. 아일랜드 자치와 군비 축소를 재차 시도했으나 별다른 성공을 거두지 못하고 건강 문제로 1894년 정계에서 은퇴했다.

루이스 네이미어 Sir Lewis Bernstein Namier

1888년 6월 27일 / 1960년 8월 19일

저명한 영국사학자로 러시아령 폴란드 출생 유대인이다. 르부프 대학교에 입학해 법학을 공부했으나 심한 유대인 차별을 겪고 로잔 대학교로 전학을 했다. 1907년 영국으로 이주했으며, 런던정경대학교에 잠시 다닌 후 이듬해 옥스퍼드 대학교 발리올 칼리지에 입학해 학업을 마쳤다. 뛰어난 성적으로 졸업을 했으나 유대인이라는 이유로 옥스퍼드 대학교 특별 연구원으로 선출되는데 실패하고 미국으로 떠났다. 1913년 귀국 후 이듬해 제1차 세계대전이 발발하자 입대해 외무성 정보국에서 동유럽 문제 담당 요원으로 일했다. 1915년 『독일과 동유럽Germany and Eastern Europe』을 출판했으며, 1917년 『보헤미아 지역의 문제Case of Bohemia』와 『체코슬로바키아 민족: 억압받는 민족The Czecho-Slovaks: An Oppressed Nationality』을 내놓았다. 동유럽 민족의 해방을 주장했으며, 이에 합스부르크 제국의 해체를 적극 지지했다. 1920년 옥스퍼드 대학교에서 시간 강사로 일한 뒤 이듬해부터 3년 동안 빈과 프라하에서 영국 기업을 돕거나 신문에 기고를 하며 보냈다. 1929년 자신의 주저인 『조지3세

즉위 시기 정치 구조The Structure of Politics at the Accession of George III』와 1930년 『미국 혁명 시기 영국England in the Age of the American Revolution』을 출판했다. 이 두 책 덕분에 1931년 맨체스터 대학교 역사학과에 교수로 임명되었으며, 1933년과 1934년 사이에는 옥스퍼드 대학교에서 포드 강연을 하기도 했다. 전후 냉전 구도의 형성 속에서 네이미어의 권력 구조에 대한 체계적 분석은 큰 인기를 끌었으며, 1944년 영국 학술원British Academy 특별 회원으로 선출되었다.

프리드리히 니체Friedrich Nietzsche

1844년 10월 15일 / 1900년 8월 25일

프로이센 작센 뢰켄 출신 철학자이자 고전학자로 부친 카를 루트비히는 프로이센의 프리드리히 빌헬름 4세에 의해 지역에 임명된 루터교 목사였다. 니체의 이름은 국왕의 이름을 따랐다. 1850년 가족 모두 나움부르크로 이사했으며 이곳에서 사립 돔 김나지움에 입학해 다녔다. 8년 뒤 독일 최우수 기숙학교 중 하나였던 슐포르타에 입학했다. 1864년 우수한 성적으로 졸업한 뒤 본 대학교에 신학과 고전학을 공부했다. 이듬해 라이프치히 대학교로 전학을 했으며, 이곳에서부터 고전 학자인 프리드리히 리츨의 지도를 받으며 재능을 발휘하기 시작했다. 1867년 10월부터 포병 부대 소속 기병대에서 복무했으나 이듬해 3월 말에서 낙상하면서 전역 조치되었다. 이후 라이프치히 대학교에서 공부를 재개했다. 1869년 지도 교수 리츨의 적극적인 추천으로 박사 학위 논문도 교육 경력도 전무했지만 바젤 대학교 고전학 교수로 임명된다. 같은 해 바젤 대학교는 시험이나 논문 없이 니체에게 박사 학위를 수여했으며, 고전학 특임 교수로 선출했다. 1870년 보불 전쟁 발발하자 니체는 위생병으로 자원했으나, 곧 이질과 디프테리아에 감염되어 전역 조치되었다. 바젤 대학교에 돌아왔으나 건강 문제로 이듬해부터 휴직을 했다. 1872년 아폴론과 디오니소스의 긴장 관계로 그리스 비극의 정신을 분석한 첫 작품 『음악의 정신으로부터의 비극의 탄생Die Geburt der Tragödie aus dem Geiste der Musik』이 출판되었다. 건강 문제로 1879년 사직을 했다. 이후 스위스와 프랑스, 이탈리아 등지에서 휴양하면서 집필 활동을 했다. 1883년에서 1885년 네 차례에 걸쳐 『차라투스트라는 이렇게 말했다Also sprach Zarathustra』를 내놓았으며, 1886년에는 『선과 악을 넘어서Jenseits von Gut und Böse』, 이듬해에는 『도덕의 계보Zur Genealogie der Moral』을 출간했다. 이후 리하르트 바그너에 대한 저서와 더불어 기독교로 상징되는 유럽의 도덕적 규범의 가치와 기원을 밝히는 저서를 집필했다. 1889년 1월 이탈리아 토리노에서 졸도한 뒤 바젤로 돌아와 보호 시설에서 보냈다.

다르장송 후작René-Louis de Voyer de Paulmy, Marquis d'Argenson
1694년 10월 18일 / 1757년 1월 26일

루이 15세 시기 프랑스 외무 장관으로 파리 귀족 가문의 장남으로 태어났다. 부친은 루이 14세 사후 섭정 시기 재무 장관을 지냈다. 엘리트 학교인 리세 루이 르 그랑을 다녔으며, 이곳에서 볼테르를 만나 친구가 되었다. 1720년 에이노 지역 행정관intendant으로 일했으며, 이후 계몽주의 모임 앙트르솔Club de l'Entresol의 회원으로 생피에르 신부 등 유럽의 다양한 사상가 및 외교관과 친분을 쌓았다. 오스트리아 왕위계승 전쟁 와중 1744년 5월 재무 회의Conseil des finances 위원으로 임명되었으며, 11월에는 루이 15세의 외무 장관으로 임명되었다. 국제 중재를 통해 유럽 대륙에 있어 프랑스의 영향력과 지위를 회복하고자 시도했으나, 영국과 오스트리아에 패하면서 1747년 궁정 정치에서 완전히 밀려났다. 앙트르솔 활동을 하면서 고민한 자유 무역과 입헌 군주정에 기초한 개혁 방안을 담은 『고대와 현대 프랑스의 정부에 대한 고찰Considérations sur le gouvernement: Ancien et présent de la France』을 집필했으나, 사후 1765년에야 출간된다. 또한 사후 1859년부터 1867년 사이 출판된 일기와 기록은 루이 15세 시기 프랑스의 정치 및 사회상을 파악하는데 중요한 문서다.

조너선 다이먼드Jonathan Dymond

1796년 12월 19일 / 1828년 5월 6일

엑서터 출생 영국 퀘이커 교도로 평화주의자였다. 부모 모두 퀘이커 친우회 Society of Friends 목사였다. 가계를 물려받아 포목 사업을 했다. 1823년 익명으로 『전쟁과 기독교 원칙에 대한 일고찰An Enquiry into the Accordancy of War with the Principles of Christianity』을 출판했다. 이 책은 미국에서도 출판될 정도로 유명했다. 1825년 엑서터에서 평화 협회Peace Society를 설립했다. 같은 해 평화 협회 출판물로 『신약 성경의 평화주의 원칙의 국가 행위에의 적용에 관한 고찰Observations on the Applicability of the Pacific Principles of the New Testament to the Conduct of States』을 내놓았다. 다이먼드의 주저는 사후 출판된 『도덕성의 원칙에 관한 논문Essays on the Principles of Morality』(1829)이다. 이 책에서 다이먼드는 공리주의가 도덕성의 기초가 될 수 없으며, 하나님의 의지만이 도덕성의 기초가 된다고 주장했다. 또한 다이먼드는 전쟁을 포함한 모든 폭력이 하나님이 세운 원칙에 어긋난다고 강조했다. 다이먼드의 이 책은 런던 대학교 도덕 철학 수업의 교재로도 사용되었으며, 1870년 스페인어로 번역되기도 했다.

에두아르 달라디에Édouard Daladier

1884년 6월 18일 / 1970년 10월 10일

프랑스 정치인으로 1938년 9월 30일 나치 독일의 체코슬로바키아 수데텐란트 지역의 합병을 승인하는 뮌헙 협정Munich Agreement을 영국의 수상 네빌 체임벌린과 함께 체결했다. 1919년 프랑스 남동부 보클뤼즈 지역에서 1901년 창당된 진보적인 급진당Parti radical 소속으로 하원에 당선되었다. 1924년 식민 장관으로 임명되었으며, 이후 교육 장관과 건설 장관을 역임했다. 1933년 1월 수상에 선출되며 내각을 구성했으나 10월에 물러났다. 이듬해 다시 수상에 선출되었으나 다시 한 달 뒤 물러났다. 1936년 인민 전선Front populaire의 연합 내각에서 전쟁 장관으로 임명되었으며, 2년 뒤 인민 전선이 와해되자 수상에 오른다. 1938년 영국 수상 네빌 체임벌린에 설득되어 아돌프 히틀러의 독일의 체코슬로바키아 수데텐란트 지역 합병을 승인했다. 1940년 나치 독일에 의해 프랑스가 점령되자 북아프리카 프랑스 식민지로 탈출하여 망명 정부를 세우고자 했으나 모로코에서 검거되어 1945년까지 나치 독일의 포로 생활을 했다. 전후 1946년 하원 의원에 당선되었으며, 1953년부터 1958년 제5공화국의 탄생 때까지 급진당을 이끌며 샤를 드골의 권력 장악 시도를 저지하고자 노력했다.

휴 돌턴 Edward Hugh Neale Dalton, Baron Dalton

1887년 8월 26일 / 1962년 2월 13일

이튼 칼리지에서 교육을 받은 후 1906년 케임브리지 대학교 킹스 칼리지에 입학했다. 존 메이너드 케인스와 골즈워디 디킨슨 등과 친했다. 특히 1914년 발표된 「병사Soldier」의 작가로 제1차 세계대전 참전 중 사망한 시인 루퍼트 브

룩과 매우 가까웠다. 1906년 루퍼트 브룩과 함께 페이비언 협회Fabian Society
에 가입했다. 1911년부터 런던정치경제대학에서 소득 불평등으로 박사 학
위 과정을 시작했으나, 제1차 세계대전의 발발과 함께 포병으로 이탈리아에
서 복무했다. 1915년 루퍼트 브룩의 죽음 이후 반전주의와 사회주의의 경향
이 강하게 드러났다. 1920년 런던정경대학 경제학 교수로 임명되었으며, 같
은 해 첫 저작 『현대 사회에 있어서 소득 불평등의 여러 측면Some Aspects of
the Inequality of Incomes in Modern Communities』을 출판했다. 1924년 캠버웰에서
노동당 초선 의원이 되었으며, 이후 더럼으로 지역구를 바꿔 활동했다. 노동
당 전국 위원회Labour Party National Executive Committee 위원으로 활동했으며,
1928년에는 국제 연맹의 강화를 촉구한 『국가 간 평화를 위해서Towards the
Peace of Nations』를 출간했다. 1929년 외무 차관에 임명되었다. 1931년 램지 맥
도널드의 거국 내각의 등장과 함께 노동당 내 반대파의 일원이 되었으며, 실
천적인 사회주의에 입각한 대안적인 경제 정책을 구상했다. 1933년 독일의 방
문 이후부터 나치 독일의 침략 야욕을 경고했으며, 1937년부터는 유화 정책
을 비판하며 재무장을 강력히 주장했다. 윈스턴 처칠 내각에서 나치 독일에
대한 경제 조치와 특수 작전을 책임졌으며, 전후에는 노동당 재무 장관으로
임명되어 전후 경제 회복과 소득 불평등 개선을 위해 노력했으나 1947년 극
심한 인플레이션을 초래하며 물러났다.

존 포스터 덜레스John Foster Dulles

1888년 2월 15일 / 1959년 5월 24일

드와이트 아이젠하워 대통령 시기 미국 국무 장관으로 냉전 초기 미국 외교
정책을 정립했다. 외조부 존 왓슨 포스터는 벤저민 해리슨 대통령 시기 국무

장관을 지냈으며, 외조부로부터 많은 영향을 받았다. 뉴욕주에서 자란 뒤 프린스턴 대학을 졸업한 뒤 조지 워싱턴 법과 대학에 진학해 국제법을 전공했다. 1911년 뉴욕 법률 사무소에 국제법 담당으로 취직했다. 제1차 세계대전에 미국이 참전 결정을 내리자 자원했으나 시력 때문에 전시 산업국War Industries Board에 배정받아 복무했다. 또한 1915년 당시 국무 장관이었던 처삼촌 로버트 랜싱의 부탁으로 니카라과, 파나마 등 남미 국가를 방문해 독일과의 전쟁에 참여하도록 독려했다. 1918년 우드로 윌슨 대통령에 의해 베르사유 강화 회의Versailles Peace Conference 미국 대표단 법률 고문으로 임명되어 국무 장관 랜싱을 도왔으며, 이후에는 독일의 전쟁 배상 문제도 책임졌다. 또한 같은 해 윌슨 대통령의 14개 조항Fourteen Points의 국제주의를 지지하고자 창설된 자유 국가 연맹 협회League of Free Nations Association의 회원으로 가입해 열성적으로 활동했다. 협회는 1923년 외교 정책 협회Foreign Policy Association으로 명칭을 바꾼다. 독일의 전쟁 배상금 축소를 위해 노력했으며, 특히 1924년 찰스 도스의 제안Dawes Plan의 수립에 참여했다. 도스는 이듬해 노벨 평화상을 수상했다. 제2차 세계대전 후반 프랭클린 루스벨트 대통령의 명으로 상원 의원 아서 반덴버그를 보좌해 국제 연합 헌장United Nations Charter을 작성했으며, 1945년 4월에서 6월 사이 개최된 샌프란시스코 국제연합 회의United Nations Conference on International Organization에 미국 대표로 참석했다. 1946년과 1947년 그리고 1950년 국제 연합 총회General Assembly에도 미국 대표로 참석했다. 1951년 소련을 제외한 일본과의 평화 조약 샌프란시스코 조약Treaty of San Francisco의 성사를 이끌어냈다. 1949년 공석인 뉴욕주 상원 의원에 선출되나 4개월 후 선거에서 패했다. 1950년 또 다른 세계전쟁을 막기 위해서는 고립주의 외교 전통으로부터 탈피해야 한다고 주장한 논저『전쟁과 평화War and Peace』를 출판했다. 1953년 아이젠하워 대통령에 의해 국무 장관에 임명되었다. 공산주의의 확산을 지극히 우려했으며, 1949년 창설된 북대서양 조약 기구North Atlantic Treaty Organization의 강화와 더불어 유럽 이외의 지역에 대한 방비를 서둘렀다. 이에 취임 이듬해 1954년 마닐라 회담Manila Conference을 개최해 동남아시아 조약 기구Southeast Asia Treaty Organization를 창설했다. 1955년에는 미국의 지원을 약속으로 해 영국, 이란, 이라크, 터키, 파키스탄 간 바그다드 협정Baghdad Pact을 성사시켰다. 또한 소련의 팽창을 저지하고 동유럽 지역의 안정을 위해 1954년에는 이탈리아와 유고슬라비아 국경 지대 트리에스테를 양국이 분할하는 협정Trieste Agreement을, 이듬해에는 미국, 소련, 영국, 프랑스와 함께 오스트리아의 독립과 중립을 보장하는 오스트리아 국가 조약Austrian State Treaty을 체결했다. 한국 전쟁 발발 후 소련의 무력 침공에 대비하고자 제안된 유럽 방위 공동체European Defense Community가 프랑스 의회의 반대로 무산되자 강하게 비판하며, 소련의 침공이 있을 경우 미국은 주저없이 핵무기를 사용한 대량 보복massive retaliation을 할 것이라고 강조했다. 1954년 과테말라 하코보 아르벤스 구스만 대통령이 강력한 토지 개혁 정책을 실시하자 이를 공산주의의 확산으로 몰아 쿠데타로 전복시켰다. 2년 뒤 이집트의 대통령에 오른 가말 압델 나세르에 대해서도 우호적이지 않았으며, 아돌프 히틀러와 같은 호전적인 독재자로 치부했다.

폴 데룰레드Paul Déroulède

1846년 9월 2일 / 1914년 1월 30일

보불 전쟁 전후 프랑스의 대표적인 애국주의 작가이자 정치인으로 파리에서 태어났다. 베르사유 국립 고등학교를 졸업한 뒤 파리 법과 대학을 다녔으나 문학에 관심과 소질을 보였다. 1870년 보불 전쟁이 발발하자 사병으로 입대했으며, 스당 전투에 참전했다가 포로로 잡힌다. 이후 탈출하여 파리 코뮌 진압 작전에 참가했으며, 장교로 승진 후 퇴역한다. 1872년 보불 전쟁 이후 독일에 대한 복수심을 담은 시집 『병사의 노래Chants du soldat』를 출간하면서 유명 작가로 떠오른다. 3년 뒤 다시 호전적인 애국주의 시집 『병사의 새 노래 Nouveaux chants du soldat』를 내놓았다. 1882년 독일에 대한 복수를 외치며 앙리 마르탱, 펠릭스 포르와 함께 애국자 연맹Ligue des patriotes를 결성했다. 18만 명이 넘는 인원이 연맹에 가입했으며, 3년 뒤 1885년 데룰레드는 연맹의 의장에 선출된다. 하원 의원 선거에서 낙선한 뒤 영국식 의원 내각제가 아닌 대통령제로의 헌법 개정을 주장하기 시작했다. 애국자 연맹을 동원해 조르주 불랑제 장군을 도왔으며, 1887년 하원에 입성했다. 1898년 재선에 성공한 뒤 드레퓌스 사건Dreyfus Affair의 재심을 반대하는 측을 이끌었다. 1899년 대통령 펠릭스 포르 사망 후 공화국에 반하는 친위 쿠데타를 호소해 수감, 스페인으로 추방되었다. 1905년 사면되어 프랑스로 돌아왔다. 독일에 대한 복수와 알자스로렌의 회복을 최대 목표로 삼았으며, 이에 프랑스의 제국주의적 식민지 팽창에 비판적이었다.

엥겔베르트 돌푸스Engelbert Dollfuss

1892년 10월 4일 / 1934년 7월 25일

오스트리아 정치인으로 빈 대학교에서 법학을 공부했다. 제1차 세계대전 발발 직후 오스트리아-헝가리 제국군에 자원했으나 작은 키로 인해 수차례 거부당한 후 입대에 성공해 이탈리아 전선에서 복무했다. 전후 빈으로 돌아온 돌푸스는 학생 운동을 거쳐 1919년 남오스트리아 농업 연맹Niederösterreichischer

Bauernbund의 서기로 일했으며, 베를린 대학교에서 경제학을 공부했다. 1922년 법학 박사 학위를 수여받은 돌푸스는 남오스트리아 농업 회의소 Landwirtschaftskammer Niederösterreichischer의 간사로 일했으며, 1927년에는 의장에 취임했다. 기독 사회당Christlichsoziale Partei 당원이었으며, 1930에는 오스트리아 연방 철도Bundesbahn Österreich 사장에 임명되었다. 이듬해 농무부 장관에 올랐으며, 1932년에는 기독 사회당 주도 보수 연합의 수상으로 선출되었다. 1919년 체코슬로바키아와 유고슬라비아에게 산업 지역을 할양하도록 한 생제르맹 조약Treaty of Saint-Germain에 대한 불만과 상황을 더욱 악화시킨 1929년 대공황의 여파 속에서 제기된 독일과의 관세 동맹에 회의적인 입장을 취했다. 독일민족주의자들과 오스트리아 나치주의자들의 활개에 따른 혼란에 대응하고자 베니토 무솔리니와 손을 잡았다. 1933년 8월 오스트리아의 독립을 보장하는 조약을 파시스트 이탈리아와 체결했으며, 9월에는 조국 전선Vaterländishe Front을 창설해 파시스트 오스트리아의 건설을 위한 일련의 조치를 취했다. 모든 정당 활동을 금지시켰으며, 1934년 이에 반발한 사회민주당 당원과 지지자를 무력으로 진압했다. 하지만 1934년 7월 25일 나치 독일과의 통합을 요구하는 오스트리아 나치당원들에 의해 암살당한다.

알프레드 드레퓌스Alfred Dreyfus

1859년 10월 9일 / 1935년 7월 12일

부유한 유대인 방직 공장주의 아들로 태어났다. 보불 전쟁의 패배에 영향을 받아 1877년 파리 소재 군사 학교 에콜 폴리테크니크에 입학했으며, 1880년 졸업과 동시에 장교로 부임했다. 이후 2년 동안 퐁텐블로에서 포병 장교로 교육을 받고 근무했다. 1891년 보불 전쟁 직후 체계적인 군사 교육을 위해 세워

진 고등 군사 학교 에콜 쉬페리외르 드 게르에 입학했으며, 우수한 성적으로 졸업한 뒤 1894년 참모 본부로 발령을 받았다. 같은 해 겨울 군사 기밀을 독일 무관에게 판매했다는 이유로 기소, 체포되었으며, 종신형을 받고 1895년 4월 프랑스령 기아나 악마의 섬에 수감된다. 하지만 얼마 후 페르디낭드 에스터하지 대령의 위조문서 등 드레퓌스의 무죄를 밝혀주는 증거가 제시되기 시작하면서 드레퓌스 사건은 보불 전쟁 이후 프랑스 여론을 양분한다. 공화주의 계열은 드레퓌스 사건의 재심을 요구했으며, 보수주의 계열은 반유대주의 감정에 호소하며 이 모든 것이 육군을 저해하기 위한 음모라 외쳤다. 특히 1898년 1월 13일 인쇄되어 하루만에 20만부가 나간 소설가 에밀 졸라의 기고문 「나는 고발한다J'Accuse」를 기점으로 하여 재심이 결정되었다. 1898년 여름 재심 뒤 다시 유죄 판결을 받았으나 사면을 받았다. 6년 뒤 다시 열린 재판에서 승소했으며, 같은 해 7월 복권과 함께 명예 훈장을 받았다. 제1차 세계대전에서는 탄약 책임자로 근무했다.

골즈워디 디킨슨Goldsworthy Lowes Dickinson

1862년 8월 6일 / 1932년 8월 3일

런던 출생 영국의 학자로 국제 연맹League of Nations의 지지자로 유명하다. 1881년 장학생으로 케임브리지 대학교 킹스 칼리지에 입학해 고전을 공부했으며, 1887년 특별 연구원으로 선출되었다. 1896년부터는 런던정경대학에서 정치학을 가르쳤다. 초기 저작으로는 『근대 프랑스의 혁명과 반동Revolution and Reaction in Modern France』(1892)과 『19세기 의회의 발전Development of Parliament during the Nineteenth Century』(1895) 등이 있다. 1914년 제1차 세계대전의 발발 전까지 자신의 진보적인 생각을 대중에게 설파하는 노력을 기울이지 않았으나, 이후 대중적인 지식인으로 거듭났다. 특히 전쟁 초기 국제정치의 무정부성을 극복하기 위한 방안으로 선구자적으로 국제 연맹을 제안했다. 국제 연맹의 초안을 구상한 브라이스 그룹Bryce Group의 일원이자 외교 정책의 의회 감시와 통제를 위해 모인 민주적 통제를 위한 연합Union of Democratic Control의 일원이기도 했다. 전후 베르사유 평화 조약 및 자유당의 외교 정책 전반에 대한 불만으로 동료 아서 폰슨비와 에드먼드 모렐 등과 함께 노동당에 입당했다. 노동당 내에서는 국제 문제 위원회 활동을 열성적으로 했으며, 1926년에는 자신의 가장 획기적인 저서 『무정부적인 국제정치International Anarchy, 1904~1914』를 출판했다.

빌헬름 디트만Wilhelm Dittmann

1874년 11월 13일 / 1954년 8월 7일

홀스타인 동부 오이틴 출신 독일 정치인이다. 오이틴에서 목수로 직업 훈련을 받았다. 1894년 목수 자격증을 했으며, 같은 해 독일 사회민주당Sozialdemokratische Partei Deutschlands에 가입했다. 1899년 당 기관지 편집장에 임명되었으며, 5년 뒤인 1904년에는 프랑크푸르트암마인 지구 책임자가 되었다. 1907년 시의회에 사회민주당 소속으로 당선되었으며, 1912년에는 제국 의회Reichstag 의원으로 선출되었다. 반전 운동에 열성적으로 참여했으며, 1914년 7월 제1차 세계대전의 발발 이후에도 조속한 종전을 촉구했다. 1915년 12월에는 전쟁 예산 승인을 저지하고자 반대표를 던졌으며, 이에 이듬해 3월 사회민주당에서 축출된다. 4월 함께 반대표를 던진 후고 하스 등 좌파 평화주의자들과 함께 독일 독립 사회민주당Unabhängige Sozialdemokratische Partei Deutschlands을 창당했다. 이듬해 협상을 통한 즉각적인 종전을 요구하는 베를린 군수 노동자 파업을 주도한 혐의로 반역죄로 수감되었으며, 2년 뒤 1918년 10월에 풀려났다. 패전이 확실한 가운데 영국과 미국을 비롯한 협상국과 휴전 교섭 중인 1918년 11월 7일 발발해 독일 제국의 패망을 초래한 11월 혁명을 거치면서 정치적 영향력을 확장했다. 1920년 독립 사회민주당 소속으로 바이마르 공화국 제국 의원으로 선출되었으며, 제2인터내셔널Second International에도 참석했다. 하지만 독일 공산당Kommunistische Partei Deutschlands과의 통합에는 반대했다. 1922년 사회민주당과 재결합했으며, 사회민주당 간사이자 제국 의회 내 사회민주당 의장으로 선출되었다. 1921년부터 1925년까지 베를린 시의회 의원으로도 일했다. 1933년 아돌프 히틀러의 수상 취임 직후 히틀러의 정치적 공격을 피해 오스트리아로 건너갔으며, 이후 스위스로 거취를 옮겼다. 전후 1951년 서독으로 돌아왔다.

피에르 라발Pierre Jean-Marie Laval

1883년 6월 28일 / 1945년 10월 15일

프랑스 정치인으로 제2차 세계대전 시기 독일에 협조적인 비시 정부를 주도했다. 프랑스 중부 샤텔동에서 태어나 자랐으며, 파리를 거쳐 리옹에서 공부했다. 1903년 장 조레스에 의해 한 해 전 창설된 프랑스 사회당Parti socialiste français에 가입했으며, 4년 뒤 군복무 중 건강 문제로 전역 조치되었다. 1909년 변호사 자격을 획득한 뒤 파리에 정착해 노동 조합 및 좌익 단체 활동에 열성적으로 참여하기 시작했다. 특히 노동자 권익을 변호를 하면서 명성을 얻었다. 1914년 오베르빌리에에서 하원 의원으로 당선되었다. 제1차 세계대전 발발 직전 장 조레스와 함께 군복무 기간의 연장에 반대했으며, 총파업을 통해서라도 전쟁을 저지해야 한다고 주장했다. 전쟁 내내 독일과의 외교 협상을 통한 조기 종전을 호소했다. 1917년 조르주 클레망소가 다시 정권을 잡은 후에도 협상을 통한 종전을 외치며 정부에 참여하지 않았다. 1920년 클레망소의 반독 정책과 러시아 혁명 등의 여파로 사회당 내 급진 세력이 공산당Parti communiste français으로 갈라지는 과정에서 탈당했으며, 독립적인 사회주의자로 오베르빌리에 시장을 거쳐 1927년 상원에 입성했다. 1924년 사회당을 탈당한 인사를 중심으로 한 좌파 연합Cartel des gauches의 폴 팽르베가 정권을 잡으면서 이듬해 내각에 임명되었다. 1925년 공공 사업 장관과 국무 차관을 거쳐 1926년 법무 장관에 올랐으며, 1930년에는 노동부 장관에 임명되었다. 1931년 사회 복지 관련 법안을 무사히 통과시키면서 수상에 취임했으나, 이듬해 선거에서 보수당에 패하면서 식민지 장관으로 물러난 뒤 1934년 외무 장관에 올랐다. 1935년 두 번째로 수상에 취임했다. 특히 대공황 이후 독일의 정치적 불안의 급속한 가중이 유럽의 전후 안정에 미치는 영향에 대해 우려했으며, 이에 이탈리아와의 긴밀한 협력을 대안으로 파악했다. 같은 해 10월 베니토 무솔리니의 이탈리아가 에티오피아를 침공하자 12월 영국의 외무 장관 새뮤얼 호어와 무솔리니의 식민지 계획을 승인하는 호어-라발 조약Hoare-Laval Pact을 긴급히 체결했다. 1936년 초 설상가상으로 금융 위기를 겪으며 사회당 주도의 인민 전선에 내각을 내주었다. 1940년 초 나치 독일에 항복하며 영국의 반대에도 평화 협상을 추구한 앙리 필리프 페탱 장군의 정책을 지지하면서 국무 장관에 취임했다. 같은 해 7월 의회의 해산을 종용했다. 나치 독일의 승리를 확신했으며, 이에 전후 프랑스의 국가 이익과 지위를 고려할 때 나치 독일과의 협력이 최선책이라 믿었다. 1942년 나치 독일 치하 프랑스의 수상에 취임하면서 나치 독일의 승리를 위한 프랑스의 희생을 호소했다. 나치 독일의 패망과 함께 스페인으로 도망갔으나 1945년 7월 프랑스로 돌아와 전범 재판을 받았다. 1945년 10월 자살을 시도했으나 실패하고 처형되었다.

해럴드 래스키Harold Joseph Laski

1893년 6월 30일 / 1950년 3월 24일

영국의 저명한 정치이론가로 맨체스터에서 태어났으며 옥스퍼드 뉴 칼리지에서 역사학을 공부했다. 1914년 졸업 후 잠시 좌파 계열의 신문『데일리 헤럴드Daily Herald』에서 일했다. 같은 해 제1차 세계대전이 발발하자 육군에 자원했으나 건강 문제로 거부당한다. 캐나다 맥길 대학교 강사로 1916년까지 일한 뒤 하버드 대학교로 자리를 옮긴다. 하버드 대학교에서 근무하며『주권 문제에 대한 연구Studies in the Problem of Sovereignty』(1917),『근대 국가에 있어 권위Authority in the Modern State』(1919),『주권의 기초Foundations of Sovereignty』(1921)와 같은 초기 주요 저작을 내놓았다. 래스키의 초기 입장은 강력한 중앙 정부에 대한 다원주의 비판으로 정리될 수 있다. 래스키는 주권 이론에 기초한 국민 국가의 성장과 팽창에 맞서 다양한 시민 단체의 역할을 강조하며 많은 주목을 받았지만, 전후 미국의 보수주의와 반유대주의에 밀려 1920년 런던정경대학으로 자리를 옮긴다. 영국으로 돌아온 래스키는 자본주의의 병폐와 러시아 혁명 이후 소련의 발전을 목도하며 계급 불평등을 자신의 분석의 중심에 두기 시작했으며, 노동당과도 인연을 맺게 된다. 이 시기 대표작으로는『정치의 문법A Grammar of Politics』(1925)이 손꼽힌다. 다원주의와 사회주의의 결합을 통해 국민 국가의 개혁을 위한 이론을 제공한 공로를 인정받아 1926년 래스키는 32세의 나이에 런던정경대학 정교수에 오른다. 이후 보수당의 경제 및 사회 정책에 커다란 실망을 느끼고 마르크스주의에 관심을 가지기 시작한다. 1927년 내놓은 『공산주의Communism』는 이러한 변화를 잘 보여주는 저작이다. 램지 맥도널드의 노동당에 희망을 걸었으나 1931년 거국 내각의 구성에 실망하고 노동당 내 급진적인 개혁 세력의 입장을 대변한다. 1933년 출판된 『위기의 민주주의Crisis in Democracy』는 영국과 독일의 근래 경험에 비추어 자유민주주의가 위대한 성취이지만 결코 완전한 성취는 아니라는 회의적인 입장을 잘 보여주는 저작이다. 1936년에는 노동당 개혁을 위해 좌파 독서 모임 Left Book Club을 조직했으며, 1937년에는 노동당 개혁을 촉구하는 노동당 안팎의 급진 세력을 모아 선언문을 발표하기도 했다. 나치 독일에 맞선 저항을 적극적으로 지지했으나, 전후 혁명을 통한 새로운 세계 질서의 구상에 더 강조점을 두었다. 노동당 소속으로 하원 의원에 당선된 적이 없음에도 불구하고 노동당 전국 집행 위원회National Executive Committee를 12년 동안 주도적으로 이끌며 전간기 노동당 개혁에 지대한 공헌을 했다.

스트랫퍼드 캐닝, 스트랫퍼드 드 레드클리프 자작Stratford Canning, Viscount Stratford de Redcliffe

1786년 11월 4일 / 1880년 8월 14일

재상 조지 캐닝의 조카로 나폴레옹 전쟁 후부터 크림 전쟁 시기 영국 핵심 외교관이었다. 런던 출신으로 이튼 칼리지를 다닌 후 1806년 케임브리지 대학교 킹스 칼리지에 입학했다. 이듬해부터 사촌이자 외무 장관이었던 캐닝의 도움으로 외무성 서기로 일하기 시작했으며, 같은 해 8월에서 9월 나폴레옹 전쟁의 일환으로 코펜하겐에 대한 영국의 포격 이후 소원해진 덴마크와의 관계 회복을 위해 특사를 따라 나섰다. 1808년에는 특사 로버트 아다이르를 따라 콘스탄티노플을 방문하면서 중동 문제에 본격적으로 발을 디뎠다. 1805년 영국, 러시아, 오토만 제국은 프랑스에 맞서 제3차 동맹을 구성했지만, 곧 울름과 아우스터리츠에서 무너지면서 이듬해 와해된다. 이후 프랑스의 오토만 제국에 대한 영향이 커지면서 러시아와 러시아의 요청을 받은 영국이 군사적으로 개입했으나 실패하고, 1807년 7월 틸지트 조약Treaty of Tilsit으로 러시아와 프랑스는 동맹이 된다. 이에 레드클리프의 임무는 영국과 오토만 제국의 관계 회복이었으며, 1809년 1월 다르다넬스 조약Treaty of Dardanelles을 통해 프랑스의 위협이 있을 경우 영국의 군사 지원과 다르다넬스 및 보스포루스 해협의 안전 보장을 약속했다. 레드클리프는 3년 뒤 1812년 러시아와 오토만 제국 사이의 화평 조약 부쿠레슈티 조약Treaty of Bucharest을 성사시키면서 러시아가 나폴레옹의 프랑스에 집중할 수 있도록 했을 뿐만 아니라 레반트 지역 영국의 무역에 대한 보장 또한 얻어냈다. 1814년 봄 제1차 파리 조약Treaty of Paris의 서인을 지켜보았으며, 이곳에서 외무 장관 캐슬레이 자작을 만났다. 캐슬레이의 도움으로 같은 해 6월 스위스 전권 대사로 파견되어 러시아 전권 대사와 함께 프랑스의 이탈리아와 독일로의 팽창을 저지할 목적으로 스위스 연방의 중립국화를 이루어냈다. 10월 빈에 돌아와 캐슬레이의 전후 평화 협상 준비를 도왔다. 이듬해 1815년 11월 제2차 파리 조약을 통해 스위스 연방의 중립국화가 확정되었다. 귀국 후 1819년 9월 미국 워싱턴으로 전권 대사로 3년 간 근무를 명받았다. 미국과의 관계는 식민지 독립에 더해 1812년에서 1814년 사이 미국이 프랑스의 동맹으로 참전하여 상당히 악화된 상태였다. 레드클리프는 빈 회의Congress of Vienna에 따라 금지된 노예무역에 대한 영국 해군의 감시와 양국 간의 국경 조정 문제의 해결을 위해 노력했다. 3년 뒤인 1822년 사촌 조지 캐닝이 외무 장관에 취임하면서 국제 질서 안정을 명목으로 스페인과 스페인 아메리카 식민지에 군사적으로 개입하고자 하는 러시아 주도의 신성 동맹Holy Alliance을 저지하고자 미국과 협상을 진행했으나, 미국이 먼로 독트린Monroe Doctrine을 통해 독립적인 조치를 취함과 동시에 귀국했다. 1824년 러시아령 아메리카 알래스카 문제와 더불어 3년 전 시작된 오토만 제국에 맞선 그리스 독립 전쟁의 조속한 해결을 위해 특명 대사로 러시아를 방문했다. 러시아의 팽창에 따른 오토만 제국의 붕괴 위험과 오토만 제국의 탄압을 받는 그리스를 비롯한 발칸 지역의 기독교인의 보호 사이에서 협상은 제대로 진행되지 못했다. 1825년 외무 장관 캐닝에 의해 콘스탄티노플 대사로 임명되었으며, 1829년까지 근무했다. 1827년 7월 런던 조약Treaty of London을 통해 그리스와 오토만 제국 간의 갈등에 대한 영국, 러시아, 프랑스의 무력 중재를 약속받았으나, 3개월 후 나바리노 해전에서 연합군이 오토만-이집트 함대를 격파하면서 전운에 일자 급히 귀국했다. 1828년 러시아와 오토만 제국 간 전쟁이 발발했으며, 러시아가 승리하면서 이듬해 아드리아노플 조약Treaty of Adrianople을 체결하자 영국은 프랑스와 함께 그리스의 완전한 독립을 요구하며 러시아의 측으로 돌아섰다. 1831년 외무 장관 파머스턴의 명으로 콘스탄티노플에 급파되어 독립 이후 그리스의 국왕 선출 협상에 임했다. 레드클리프는 강하게 반대했지만 1832년 파머스턴의 주도로 런던 협정 Convention of London에 따라 바이에른의 오토가 그리스의 초대 국왕으로 선출된다. 이후 상트페테르부르크와 마드리드를 잠시 거친 후 1842년 외무 장관 애버딘 백작에 의해 다시 콘스탄티노플 대사로 임명을 받았다. 1829년 러시아와의 전쟁에서의 패전에 더해 이집트의 파샤 무하마드 알리의 성장으로 인해 오토만 제국이 와해 지경에 처하자 이를 저지하기 위해 술탄 압둘마지드는 1839년 귈하네, 장미의 방 칙령Edict of the Gülhane, Rose Chamber을 통해 이교도에 대한 관용을 포함하는 대대적인 서구식 개혁을 천명했다. 하지만 개혁은 오히려 후퇴하고 있었고, 이에 파머스턴은 레드클리프를 파견해 오토만 제국의 붕괴를 막기 위한 개혁을 촉구하고자 했다. 1846년 잠시 귀국 후 1848년 다시 콘스탄티노플에 대사로 파견되어 1852년까지 머물렀다. 이때 레드클리프의 주요 업무는 1848년 유럽 대륙을 휩쓴 혁명으로부터 오토만 제국의 보호였다. 특히 1848년 오스트리아에 맞선 헝가리 혁명의 지도자 코슈트 러요시와 폴란드의 유제프 벰 장군이 이듬해 오스트리아 – 러시아 연합군에 의해 쫓겨 오토만 제국으로 도망가자 오스트리아와 러시아는 이들의 송환을 요구하며 오토만 제국을 위협했다. 레드클리프는 술탄을 설득해 이들의 송환을 거부하도록 했으며, 영국은 프랑스와의 협조 하에 다르다넬스 해협으로 함대를 파견하면서 긴장은 고조되었다. 1852년 귀국했으나 일 년 뒤 나폴레옹 3세와 니콜라이 1세의 오토만 제국 내 기독교도 보호 권한을 둘러싼 갈등으로 상황이 급속히 악화되자 콘스탄티노플로 급파된다. 오토만 제국을 설득해 선전 포고를 막는 동시에 러시아의 과도한 요구를 협상을 통해 조정하고자 했으나 실패했으며, 이에 1853년 11월 크림 전쟁이 발발했다. 1856년 파리 조약에 대해서는 오토만 제국의 지속적인 개혁을 강제하지 않고 있다는 이유로 비판적인 입장을 취했다. 1857년 귀국했으며, 이듬해 파머스턴이 총선에서 패하자 사임했다.

조지 랜즈베리George Lansbury
1859년 2월 22일 / 1940년 5월 7일

기독교 사회주의 원칙을 고수한 영국 노동당 지도자로 서퍽 출생으로 1868년부터 1884년 오스트레일리아로 가족이 모두 이민을 떠나기 전까지 런던에서 거주했다. 오스트레일리아에서 직장을 찾지 못하고 2년 만에 런던으로 돌아왔으며, 이때부터 자유당 내 급진주의 세력과 교류를 시작했다. 1880년 카를 마르크스와 윌리엄 모리스 등의 저작을 읽고 사회주의로 전향했다. 런던 외곽 지역의 가난을 경험하면서 사회 개혁과 여성 참정권을 비롯한 정치 개혁에 소극적인 윌리엄 이워트 글래드스턴의 자유당에 절망했다. 1892년부터 1904년까지 랜즈베리는 런던에서 사회민주연맹Social Democratic Federation을 이끌며, 두 차례 총선에 나갔으나 연거푸 고배를 마셨다. 1904년 독립 노동당Indepenent Labour Party에 가입했으며, 이듬해 왕실 빈민법 위원회Royal Commission on the Poor Laws 에 임명되었다. 1910년 보 앤 브롬리 노동당 하원 의원으로 선출되었다. 자유당 정부에 협력하는 램지 맥도널드와 충돌했다. 1912년 여성 참정권을 호소하며 의원직을 내려놓았다. 같은 해 진보 성향의 신문 『데일리 헤럴드』를 창간했으며, 10년 동안 편집을 맡았다. 1914년부터 1918년까지 신문은 평화주의 잡지의 역할을 했으며, 제1차 세계대전 종전 이후는 급진적인 목소리를 담아냈다. 1921년 랜즈베리는 런던 시 포플라 지역 의원으로 중앙 정부에 맞서 빈민 구제를 중시하는 지방 정부의 노력을 대변했다. 1922년 포플라, 보, 브롬리에서 재선에 성공했다. 러시아 혁명을 적극 옹호했을 뿐만 아니라 아일랜드와 인도의 반제국주의 운동을 지지했다. 1929년 램지 맥도널드의 노동당 정부 하에서 공공 건축 담당 장관으로 하이드 파크를 비롯한 각지의 공원 정비에 지대한 공헌을 했다. 1931년 총선에서 살아남은 유일한 노동당 각료로 노동당 당수의 자리에 올랐으며, 1935년까지 거국 내각에 맞서 노동당 내 소수 급진파를 이끌었다. 1935년 아비시니아 사태를 겪으며 노동당 당수직에서 물러났다. 이후 평화 서약 연합Peace Pledge Union의 의장으로 국제 평화를 호소했으며, 아돌프 히틀러와 베니토 무솔리니와 회담을 하기도 했다.

버트런드 러셀Bertrand Arthur William Russell

1872년 5월 18일 / 1970년 2월 2일

영국의 철학자이자 언론인이자 시민운동가로 빅토리아 여왕 하에서 두 차례나 수상을 지낸 존 러셀의 막내 손자로 태어났다. 부모 모두 일찍 잃고 조모의 품에서 자랐으며, 1889년 케임브리지 대학교 트리니티 칼리지에 입학했다. 어린 시절부터 수학에 뛰어난 재능을 보였으며, 1897년 『기하학 원론An Essay on the Foundations of Geometry』을 내놓았다. 스승인 앨프리드 노스 화이트헤드와 함께 쓴 『수학 원리Principia Mathematica』는 대표작으로 손꼽힌다. 이 책은 1911년과 1913년 사이 케임브리지 대학교 출판부를 통해 세 권으로 나뉘어 출판되었다. 철학, 특히 논리학 분야에 있어서도 뛰어났으며, 제자 루트비히 비트겐슈타인와의 관계는 잘 알려져 있다. 왕성한 정치 활동으로도 유명하다. 1896년 출판된 첫 저작 『독일 사회민주주의German Social Democracy』는 독일 사민당의 교조주의에 맞선 개혁의 중요성을 설파했다. 제1차 세계대전의 발발과 함께 러셀의 정치 활동은 더욱 활발해졌다. 민주적 통제를 위한 연합에 소속되어 활동을 했으며, 전쟁은 외교 정책의 수립과 집행이 민의를 반영하지도 민주적인 의사 결정 과정을 따르지도 않기 때문에 초래된다고 믿었다. 하지만 러셀은 평화주의자는 아니었으며, 만약 전쟁이 문명의 발전을 가져온다면 정당하다고 주장했다. 러시아 혁명을 반겼으며, 미국의 제1차 세계대전 참전을 영국 노동자 파업을 분쇄하기 위한 음모라고 주장하다 6개월 수감되기도 했다. 1936년에는 나치 독일에 대응하는 최선의 방법은 유화 정책밖에 없다고 주장하기도 했다. 러셀의 정치 활동은 1945년 막대한 흥행을 거둔 대중서 『서양 철학사A History of Western Philosophy』의 출판과 영국 정부의 메리트 훈장Order of Merit의 수여 그리고 이듬해 노벨 문학상의 수상에 힘입어 전후에도 지속되었다. 특히 1955년 알베르트 아인슈타인과 함께 주도한 반핵반전 운동의 효과는 막대했다. 3년 뒤 1958년에는 영국의 핵무장에 반대하며 핵무기 철폐 운동을 이끌었다. 이러한 활동으로 러셀은 1960년대 베트남 전쟁에 대한 반대로 집약되는 시민불복종 운동의 상징으로 떠올랐다.

딘 러스크Dean Rusk

1909년 2월 9일 / 1994년 12월 20일

미국 국무 장관으로 조지아주 체로키 카운티 출신이다. 1931년 노스캐롤라이나주에 자리한 데이비슨 칼리지를 최우등으로 졸업한 뒤 로즈 장학금Rhodes Scholarship을 받아 영국 옥스퍼드 대학교에서 수학했으며, 1934년 정치, 경제, 철학 석사 학위를 얻었다. 영국 유학 시절 베를린에서도 공부했으며, 이로써 영국 내 반전 여론과 나치 독일의 부상을 모두 경험했다. 제2차 세계대전의 주된 원인으로 나치 독일의 성장을 방조한 영국 내 반전 여론을 지목했으며, 잠재적인 위협에 대한 선제적인 대응에 대한 강조는 이후에도 지속된다. 영국에서 귀국 후 캘리포니아주 밀스 칼리지에서 국제정치학을 가르쳤으며, 동시에 버클리 소재 캘리포니아주립 대학교에서 국제법을 공부했다. 1940년 육군 예비역 장교로 보병 대위로의 복귀를 명받았으나, 일본의 진주만 공습 이후 전쟁부War Department 소속 정보국으로 차출되어 동아시아 담당 장교로 복무했다. 전후 국무성 정보국에서 근무했으며, 1950년에는 극동 문제 차관보에 임명되었다. 한국 전쟁 발발 즉시 소련과 중국의 지원을 의심했으며, 이에 미국의 즉각적이고 확실한 개입을 주장했다. 1952년부터 1960년까지 록펠러 재단Rockefeller Foundation의 사무총장으로 일했다. 1961년 존 F. 케네디 대통령의 국무 장관으로 임명되었으며, 미국의 대 베트남 정책의 수립과 집행을 주도했다. 어떠한 수단을 써서라도 공산주의의 확산을 방지해야 하며, 만약 미국이 베트남에서 물러선다면 이는 영국이 나치 독일의 팽창을 방조한 것처럼 소련과 중국의 팽창을 방조하는 것과 같다고 확신했다. 케네디 대통령 사후 후임 린든 존슨 대통령의 대 베트남 정책 조언자로 머물면서 마지막까지 미군의 확대 개입을 강력하게 주장했다.

블라디미르 레닌Vladimir Ilich Ulyanov (alias) Lenin
1870년 4월 22일 / 1924년 1월 21일
러시아 볼가강 연안 심비르스크에서 6남매 중 셋째로 태어났다. 레닌은 가명으로 1901년 비밀 조직 활동 중에 지었다. 모친은 의사 가정에서, 부친은 농노의 자식으로 태어났으나 장학사로 레닌은 상당히 교양이 있는 유복한 가정에서 태어났다. 라틴어와 그리스어에 소질을 보였다. 1886년 공교육의 확산을 우려한 반동 정부의 탄압을 받고 조기 퇴직한 부친이 갑자기 사망했으며, 이듬해 상트페테르부르크 대학교에 재학 중이던 큰 형이 황제 알렉산드르 3세의 암살을 기획하던 테러리스트 혁명 집단의 활동을 하다 붙잡혀 교수형을 당했다. 이때부터 반정부 활동을 하는 집안의 장남으로 박해를 받았다. 다행히 1887년 카잔 대학교 법학과에 입학했으나, 3개월 만에 지하 조직 활동으로 퇴학을 당한 후 카를 마르크스의 『자본론Das Kapital』(1867)을 탐독하며 1889년 무렵 마르크스주의자가 된다. 1891년 카잔 대학교 법학과로 재입학은 할 수 없었으나 사법 시험 응시 자격은 주어져 합격했으며, 이듬해부터 사마라에서 변호사 업무를 보기 시작했다. 1893년 상트페테르부르크로 옮겨서 변호사 일을 하면서 본격적으로 마르크스주의 활동을 개시했다. 1895년 서유럽을 방문해 게오르기 플레하노프 등 러시아 마르크스주의 지도자를 만났으며, 귀국 후 상트페테르부르크에서 율리우스 마르토프 등과 함께 노동자 계급 해방을 위한 투쟁 조직을 만들었다. 하지만 같은 해 겨울 조직원 모두 체포되었으며, 레닌도 15개월 징역형과 시베리아 추방을 명받았다. 시베리아에서 시드니 웨브와 비어트리스 웨브 부부의 『산업 민주주의Industrial Deomocracy』(1897)를 번역했으며, 2년 후 낙후된 러시아에서 공산주의 혁명이 가능한가를 논한 『러시아에 있어서 자본주의 발전Razvitiye kapitalizma v Rossii』을 내놓았다. 1900년 시베리아에서 독일 뮌헨으로 건너가 플레하노프 등과 함께 러시아와 서유럽에 흩어져 있는 러시아 공산주의자의 규합을 위해 노력했으며, 1902년 『무엇을 할 것인가?Chto delat?』를 통해 공산당의 역할은 노조 활동에만 머무는 프롤레타리아 계급의 의식 계몽에 있다고 주장했다. 부르주아 혁명과 공산주의 혁명의 단계 문제와 이 과정에서 공산당의 역할을 둘러싸고 첨예한 논쟁을 거치며 레닌은 러시아 사회민주 노동당Rossiyskaya sotsial-demokraticheskaya rabochaya partiya 내 다수파 볼셰비키большевики의 지도자로 떠올랐으며, 마르토프 등은 소수파 멘셰비키меньшевики로 몰렸다. 1905년 혁명으로 잠시 흥분했으나 친위 쿠데타로 시위와 파업은 진압되고 1907년 레닌은 다시 망명을 떠났다. 1914년 제1차 세계대전이 발발하고 독일을 비롯한 서유럽 주요국의 사회민주당이 모두 참전의 의사를 내놓자 제2인터내셔널의 사망을 선고하고 새로운 조직의 건설을 호소한다. 특히 레닌은 제국주의 간 전쟁이 자본가 계급과 노동자 계급의 내전으로 즉각 전환되어야 한다고 주창했다. 1917년 제1차 세계대전의 원인에 대한 자신의 생각을 담은 주저 『제국주의: 자본주의 발전의 최고 단계Imperializm kak vysshaya stadiya kapitalizma』를 출간했다. 같은 해 2월 페트로그라드에서 혁명이 일어나 황제가 쫓겨나자 독일에서 스웨덴을 거쳐 급히 귀국했으나, 부르주아 혁명의 완수를 고수한 알렉산드르 케렌스키의 임시 정부와 노선 갈등을 치르다 7개월 뒤 핀란드로 피신했다. 같은 해 10월 페트로그라드로 몰래 숨어 들어온 뒤 볼셰비키 지지자를 설득하는데 성공했다. 11월 임시 정부를 무너뜨리고 정권을 잡았다. 이듬해 1918년 3월 3일 서유럽 연합국과 국내의 강한 반대에도 불구하고 동맹국 독일, 오스트리아 – 헝가리, 터키, 불가리아와 브레스트 – 리토프스크 조약Treaty of Brest-Litovsk을 체결해 제1차 세계대전에서 벗어났다. 또한 10월 혁명 이듬해부터 1920년까지 2년 동안 영국을 비롯한 서유럽의 지원을 받은 백군과의 내전을 성공적으로 치러냈으며, 1921년에는 제1차 세계대전과 내전으로 인해 붕괴된 경제 회복을 위해 자본주의적인 신경제Novaya Ekonomicheskaya Politka 정책을 공표했다. 이와 더불어 1919년에는 서유럽 주요국에서의 공산주의 혁명을 촉진하고자 제3인터내셔널Third International을 창설했다. 1922년 이후 연방적인 정부 구축을 위해 노력했으나 급속한 건강 악화로 인해 별다른 성과를 보지 못하고 1924년 1월 21일 사망했다.

로널드 레이건Ronald Wilson Reagan
1911년 2월 6일 / 2004년 6월 5일

캘리포니아주지사와 제40대 미국 대통령으로 일리노이주 탬피코에서 태어났다. 1928년에서 1932년까지 유레카 칼리지에서 경제학과 사회학을 공부했다. 졸업 후 아이오아주 라디오 아나운서로 일했으며, 특히 스포츠 중계에 소질을 보였다. 1937년 워너 브라더스 스튜디오와 영화 계약을 하면서 B급 영화에 단역으로 출연하기 시작했다. 1942년부터 1945년 사이 제2차 세계대전 중에는 시력 문제로 인해 할리우드 미 공군 영화 제작소에 배치되어 근무했다. 민주당을 지지했으나, 전후 공산주의의 급속한 확산을 우려하며 할리우드 영화계 공산주의자 색출에 적극 참여했다. 1952년 민주당 지지를 접고 드와이트 아이젠하워를 지지했다. 1959년부터 1960년까지 영화인 노조Screen Actors Guild 위원장을 맡기도 했다. 1964년 미국 대통령 선거에서 공화당의 배리 골드워터를 지지하는 방송 연설로 인기를 얻었으며, 2년 뒤에는 작은 정부를 표어로 앞세우며 캘리포니아주지사에 당선되었다. 1967년 1월부터 1975년까지 캘리포니아주지사로 일했으며, 3선에는 도전하지 않았다. 이후 1980년 대통령 선거 때까지 신문 기고와 라디오 방송 등을 하면서 작은 정부에 기초한 미국의 재건을 주장했다. 1980년 공화당 대통령 후보로 조지 부시를 부통령으로 삼아 나왔으며, 미국의 회복을 표어로 내세웠다. 자유당 지미 카터 대통령과 일리노이 존 앤더슨 부통령과 대결해 절대적인 우세로 당선되었다. 국내적으로는 레이거노믹스Reaganomics라 불리는 정부 지출 및 정부 규제 축소를 중심으로 한 경제 정책을 펼치며 신자유주의적 경제 회복을 시도했다. 대외 정책에 있어서는 공산주의의 종식을 주된 목표로 설정했다. 소련과의 대대적인 무기 경쟁을 개시했으며, 제3세계 지역에서 소련의 개입과 영향을 저지하기 위해 독재 국가 및 이슬람 테러리스트와도 손을 잡았다. 레이건 독트린Reagan Doctrine이라고 불리는 제3세계 지역에서 소련 공산주의에 맞선 미국의 노력의 대표적인 예로는 당시 소련 점령 하에 있었던 아프가니스탄을 해방시킨다는 명목으로 지역 이슬람 세력에게 군사 원조를 한 것을 들 수 있다. 미국의 지원 하에 성장한 이들 이슬람 세력은 후일 오사마 빈라덴의 알카에다의 핵심 조직원으로 활동하게 된다. 1981년에서 1985년 사이 레이건은 레바논, 니카라과, 앙골라, 모잠비크 등지에서도 유사한 시도를 감행했으나, 모두 실패했다. 특히 이들 지역에서는 중앙 정보국Central Intelligence Agency을 중심으로 한 비공식적 군사 및 첩보 지원이 주를 이루었다.

필립 로디언 Philip Henry Kerr, 11th Marquess of Lothian

1882년 4월 18일 / 1940년 12월 12일

영국의 정치인으로 런던 출생이다. 1900년 옥스퍼드 대학교 뉴 칼리지에 입학했다. 1899년 발발한 제2차 보어 전쟁에 참전하고자 했으나 부모의 반대로 하지 못하고, 졸업 후 1905년 부친의 소개로 트란스발 지역 부총독 아서 롤리 경의 개인 비서로 공직 생활을 시작한다. 이를 시작으로 다양한 남아프리카 재건 위원회 활동을 했으며, 1907년 영어와 네덜란드어로 출판된 월간지 『더 스테이트The State』의 편집인으로 남아프리카 식민지의 통합에 앞장선다. 1909년 영국으로 되돌아왔으며, 이후 제국 문제와 국제 문제를 집중적으로 다룬 계간지 『라운드 테이블Round Table』의 편집인으로 1916년까지 일했다. 1910년 10월 처음으로 발간된 『라운드 테이블』의 핵심 주장은 영국 제국의 자치 식민지의 결합을 통한 제국 연방Imperial Federation의 구성이었다. 로디언을 비롯한 필자는 제국 연방만이 영국 제국이 처한 일련의 도전을 극복할 방안이라 확신했다. 제1차 세계대전이 발발하자 참전을 결심했으나, 가족 및 동료의 강한 반대로 결심을 되돌렸다. 자유당 내 아일랜드 자치 반대 통일 세력Unionist을 주축으로 한 파벌 진저 그룹Ginger Group 활동을 했으며, 이를 통해 로이드조지와 친분을 쌓았다. 1916년 수상이 된 로이드조지의 개인 비서로 임명되었으며, 1921년까지 개인 비서로 일하며 로이드조지의 외교 정책의 비공식적 조언자로 지대한 영향을 행사한다. 전후에는 로이드조지의 영향 하의 자유당 계열 신문 『데일리 크로니클Daily Chronicle』의 편집장으로 일한다. 1925년 로즈 트러스트Rhodes Trust의 서기로 임명되어 로즈 장학금 등을 관리했으며, 이를 계기로 제국 연방의 핵심은 영미 간의 협력이며, 영미 간의 협력에 기초한 새로운 제국의 건립이 국제정치의 무정부를 타개할 유일한 방안이라 주장했다. 1931년 거국 내각에 인도 차관으로 참여했다. 1920년대 로디언은 독일에 대한 처벌 조항이 포함된 베르사유 조약의 개정을 적극적으로 지지했으며, 1930년대에는 아돌프 히틀러에 대한 유화 정책을 강하게 옹호했다. 1939년 3월 나치 독일이 체코슬로바키아를 강제 점령한 뒤에야 유화 정책을 포기한다. 1939년 9월 미국 대사로 임명되었으며, 전쟁 초기 미국의 경제적 지원을 이끌어 내는데 큰 기여를 했다.

막시밀리앙 로베스피에르Maximilien-François-Marie-Isidore de Robespierre

1758년 5월 6일 / 1794년 7월 28일

프랑스 북부 국경 지역 도시 아라스에서 변호사의 아들로 태어났으나, 어려서 모친을 잃고 외조부모 손에서 자랐다. 1765년 지역 오라토리오회 학교에 입학했으며, 4년 뒤 1769년에는 1711년 루이 14세의 의해 설립된 명문 학교 루이르 그랑에 장학생으로 뽑혀 입학했다. 법과 철학을 공부했으며 1781년 졸업 후 고향에서 변호사로 일하기 시작했다. 이후 판사로 임명되었으며, 1783년에는 아라스 학술원에 가입해 적극적으로 활동했다. 법정과 학술원을 통해 잘못된 조세 정책과 불공평한 법 제도로 인한 평민의 고통을 목도했다. 1789년 루이 16세가 재정 개혁과 조세 확보를 위해 한 세기만에 삼부회États-généraux를 소집하자 아라스 지역 제3계급의 대표로 선출되어 참석하면서 프랑스 대혁명의 중심에 서게 된다. 국민 의회에 열성적으로 참여했으며, 곧이어 설립된 제헌 국민 의회Assemblée nationale constituante에도 참석했다. 1790년 4월 군주정의 철폐를 주장하는 급진적인 자코뱅 세력Jacobins의 지도자로 부상했으며, 6월에는 국민 의회 서기로 선출되기도 했다. 같은 해 10월 베르사유 혁명 재판소 판사로 임명되었다. 참정권과 군을 포함한 공직 진출, 노예제를 비롯한 인종 문제 등 핵심 쟁점에서 가장 민주적인 인물 중 한 명이었다. 1791년 여름 왕실의 폐위에 반대하는 온건파에 밀려 물러났으며, 국민 의회 해체 후 탄생한 제헌 의회Assemblée législative에는 참여하지 못했다. 하지만 왕실과 귀족 세력의 반혁명 음모와 오스트리아와의 비밀 협상에 대한 대처를 호소했으며, 1792년 봄 오스트리아와 프러시아의 전쟁 위협 직후 복귀했다. 8월 봉기 이후 설립된 국민 공회Convention nationale의 대표로 9월 선출되었으며, 루이 16세에 대한 처형을 요구했다. 1793년 7월 혁명의 완수에 소극적인 지롱드 파Girondins의 몰락 후 위기 상황을 타개하기 위해 같은 해 4월 설치된 공안 위원회Comité de salut public의 위원장에 오른다. 이후 급진적인 혁명의 성공을 위한 전쟁의 승리를 위해 공포 정치를 단행했다. 1794년부터 본격화된 공안 위원회와 국민 공회 내의 파벌 다툼 속에서 7월 27일 폭발한 테르미도르의 반동Thermidorian Reaction 직후 체포되어 사형에 처해졌다.

로널드 로빈슨Ronald Robinson

1920년 9월 3일 / 1999년 6월 19일

옥스퍼드 대학교 영국 연방사 담당 교수로 동료이자 친구 존 갤러거와 함께 영국 제국사 연구의 새 지평을 열었다. 런던 태생으로 1939년 케임브리지 대학교 세인트존스 칼리지에 입학했다. 제2차 세계대전 중에는 공군에서 근무했으며, 전후 1947년에서 1949년 사이 박사 과정 중 식민성 내 아프리카 연구 분과에서 연구관으로 일했다. 1949년 세인트존스 칼리지 특별 연구원으로 선출되었다. 1953년 존 갤러거와 함께 영국 경제사학회 학술지 『경제사 리뷰Economic History Review』에 대표 논문 「자유 무역 제국주의The Imperialism of Free Trade」를 실었다. 1961년에는 존 갤러거와 함께 『아프리카와 빅토리아 시대: 제국주의의 전략적 사고Africa and the Victorians: The Official Mind of Imperialism』를 집필해 출판했다. 비공식적 제국과 전략적 사고라는 두 개념으로 요약될 수 있는 로빈슨과 존 갤러거의 연구는 기존의 마르크스주의에 입각한 영국 제국 연구를 획기적으로 변화시켰다. 식민지 점령은 영국 제국의 마지막 수단이었으며, 영국 경제와 문화가 영국 제국의 지배의 핵심이라 주장했으며, 동시에 인도에 대한 전략적 고려가 영국 제국의 복잡한 성장을 설명한다고 논했다. 1970년까지 케임브리지 대학교 영국 연방사 담당 교수로 근무했으나, 1971년 옥스퍼드 대학교 발리올 칼리지로 자리를 옮겼다.

데이비드 로이드조지David Lloyd George, 1 st Earl Lloyd-George of Dwyfor, Viscount Gwynedd of Dwyfor

1863년 1월 17일 / 1945년 3월 26일

영국의 수상으로 맨체스터에서 태어났지만 부모 모두 웨일스 출신이다. 교사였던 부친이 일찍 사망함에 따라 모친과 구두 수선공이었던 외삼촌 리처드 로이드의 보살핌을 받았다. 15세까지 지역 학교에서 교육을 받은 뒤 1878년부터 변호사 사무소에서 일하면서 준비해 6년 뒤인 1884년 변호사 자격증을 취득했다. 자유당 개혁 정책의 열성적 지지자였던 외삼촌 리처드의 영향을 크게 받았다. 특히 1867년과 1884년 개혁안Reform Act에 따른 민주주의의 확대를 적극 반겼다. 1886년 윌리엄 글래드스턴의 아일랜드 자치 법안Irish Home Rule Bill으로 자유당이 조지프 체임벌린이 이끄는 반대파Liberal Unionist로 분열되자 자치 법안을 지지함에도 어린 시절 우상이었던 후자를 따랐다. 웨일스 카나번 시의원을 거쳐 1890년 하원에 입성했다. 초기에는 잉글랜드 중심의 국교회의 통제에서 벗어나기를 갈망하는 지역의 목소리를 알리고자 노력했다. 1893년 글래드스턴의 두 번째 아일랜드 자치 법안 좌초 후에는 지역 출신 의원과 같이 컴리 피드Cymru Fydd, Young Wales라는 단체를 조직해 웨일스의 자치를 호소했다. 1899년 제2차 보어 전쟁을 강하게 비판하면서 체임벌린을 위시한 자유당 내 제국주의 세력과 결별했다. 전쟁 초기 체임벌린의 호전적인 애국주의에 밀렸으나 전쟁이 장기화되면서 자유당 내 핵심 인사로 부상한다. 제2차 보어 전쟁은 1902년 페레니힝 조약Treaty of Vereeniging 조약으로 트란스발과 오렌지 공화국이 영국의 식민지로 편입되면서 종식된다. 이듬해에는 체임벌린의 영국 제국의 강화를 위한 제국 관세 개혁Imperial Tariff Reform을 반대하며 자유 무역에 대한 자유당의 원칙을 적극 방어했다. 1906년 총선에서 자유당이 대승을 거두면서 상무부 장관으로 임명되었으며, 2년 뒤 헨리 캠벨배너먼이 건강 문제로 물러나고 허버트 헨리 애스퀴스가 수상에 오르자 재무 장관에 올랐다. 상무부 장관으로 임명된 윈스턴 처칠과 함께 사회 복지와 개혁을 적극적으로 추진하는 새로운 자유당을 건설하고자 했다. 1909년 4월 토지세 개정 등을 통해 불평등 문제를 해결하고자 소위 인민 예산을 추진했다. 하지만 1688년 혁명 이래 처음으로 상원의 반대로 법안 통과가 무산되자 이듬해 총선을 실시해 승리를 거두었으며, 정부 예산과 관련된 상원의 영향력을 축소시키고자 노력했다. 인민 예산은 1910년 통과되어 이듬해 집행되었다. 이로써 노동당에 버금가는 급진적인 사회 개혁가로 초당적인 지지와 전국적인 명성을 얻었다. 1911년에는 여세를 몰아 국민 보험법National Insurance Act을 통해 영국의 자유 방임 국가에서 근대적인 복지 국가로의 전환을 개시했다. 국제 정치와 관련해 로이드조지는 조지프 체임벌린과 같은 호전적인 제국주의자는 아니었지만, 독일과 오토만 제국에 대해서는 강한 반감을 드러냈다. 독일의 경우에는 1911년 제2차 모로코 위기 때 여실히 드러났으며, 오토만 제국에 대한 반감은 이듬해 1912년 그리스를 포함한 발칸 연맹Balkan League이 오토만 제국에 맞선 제1차 발칸 전쟁에서 드러났다. 반면 1912년 처칠의 해군 예산 증액 요구에 대해서는 반대 의사를 분명히 했다. 1914년 제1차 세계대전의 발발 직전까지도 유럽 문제에 관해서는 독일과의 우호적인 관계를 유지하고자 했다. 1915년 초 참호전에 따른 서부 전선의 교착 상태를 비판하며 처칠 등이 주장한 다르다넬스 해협을 통한 우회 작전을 옹호했다. 1915년 거국 내각에는 전쟁 수행을 위해 새로 만들어진 군수성Ministry of Munitions 책임자로 들어가 후방에서 영국의 총력전을 성공적으로 도왔다. 이듬해 1916년 6월 러시아와의 협상을 위해 출발한 전쟁 장관 허버트 키치너의 함정이 스코틀랜드 근해에서 독일의 기뢰에 의해 침몰되자 7월 후임으로 임명된다. 다르다넬스 작전의 실패와 서부 전선의 교착 상태 심화로 애스퀴스가 사임하자 전쟁의 승리를 열망하는 여론의 절대적인 지지를 받으며 12월 수상으로 선출된다. 지역, 교육, 종교 모든 측면에서 자유당 내 지지 기반이 불안정했음에도 불구하고 여론의 절대적인 지지와 이듬해 1917년 봄 미국의 참전 등에 힘입어 안정적으로 제1차 세계대전을 마쳤을 뿐만 아니라 1918년 봄 교육법Education Act 과 인민 대표법Representation of the People Act을 통해 공교육과 여성 선거권을 확대했다. 같은 해 가을 제1차 세계대전의 종식 이후 전후 질서 수립에도 지대한 영향을 미쳤다. 우드로 윌슨의 14개 조항에 동의를 표했으나, 영국의 이익을 놓치지 않고자 노력했다. 특히 중동 석유 산출 지역에 대한 영국의 지배권을 확보했으며, 영국의 해상 패권을 제한하는 공해의 자유freedom of the seas 에 반대를 표명했다. 반면 독일과 관련해서는 프랑스와 협조해 베르사유 조약에 전쟁 책임 처벌 조항Article 231, War Guilt Clause이 삽입되도록 조치했다. 하지만 점차 유연한 입장을 보였으며, 이후 독일의 전쟁 배상금 조정과 독일의 국제 연맹 가입을 설득했다. 베르사유 조약에 따른 독일의 동부 국경 조정에도 비판적인 입장을 취했다. 처칠과는 달리 소련에 대해서 우호적인 입장을 보였으며, 이에 러시아 내전에 대한 개입을 반대했을 뿐만 아니라 1921년 소련과 무역 협정을 체결하기도 했다. 전후 1920년에는 아일랜드의 남북 분리를 승인했으며, 이듬해에는 남아일랜드의 독립을 인정했다. 1922년 9월 중립 지역인 다르다넬스 해협을 두고 발생한 터키와 그리스 간의 국경 분쟁에 군사 개입을 추진하다가 역풍을 맞고 사임한다. 사임 후에는 자유당 원로로 베르사유 조약의 개정, 나치 독일과의 불가침 조약 체결, 대대적인 재무장을 순차적으로 호소했다.

존 로크 John Locke

1632년 8월 29일 / 1704년 10월 28일

영국 내전이 발발했을 때 로크는 10세에 불과했으나, 부친은 법률가로 의회파 기병대로 참전했다. 1646년 내전 종식 후 부친의 노력으로 런던 웨스트민스터 학교 입학 허가를 받아 이듬해부터 고전을 배웠다. 1652년 옥스퍼드 대학교 크라이스트처치 칼리지에 입학했다. 1656년 학부 과정을 마쳤으며, 2년 뒤 석사 과정 이수 후 연구원으로 선출되었다. 1660년 왕정 복고에 때를 맞추어 이후의 주장과는 상반되는 정치적 안정을 최우선시하는 보수적 주장을 담은 『정부에 대한 두 논의Two Tracts on Government』(1967)를 집필했다. 3년 뒤 크라이스트처치 칼리지 학부 과정 담당 교수로 선출되었으며, 자연법에 대한 수업을 바탕으로 최소한의 도덕적 규범의 틀로서 자연법을 논한 『자연법 논의Essays on the Law of Nature』(1954)를 집필했다. 1666년 의회파 휘그의 지도자 앤서니 애슐리 쿠퍼를 만났으며, 이후 애슐리 쿠퍼의 개인 비서이자 의사,

가정교사로 평생을 바쳤다. 자유와 관용에 기초한 입헌 군주정을 주장한 애슐리 쿠퍼의 정치적 입장에 적극 동조하면서 의회 활동을 도왔다. 2년 뒤 왕립 학회Royal Society 회원으로 선출되었다. 1669년에는 애슐리 쿠퍼의 요청으로 미국 식민지 캐롤라이나 헌법 초안을 작성했다. 1672년 애슐리 쿠퍼가 섀프츠베리 경으로 봉해진 뒤 대법관에 임명되었다. 1675년 옥스퍼드 대학교에서 의학 학사와 석사를 마친 로크는 의학 공부와 프랑스 위그노 교도와의 교류를 위해 프랑스로 건너가 4년 동안 머물렀다. 로크의 귀국 직후 1679년 찰스 2세의 동생 구교도 제임스의 계승 문제를 둘러싼 갈등이 격화되기 시작했으며, 1681년 섀프츠베리 경은 반역죄로 구금되었다가 이듬해 홀란트로 탈출한다. 1683년 1월 섀프츠베리 경은 홀란트에서 사망했으며, 9월 로크도 영국을 탈출해 홀란트에 정착했다. 『정부론Two Treatises of Government』(1689)의 상당 부분은 로크가 홀란트로 망명을 떠나기 전 작성되었으며, 직접적인 정치적 배경은 1688년 혁명이 아닌 왕위 계승 배제 위기Exclusion Crisis였다. 1683년부터 1689년까지 홀란트에 머물렀으며, 1689년 『관용에 관한 편지A Letter concerning Toleration』와 『인간 오성론Essay concerning Human Understanding』을 내놓았다. 귀국 후 교육과 기독교에 관한 저서를 집필했으며, 권리 장전Bill of Rights의 초안 작성에도 참여했다.

헨리 롯지Henry Cabot Lodge

1850년 5월 12일 / 1924년 11월 9일

매사추세츠 주 보스턴 출생 미국 역사학자이자 정치인이다. 1871년 하버드 칼리지를 졸업했으며, 스승인 역사학자 헨리 애덤스의 조언으로 하버드 법학 대학과 진학과 동시에 앵글로·색슨 역사를 연구하기 시작했다. 1874년 법학 학위와 박사 학위를 획득했으며, 마찬가지로 헨리 애덤스의 조언으로 정치 활동을 개시했다. 중도 정당의 건립과 당시 부정부패의 주된 원인이었던 엽관제 spoils system를 공무원 시험 체제로 대체하는 정부 개혁을 목표로 했으나, 결국 공화당 소속으로 활동했다. 매사추세츠 주 활동을 거쳐 1886년 하원 의원으로 당선되었다. 1893년 은퇴하는 상원 의원 헨리 도스의 의석을 넘겨받아 상원 의원이 되었다. 상원에서의 활동은 주로 대외 정책에 관련되었으며, 특히 강력한 해군 건설을 중심으로 한 대외 팽창 정책Large policy을 지지했다. 시어도어 루스벨트의 대외 정책의 열렬한 지지자로 중국의 문호개방 정책 Open Door policy과 아메리카 대륙 전역에 있어 먼로 독트린의 집행을 강력히 주장했다. 시어도어 루스벨트와 더불어 1890년대 미국을 휩쓴 대외 팽창 욕구를 상징하는 대표적인 인물로 손꼽힌다. 우드로 윌슨 대통령과는 전전 소극적인 외교에 대한 불만으로 관계가 좋지 않았으나, 제1차 세계대전의 참전과 전후 국제 연맹의 창설에는 기본적으로 찬성했다. 하지만 미국의 국제 연맹 가입 조건에 있어 우드로 윌슨과 정면으로 충돌했으며, 결국 미국의 유럽 정치에의 연루를 우려한 로지의 주도로 베르사유 조약은 1919년 상원에서 부결되었다.

장 자크 루소Jean Jacques Rousseau

1712년 6월 28일 / 1778년 7월 2일

스위스 제네바 출신으로 모친을 일찍 여의고 시계공인 부친 밑에서 자랐다. 10세 때 부친을 따라 제네바에서 베른의 니옹으로 이주했으며, 곧 부친마저 재혼을 하며 떠나자 외가댁에서 방황을 하며 보내다 1728년 스위스를 떠났다. 인접한 사부아 공국에서 만난 로마 가톨릭 신부의 도움으로 프랑수아루이즈 바랑 부인을 소개받았다. 바랑 부인의 지원을 받으며 가톨릭으로 개종을 하며 신학교를 다녔으나 점차 음악에 몰두한다. 1740년부터 리옹에서 가정교사로 일한 뒤 1742년 파리에 정착했으며, 드니 디드로를 만나 우정을 쌓는다. 후일 장 르 롱 달랑베르와 함께 『백과전서Encyclopédie』(1751~1772)를 편집하게 되는 디드로를 통해 프랑스 지식인 사회에 진출했다. 초기 대표작으로는 1725년 설립된 디종 학술원Académie de Dijon의 과학과 예술이 도덕의 순화를 가져왔는가라는 질문의 공모전에 제출한 『학문예술론Discours sur les sciences et les arts』(1750)을 꼽을 수 있다. 이 책에서 루소는 과학과 예술의 발전이 오히려 사치를 조장하며 인간의 도덕적 타락을 가져왔다고 주장했다. 1755년 디종 학술원에서 불평등의 기원은 무엇이며, 자연법에 의해 정당화될 수 있는가라는 질문 하에 다시 공모전을 열자 응모했다. 루소는 『불평등 기원론Discours sur l'origine de l'inegalité』(1755)에서 토머스 홉스와 존 로크가 각기 논의한 자연 상태에 대한 자신의 입장을 밝혔다. 루소는 당대 인류학적 논의에 기초해 극심한 혼동과 혼란의 상황으로서 자연 상태를 비판했으며, 이에 더해 자기 보존을 하고자 하는 자기애amour de soi와 다른 이와 비교를 통해 만족을 얻고자 하는 이기심amour propre의 두 개념을 제시했다. 1762년에는 사회의 탄생과 더불어 발생한 불평등을 극복하기 위한 방안으로서 『사회계약론Du Contrat social』을 자신의 고향 제네바 공화국을 이상으로 하여 집필했다. 같은 해 이상적인 시민 교육의 모습을 담은 『에밀Émile; ou, de l'education』을 출판했으며, 1761년에는 소설 『신 엘로이즈Julie, ou la nouvelle Héloïse』로 유명세를 더했다. 또한 생피에르 신부 가문의 요청으로 신부의 유고를 정리하며 『유럽의 영구 평화를 위한 제언Projet pour rendre la paix perpétuelle en Europe』(1713)의 요약을 같은 해 발표했다. 하지만 『에밀』에서 로마 교회를 비판했다는 이유로 체포 영장이 발부되었으며, 이후 1770년까지 프랑스와 영국 등 유럽 각지를 여행했다. 1766년에 일 년 동안 머물렀던 영국에서는 데이비드 흄 등을 만나 교류했다. 1772년에는 코르시카와 폴란드의 정부 체제에 대한 구체적인 제안을 내놓기도 했다. 『코르시카 헌법 구상Lettres sur la législation de la Corse』은 1755년 제노바 공화국에서 독립한 코르시카의 프랑스 주재 대사의 요청으로 작성하기 시작했으며, 폴란드 귀족 미칼 비엘호르스키의 요청으로 집필한 『폴란드 정부론Considérations sur le gouvernement de Pologne』에서 루소는 러시아와 오스트리아, 프러시아에 둘러싸여 생존이 위협받는 폴란드의 미래를 고민했다. 『고백록Les Confessions』은 루소 사후 1782년 출판되었다.

프랭클린 루스벨트Franklin Delano Roosevelt
1882년 1월 30일 / 1945년 4월 12일

미국 제32대 대통령으로 뉴욕 출신이다. 1900년 하버드 칼리지에 입학해 1904년 졸업했다. 이듬해 시어도어 루스벨트의 조카딸 엘리너 루스벨트와 결혼했다. 컬럼비아 법학 대학에 진학해 공부했으며, 뉴욕에서 변호사 생활을 했다. 1910년 뉴욕주 의회에 민주당 후보로 도전해 성공하면서 정계에 입문했다. 1913년 민주당 후보 우드로 윌슨이 대통령에 당선되면서 해군 차관으로 자리를 옮겼다. 1917년 미국의 제1차 세계대전 참전에 앞서 독일의 잠수함 공격에 맞설 해군력 강화를 열정적으로 호소했다. 1921년 대통령 우드로 윌슨과 함께 물러났다. 변호사업을 재개했으나 소아마비로 고생했다. 1928년 뉴욕주 지사에 당선되었으며, 2년 뒤 연임에 성공한다. 1932년 허버트 후버 대통령의 과도한 정부 지출과 비대한 행정부를 공격 발판으로 삼아 대통령에 당선되었다. 대공황 이후 심각한 실업 문제 해결과 경제 회복을 위해 재정 적자 축소와 균형 예산을 기초로 한 뉴딜 정책New Deal을 공표했다. 또한 국가 산업 부흥법National Industrial Recovery Act을 통과시키고, 국가 부흥청National Recovery Administration을 설립해 민간 투자를 적극 독려했다. 1935년에는 사회 보장법Social Security Act을 통해 연방 단위에서의 사회 보험과 복지 지원의 초석을 다졌으며, 같은 해 국가 노동 관계법National Labor Relations Act을 통해 노동자 집단 협상권을 보장하기도 했다. 노동 진흥청Works Progress Administration 역시 1935년 설립했다. 1937년 경기 후퇴로 인해 기존의 재정 적자 축소와 균형 예산 정책을 포기하고 정부 투자를 통한 경제 회복으로 방향을 선회했다. 외교 정책과 관련해서는 전임자 우드로 윌슨 대통령과 뜻을 같이 하며 국제주의와 미국의 적극적인 역할을 지지했다. 1935년 세계 재판소World Court에 가입하고자 했으나 상, 하원과 여론의 극렬한 반대로 무산되었다. 2년 뒤 일본의 중국 침략을 비난하며 적극적인 개입을 호소했으나 이 역시 상, 하원과 여론의 거센 비난을 받았다. 1939년 뮌헨 협정에 대해서는 지지를 보냈다. 제 2차 세계대전에 대한 즉각적인 개입은 자제했으나, 1940년 무기 대여법Lend-Lease Act을 통과시킴으로써 영국에 대한 막대한 군사 원조를 개시했다. 이듬해에는 뉴펀들랜드에서 윈스턴 처칠과 함께 전쟁의 목표를 파시즘의 종식과 민족 자결의 원칙으로 설정한 대서양 헌장Atlantic Charter을 공표했다. 1941년 겨울 아돌프 히틀러의 소련 침공이 개시되자 소련에 대한 군사적 지원을 승인했다. 1941년 12월 7일 일본의 진주만 공습 이후 일본과 일본의 동맹국 독일과 이탈리아에 대한 전쟁을 선포했다. 전후에는 대서양 헌장에 기초한 국제 연합의 설립을 주도했을 뿐만 아니라 전후 경제 회복과 안정을 위한 국제 통화 기금International Monetary Fund과 국제 부흥 개발 은행International Bank for Reconstruction and Development의 창설을 이끌었나. 1944년 해리 트루먼을 부통령으로 삼아 4선에 성공한 뒤 얄타에서 태평양 전쟁의 조기 종식을 위한 소련의 참전을 약속받으며 전후 세계 질서의 기틀을 수립했으나 이듬해 심장 마비로 갑자기 사망했다.

루이 14세Louis XIV

1638년 9월 5일 / 1715년 9월 1일

부르봉 가문의 군주로 1643년부터 1715년까지 프랑스를 통치했다. 1643년부터 1651년까지는 모친 합스부르크 가문 스페인 계열 출신의 앤 여왕의 섭정을 받았다. 1660년 스페인의 펠리페 4세의 장녀 마리아 테레사 공주와 결혼한다. 이 결혼은 30년 전쟁의 일부로 1635년에 양국간에 발발한 전쟁을 종식시킨 1659년 피레네 조약Treaty of the Pyrenees의 일환이었다. 이듬해 1661년 재상 쥘 마자랭의 사후 태양왕Roi Soleil이란 별칭으로 상징되는 본격적인 절대주의 통치를 시작했다. 1648년 30년 전쟁의 종식과 더불어 시작되어 1653년까지 지속된 프롱드의 난Fronde의 혼란에서 벗어나 다방면으로 왕권을 확고히 다지고자 노력했다. 왕권신수설과 1685년 프랑스 내 칼뱅주의 개신교 교파의 종교 자유를 보장한 낭트 칙령Edict of Nantes의 폐기는 대표적인 예다. 한편 재상 장바티스트 콜베르는 강력한 상업 진흥 정책을 펼쳤으며, 1667년 왕비 마리아 테레사의 스페인령 네덜란드 상속 문제를 시작으로 추진된 루이 14세의 적극적인 대외 팽창 정책은 이렇게 완비된 재정에 힘입은 바가 크다. 1688년에는 프랑스의 패권을 제어하고자 네덜란드와 오스트리아 제국이 중심이 되어 아우크스부르크 동맹League of Augsburg이 결성되었으며, 세력 균형의 원칙에 입각한 주요 유럽 국가의 저항은 1713년 위트레흐트 조약Treaty of Utrecht으로 스페인 왕위 계승 전쟁이 종식될 때까지 지속되었다.

루이 16세Louis XVI

1754년 8월 23일 / 1793년 1월 21일

프랑스 부르봉 왕조의 마지막 왕으로 황태자 루이와 작센의 마리아 조세프의 세 번째 아들로 루이 15세의 손자이다. 1765년 부친이 사망하면서 베리 공작에서 황태자로 올랐다. 라 보귀용 공작을 가정교사로 두었다. 1770년 합스부르크 왕가의 마리아 테레지아와 남편 신성로마제국의 황제 프란츠 1세의 딸인 마리 앙투아네트와 혼인했다. 4년 뒤 조부 루이 15세가 사망함에 따라 프랑스 국왕으로 즉위했다. 루이 14세와 루이 15세의 팽창적인 대외 정책에 따른 막대한 국가 부채를 해결하기 위한 개혁을 추진하고자 자크 튀르고 등을 재상으로 임명했다. 7년 전쟁 이후 영국에 대한 복수를 위해 1778년 재정상의 이유에 따른 반대에도 불구하고 미국 독립 전쟁에 참전을 결정했다. 1783년 미국 식민지의 승전에 따라 영국에 대한 복수는 했으나 1789년 급증한 국가 부채를 해결하고 국가 파산 사태를 막기 위해 1614년 이래 열리지 않았던 삼부회를 소집했다. 하지만 입헌 군주정으로 프랑스를 개혁하고자 한 국민 의회의 활동을 방해하다 같은 해 7월 개혁 성향의 재상 자크 네케르를 전격적으로 해임하면서 프랑스 혁명을 촉발했다. 1790년 베르사유에서 파리로 옮겨져 구금되었다. 이듬해 6월 오스트리아로 망명을 시도하다가 바렌에서 붙잡혀 파리로 압송되었다. 1792년 공화국이 선포되고 반역죄로 기소되어 재판을 받은 후 이듬해 처형되었다.

요아힘 폰 리벤트로프Joachim von Ribbentrop

1893년 4월 30일 / 1946년 10월 16일

나치 독일 외교관으로 독일 베젤 출신으로 독일과 스위스, 프랑스, 영국을 돌아다니며 교육을 받았다. 1910년 캐나다로 건너가 몬트리올 등지에서 은행, 건설 회사, 주류 수입상에서 일했다. 1914년 제1차 세계대전이 발발하자 중립국인 미국으로 건너갔다가 독일로 돌아와 군에 입대했다. 동부 전선에서 기병대로 전투에 참가했으며, 이스탄불에서 근무하기도 했다. 전후에는 주류상으로 일했으며, 1932년 아돌프 히틀러를 만난 후 국가사회주의 독일 노동자당, 즉 나치Nationalsozialistische Deutsche Arbeiterpartei에 가입했다. 이듬해 히틀러의 정권 장악과 동시에 뛰어난 언어 실력과 국제 감각을 인정받아 핵심 외교 조언자로 부상한다. 1934년 제네바 군축 회담Geneva Disarmament Conference 독일 대표로 참석했으며, 1935년에는 독일 해군의 재무장을 승인한 영독 해군 협상Anglo-German Naval Agreement을 성사시켰다. 1936년 영국 대사로 임명되어 2년 동안 근무했다. 같은 해 리벤트로프는 일본과 반코민테른 협정Ant-Commintern Pact의 체결을 주도했으며, 1938년 2월 나치 독일의 외무 장관에 임명된 후에는 이탈리아를 설득해 소위 강철 조약Stahlpakt을 체결했다. 같은 해 9월 체코슬로바키아의 분할을 승인한 뮌헨 협정이 체결되었으나, 리벤트로프는 협정이 오히려 나치 독일의 팽창을 제한할 것이라고 주장하며 반대 의견을 표명하기도 했다. 1939년 8월에는 이오시프 스탈린과 수상 뱌체슬라프 몰로토프를 설득해 히틀러의 폴란드 침공을 가능케 한 독소 불가침 조약German-Soviet Nonaggression Pact, 몰로토프-리벤트로프 조약Molotov-Ribbentrop Pact을 이루어냈다. 제2차 세계대전의 발발 이후 1941년에는 히틀러의 소련 침공에 반대했으며, 영국과 미국을 견제할 의도로 일본의 참전을 유도해 내기도 했다. 1945년 6월 함부르크에서 연합군에 의해 체포되었으며, 뉘른베르크 국제 군사 재판Nuremberg International Military Tribunal에서 유죄 선고를 받고 교수형에 처해졌다.

프리드리히 리스트Friedrich List

1789년 8월 6일 / 1846년 11월 30일

독일 뷔르템베르크 태생 경제학자로 경제 성장에 있어서 보호 무역의 중요성을 설파했다. 독학을 했으며, 정부 회계 관리 일을 했다. 1817년부터 1819년까지 튀빙겐 대학교에서 행정학과 정치학을 가르쳤다. 이후 뷔르템베르크 지역 의원으로 선출되어 나폴레옹 전쟁 이후 정부 개혁을 위해 노력했으나, 1822년 급진적인 주장으로 인해 직을 박탈당하고 징역형을 선고를 받는다. 1825년 미국으로 이주를 한 뒤 펜실베이니아주에 정착해 개간 사업과 농업에 종사하면서 독일 이민자를 대상으로 한 언론 활동을 한다. 1827년 미국의 경험을 예시로 삼아 초기 국가 경제의 성장에 있어서 보호 관세의 중요성을 강조한 『미국 정치경제의 강요Outlines of American Political Economy』를 내놓는다. 미국 시민권을 획득한 후 1834년 라이프치히 미국 영사관에서 잠시 근무 한 뒤 파리에 정착해 집필 활동을 했다. 1841년 주저 『정치경제학의 국민적 체계Das nationale System der politischen Ökonomie』를 출판했으며, 이후 언론 활동을 통해 독일의 성장을 위해서는 관세 동맹Zolverein을 통한 독일 내 자유 무역 체제 건설과 더불어 체계적인 철도망의 구축이 필요함을 알렸다. 경제적인 문제 등으로 인해 자살로 생을 마감했다.

헨리 리처드Henry Richard

1812년 4월 3일 / 1888년 8월 20일

영국의 정치인으로 웨일스 랑게이토의 국교회 목사 육성 학교와 에버리스트위스의 직업 학교를 다닌 후 포목 장사를 했다. 1830년 즈음 조합 교회주의자가 되기 위해 미들섹스에 위치한 하이버리 칼리지에 입학했으며, 5년 뒤 목사

안수를 받았다. 1840년대부터 국가 간 갈등 해결을 위한 도덕적인 수단으로 국제 중재에 관심을 가지기 시작했다. 1845년 런던 상업 회관Hall of Commerce 강연에서 자신의 평화 사상을 구체적으로 피력했으며, 이 강연은 이듬해 『방어 전쟁Defensive War』이란 제목으로 출판된다. 1848년에는 1816년 창설된 평화 협회의 간사로 선출되었으며, 협회지 『평화의 전령Herald of Peace』의 편집을 맡으면서 리처드 코브던 등 하원에 진출해 있던 급진주의자들과 교류한다. 평화 협회의 간사로서 리처드는 국제 중재의 원칙에 대한 여론의 지지를 이끌어내기 위해 영국과 유럽 곳곳에서 수많은 모임과 강연을 준비했으며, 이는 1849년 리처드 코브던이 하원에 제출한 법안으로 결실을 맺는다. 1853년 크림 전쟁의 발발로 충격을 받았으나, 이에 굴하지 않고 1856년 파리 조약에 국제 중재 조항을 삽입하고자 노력했다. 또한 리처드는 해방 협회Liberation Society와 기부제 학교 협회Voluntary School Association에서 열성적으로 활동하며 종교 및 교육 문제에 있어 정부의 개입을 강력히 반대했다. 1868년 하원 의원으로 선출되었다. 1873년에는 1949년 리처드 코브던의 국제 중재 법안과 유사한 법안을 상정해 통과시켰다. 1878년 불가리아를 비롯한 발칸반도 분쟁을 종식키 위한 베를린 조약Treaty of Berlin의 체결에도 공헌했으며, 2년 뒤에는 점진적인 상호 군축을 제안하기도 했다.

카를 마르크스Karl Marx

1818년 5월 5일 / 1883년 3월 14일

프러시아 라인란트 트리어에서 태어났다. 부모 모두 유대인이었으나 계몽주의 사상에 심취한 변호사였던 부친은 개신교로 개종을 했으며, 마르크스도 6세 때 개종했다. 1830년에서 1835년 사이에는 트리어에서 교육을 받았으며,

이후 본 대학교에 입학했다. 1836년 베를린 대학교로 전학을 해 법학과 철학을 공부했다. 베를린 대학교 시절부터 청년 헤겔학파와 친분을 쌓으며 지적 교류를 시작했다. 특히 신학 강사였던 부르노 바우어의 기독교 비판과 무신론, 정치적 행동의 촉구에 상당한 영향을 받았다. 프러시아 정부의 사상 검열 정책으로 1839년 바우어가 해임되고 이후 동료가 구속되면서 점점 급진적으로 변했다. 예나 대학교에 박사 학위 논문을 제출하고 학위를 수여받았다. 1841년 루트비히 포이어바흐의 유물론적 기독교 해석인 『기독교의 본질 Das Wesen des Christentums』을 접한 뒤 헤겔의 변증법을 유물론적 변증법으로 전환시키기 시작했다. 1842년 1월부터 쾰른에서 창간된 급진 자유주의 성향의 『라인 신문Rheinische Zeitung』에 기고를 하기 시작하면서 정치 문제에 점차 관심을 가졌으며, 언론의 자유의 중요성을 체득했다. 같은 해 말 편집인에 임명되었으며, 자유주의 개혁을 설득력 있게 호소해 명성을 얻었다. 하지만 프러시아 정부의 감시와 탄압으로 폐간되고, 마르크스는 아르놀트 루게와 파리에서 『독불 연보Deutsche-französische Jahrbücher』를 창간했으며, 프리드리히 엥겔스는 이후 이 잡지의 기고자로 만나게 된다. 1843년 결혼 후 파리로 이주해 사회주의 및 공산주의 사상과 운동을 접한 뒤 초기 대표작인 『1844년 경제학 철학 초고Ökonomisch-philosophische Manuskripte aus dem Jahre 1844』(1959)를 집필했다. 1845년 프러시아 정부의 요청으로 프랑스에서 추방되어 엥겔스와 함께 벨기에, 브뤼셀로 숨어들었다. 벨기에서 엥겔스와 함께 유물론적 공산주의로의 지적 전환을 한다. 공저로는 바우어의 철학적 헤겔 해석을 비판한 『신성 가족Die heilige Familie』(1845)과 1845년에서 1846년 사이 집필한 유물론적 역사 발전과 계급 투쟁을 논한 『독일 이데올로기Die deutsche Ideologie』(1932) 등이 있다. 또한 1847년 망명 독일 노동자 비밀 결사인 의인 동맹Bund der Gerechten의 부탁으로 모임에 참여하면서 모임의 정관으로 『공산당 선언The Communist Manifesto』(1848)을 작성했다. 모임은 마르크스 등의 요청으로 공산주의 연맹Bund der Kommunisten으로 명칭을 바꾸었다. 1848년 프랑스, 이탈리아, 오스트리아 수도와 주요 도시에서 혁명이 발발하자 파리를 거쳐 프러시아로 돌아와 자유주의 부르주아 계급의 입헌 민주주의를 향한 개혁 의지를 믿으며 노동자 계급의 협력을 호소했다. 하지만 프리드리히 빌헬름 4세가 프러시아 국민 회의Preußische Nationalversammlung의 독일 황제 선출을 포함한 요구 사항을 거부하면서 12월 해산되고 부르주아 계급의 반개혁적 성향이 드러나자 마르크스는 궁지에 몰렸다. 1849년 5월 추방 명령을 받고 파리를 거쳐 8월에 런던에 도착했다. 이후 1848년 혁명의 실패 원인에 대한 분석을 진행했으며, 특히 프랑스의 상황에 집중했다. 1850년 미국에서 출판된 『루이 보나파르트의 브뤼메르 18일Der 18te Brumaire des Louis Napoleon』은 대표작이다. 이듬해부터 『뉴욕 트리뷴The New York Tribune』의 유럽 통신원으로 일하며, 수백편의 국제 문제 관련 기사를 기고했다. 또한 『자본론』으로 집대성되는 역사적 유물론에 기초한 혁명 연구와 집필에 몰두했다. 1857년에서 이듬해까지 『정치경제학 비판 요강Grudrisse der Kritik der politischen Ökonomie』(1939)을 작성하며 『자본론』을 준비했다. 1864년에는 런던에서 첫 모임을 개최한 제1차 인턴내셔널First International, 국제 노동자 협회International Working Men's Association에 운영위원이자 독일 지부 연락 담당으로 열성적으로 참여했다. 3년 뒤 『자본론』 제1권을 내놓았다. 1870년 보불 전쟁의 발발에 대해서는 모호한 입장을 취했으나, 곧 파리에서의 혁명으로 코뮌이 탄생하자 노동자 계급 독재의 진정한 모습이라 주장하며 독일 노동자 계급의 적극적인 지지와 지원을 호소했다. 또한 영국과 독일의 점진적인 자유주의 개혁을 통한 사회주의로의 이행과 러시아와 프랑스의 무정부주의 폭력 혁명의 두 극단에 맞서 노동자 계급의 독재를 주장했다. 『자본론』의 제2권과 제3권은 마르크스 사후 엥겔스에 의해 편집되어 1885년과 1894년에 각각 출판되었다.

주세페 마치니 Giuseppe Mazzini

1805년 6월 22일 / 1872년 3월 10일

제노바 출신 공화주의자이자 이탈리아 통일 운동 지도자로 14세 때 제노아 대학교에 입학해 법을 공부했다. 1827년 졸업 후 빈민 변호를 하면서 비밀 결사 카르보나리Carbonari에 가입해 활동했다. 카르보나리의 목표는 나폴레옹 전쟁 종식 후 유럽 협조 체제Concert of Europe의 일환으로 승인된 오스트리아의 이탈리아반도 지배의 타도였다. 1830년 정치 활동으로 인해 구속 수감되었으며, 카르보나리를 대체할 새로운 애국 운동 단체를 준비했다. 1831년 풀려난 뒤 마르세유로 망명을 떠났으며, 피에드몽-사르데냐 국왕인 카를로 알베르토에게 입헌 정부로의 개혁과 롬바르디-베네치아를 장악한 오스트리아에 맞선 저항을 촉구하는 공개 서한을 보냈다. 2년 동안 마르세유에 머물면서 이탈리아의 독립과 공화주의 개혁을 갈망하는 단체 청년 이탈리아Giovine Italia를 조직했으며, 같은 이름의 잡지를 발간했다. 1833년 피에드몽에서 반란을 기획했으나 실패하고 스위스로 망명했다. 1837년 런던으로 건너가 연구와 집필 활동을 하며 이탈리아 독립과 개혁을 호소했다. 1844년 나폴리 반란 주동자와의 교신을 의심한 나폴리 왕국과 오스트리아의 요구로 영국 정부가 개인 편지를 개봉한 일이 드러나면서 영국 내 자유주의 세력의 지지와 지원을 받았다. 1847년 교황 비오 9세에게 보낸 공개 서한에서 교황령을 중심으로 한 이탈리아의 통일과 개혁을 호소했으며, 이듬해 1848년 혁명의 발발과 함께 밀라노로 돌아왔다. 하지만 밀라노가 오스트리아에 의해 재점령되자 런던으로 다시 망명을 떠난다. 1849년 혁명으로 교황이 축출되고 공화국이 선포된 로마로 돌아왔으며, 공화국의 지도자로 환영을 받았다. 교황의 요청으로 프랑스가 개입하면서 공화국이 붕괴되자 다시 런던으로 건너가 이탈리아의 독립과 개혁을 위한 활동을 이어나갔다. 카라라와 제노아에서의 반란을 시도하나 모두 실패했다. 주세페 가리발디와 교류했으나 1861년 베네치아와 로마를 제외한 통일 이탈리아 왕국이 선포되었을 때는 영국에 있었다. 자신의 소망과는 달리 공화정 체제의 연방이 아니라 왕국의 형태로 이탈리아가 통일이 되자 큰 실망을 했으며, 이에 『인민의 로마Roma del popolo』를 창간해 급진적인 개혁을 끝까지 호소했다.

니콜로 마키아벨리Niccolò Machiavelli

1469년 5월 3일 / 1527년 6월 21일

이탈리아 르네상스 시기 정치철학자이자 정치인으로 플로렌스 태생이다. 종교개혁가 지롤라모 사보나롤라의 연설 등을 들으며 자랐으나 유년 시절에 대해서는 알려진 바가 없다. 1494년 공직에 발을 디뎠으며, 4년 뒤에는 공화국의 외교 문제를 관장하는 제2재무성 장관Cancelleria에 임명되어 1512년까지 일했다. 1505년 시민 정부의 대표인 피에로 소데리니를 설득해 용병 대신 민병대를 육성하도록 했으며, 플로렌스 공화국을 대표해 이탈리아 주요국과 프랑스를 비롯한 유럽 주요국을 40여 차례 방문했으며, 체사레 보르자, 교황 알렉산데르 6세, 교황 율리오 2세, 신성로마제국의 황제 막시밀리안 1세 등을 만나 협상을 했다. 1512년 플로렌스 공화국이 스페인 군에 의해 무너지면서 메디치 가문이 복귀함에 따라 마키아벨리는 반란죄로 수감된 후 이듬해 플로렌스에서 추방된다. 이후 집필 활동에 전념했으며, 자신의 두 대표작 『군주론Il Principe』(1513)과 『로마사 논고Discorsi sopra la prima deca di Tito Livio』(1517년 무렵)를 완성했다. 하지만 후자는 1531년에, 전자는 1532년에야 출판되었다. 또한 1521년 『전쟁술Dell'arte della guerra』과 1525년 『플로렌스의 역사Istorie Florentine』를 집필했으며, 전자는 플로렌스의 가장 부유한 가문의 자손인 추기경 로렌초 스트로치에게 헌정했으며, 후자는 교황 레오 10세의 요청으로 집필을 시작했으나 그의 사망으로 후임자 클레멘스 7세에게 바쳤다.

자코모 마테오티Giacomo Matteotti
1885년 5월 22일 / 1924년 6월 10일

이탈리아 사회주의 정치인으로 볼로냐 대학에서 법학을 전공한 후 이탈리아 사회주의 정당에서 활동했다. 통일 사회당Partito Socialista Unitario의 당수로 1919년부터 1924년 사이 이탈리아 하원에서 사회주의 연합을 이끌며, 반파시스트 전선을 구성하는 데 일조했다. 1924년 6월 10일 베니토 무솔리니의 국가 파시스트 정당Partito Nazionale Fascista 지지자에 의해 암살당했다. 이후 이탈리아 전역에 걸쳐 추모의 반파시스트 운동이 불붙었으며, 무솔리니는 암살을 배후에서 사주했다는 의심을 받으며 거센 비판을 받았다.

킹즐리 마틴Kingsley Martin
1897년 7월 28일 / 1969년 2월 16일

영국 언론인으로 사회주의자이자 평화주의자로 유명하다. 제1차 세계대전의 발발 2년 뒤 1916년 징병이 실시되자 양심적 병역 거부자로 징병을 거부했으며, 의무 요원으로 복무했다. 제1차 세계대전의 경험은 마틴의 평화주의 입장을 더욱 견고하게 했을 뿐만 아니라 외교 문제와 군축 문제에 있어 복음주의 적인 입장을 취하도록 이끌었다. 1919년 케임브리지 대학교 모들린 칼리지에 입학해 역사학을 공부했으며, 1924년 런던정경대학 정치학 강사로 취직한다. 당시 진보주의의 산실이었던 런던정경대학에서 마틴은 해럴드 래스키와 깊은 친분을 쌓는다. 해럴드 래스키의 주선으로 노동당 핵심 멤버와 교류했다. 하지만 3년 뒤인 1927년 마틴은 런던정경대학의 자리를 뒤로 하고『맨체스터 가디언Manchester Guardian』에 기자로 취직했으나, 1931년 신문사의 자유주의 논조와 로이드조지의 자유당 지지에 불만을 느끼고 존 메이너드 케인스가 주도해 만든 페이비언 사회주의와 자유주의를 아우르는 진보적 주간지『뉴 스테이츠맨 앤드 네이션New Statesman and Nation』의 편집인으로 자리를 옮긴다.『뉴 스테이츠맨 앤드 네이션』의 편집인으로 마틴은 노동당 주류와 자신이 속한 급진적인 민주 사회주의 세력의 목소리를 모두 담아내고자 노력했다. 마틴의 노력으로 잡지는 1960년 6배 이상의 판매 부수를 올리면서 개혁 세력의 주요한 언론 창구가 되었다. 전후 1958년 2월에는 핵무기 철폐 운동Campaign for Nuclear Disarmament의 결성을 주도했다.

토머스 맬러리Sir Thomas Malory

1415(18)년 / 1471년 3월 14일

영국 중부 워릭셔 태생의 작가로 중세 아서 왕의 이야기로 유명하다. 워릭셔 지역에서 몰수지 관리인, 치안 판사 등의 활동을 했으며, 1441년에는 기사 서임을 받았다. 같은 해 노샘프턴셔에서 의원으로 선출되었다. 1442년에는 백년 전쟁에 참전해 프랑스 남서부 가스코뉴 지역에서 싸웠다. 이때의 경험은 후일 아서 왕의 죽음에 대한 이야기에 녹아난다. 1455년 장미 전쟁으로 폭발하는 랭커스터 가문과 요크 가문 사이의 갈등에 휘말려 1450년 버킹엄 공작을 암살하고자 했으나 실패한 뒤 10년 가까이 옥살이를 한다. 1468년 장미 전쟁 와중 다시 음모에 가담한 죄로 런던탑Tower of London에 갇혔으며, 이때부터 자신의 대작 『아서 왕의 죽음Le morte d'Arthur』(1470)을 집필하기 시작했다. 아서 왕의 성장과 죽음을 여덟 개의 이야기로 나눠 다룬 이 책은 성배를 찾아 나선 기사의 모험을 주제로 하는 중세 그라알 문학roman du graal의 대표작으로 손꼽힌다.

램지 맥도널드James Ramsay MacDonald

1866년 10월 12일 / 1937년 11월 9일

영국의 수상으로 스코틀랜드 동북부 가난한 어촌 마을에서 태어났다. 교회가 운영하는 지역 학교에서 초등 교육을 받은 후 15세 때부터 농가에서 일을 시작했다. 1881년부터 1885년까지 지역 학교에서 보조 교사로 일했으며, 이후 브리스틀과 런던 등을 떠돌며 봉사 활동과 잡일을 했다. 브리스틀에서는 1884년 창설된 마르크스주의 계열 사회민주연합Social Democratic Federation에 가입해 활동했으며, 런던에서는 사회주의 연맹Socialist Union 활동에 참여했다. 또한 페이비언 협회에도 가입해 1900년까지 열성적으로 활동했으나, 페이비언 협회가 제2차 보어 전쟁에 대한 비판에 주저하는 모습을 보이자 탈퇴한다. 1892년 보수당 집권 체제의 종식을 핵심 목표로 삼고 자유당 내에서 노동자 계급의 이익과 지분을 확보하고자 시도했으나 실패한 뒤 독립 노동당Independent Labour Party에 가입했다. 독립 노동당 내에서는 존 홉슨, 필립 스노든 등과 함께 지도부를 구성했으며, 1900년 노동당 대표 위원회Labour Representation Committee의 의장으로 자유당과의 신기 연합을 성사시켰다.

1901년부터 1905년까지 자유당 계열 주간지와 신문에 많은 기고를 했으며, 1902년에는 제2차 보어 전쟁을 비판한 『남아프리카에서 내가 본 것What I saw in South Africa』을 출간했다. 1905년에는 사회주의로의 평화적 진화를 호소한 『사회주의와 사회Socialism and Society』를 내놓았다. 1906년 자유당과 연합해 29명의 하원 의원을 당선시켰으며, 자신도 레스터에서 당선된다. 같은 해 노동당 대표 위원회는 노동당Labour Party으로 공식 창당했다. 1909년 자유당 정부에 의해 추진된 소득 분배를 궁극적인 목적으로 한 토지 및 소득세 조정안인 인민 예산People's Budget의 통과에 지대한 기여를 했으며, 이듬해 선거에서도 자유당과 연합해 초당적인 진보주의의 발판을 다졌다. 1911년 노동당 총수로 선출되었으며, 자유당과 연합해 국민 보험법을 통과시켰다. 1914년 제1차 세계대전의 발발과 함께 노동당과 자유당 대다수가 영국의 참전을 선언하고 지지하는 상황에서 맥도널드는 세력 균형과 동맹에 기초한 외교 정책을 유지하는 한 진정한 평화는 구축할 수 없다는 근본적인 지적을 하며 노동당 총수직에서 물러났다. 아서 폰슨비, 찰스 트리벨리언, 에드먼드 모렐, 노먼 에인절 등과 같은 독립 노동당 출신 및 자유당 내 급진주의자들과 함께 민주적 통제를 위한 연합을 설립해 대중 교육과 외교 정책에 대한 하원의 통제 강화, 협상을 통한 조기 종전 등을 촉구했다. 1917년 러시아 혁명 이후 소련이 독일과의 협상을 통해 조기 종전을 함에 따라 맥도널드가 참여한 민주적 통제를 위한 연합의 입장이 노동당의 공식적인 입장이 된다. 독일에 대한 처벌 조항이들어가 있는 베르사유 조약에 대해 강한 비판을 했을 뿐만 아니라 1919년에는 볼셰비키의 공산당 독재를 비판하는 『의회와 혁명Parliament and Revolution』을 출간했다. 모든 전쟁을 끝내기 위한 전쟁이나 모든 독재를 끝내기 위한 독재나 맥도널드가 보기에는 모두 잘못된 선택이었다. 1923년 총선에서 스탠리 볼드윈의 보수당에 승리를 거두면서 이듬해 수상에 오른다. 1923년 1월 프랑스와 벨기에가 독일의 전후 배상금 지불을 촉구하며 루르 지역을 무력 점령하면서 악화된 유럽의 상황 개선에 한 몫을 했다. 베르사유 조약의 개정과 독일의 전후 배상금 조정을 위한 협상을 유도하는 동시에 평화적인 분쟁 조정과 군축을 중심으로 한 집안 안보 체제의 건설을 위해 국제 연맹의 강화를 위해 노력했다. 하지만 1924년 말 코민테른Comintern의 비밀 지도를 받아 지난 선거에 임했다는 보수당의 흑색 선전으로 노동당과 협력한 자유당이 총선에서 대패하면서 수상 직에서 물러났다. 전후 경제 불황과 실업의 심화 속에서 1929년 총선에서 노동당이 대승을 거둠에 따라 다시 수상에 올랐으며, 1935년까지 수상 직을 수행했다. 1932년 제네바와 로잔에서 열린 국제 군축 협상을 주도했으나, 맥도널드의 회의 외교는 이듬해 아돌프 히틀러가 정권을 잡으면서 중단되게 된다. 1935년 건강 문제까지 겹치며 보수당 스탠리 볼드윈에게 자리를 이양하고 은퇴한다.

존 매컬리 John Ramsay McCulloch
1789년 3월 1일 / 1864년 11월 11일

영국의 정치경제학자로 1807년 에든버러 대학교에 입학했으나 1811년 그만두었다. 이후 에든버러 변호사 사무소에서 일하면서 정치경제학에 관심을 가지기 시작했다. 1815년 자신의 첫 논저 『국고채 금리 인하 문제에 대한 고찰 Essay on the Question of Reducing the Interest of the National Debt』을 집필했으며, 런던의 데이비드 리카도에게 평을 부탁하면서 교류를 시작한다. 둘은 1823년 내길러가 런던으로 이사를 하면서 만났으며, 데이비드 리카도가 친구인 제임스 밀과 함께 조직한 정치경제 클럽Political Economy Club에 참여했다. 같은 해

데이비드 리카도 사망 후 일련의 기념 강연으로 명성을 얻었으며, 1828년에는 새로 생긴 런던 대학교에 정치경제학 담당 교수로 초빙되었다. 1838년 정부 간행물 출판국Stationery Office 검사관Comptroller에 임명되었다. 1825년 중상주의에 대한 비판과 자유 무역에 대한 옹호를 핵심으로 한 『정치경제의 원리와 과학의 부흥과 발전에 대한 개괄Principles of Political Economy with a Sketch of the Rise and Progress of the Science』을 출판했으며, 3년 뒤에는 애덤 스미스의 『국부론An Inquiry into the Nature and Causes of the Wealth of Nations』(1776)의 주석본을 출간했다. 두 책 모두 상당한 성공을 거두었다.

길버트 머리George Gilbert Aimé Murray

1866년 1월 2일 / 1957년 5월 20일

오스트레일리아 시드니 출생 고전학자로 국제 연맹의 탄생에 지대한 기여를 한 자유주의 국제주의자이다. 1873년 영국으로 이주한 뒤 1884년 옥스퍼드 대학교 세인트존스 칼리지에 입학했다. 그리스어와 라틴어에 출중했다. 1888년 같은 대학교 뉴 칼리지에 특별 연구원으로 선출되었으며, 이듬해 글라스고 대학교 그리스 어문학 담당 교수로 취임했다. 1905년 옥스퍼드 대학교 그리스 어문학 담당 교수로 자리를 옮겼으며, 3년 뒤 그리스 어문학 흠정 교수로 취임했다. 옥스퍼드 대학교 고전 교육 개혁을 추진했으며, 필수 교육 과정으로서 그리스어 수업을 폐지시켰다. 이후 수상 산하 고전 교육 개혁 위원회 소속으로 활동했다. 1907년 하버드 대학교 강연을 기초로 한 주저 『그리스 서사시의 부흥Rise of the Greek Epic』을 출판했으며, 1912년에는 컬럼비아 대학교 강연을 바탕으로 한 『그리스 종교의 4 단계Four Stages of Greek Religion』를 내놓았다. 1914년 제1차 세계대전의 발발과 함께 정치 활동을 시작했다. 특히 버트런드 러셀과 함께 수용된 양심적 병역 거부자를 돕는 한편 1915년 창설된 국제 연맹 협회League of Nations Society의 부회장으로 일했다. 1918년부터는 국제 연맹 연합League of Nations Union 소속으로 활동했으며, 1920년 국제 연맹이 창설된 이후에는 로버트 세실과 함께 이의 성공을 위해 노력했다. 1928년에는 국제 연맹 산하 학술 협력 위원회의 의장에 선출되었다. 나치 독일의 등장 이후에는 유대계 학자의 망명을 도왔다.

클레멘스 폰 메테르니히Klemens, Fürst von Metternich

1773년 5월 15일 / 1859년 6월 11일

오스트리아의 정치인이자 외무 대신으로 1815년 빈 회의를 성사시키며 나폴레옹 전쟁 이후 유럽 질서의 구축에 지대한 공헌을 했다. 라인 지역 귀족 가문의 자제로 태어나 1788년 스트라스부르 대학교에 입학했으나 2년 뒤 프랑스 대혁명에 따른 불안정한 정치 상황을 피해 마인츠 대학교로 옮겨 법을 공부했다. 1792년 제1차 동맹 전쟁이 발발함에 따라 오스트리아령 네덜란드 전권 대사였던 부친의 개인 비서로 1794년 영국을 방문하는 등 외교 업무를 익히기 시작했다. 1795년 오스트리아 재상이었던 벤첼 안톤 폰 카우니츠의 손녀와 결혼하면서 오스트리아 왕실 핵심 인물로 부상했다. 제1차 동맹 전쟁 이후 프랑스와 오스트리아 간의 라인강 좌안 공국들에 대한 협상 라스타트 회의Congress of Rastatt에 베스트팔렌 지역을 대표해 참여했으며, 1801년에는 오스트리아 대사로 작센에 파견되었다. 1803년 프러시아 주재 오스트리아 대사로 임명되어 프러시아의 참전을 설득하나 실패했다. 1806년 프랑스 주재 오스트리아 대사로 임명되어 황제로 즉위한 나폴레옹 보나파르트를 비롯한 프랑스 지도자와 교섭을 진행했다. 같은 해 아우스터리츠 전투의 패배로 신성

로마제국이 붕괴된다. 3년 뒤 1809년 국왕 프란츠 2세에 의해 오스트리아 외무 대신으로 임명되었으며, 쇤브룬 조약Treaty of Schönbrunn에 따른 제약으로부터 벗어나고자 프란츠 2세의 딸 마리 루이즈와 나폴레옹의 혼인을 제안해 성사시킨다. 이후 오스트리아의 회복과 생존을 위해 중립을 유지하고자 시도했다. 1813년 나폴레옹의 러시아 침공이 대실패로 밝혀지자 프로이센, 영국, 러시아와 라이헨바흐 조약Treaty of Reichenbach을 체결해 함께 프랑스의 전쟁 포기를 종용했다. 1815년 나폴레옹의 백일천하에도 불구하고 1814년 9월부터 이듬해 6월까지 오스트리아 수도 빈에서 회담을 성사시키며 전후 유럽 질서의 재편을 주도했다. 또 다른 유럽 전쟁을 막고자 영국, 러시아, 프로이센, 그리고 오스트리아 간의 협력을 중심으로 한 유럽 협조 체제를 구축했다. 전후 1820년대 이탈리아와 스페인 등지의 농민 봉기와 반란을 또 다른 유럽 전쟁의 불씨로 파악하고 회의 외교를 통해 물리적으로 진압해 반동주의자로 악명을 얻었다. 1821년에는 재상으로 임명되었으나, 1835년 페르디난트 1세의 즉위 이후 급속히 정치 일선에서 소외되었다. 1848년 3월 빈을 포함한 유럽 전역을 휩쓴 혁명에서 반혁명 인사로 몰리면서 사임했다. 영국으로 망명을 떠났다가 1851년 빈으로 돌아왔다.

헨리 모겐도Henry Morgenthau Jr.
1891년 5월 11일 / 1967년 2월 6일
제2차 세계대전 시기 미국 국무 장관으로 뉴욕 유대인 집안에서 태어났다. 코넬 대학교에서 건축학과 농학을 전공했다. 졸업 후 목재상을 운영했으며, 1922년부터 이듬해까지 미국 농업계의 노동 현실을 알리고자 『미국 농장주 American Agriculturalist』를 발행했다. 자신의 농장 근처에 거주하던 프랭클린 루스벨트와 친분을 쌓았으며, 1929년 루스벨트가 뉴욕 시장에 당선되자, 뉴욕 주 농업 고문 위원회New York State Agricultural Advisory Committee 의장 및 보존 위원Conservation Commissioner에 임명된다. 1933년 루스벨트가 대통령에 당선되면서 모겐도는 연방 농업 위원회Federal Farm Board 의장에 오른다. 이듬해 국무 장관 윌리엄 H. 우딘이 건강상의 이유로 사임하자 국무 장관에 임명된다. 대공황 직후 국무 장관에 임명된 모겐도의 최우선 순위는 루스벨트의 뉴딜 정책의 성공을 위해 건전한 재정과 국가 부채의 축소 그리고 민간 투자의 활성화였다. 1943년 나치 독일의 유대인 박해가 알려지자 세계 유대인 회의World Jewish Congress의 유대인 망명 계획에 대한 미국 정부의 협조를 주도했으며, 이듬해 1944년 전쟁 난민 위원회War Refugee Board를 설립해 20만 명에 달하는 유대인의 미국 이민을 도왔다. 같은 해 전후 독일에 대한 처리를 둘러싼 논의 역시 이끌었다. 모겐도 계획Morgenthau Plan의 핵심은 전후 독일의 분할과 함께 중공업을 중심으로 한 독일의 회복을 원천적으로 금지하는 것으로 루르와 자르를 중심으로 하는 서부 프랑스와의 국경 산업 지대를 대신해 동부 러시아와의 국경 농업 지대를 허가하는데 있었다. 1944년 9월 윈스턴 처칠의 승인은 받았으나, 이후 소련의 반대와 미국 내 이견, 전후 냉전의 성립 등의 이유로 실행되지 못했다. 같은 해 브레턴우즈 회의에 미국 대표로 참석했다. 1945년 해리 트루먼 대통령의 당선 후 유럽 문제에 대한 의견 마찰로 사임했으며, 은퇴 후에는 유대인을 위한 자선 사업과 이스라엘 국가 건설에 헌신했다.

에드먼드 모렐Edmund Dene Morel

1873년 7월 10일 / 1924년 11월 12일

파리 태생 영국의 언론인이자 정치인으로 제1차 세계내신 발발 지후 민주적 통제를 위한 연합의 서기로 일했다. 일찍 부친을 여의고 모친의 손에서 자랐다. 프랑스와 영국에서 교육을 받은 후 은행에서 사무직으로 잠시 일한 뒤, 1891년 벨기에 국왕 레오폴드 2세의 콩고 자유국Congo Free State과 무역을 주로 한 리버풀 선박 회사 엘더 뎀스터Elder Dempster에 사무원으로 취직하면서 영국으로 완전히 이주를 한다. 1896년 귀화했으며, 가족을 부양하기 위해 프랑스의 보호무역주의와 왕립 나이지리아 회사Royal Niger Company의 특권에 맞서 서아프리카 지역에 있어 자유 무역을 옹호하는 기고문을 작성하기 시작했다. 대외 무역에 의존하는 리버풀 지역의 이익을 지키기 위한 단순한 목적으로 시작했지만, 곧 서아프리카 지역에 대해 별다른 주의를 기울이지 않는 외무성에 대한 실망과 함께 콩고를 비롯한 아프리카의 처참한 상황을 알게 되면서 급진주의자로 거듭난다. 1900년 콩고 자유국에 대한 레오폴드 2세의 절대적인 지배에 반대하는 운동을 개시했으며, 이에 다니던 회사에서 쫓겨난다. 1903년에는 『서아프리카 메일West African Mail』이란 잡지를 발행했으며, 이듬해에는 콩고 개혁 협회Congo Reform Association를 설립했다. 모렐의 노력 덕분에 1908년 콩고 자유국은 국왕 개인이 아니라 벨기에의 식민지가 되었으며, 또한 일련의 개혁이 단행되었다. 1911년에는 프랑스와 독일의 식민지 쟁탈전으로 영국까지 개입을 하게 되는 제2차 모로코 위기에 대한 체계적인 비판으로 명성을 얻었으며, 자유당 하원 의원 후보로 뽑혔다. 1914년 제1차 세계대전이 발발하자 프랑스에 대한 반감과 독일에 대한 호감에 기초해 영국의 중립을 강력히 주장했다. 영국의 참전 결정 후 찰스 트리벨리언과 아서 폰슨비를 비롯한 자유당 내 급진주의자들과 함께 민주적 통제를 위한 연합을 구축했다. 사망할 때까지 민주적 통제를 위한 연합의 서기로 일했으며, 이로 인해 자유당 하원 의원 후보에서 물러나야했을 뿐만 아니라 보안법 위반으로

6개월 동안 수감되기도 했다. 이후 다른 동료들과 함께 1918년 4월 노동당에 가입했으며, 노동당의 베르사유 조약 비판과 국제 연맹에 대한 사고의 기틀을 마련하는데 크게 이바지했다. 1922년 던디에서 윈스턴 처칠을 꺾고 노동당 하원 의원으로 당선되었으나, 노동당 정부 수립 후 14개월 후에나 외무 장관에 임명되었다. 노벨 평화상 후보자로 추천이 되기도 했으나, 첫 노동당 정부의 수상만 아니라 8명의 각료가 민주적 통제를 위한 연합의 동료였다는 사실에 분노한 모렐은 램지 맥도널드 정부 외교 정책의 신랄한 비판자로 생을 마감한다.

토머스 모어Sir Thomas More

1478년 2월 7일 / 1535년 7월 6일

런던에서 태어났으며, 부친은 법조인이었다. 런던 세인트앤서니 학교를 다닌 후 1492년 옥스퍼드 대학에 진학해 공부했다. 1494년 부친의 요구에 따라 런던에서 법 공부를 시작했으며, 2년 뒤 변호사 자격을 획득했다. 이후 신부가 되고자 링컨 법 학원 근처 수도원에서 수련을 했으나, 평신도로 남았다. 1504년 그레이트야머스에서 하원에 진출했으며, 1510년 런던 주 장관 대리Undersheriff에 올랐다. 1515년 추밀원 고문관에 임명되었다. 같은 해 영국과 플랑드르 상업 조약 개정을 위한 회담 대표자로 파견되었으며, 1516년 12월 귀국 직후 친구 데시데리위스 에라스뮈스의 도움을 받아 루뱅에서 라틴어로 집필된 『유토피아Utopia』를 출판했다. 이듬해 왕실 회의 참석을 허락받았으며, 형평법 법원Court of Requests 원장에 임명된다. 1520년 재상 토머스 울지와 함께 칼레 근처 금란의 들판Field of Cloth of Gold에서 성대하게 개최된 헨리 8세와 프랑수아 1세의 동맹 체결을 도왔다. 또한 카를 5세와 한자 도시 상인과의 무역 협상도 성공리에 마무리지면서 1521년 기사 작위를 받는 동시에 재무 차관에 임명되었다. 2년 뒤에는 하원 의장에 선출되었으며, 1524년과 1525년 옥스퍼드와 케임브리지 대학의 고문으로 추천되었다. 또한 1525년 랭커스터 공국상Chancellor of the Duchy of Lancaster에 임명되어 잉글랜드 북부 상당 지역의 행정과 사법을 책임진다. 4년 뒤 프랑스와 신성로마제국 간의 평화 협상이 열린 캉브레 회의Congress of Cambrai에 참석해 영국이 유럽 외교에서 소외되지 않도록 했다. 같은 해 10월 헨리 8세의 아라곤의 캐서린과의 이혼 문제를 해결하지 못한 추기경 울지가 파면되자 대법관에 올랐다. 울지를 비판하며 이혼이 합법적이라고 주장했으나 교황 클레멘스 7세에게 보내는 탄원서에는 서명하지 않았다. 또한 1531년 헨리 8세를 조건부로 교회의 수장으로 승인하면서 헨리 8세와 갈등을 하기 시작했다. 1533년 새 여왕 앤 불린의 대관식에 참여하지 않았으며, 이후 헨리 8세의 이혼과 결혼은 인정하지만 종교적인 맹세는 교황권에 대한 도전으로 파악해 거부했다. 1534년 봄 반역죄로 수감되며, 이듬해 교수형에 처해졌다. 인문주의자였지만 로마 교회와 교황의 권위에 대한 도전에는 반대했다. 특히 1523년『루터에 대한 답변Responsio ad Lutherum』 등을 통해 마틴 루터의 해석을 이단으로 몰아세웠다.

샤를루이 드세콩다 몽테스키외 Charles-Louis de Secondat, Baron de La Brède et de Montesquieu
1689년 1월 18일 / 1755년 2월 10일

계몽주의 시대 초기 프랑스의 정치철학자로 보르도 지방 샤토 드 라 브레드에서 귀족 가문의 아들로 태어났다. 1700년 파리 근처 오라토리오 수도회가 운영하는 학교에 입학해 공부했다. 1705년 수도회 학교를 졸업하고 보르도 대학교에서 법을 공부했다. 1708년 변호사가 되었으며, 이후 파리로 옮겨 업무를 시작했다. 1713년 부친의 사망 후 보르도로 돌아왔으며, 3년 뒤 삼촌이 사망하면서 보르도 지역 고등법원Parlement 의장 대리직과 더불어 작위를 계승받았다. 이후 1716년 보르도 아카데미Académie de Bordeaux에 가입하면서 왕성한 집필 활동을 했다. 1721년 초기 대표작으로 당시 프랑스의 정치와 사회를 신랄히 풍자한 『페르시아인의 편지』를 출간하며 유명세를 얻었다. 3년 뒤에는 루이 14세의 호전적인 대외 정책을 강하게 비판한 『보편 군주정에 대한 고찰Réflexions sur la Monarchie Universelle』을 집필했으며, 1725년 고등법원 직에서 사임했다. 3년 후 프랑스 학술원Académie Française에 선출되었으며, 얼마 후 이탈리아, 독일, 오스트리아 등 대륙 국가를 방문한 뒤 영국에 입국해 2년 동안 영국 정치와 사회 전반을 세밀히 관찰했다. 1731년 프랑스로 귀국한 뒤 시력의 급속한 저하로 인해 고향에 정착해 집필 활동에 전념한다. 1734년 정치적인 탄압을 우려해 익명으로 로마의 흥망성쇠에 대한 분석을 통해 루이 14세의 대내외 정책 전반을 비판한 책을 펴냈다. 다양한 정부 형태와 상업의 영향, 법체계의 성립 등을 체계적으로 분석한 대작 『법의 정신De l'esprit des lois』은 1748년에 출간되었다.

베니토 무솔리니Benito Mussolini

1883년 7월 29일 / 1945년 4월 28일

이탈리아 파시스트 독재자로 어려서부터 다른 학생을 괴롭혀 퇴학과 전학을 반복했다. 교사 자격증을 획득하기는 했으나 적성에 맞지 않아 19세 때 스위스로 건너가 잡부로 일하면서 사회주의를 익히고 노조 활동을 하기 시작했다. 1904년 이탈리아로 돌아와 교사로 일하며 노조 활동과 신문 활동을 하면서 열성적인 사회주의자로 이름을 알렸다. 1912년 이탈리아 사회당Partito

Socialista Italiano 공식 기관지 『진격Avanti!』의 편집자로 임명되어, 반군사주의, 반민족주의, 반제국주의를 호소했다. 하지만 얼마 지나지 않아 프랑스의 패배는 전 유럽의 자유의 종식이라 외치며 참전을 주장했다. 사회당에서 방출된 후 제1차 세계대전에 참전했다. 부상으로 인해 전역한 후 전후 이탈리아의 혼란을 기회로 삼아 반사회주의자로 등장하면서 중간 계급의 무능력한 자유주의에 반기를 들었다. 밀라노를 중심으로 파시스트 세력을 육성했으며, 1922년 정부를 대신해 노동자 총파업을 탄압하면서 정부를 압박했다. 같은 해 10월 31일 자신의 파시스트 세력의 호위를 받으며 로마 진군Marcia su Roma 을 해 쿠데타로 정권을 장악했다. 이후 부정 선거 등의 수단을 통해 의회와 정부를 장악하고 독재 정치를 시작했다. 1924년 자신의 정적이었던 사회당 의원 자코모 마테오티의 암살을 주도하면서 거센 비난을 받았으나 모두 진압했다. 1935년 이탈리아의 영광을 외치며 에티오피아를 전격적으로 침공했으며, 가스탄을 무차별적으로 사용했다. 국제 연맹의 비판과 경제 제재를 받았으나, 석유를 비롯한 주요 자원에 대해서는 확전을 우려해 예외를 두었기에 무솔리니에게는 문제가 되지 않았다. 1939년 무솔리니의 에티오피아 침공을 지지한 아돌프 히틀러와 강철 조약Patto d'Acciaio을 체결했으며, 이전 해에는 나치 독일을 따라 유대인 박해를 공식적으로 개시했다. 이탈리아의 국익과 자신의 정권을 위해서는 중립을 지키는 것이 최선이라고 판단했으나 나치 독일의 연이은 승리를 본 뒤 1940년 6월 10일 제2차 세계대전에 참전을 선언했다. 하지만 유럽, 아프리카, 발칸반도에서 별다른 성과를 얻지 못했으며 1943년 7월 연합군이 시칠리아에 성공적으로 상륙한 직후 실각했으며, 곧 국왕 근위대에 의해 체포된다. 같은 해 9월 독일군의 도움으로 탈출에 성공해 뮌헨에서 히틀러와의 협상을 통해 망명 정부를 세우고 통치하려 했으나 독일의 이탈리아 철군으로 힘을 잃고 1945년 4월 28일 도망가는 도중 잡혀 사살된다.

램지 뮤어Ramsay Muir

1872년 9월 30일 / 1941년 5월 4일

영국의 역사학자이자 자유당 정치인으로 옥스퍼드 대학교에서 역사학을 공부했다. 맨체스터 대학교와 리버풀 대학교에서 가르쳤으며, 인도 펀자브 대학교와 콜카타 대학교를 방문하기도 했다. 1907년에는 유일한 연구서『리버풀의 역사History of Liverpool』를 출판했다. 본격적인 정치 활동을 위해 1921년 학계를 떠났다. 1922년에서 1935년 사이 자유당 후보로 하원 의원 선거에 8번이나 도전했으나, 1923년을 제외하고는 모두 당선에 실패했다. 하지만 자신이 창립을 도운 자유당 여름학교Liberal Summer School의 운영에 헌신하면서 양차 세계대전 사이 민주적이고 공동체에 대한 책임을 강조하는 새로운 자유주의 사상의 전파와 이에 입각한 정치 및 경제 개혁에 중대한 기여를 했다. 1931년에서 1933년 사이에는 당시 자유당의 주축이었던 전국 자유 연맹의 의장으로 활약했으며, 1933년에는 회장에 취임했다. 1936년까지 이 단체의 회장으로 자유당 조직 및 정책 개혁에 앞장섰으며, 특히 사회 및 노동 문제에 지대한 관심을 쏟았다.

장프랑수아 믈롱Jean-François Melon

1675년 / 1738년 1월 24일

프랑스 경제 저술가로 루이 14세 사후 18세기 중반 중상주의에서 중농주의로의 전환을 대표하는 인물 중 한 명이다. 프랑스 중부 튈에서 몰락한 귀족 가문의 자제로 태어났다. 법학 공부를 했으며 변호사 자격을 얻어 보르도에서 일을 시작했다. 보르도 과학 학술원Académie des sciences을 설립했다. 1715년 루이 14세 사후 어린 조카 루이 15세를 대신해 통치를 맡은 오를레앙 공작이 루이 14세 식의 독단적 정책 결정을 방지하고자 설치한 재무 회의Conseil des finances 의 위원에 임명된 라 포스 공작의 비서로 일하기 시작했다. 곧 재무 장관이었던 다르장송 후작의 눈에 들어 보르도 지역 세금 징수 감시 책임자로 임명되나 얼마 후 1717년 외무 장관 뒤부아 추기경의 비서로 임명되어 파리로 돌아왔다. 이후 스코틀랜드 출신 존 로가 막대한 전쟁 부채를 해결하고자 영국 은행Bank of England과 남해 회사South Sea Company를 모델로 해 1718년 왕립 은행 Banque Royale과 미시시피 회사Compagnie d'Occident를 세우며 프랑스 정계의 중심에 서자 개인 비서로 취직했다. 1720년 미시시피 버블Mississippi Bubble로 로의 전쟁 부채 탕감 계획이 실패로 돌아가면서 로가 이탈리아로 망명을 떠나자 오를레앙 공작의 수하로 들어가 일했다. 1723년 오를레앙 공작이 사망하자 은퇴했다. 대표작은 1735년 출판된 『상업에 대한 정치적 논의Essai politique sur le commerce』다. 2년 뒤 1737년 증보판이 나온 이 책에서 믈롱은 루이 14세 사후 프랑스 경제 회복과 국제적인 지위 향상을 위해서는 프랑스의 풍부한 자원을 적극적으로 활용하는 경제 개혁을 추진해야 한다고 주장했다.

제임스 밀 James Mill

1773년 4월 6일 / 1836년 6월 23일

영국의 유명한 공리주의 정치철학자로 가난한 스코틀랜드 구두 수선공의 아들로 태어났다. 1790년 에든버러 대학교에 입학해 듀갈드 스튜어트 등으로부터 스코틀랜드 계몽주의 도덕 철학을 배웠다. 1794년 졸업 후 목사 수업을 받았으며, 4년 뒤 허가를 획득했다. 1802년 런던으로 이주한 뒤 신문 기고와 잡지 편집으로 생활을 영위했다. 1806년 자신의 주저이자 출세작인 『영국령 인도의 역사History of British India』를 내놓았다. 3권으로 출판된 이 책으로 밀은 영국 동인도 회사British East India Company의 기록 관리직에 임명된다. 인도를 방문한 적도 또 인도 문헌을 사용하지도 않은 책이었지만 당시 큰 주목을 받았다. 밀은 이 책에서 인도가 문명화되기 위해서는 제도 및 문화 전반에 걸친 철저한 개혁이 필요하다고 주장했다. 1807년에서 1808년 사이 지적 동지이자 친구 제러미 벤담을 만났다. 둘은 종교적 관용과 언론의 자유를 적극 옹호했으며, 영국 정치 및 법 체제의 개혁이 필요하다는데 동의했다. 영국 동인도 회사 취직에도 불구하고 경제적으로 풍족하지 못했던 밀은 부유한 제러미 벤담의 글을 편집해 주면서 많은 도움을 받았다. 1820년 출판된 자신의 논저 『정부론Essay on Government』에서 밀은 의회 정부와 선거권의 확대를 중심으로 공리주의 사상을 본격적으로 전개했다. 밀에 따르면, 정부는 최대 행복의 원리를 집행하는 수단이었으며, 정치 제도의 목표는 각자의 노동의 결실이 가장 잘 보장되도록 함으로써 공동체의 행복을 최대로 증진하는데 있었다. 이에 가장 이상적인 정부 형태는 군주정이나 귀족정도 아닌 의회 민주주의라고 밀은 확신했다. 경제 문제에 있어서 밀은 애덤 스미스를 따라 자유 무역을 적극적으로 옹호했으며, 이를 설파하기 위해 친구인 데이비드 리카도와 함께 정치경제 클럽을 창설해 활동하기도 했다. 1822년에는 자신의 대작 『인간 정신 현상 분석Analysis of the Phenomena of the Human Mind』을 출간했으며, 1832년에는 자신이 『정부론』을 통해 호소한 내용이 담긴 개혁 법안에 대한 글을 쓰기도 했다.

존 스튜어트 밀 John Stuart Mill

1806년 5월 20일 / 1873년 5월 8일

영국의 공리주의 철학자이자 경제학자 제임스 밀의 장남으로 런던에서 태어났으며, 부친으로부터 다방면에 관해 철저한 교육을 받았다. 1820년부터 이듬해까지 제러미 벤담의 동생 새뮤얼 벤담 가족을 따라 프랑스로 건너가 공부한 뒤 1823년 부친의 조수로 동인도 회사 감사실에 들어갔으며, 5년 뒤 부감사관에 올랐다. 1836년 부친의 사망 때부터 1856년까지 20년 동안 인도와 동인도 회사와의 관계를 책임졌으며, 1856년에는 감사장으로 승진해 1857년 세포이 항쟁Sepoy Mutiny의 여파로 이듬해 동인도 회사가 해체될 때까지 근무했다. 1822년 지인과 친구와 함께 공리주의 협회Utilitarian Society를 창설했으며, 1824년 창간된 급진적인 철학 잡지『웨스트민스터 리뷰The Westminster Review』 등에 기고를 했다. 또한 1825년부터 1829년까지 런던 토론 협회London Debating Society에서 활발히 활동했다. 1835년에는『런던 리뷰The London Review』의 편집자로 임명되었으며, 이듬해『웨스트민스터 리뷰』와 통합된 이후에도 1840년까지 직을 맡았다. 영국의 정치철학자와 경제학자만 아니라 오귀스트 콩트를 위시한 당대 프랑스 사회학자에게도 관심을 두었으며, 1843년에는 역사학, 심리학, 사회학을 아우르는 인간 과학의 논리를 분석한『논리학 체계A System of Logic』를 선보였다. 이듬해 1844년부터 정치경제학에 대한 저서를 내놓기 시작했다.『정치경제학에서 해결되지 않은 몇 가지 문제에 대한 비평Essays on Some Unsettled Questions of Political Economy』(1844)에서는 데이비드 리카도 등의 고전학파의 관점에서 국제 무역에 따른 이익의 배분, 생산과 소비의 관계, 노동 가치, 임금 문제 등을 논했으며, 1848년 출판된『정치경제학 원리Principles of Political Economy』에서는 고전학파의 주장을 집대성했다. 1849년과 1852년에는 사회주의 경제학 논의 등에 대한 고찰을 더한 『정치경제학 원리』 개정판을 내놓았다. 1858년 동인도 회사의 해체에는 강하게 반대했다. 이후 정치 개혁에 대한 열망을 담은 대표작 『자유론On Liberty』(1859)과 『대의 정부론Considerations on Representative Government』(1861) 등과 공리주의에 대한 저서를 집필, 출간했다. 1861년 발발한 미국 남북 전쟁에 지대한 관심을 가졌으며, 특히 노예제 해방을 목표로 하는 북부에 대한 지원을 호소하며 중립을 택한 영국 정부를 비판했다. 1865년에는 웨스트민스터에서 자유당 하원 의원으로 당선되어 아일랜드와 여성 문제에 대해 개혁적인 발언을 했으며 1867년 개혁안Reform Bill의 통과에 기여했다. 하지만 10여 년 전 수에즈 운하 건설과 크림 전쟁에 대해서는 문명과 야만에 대한 구별에 기초해 영국의 개입을 정당화했다. 1867년 세인트앤드루스 대학의 학장으로 임명되었다.

앨프리드 밀너Alfred Milner, Viscount Milner
1854년 3월 23일 / 1925년 5월 13일

영국의 정치인이자 공무원으로 1872년부터 옥스퍼드 대학교 발리올 칼리지에서 수학했다. 졸업 후 뉴 칼리지 특별 연구원으로 선출되었으며 이곳에서 아널드 토인비와 교류하며 지적 영향을 받았다. 1879년 이후 런던 킹스 칼리지 등에서 강의를 하며 자유당 계열 신문에 기고를 시작했다. 1885년 자유당 후보로 총선에 출마했으나 고배를 마셨다. 1886년 재무 장관에 임명된 조지 고셴의 수석 개인 비서로 정계에 입문했으며, 3년 뒤 고셴의 추천으로 이집트 지역 재무 담당자로 임명된다. 1890년 이집트 담당 금융 차관으로 승진했으며, 이 시기를 거치며 이집트의 안정과 발전을 위해서는 영국의 지배와 관리가 필수적이라고 확신하게 된다. 1894년 내국세 세입청Board of Inland

Revenue의 의장으로 자리를 옮긴 뒤 3년 후 케이프 식민지 총독이자 남아프리카 고등 판무관High Commissioner에 임명되었다. 1899년 영국 제국과 네덜란드 이주민 보어인이 주축이 되어 탄생한 남아프리카 공화국과 오렌지 자유국 사이의 지역 패권 다툼으로 인해 제2차 보어 전쟁이 발발하자 밀너는 이들에 대한 강력한 무력 대응을 요구했다. 1902년 페레니힝 조약에 따라 승전국 영국이 이 두 국가를 병합함에 따라 밀너는 트란스발과 오렌지 강 유역 식민지의 감독을 맡는다. 하지만 전후 이 지역에 대한 개발을 둘러싼 여러 잡음 속에서 1906년 영국으로 귀국했다. 인도 총독을 제안받기도 했으나 거절하고 1899년 세실 로즈의 유언에 따라 임명된 로즈 트러스트의 수탁자로 활동하기 시작한다. 이집트 은행의 의장으로도 활동했으며, 북아일랜드와 영국의 통합을 적극 지지했다. 제1차 세계대전 시기에는 농어업 위원회Board of Agriculture and Fisheries의 의장으로 전쟁 중 식량 조달을 책임졌다. 1916년 무임소 장관으로 임명되어 전쟁 물자 조달을 책임졌다. 1918년 겨울 독일에 대한 완전한 승리가 아닌 협상을 통한 평화 구축을 주장하며 수상 데이비드 로이드조지와 다툰 후 식민성으로 좌천되었다. 식민성 장관으로 밀너는 1921년까지 전후 영국 제국과 식민지 관계의 강화를 위해 노력했다.

클로드프레데리크 바스티아Claude-Frédéric Bastiat

1801년 6월 30일 / 1850년 12월 24일

프랑스 경제학자로 자유 무역을 주창했다. 아키텐 지역 유지의 아들로 태어났으나 1808년 모친과 1810년 부친을 여의고 조부모 손에서 자랐다. 조부모 사망 후 가족 재산을 물려받은 뒤 공부에 전념했다. 1830년 혁명 즈음해서부터 정치 활동을 시작했으며, 1831년과 1832년에는 지역 치안 판사와 의원으로 활동하기도 했다. 1848년 혁명 이후 입법 회의Assemblée nationale constituante 의원으로 선출되었다. 1844년 『경제학 저널Journal des économistes』에 영국과 프랑스의 관세에 관한 논문을 기고하면서 저술 활동을 시작했다. 대표작으로는 1845년 출간된 첫 저작 『경제적 변론Sophismes économique』을 우선 꼽을 수 있다. 이 책에서 바스티아는 자신들의 산업의 발전을 위해 태양을 가려달라는 양초업자들의 탄원을 비유로 들어 보호 무역을 비판하고, 자유 무역을 옹호했다. 이 책으로 바스티아는 이듬해 프랑스 과학 한림원Académie des Sciences의 교신 회원이 되었다. 1850년에는 『경제적 조화Harmonies économiques』를 출간해 생명과 재산의 보호를 주된 임무로 하는 작은 정부에 기초한 자유 사회의 상을 제시했다. 같은 해 자유 사회의 기초가 될 법 체제를 논한 소책자 『법La loi』을 펴냈다. 독창적인 개념이나 이론은 제시하지 않았지만 자유 무역의 핵심을 간명하게 요약한 것으로 유명하다.

조지 바이런 George Gordon Noel Byron, 6th Baron Byron

1788년 1월 22일 / 1824년 4월 19일

런던 태생 영국의 낭만파 시인으로 1801년 해로 스쿨에 입학해 공부를 시작했다. 1805년 케임브리지 대학교 트리니티 칼리지에 진학했다. 1807년 첫 시집 『게으른 나날Hours of Idleness』을 출판했다. 1809년 『잉글랜드 시인과 스코틀랜드 비평가English Bards and Scottish Reviewers』를 내놓았다. 당시 영국 문학계 전반을 신랄히 비판한 이 책으로 기성 세대에 대한 반란을 주도하며 상당한 악명을 얻었다. 얼마 뒤 이베리아반도와 터키 지배 하의 레반트 지역으로 여행을 떠났으며, 이 여행을 통해 영국만 아니라 전 유럽의 사회적, 문화적 위기를 자신의 시에 담아내기 시작했다. 1811년 영국으로 돌아온 뒤 장시 『차

일드 해럴드 순례Childe Harold's Pilgrimage』를 내놓았으며, 자신의 여행담에 기초한 이 장시로 유명 인사가 된다. 이후 스위스와 이탈리아 등지를 여행하면서 기존 질서에 대한 저항을 시에 담으며, 낭만, 모험, 사랑을 자유롭게 추구하는 반영웅적인 청년 세대의 상징으로 추앙을 받았다. 이 시기 대표작으로는 『아비도스의 신부The Bride of Abydos』(1813), 『해적The Corsair』(1814), 『돈 주앙 Dun Juan』(1819~1824, 미완성), 『청동의 시대The Age of Bronze』(1823) 등을 들 수 있다. 1821년부터 시작된 오토만 제국의 압제에 맞선 그리스 독립 전쟁에 지대한 관심을 가졌으며, 1823년 7월 런던 그리스 협회London Greek Committee의 대표단 자격으로 제노바에서 자원병을 이끌고 그리스로 떠났다. 8월 초 이오니아 제도에 상륙해 레판토를 거쳐 진군을 시도하다 이듬해 2월 극심한 경련을 겪은 뒤 두 달 후 사망한다. 이후 불굴의 의지를 지닌 자유의 전사로 영국 청년 세대의 우상으로 자리를 잡았다.

에머리히 드 바텔Emmerich de Vattel

1714년 4월 25일 / 1767년 12월 28일

스위스 법학자로 당시 프러시아 왕의 지배하에 있었던 공국 뇌샤텔의 작은 시골 마을 쿠베에서 태어났다. 1728년에서 1730년 바젤 대학교에서 인문학을 공부했다. 1733년 신학과 철학을 공부하기 위해 제네바로 갔으며, 이곳에서 자연법과 국제법을 본격적으로 접했다. 1740년부터 지역 인문 잡지 『주르날 엘베티크Journal Helvétique』에 여러 논문을 게재했으며, 고트프리트 폰 라이프니츠를 옹호하는 논문으로 인정을 받았다. 1743년 작센의 선제후 프리드리히 아우구스트 2세의 재상 브륄 공작의 초대로 드레스덴을 방문했으며, 이후 3년 동안 독일 철학자 크리스티안 볼프의 철학과 자연법을 집중적으로 연구했다.

1747년 크륄 공작의 덕으로 베른 지역 관료로 잠시 파견된 뒤 뇌샤텔에 머무르며 집필 활동을 했다. 1757년 말 자신의 대표작 『국제법 혹은 국가 및 군주 간의 관계에 적용되는 자연법의 원칙Le droit des gens ou Principes de la loi naturelle appliqués à la conduite et aux affaires des nations et des souverains』을 출간했다. 이 저작으로 2년 뒤 바텔은 드레스덴의 작센 선제후의 초청으로 외교 문제 담당 책임 조언자로 임명되어 일했다. 1764년 건강 문제로 은퇴한 후 뇌샤텔에 거주했다.

아서 반덴버그Arthur H. Vandenberg

1884년 3월 22일 / 1951년 4월 18일

미국 언론인이자 상원 의원으로 중서부 미시간주 그랜드래피즈 출신이다. 미시간 대학교 법학 대학을 다녔으며, 이후 『그랜드래피즈 헤럴드Grand Rapids Herald』의 기자로 그리고 편집인으로 일했다. 공화당을 지지하는 사설과 논조로 중서부 전역에서 명성을 얻었으며, 이에 힘입어 1928년 상원에 성공적으로 도전한다. 1934년, 1940년, 그리고 1946년 재선되었다. 1929년 대공황 이후 프랭클린 루스벨트 대통령이 경제 회복을 위해 추진한 뉴딜 정책에 비판적 지지 입장을 펼쳤다. 외교 정책에 있어서는 미국 중서부의 여론을 반영하는 대표적인 고립주의자였다. 1934년에서 1936년 사이 미국의 제1차 세계대전의 참전 과정을 조사한 나이 위원회Nye Committee의 일원으로 활약하며, 전후 고립주의로의 전환을 주도했다. 하지만 1941년 12월 7일 일본의 진주만 공습 이후 입장을 전환했다. 공화당 내 집단 안보 체제를 지지하는 목소리를 대변했으며, 이로써 1945년에서 1950년 사이 대외 문제에 있어 초당적인 협력을 이끌어냈다. 특히 1945년 1월 10일 연설에서 반덴버그는 더 이상 미국은 홀로 지낼 수 없으며 국제 문제에 있어 지도국의 역할을 과감히 떠맡아야 한다고 주장했다. 이에 프랭클린 루스벨트 대통령은 반덴버그를 국제 연합 헌장United Nations Charter의 초안이 마련된 1945년 4월 샌프란시스코 회의San Francisco Conference에 미국 대표로 선임했다.

노엘벅스턴Noel Edward Noel-Buxton, 1st Baron Noel-Buxton
1869년 1월 9일 / 1948년 9월 12일

영국의 정치가로 해로 스쿨과 케임브리지 대학교 트리니티 칼리지에서 교육을 받았다. 졸업 후 가족이 운영하는 양조장에서 일하면서 사회 복지에 관심을 가지기 시작했다. 1905년 요크셔 작은 항구 도시 윗비에서 자유당 소속으로 하원에 당선되었으나, 이듬해 총선에서 낙선했다. 1910년 노스 노퍽에서 자유당 소속으로 출마해 당선되었으며, 1911년 이래 하원에서 외교 문제와 관련해 목소리를 냈다. 전전 영독 관계의 악화를 우려했으며, 불가리아에 대한 인도적인 지원을 호소했다. 1914년 제1차 세계대전이 발발하자 불가리아의 동맹 또는 중립을 얻어내고자 수도 소피아를 방문했다가 터키 테러리스트에 의해 저격을 당해 부상을 입었다. 제1차 세계대전 기간 동안 해군성에서 복무했으며, 1916년에는 오토만 제국의 압제 하에 있는 아르메니아의 독립을 돕고자 미국을 방문하기도 했다. 독일과의 협상을 통한 전쟁의 신속한 중단을 주장했으나 미국의 참전 결정과 함께 포기할 수밖에 없었다. 독일의 항복 선언 이외에 어떠한 종전 협상도 반기지 않은 자유당 정부에 큰 실망을 했으며, 1918년 총선에서 패배 후 1919년 당시 자유당이 추진해야 할 외교 정책을 내세운 노동당으로 자리를 옮겼다. 노동당 지도자 램지 맥도널드와 친분을 쌓았으며, 노동당 국제 문제 위원회 소속으로 베르사유 조약의 개정과 경제 복구 문제와 관련해 열성적으로 활동했다. 1922년 노동당 하원 의원 후보로 노스 노퍽에서 당선되었다. 1924년 노동당 정부 농업 장관으로 임명되었다. 1930년 건강 문제로 잠시 정계에서 은퇴를 했으며, 같은 해 귀족에 봉해졌다. 상원에서는 베르사유 조약을 강하게 비판하며 독일에 대한 유화 정책을 옹호했다. 필요하다면 독일의 아프리카 진출을 허용해야 한다고도 주장했으며, 제 2차 세계대전 중에는 협상을 통한 조기 정전을 외쳤다.

샤를 그라비에, 베르젠 백작 Charles Gravier, Count de Vergennes
1719년 12월 28일 / 1787년 2월 13일

미국 독립 전쟁 시기 프랑스 외무 장관으로 디종 태생이다. 부친은 디종 고등법원 의장이었으며, 예수회 교육을 받았다. 1739년 포르투갈 대사로 파견된 친척 테오도르 사비니의 비서로 외교계에 입문했으며, 오스트리아 왕위계승 전쟁에 포르투갈이 영국의 동맹으로 참전하는 것을 막는데 일조했다. 또한 사비니를 따라 바이에른 공국으로 건너가 바이에른 공국이 오스트리아에 맞서 싸우도록 독려하기도 했다. 1750년 사비니의 추천으로 선제후 영토 트리어 대사로 파견되었으며, 2년 뒤 영국 국왕의 독일 영토 하노버 대사로 임명되었다. 오스트리아 왕위계승 전쟁을 치루며 영국의 팽창에 대해 급속히 우려하기 시작했다. 1754년 프랑스의 전통적인 우방 오토만 제국에 대사로 파견되었으며, 2년 뒤 영국과의 7년 전쟁이 발발하자 이제는 우방이 된 오스트리아를 돕고자 오토만 제국과 러시아와의 관계 개선을 위해 노력했다. 1763년 7년 전쟁의 종식 후에는 발트해 지역으로 팽창하는 러시아를 견제하고자 오토만 제국을 자극해 양국 간의 전쟁(1768~1774)을 유도하기도 했다. 1771년에는 스웨덴 대사로 임명되어 이듬해 구스타브 3세의 쿠데타를 적극적으로 도왔다. 1774년 루이 16세에 의해 외무 장관으로 임명되었으며, 1775년 말부터 영국 제국에 맞선 미국 식민지에 대한 비밀 재정 지원을 제안했다. 재무 장관 자크 튀르고의 반대에도 불구하고 루이 16세를 설득하는데 성공했으며, 1778년 7년 전쟁의 치욕을 되갚기 위한 참전을 감행했다. 또한 영국을 견제하고자 러시아의 예카테리나 2세를 도와 북유럽 국가 간의 무장 중립 연맹 League of Armed Neutrality의 결성을 위해 노력했다. 한편 신성로마제국의 황제 요제프 2세가 반영 동맹을 기회로 삼아 팽창하는 것을 예방하고자 했으며, 이에 바이에른 공국과 오스트리아령 네덜란드를 교환하려는 시도를 저지하는 한편 1779년 바이에른 왕위계승 전쟁의 종식을 중재했다. 미국 독립 전쟁의 승자로 1783년 영국과 평화 협상을 맺었으며, 서인도 제도와 아프리카 등지의 무역항을 전리품으로 챙겼으나 프랑스의 재정과 부채는 회복 불가능할 정도로 악화되었다. 하지만 베르젠은 자크 네케르 등에 의해 제안된 급진적인 조세 및 재정 개혁에 대해서는 강하게 반대했다.

어나이린 베번Aneurin Nye Bevan

1897년 11월 15일 / 1960년 7월 6일

영국의 노동당 정치인으로 웨일스 남동쪽 트레드거 탄갱부의 10남매 중 여섯째로 태어났다. 1911년 14세 때 학교를 그만두고 부친과 형들과 함께 탄광에서 일하기 시작했다. 탄광 노동자 파업에 따른 사회 불안 속에서 지역 독립 노동당 활동을 하면서 노동조합주의와 마르크스주의 등 급진주의 사상을 접했다. 제1차 세계대전 시기 동안 웨일스 지역에서 반전 운동을 주도했으며, 전후 1919년부터 1921년까지 영국 철도 노조National Union of Railwaymen와 사우스웨일스 광산 노련South Wales Miners' Federation의 지원을 받아 설립된 런던 소재 중앙 노동자 대학에서 공부했다. 이후 지역 노조 활동을 하며 1926년 총파업을 주도하기도 했다. 1929년 에부 베일에서 노동당 소속으로 출마해 하원 의원에 당선되었다. 노동당 내에서도 급진적인 경향을 보였으며, 국제 문제와 관련해서는 개입주의를 주장했다. 스페인 내전에 영국의 참전을 호소했으며, 1938년에는 직접 스페인을 방문하기도 했다. 노동당 내 공산주의 지도자 스태퍼드 크립스와 함께 사회주의자 연맹Socialist League 활동을 열성적으로 했으며, 1939년에는 크립스와 함께 노동당에서 제명된다. 네빌 체임벌린의 유화 정책을 강하게 비판했다. 파시즘에 맞선 전쟁을 통해 영국 사회의 사회주의적 전환의 계기를 마련할 수 있다고 믿었다. 1945년 총선에서 노동당이 대승을 거두자 보건 및 주택 장관에 임명되었다. 전후 대표적인 업적으로는 국영 건강 서비스National Health Service의 구축을 들 수 있다. 클레멘트 애틀리의 노동당 정부의 군비 강화와 핵무기 개발 계획을 강하게 비판했을 뿐만 아니라 1956년 보수당 정부의 수에즈 사태도 신랄히 비판했다.

막스 베버Max Weber
1864년 4월 21일 / 1920년 6월 14일

독일의 사회학자로 에르푸르트 출신이다. 부친은 제국 의회 의원을 지냈으며, 민족적 자유주의자로 오토 폰 비스마르크를 지지했다. 1882년 하이델베르크 대학에 입학해 법학과 경제학을 공부했으며 괴팅겐 대학교에서도 수학했다. 1884년 스트라스부르에서 군복무를 위해 잠시 휴학했다. 이후 베를린 대학교에 진학해 박사 과정을 밟았다. 1889년 중세 무역에 대한 논문으로 박사 학위를 받았으며, 2년 뒤 로마 토지법 제도 연구로 교수 자격을 획득했다. 1893년 베를린 대학교 법학 강사로 취직되었다. 이듬해 프라이부르크 정치경제학 담당 정교수가 되었으며, 1896년에 하이델베르크 정치경제학 담당 정교수로 자리를 옮겼다. 1888년부터 사회정책 학회Verein für Socialpolitik 활동을 하면서 독일 역사학파 경제학을 비판적으로 계승했다. 1893년에는 3년 전 영국의 동아프리카 지역 관할을 승인한 헬리골랜드-잔지바르 조약Treaty of Heligoland-Zanzibar을 비판하며 결성된 제국주의적인 범독일 연맹Alldeutscher Verband에 가입해 활동했다. 독일의 고유성Deutschtum을 호소하며 폴란드 이민자 유입 등에 비판적인 견해를 표명하기도 했으나, 1899년 탈퇴한다. 1895년 프라이부르크 대학 교수 취임 연설에서는 전통적인 프러시아 귀족 계급 융커Junker의 정치적 무책임을 비판하며 독일의 정치적 발전과 성숙을 책임질 새로운 자유주의 세력의 필요성을 주장했다. 1898년 신경 쇠약으로 휴직을 했으며, 5년 뒤에는 퇴직을 하고 『개신교 윤리와 자본주의 정신Die protestantische Ethik und der Geist des Kapitalismus』(1904/1905)으로 대표되는 연구를 진행시켰다. 1904년에는 미국을 방문해 많은 영감을 얻었다. 제1차 세계대전이 발발하자 자원해 군병원 운영을 맡았으나 전쟁 중반부터 독일의 팽창적인 군사 전략과 외교 정책을 강하게 비판하기 시작했다. 종전 즈음부터는 보통 선거의 실시를 통한 민주화와 이를 위한 개헌을 호소했으며, 바이마르 공화국 헌법 초안 작성에도 참여했다. 전후 의회 정치의 활성화를 통한 정치 개혁을 외치며 자유주의 계열 독일 민주당Deutsche Demokratische Partei 소속으로 출마를 하기도 했으나, 베르사유 조약의 독일 책임 조항 등에 대해서는 비판적이었다. 또한 급진적인 마르크스주의 운동에 대해서도 비판적인 입장을 유지했다. 이후 빈 대학교에서 강의와 연구했다.

아우구스트 베벨August Ferdinand Bebel

1840년 2월 22일 / 1913년 8월 13일

독일의 사회주의 지도자로 19세기 말, 20세기 초 유럽 사회주의 운동을 대표하는 인물 중 한 명이다. 쾰른 근처에서 가난한 프러시아 부사관의 아들로 태어났으며, 선반공이었다. 1860년 라이프치히에 정착했으며, 이듬해 이 지역 노동자 교육 협회에 가입했다. 1865년에는 이 단체의 의장으로 선출되었으며, 이 즈음 카를 마르크스의 동지인 빌헬름 리프크네히트와도 교류를 하며 많은 영향을 받았다. 베벨과 리프크네히트는 이듬해 발발한 보오 전쟁으로 드러난 오토 폰 비스마르크의 프러시아 중심의 독일 통일 정책을 강하게 반대했으며, 작센 인민당Sächsische Volkspartei을 창설했다. 베벨은 1867년 작센 인민당 소속으로 북부 독일 연방Norddeutscher Bund 입헌 의회에 참여했으며, 2년 뒤에는 독일 사회민주 노동자당Sozialdemokratische Arbeiterpartei을 세웠다. 1870년 보불 전쟁에 강하게 반대했으며, 이로 인해 1872년 반역죄로 수감된다. 대표적인 저작으로는 1883년 출판된 『여성과 사회주의Die Frau und der Sozialismus』가 있다. 이후 베벨은 1890년까지 이어진 오토 폰 비스마르크의 반사회주의 탄압 정책에도 불구하고 의회 중심의 비폭력 개혁 노선을 줄곧 주창했으며, 베벨의 이러한 노력에 힘입어 1912년 선거에서 사회민주 노동자당은 110석을 차지하며 제국 의회 내 제1당으로 올라섰다. 당시 점증하는 군사주의 경향을 강하게 비판했지만, 독일이 침공을 받을 경우 사회민주 노동자당은 중립을 지킬 수만은 없다고 공공연히 주장했다.

소스타인 베블런Thorstein Bunde Veblen

1857년 7월 30일 / 1929년 8월 3일

노르웨이 이민자의 자손으로 위스콘신주 매니터월에서 태어났다. 미네소타주 칼턴 칼리지를 졸업 후 존스 홉킨스 대학교로 진학해 철학을 공부한 후 예일 대학교로 옮겨 1884년 철학과 사회학 박사 학위를 받았다. 하지만 직장을 구하지 못하고 가족 농장을 돌보다 1891년 코넬 대학교 경제학과에 진학했다. 1892년 지도 교수를 따라 시카고 대학교 경제학과로 옮겼으나, 1896년에야 강사 자리를 얻는다. 1899년 첫 책 『유한계급론: 경제학적 제도 연구The Theory of the Leisure Class: An Economic Study of Institutions』를 내놓았으며, 1904년에는 『영리기업론The Theory of Business Enterprise』을 출판했다. 현대 제도 경제학의 초석을 놓은 전자에서 베블런은 산업 체제는 근면, 효율, 협동의 가치를 핵심으로 하지만, 부를 축적한 계급은 이와는 반대로 과시를 위한 소비를 덕으로 삼는 전근대적인 행태를 보인다고 지적했다. 이후 시카고 대학과 스탠퍼드 대학을 거쳐 1911년 미주리 대학에 자리를 잡았다. 1914년 『제작 본능과 산업 기술의 현황The Instinct of Workmanship and the State of the Industrial Arts』을 출판했으며, 제1차 세계대전 개시 이듬해에는 독일의 급속한 성장의 원인을 비민주적인 체제에서 찾는 『독일 제국과 산업 혁명Imperial Germany and the Industrial Revolution』(1915)을 내놓았다. 하지만 베블런은 비민주적 국가의 성장에는 한계가 있으며, 결국에는 민주적인 국가가 승리를 거둘 것이라고 확신했다. 1917년 4월 이러한 믿음에 기초해 미국의 참전을 정당화하는 『평화의 본질과 평화의 영속을 위한 조건에 관한 고찰An Inquiry into the Nature of Peace and the Terms of Its Perpetuation』을 출판했다. 1918년 식품청에서 잠시 근무한 후 문예 정치 잡지 『더 다이얼The Dial』의 편집을 맡았으며, 이에 기고한 글을 모아

『기득권과 산업 기술의 현황The Vested Interests and the State of the Industrial Arts』(1919)과 『엔지니어와 가격 체제The Engineers and the Price System』(1921)를 내놓았다. 1919년부터 1926년 은퇴할 때까지 뉴욕 사회조사 뉴 스쿨의 설립과 운영에 참여했다.

어니스트 베빈Ernest Bevin

1881년 3월 9일 / 1951년 4월 14일

노동 운동가 출신의 영국의 정치인으로 가난한 유년 시절을 보냈다. 가난으로 인해 제대로 된 교육을 받지 못했으며, 어릴 적부터 여러 허드렛일을 전전하면서 노동 운동에 발을 들여 놓았다. 1900년부터는 광천수 회사 기사로 일했으며, 이때부터 본격적으로 노조 활동을 시작했다. 1902년 제2차 보어 전쟁 종전 무렵부터 사회주의 모임에 참석했으며, 1911년부터는 부두 노동자의 노동 환경 개선과 임금 협상 등을 도맡아 해결했다. 1914년에는 부도 노동자 연맹Dockers' Union의 전국 조직 위원에 선출되었다. 제1차 세계대전 중에는 영국의 참전을 지지했지만, 징병에는 적극 반대했다. 1915년에는 노동성Ministry of Labour의 즉각적인 설립을 주창했다. 1917년 러시아 혁명은 반겼으며, 1920년 영국의 러시아 내전 참여에 대해서 반대 입장을 표명했다. 1922년에는 30만 명을 회원으로 하는 교통 일반 노조Transport and Generl Workers' Union의 설립에 지대한 기여를 했으며, 압도적인 지지를 받으며 초대 의장으로 선출되었다. 교통 일반 노조의 의장으로 노동당의 정책과 운영에 상당한 영향을 행사했으며, 1929년 대공황 이후 존 메이너드 케인스 등과 함께 경제 자문 위원회Economic Advisory Council를 주도했다. 1935년부터 1937년 사이에는 영국 노동 운동의 국제 문제에 대한 입장 변화를 이끌었다. 반전 평화주의적인 입장에서 군사적인 개입도 고려하는 집단 안보로의 선회의 필요성을 설파했으며, 1935년 노동당 당대회에서는 당내 좌파 세력을 이끌던 조지 랜즈베리와 리처드 스태퍼드 크립스를 강하게 비판했다. 베빈은 파시스트 이탈리아와 나치 독일에서 노조가 탄압을 받고 있으며, 이에 대해 영국 정부는 시급히 입장을 표명해야 한다고 주장했다. 1940년 수상에 오른 윈스턴 처칠은 이와 같은 이유로 베빈을 노동 장관으로 임명했다. 전쟁 기간 중에는 전쟁 물자의 원활한 생산과 공급을 책임졌으며, 동시에 노조의 임금 협상 지위 향상과 사회 복지의 확충에도 힘썼다. 1945년 클레멘트 애틀리 노동당 내각에 외무 장관으로 참여했으며, 전후 영국의 국제적인 지위 회복을 위해 노력했다. 특히 소련의 팽창에 대해 우려했으며, 이에 미국과의 협력을 통한 유럽의 재건과 통합을 호소했다. 1947년 트루먼 독트린Truman Doctrine으로 통칭되는 그리스와 터키에 대한 미국의 대대적인 원조를 받아냈다. 또한 1948년 유럽 경제 협력 기구 Organization for European Economic Cooperation로 발전되는 유럽 경제 협력 위원회Committee for European Economic Cooperation의 창설에도 참여했을 뿐만 아니라 마셜 계획의 기획에도 공헌했다.

필립 노엘베이커 Philip John Noel-Baker, Baron Noel-Baker

1889년 11월 1일 / 1982년 10월 8일

영국의 자유당 정치인으로 노벨 평화상 수상자이다. 런던에서 출생했지만 1876년 가족 모두 캐나다로 이주했다. 요크 소재 퀘이커 학교에서 교육을 받았으며 펜실베이니아 소재 하버퍼드 칼리지에서 공부한 뒤 1908년 케임브리지 대학교 킹스 칼리지에 입학했다. 졸업 후 1912년 동대학교에서 국제법을 연구했으며, 3년 뒤 킹스 칼리지 특별 연구원으로 선임되었다. 제1차 세계대전 중에는 프랑스와 이탈리아에서 의무병으로 복무했으며, 1915년 버지니아 울프의 친구인 아이린 노엘과 결혼했다. 이후 부인의 성을 받아 함께 썼다. 퀘이커 교육과 제1차 세계대전의 경험으로 전후 국제 협력과 군비 축소에 열성적으로 나섰다. 파리 강화 회의Paris Peace Conference에 영국 대표단의 일원으로 참석했다. 1922년까지 국제 연맹 사무국과 긴밀한 협조를 유지했으며, 1923년부터 이듬해까지 국제 연맹 영국 대표 에드거 세실의 비서로 일했다. 노동당 정부 국제 연맹 담당 장관이었던 찰스 앨프리드 크립스의 개인 비서로 잠시 일한 뒤 1924년 런던 대학교 국제관계 담당 교수로 취임했다. 1926년 주저 『군비 축소Disarmament』를 출판했다. 1929년 코번트리에서 노동당 소속 하원 의원으로 당선되었다. 노엘베이커는 국제주의를 위해 노동당으로 자리를 옮긴 많은 자유주의자 중 한 명이었다. 1932년에서 이듬해까지 제네바 군축 회의Geneva Disarmament Conference에 외무 장관 아서 헨더슨의 수석 비서로 참석했다. 전쟁 방지를 위한 집단 안보를 강조했으며, 군수 산업이 국가 간의 갈등을 부추긴다고 판단했다. 노엘 베이커의 이러한 입장은 1936년 출판된 『군수 산업Private Manufacture of Armaments』에 잘 나타나 있다. 1942년 전쟁 수송 장관Minister of War Transport에 임명되었다. 전후 외무성, 공군성, 식민성 장관으로 근무했으며, 다자 군축을 강력히 호소했다. 1959년 노벨 평화상 수상에 앞서 『군비 경쟁: 세계 군축을 위한 계획Arms Race: A Programme for World Disarmament』을 출판했다. 1977년 귀족에 봉해졌으며, 국제 평화 운동의 일환으로 국제 올림픽 위원회 활동에도 적극적이었다.

프랜시스 베이컨Francis Bacon, 1st Viscount St. Alban

1561년 1월 22일 / 1626년 4월 9일

영국의 대법관Lord Chancellor이자 철학자로 국새 상서Lord Keeper를 지낸 니컬러스 베이컨의 둘째 아들로 태어났다. 1573년 케임브리지 대학교 트리니티 칼리지에 입학해 공부한 뒤 프랑스로 건너가 푸아티에 대학교를 다녔다. 1576년 런던 그레이 법학원에 진학했으며, 1582년 법정 변호사 자격을 취득했다. 1581년 콘월 지역 보궐 선거에서 당선되어 하원에 진출했다. 이후 1614년까지 도싯, 톤턴, 리버풀, 미들섹스, 케임브리지 대학교 등지를 옮겨다니며 하원 의원에 선출되었다. 1591년 엘리자베스 여왕의 심복 에식스 백작 로버트 데버루와 친분을 쌓으며 법률 문제 등에 관해 조언을 했다. 하지만 1593년 스페인과의 전쟁을 위한 추가 비용 마련에 강한 반대 의견을 표명하면서 4년 뒤에야 엘리자베스 여왕의 법률 조문으로 임명된다. 1603년 스코틀랜드의 제임스 6세가 영국의 제임스 1세로 왕위에 오르면서 베이컨의 출세의 길이 열렸다. 같은 해 귀족에 봉해졌으며, 이듬해부터는 아일랜드 문제와 스코틀랜드와의 합병 등 주요 문제에 관해 조언했다. 1605년에는 『학문의 진보Advancement of Learning』를 출간하여 제임스 1세에게 헌정했다. 2년 뒤에는 스코틀랜드와의 합병을 위한 노력을 인정받아 법무 대신Solicitor General에 임명되었다. 제임스 1세의 재정을 돌보며 왕권 강화 정책을 줄곧 보좌했으며, 이에 1613년 법무 장관Attroney General에, 5년 뒤에는 대법관에 임명된다. 1618년 귀족 작위를 수여받았다. 하지만 왕권에 맞선 보통법 이론가로 후일 권리 청원Petition of Rights을 주도한 정적 에드워드 코크와의 정쟁에 휘말리면서 1621년 수감된다. 곧 풀려났으나 정계에 복귀하지는 못했다. 『학문의 진보』 이외에 주요 저작으로는 고대 신화에 담긴 삶의 지혜를 논한 『고대인의 지혜De Sapientia Veterum』

(1609), 연역법이 아니라 귀납법에 기초한 지식을 호소한 『신기관Novum Organum』(1620), 자신이 생각하는 이상향을 체계적으로 묘사한 『새로운 아틀란티스New Atlantis』(1626) 등이 있다. 『학문의 진보』와 『신기관』은 기존의 우상을 배격하고 경험에 기초한 새로운 과학적 지식 체계를 세우기 위한 『대혁신 Instauratio Magna』의 일환으로 집필되었다.

제러미 벤담Jeremy Bentham

1748년 2월 15일 / 1832년 6월 6일

공리주의 철학자이자 사회 개혁가로 런던에서 태어났으며, 부친은 변호사였다. 3세 때 라틴어를 배울 정도로 신동이었다. 부친으로부터 유년 시절 교육을 받은 후 1775년 7세 때 웨스트민스터 스쿨에 입학했으며, 1760년 12세 때 옥스퍼드 대학교 퀸스 칼리지에 입학했다. 4년 뒤 학부 과정을 마치고 석사 과정에 입학해 1767년 졸업했다. 부친의 뜻을 따라 변호사가 되고자 1763년 링컨 법학원에 입학했으며, 1769년 변호사 자격증을 취득했다. 하지만 변호사 업무보다는 법학과 철학에 더 큰 관심을 보였다. 전자와 관련해서는 당시 옥스퍼드 대학교 법학 교수였던 윌리엄 블랙스톤의 『영국법 주해Commentaries on the Laws of England』(1765~1769)의 영향을 크게 받았으며, 1776년 익명으로 출판한 『정부에 대한 소론A Fragment on Government』은 블랙스톤의 주장에 대한 비판적 고찰이다. 이 무렵부터 완벽한 법 체계pannomion의 정립을 목표로 삼고 연구를 했다. 1789년 출판된 벤담의 주저 『도덕 및 입법의 원리 서설An Introduction to the Principles of Morals and Legislation』 역시 대부분 이 시기 집필되었다. 1781년 이듬해 총리에 선출될 셀번 백작 윌리엄 페티의 초청으로 휘그당 개혁 세력과 교류를 시작한다. 셀번은 특히 『정부에 대한 소론』의 급진적인 주장에 관심을 보였다. 1785년에는 동생 새뮤얼이 급진적인 개혁을 위해 헌신하고 있는 러시아를 방문했다. 벤담 역시 러시아 정부의 개혁 정책에 지대한 관심을 보였지만, 2년 가까이 크림 반도에 체류하는 동안에는 집필에만 집중했다. 당시 영국 정부의 금리 제한에 반대하며 애덤 스미스를 비판한『고리 대금 변호Defence of Usury』(1787)는 이 시기 대표적인 작품이다. 벤담은 스미스와 달리 자유 무역의 원칙을 금리에도 적용하고자 했다. 2년 뒤 1789년 루이 16세가 삼부회를 소집하자 셸번과 함께 개혁의 성공을 빌었다. 프랑스 대혁명 초기에는 보통 선거와 비밀 투표, 대의 정부 등 급진적인 정치 개혁을 주장했으나, 폭력이 난무하자 실망하고 여러 지식인과 정치인의 영국 망명을 도왔다. 1792년 이에 대한 보답으로 명예 프랑스 시민으로 선출되었다. 이 즈음부터 형벌 체계의 개선을 위해 애썼다. 특히 소수의 감시자가 다수의 수감자를 감시할 수 있는 패놉티콘Panopticon을 고안했으며, 이에 기초한 교도 시설 개선안을 1812년까지 수차례 재무성에 제안했으나 받아들여지지 않았다. 1815년 나폴레옹 전쟁이 마무리되면서 영국 내 개혁에 대한 목소리가 다시 커지자 벤담도 이에 적극적으로 동참했다. 1817년 출판된『의회 개혁안Plan for Parliamentary Reform』은 이 시기 대표작이다. 또한 1823년에는 보수 언론과 기득권에 맞서 동지 제임스 밀과 함께『웨스트민스터 리뷰』를 창간해 급진적인 개혁의 목소리를 전파했다. 벤담의 최대 행복의 원칙greatest happiness principle 에 입각한 공리주의 개혁안은 프랑스, 러시아, 스페인, 포르투갈과 같은 유럽 국가만 아니라 아르헨티나, 멕시코, 칠레 등 남아메리카 신생 독립국의 법 체제 구축과 정비에도 큰 영감이 되었다.

줄리언 벨 Julian Bell

1908년 2월 4일 / 1937년 7월 18일

런던 출신 영국 시인으로 미술 비평가 클라이브 벨과 버지니아 울프의 언니이자 화가 바네사 벨의 아들이다. 부친과 모친 모두 케임브리지 대학교 출신으로 런던 블룸즈버리 지역에 거주했던 지식인 및 예술가 단체 활동을 했다. 케임브리지 대학교 졸업 후 1935년 중국 우한 대학교에서 영어를 가르치며 작품 활동을 시작했다. 1차 세계 대전의 발발과 함께 평화 운동에 적극적으로 참여했으며, 1935년에는 양심적 병역 거부자의 입장과 견해를 모은 『우리는 싸우지 않는다: 1914~1918 전쟁에 맞선 이들의 경험We do not fight: 1914~1918 Experiences of War Resisters』이란 책을 편집하기도 했다. 2년 뒤 1937년에는 국제 반파시스트 전선에 적극 동조하며 공화파를 돕고자 스페인 내전에 의무병으로 지원했으나, 얼마 후 마드리드 서부 외곽 전투 중 사망했다.

나폴레옹 보나파르트 Napoléon Bonaparte

1769년 8월 15일 / 1821년 5월 5일

제노바에서 프랑스로 영토 이양된 직후 코르시카에서 태어났다. 프랑스 점령군과의 협력한 부친 덕분에 1778년 콜레주 도통에 입학했다. 이후 브리엔과 파리 군사 학교에 진학해 공부했다. 1785년 좋지 않은 성적으로 졸업 후 포병 장교로 임관해 발랑스에서 잠시 근무한 뒤 이듬해 코르시카에 정착했다. 프랑스 대혁명이 터진 후 1791년 포병 장교로 다시 복귀해 발랑스에 배치를 받았으며, 급진적인 자코뱅으로 활동했다. 코르시카 지휘관과의 갈등으로 탈영과 지하을 반복한 뒤 1793년 6월 니스에서 복귀했다. 1793년 9월부터 영국군과 왕당파에 맞선 툴롱 포위전에 참여해 큰 공을 세웠으며, 같은 해 12월 여단장으로 승진했다. 이듬해 2월 이탈리아 주둔 프랑스 혁명군 포병 대장으로 임명되었다. 7월 막시밀리앙 로베스피에르가 실각하면서 동생 오귀스탕과 친분이 있었던 나폴레옹도 반란죄로 몰려 체포되나 탈출해 자신의 무죄를 입증하고자 파리에 잠입했다. 1795년 10월 국민 공회의 공화국 헌법에 맞서 왕당파가 반란을 일으키자 이를 섬멸하면서 프랑스 국내 치안 담당 사단Armée de l'intérieur의 지휘를 맡는다. 이후 새롭게 들어선 총재 정부Directoire의 군사 문제 조언자로 부상했으며, 1796년 3월 이탈리아 주둔군의 책임자로 임명된다. 부족한 병력과 지원에도 불구하고 이탈리아 북부 점령에 성공했으며, 프랑스를 모델로 한 이탈리아의 공화국화를 추진했다. 1797년 빈을 위협해 오스트리아와 캄포포르미오 조약Treaty of Campo Formio을 체결함으로써 대륙에서의 전쟁을 승리로 이끌었다. 1798년 여름 영국과의 전쟁을 종결시키려면 식민지 인도로 가는 길목을 점령해야 한다고 주장하며 이집트를 침공했다. 이집트 정벌에는 성공을 했으나 허레이쇼 넬슨 제독의 해군과 맞선 아부키르만 해전에서 대패하면서 이집트에 고립되었다. 1799년 8월 이집트를 탈출해 10월에 파리에 도착한 뒤 11월 브뤼메르 쿠데타를 통해 정권을 장악했다. 10년 임기로 내정과 군사 및 외교를 통괄하는 제1통령Premier Consul으로 선출되었다. 프랑스 정부 제도에 대한 일련의 개혁을 강력하게 추진했다. 특히 보병 장교를 육성하기 위한 생시르 사관학교를 설립했으며, 국민 공회에 의해 설립된 에콜 폴리테크니크를 포병 장교 육성 기관으로 키웠다. 1798년 오스트리아를 중심으로 결성된 제2차 대프랑스 동맹을 1800년 마렝고에서 격파한 뒤 1801년 오스트리아와 뤼네빌 조약Treaty of Lunéville을 체결해 라인강 좌안과 스위스를 포함한 이탈리아 북부를 획득했다. 1802년 영국과 아미앵 조약Treaty of Amiens을 체결했으나, 이듬해 영국의 몰타 철군 불이행을 이유로 제3차 동맹 전쟁이 발발했다. 1804년 암살 음모 이후 황제에 올랐다. 1805년 가을 트라팔가르 해전에서 대패를 당했으나, 같은 해 겨울 울름과 아우스터리츠에서 오스트리아와 러시아에 맞서 대승을 거두었으며, 이듬해에는 예나와 아우어스타트에서 프러시아를 대파했다. 1806년 베를린 칙령Berlin Decree을 공표해 영국에 맞선 대륙 봉쇄령을 선포했으며, 1807년에는 러시아의 황제 알렉산드르 1세와 틸지트 조약을 통해 협조를 얻어냈다. 대륙 봉쇄령을 성공시킬 목적으로 스페인에 대한 통치를 강화했으며, 1809년에는 오스트리아와 쇤브룬 조약을 체결해 발칸반도 서부 지역을 대륙 봉쇄에 포함시켰다. 1812년 대륙 봉쇄령에서 탈피하고자 하는 러시아를 징벌하고자 60만 대군을 앞세워 침공했으나 보로디노 전투 이후 매서운 추위와 싸우며 겨우 만 여명만 파리로 무사 귀환을 했다. 1813년 프러시아를 비롯한 독일 전역과 스페인에서의 반란 등으로 열세에 몰렸다. 1814년 3월 쇼몽 조약Treaty of Chaumont을 통해 오스트리아, 러시아, 프러시아, 영국이 나폴레옹의 프랑스를 완전히 격퇴할 때까지 동맹을 파기하지 않겠다는 약속을 맺으며 반격했으며, 4월 퐁텐블로 조약Treaty of Fontainebleau에 따라 엘바섬으로 귀양 조치되었다. 이듬해 봄 엘바섬을 탈출해 재기를 시도했으나 워털루 전투에서 아서 웰즐리 웰링턴 장군과 게프하르트 블뤼허 장군의 영독 연합군에 의해 패한 뒤 대서양 세인트헬레나섬으로 영구 귀양 조치되었다.

야코프 부르크하르트 Jacob Burckhardt

1818년 5월 25일 / 1897년 8월 8일

스위스 바젤 출신 독일 역사학자로 바젤에서 인문학 중심의 초등 교육을 받았다. 바젤 대학교에 진학해 신학을 공부했으나, 1839년 베를린 대학교로 옮겨 역사학 공부를 시작했다. 요한 구스타브 드로이젠과 레오폴트 폰 랑케 등의 지도를 받았으며, 1843년 졸업과 동시에 바젤 대학교에서 강의를 시작했다. 1841년에는 본 대학교를 방문해 미술사가 프란츠 테오도어 쿠글러 밑에서 공부했다. 1855년부터 1858년 사이 취리히에 새로 설립된 연방 과학 기술 학교에서 미술사를 강의했다. 1858년 다시 바젤 대학교로 돌아와 1893년 은퇴할 때까지 미술사를 가르쳤다. 대표작으로는 1860년 출판된『이탈리아 르네상스의 문화Die Kultur der Renaissance in Italien』를 꼽는다. 1848년 스위스를 포함한 독일 전역에서 일어난 자유주의 혁명에 대해서는 비판적인 자세를 취했다. 특히 산업 혁명과 정치 혁명의 동시다발에 따른 사회의 극심한 혼란에 대해 우려했다. 1869년 바젤 대학교 고전학 교수가 된 프리드리히 니체의 존경을 받았으며, 고대 문명에 대한 동경을 공유했다.

로버트 부스비 Robert John Graham Boothby, Baron Boothby
1900년 2월 12일 / 1986년 7월 16일
영국의 정치인으로 에든버러에서 태어나 이튼 칼리지와 옥스퍼드 대학교 모들린 칼리지에서 공부했다. 1924년 스코틀랜드 왕립 은행장이었던 부친의 친구인 보수당 당수 스탠리 볼드윈의 도움으로 애버딘 동부에서 보수당 하원의원으로 선출되었다. 보수당 내에서는 개혁파에 속했으며, 전전 수준의 금본위로 돌아가고자 했던 재무 장관 윈스턴 처칠과 갈등 관계에 있었다. 하지만 경제 문제에 있어서의 이견에도 불구하고 1926년 윈스턴 처칠은 부스비를 개인 비서로 채용했다. 1930년대 중엽 이후 나치 독일에 대한 유화 정책을 신랄하게 비판했으며, 위스턴 처칠을 비롯해 1938년 뮌헨 협정에 대한 승인을 거부한 보수당 하원 의원 30인 중 한 명이었다. 이듬해에는 윈스턴 처칠을 도와 네빌 체임벌린의 사임을 주도했다. 제2차 세계대전 중에는 식량 차관으로 일했다. 전후에는 윈스턴 처칠과 함께 유럽 연합의 구축을 위해 노력했으며, 1949년부터 1957년 사이 유럽 회의Council of Europe 영국 대표로 일했다. 유대인 국가 건설에 적극 협력했지만, 1956년 수에즈 사태에 대한 영국의 개입에는 반대했다. 1958년 귀족에 봉해졌으며, 이후 세인트앤드루스 대학교 총장으로 일했다.

조지 부시George H. W. Bush

1924년 6월 12일 /

미국 제41대 대통령으로 매사추세츠주 출신이다. 부친은 투자 은행가였으며 코네티컷주 상원 의원이었다. 앤도버 소재 사립 기숙 학교인 필립스 아카데미를 졸업했으며, 1942년부터 2년 동안 뇌격기 조정사로 태평양 전쟁에 참여했다. 1948년 예일 대학교를 졸업했으며, 이후 1950년대 텍사스에서 석유 개발 사업을 했다. 1959년 휴스턴 지역에서 공화당 활동에 참여하기 시작했으며, 1966년 공화당 하원 의원으로 정계에 발을 디뎠다. 4년 뒤 상원 의원에 도전했으나 실패하고, 리처드 닉슨 대통령에 의해 국제 연합 대사로 임명되어 1971년까지 근무했다. 1973년 워터게이트 사건Watergate Scandal이 터진 뒤 공화당 심의 위원회 의장을 맡았다. 1974년 제럴드 포드 대통령에 의해 중국 주재 연락 사무소liason office 대표에 임명된다. 1976년 중앙 정보국 국장에 임명되었으며, 지미 카터 대통령의 취임과 함께 사직했다. 1979년 공화당 대통령 후보로 나섰으나, 로널드 레이건을 돕기로 결정했으며, 이듬해 부통령으로 선출되었다. 1984년 레이건과 함께 재선되었다. 4년 뒤 공화당 대통령 후보로 선출되어 민주당 마이클 듀카키스를 꺾고 당선된다. 국내 문제보다 대외 문제에 전반적으로 더 신경을 쏟았다고 평가된다. 1989년 폭정과 마약 밀수로 악명 높았던 마누엘 노리에가 장군의 정부를 전복하고자 파나마를 침공했다. 이듬해 11월 소련의 미하일 고르바초프를 파리에서 만나 상호 불가침 조약을 체결하면서 냉전의 종식을 선언했다. 또한 냉전 기간 동안 축적된 핵무기를 비롯한 군사 무기의 대대적인 감축을 약속했다. 같은 해 8월 이라크가 쿠웨이트를 침공하자 국제 연합을 통해 이라크에 대한 수출입 금지를 집행해 압력을 가했으며, 사우디에 미군을 파견해 이라크를 압박했다. 1991년 이라크가 철군을 하지 않자 이라크에 대한 폭격을 시작으로 걸프 전쟁을 개시했다. 대외 문제에 있어서는 높은 지지를 받았으나, 불황이 지속되면서 1993년 민주당의 빌 클린턴에게 정권을 넘겨주었다.

제임스 브라이스 James Bryce, Viscount Bryce

1838년 5월 10일 / 1922년 1월 22일

영국의 법학자이자 역사학자이자 정치인으로 아일랜드 벨파스트 태생이다. 1854년 스코틀랜드 계몽주의 사상의 영향이 강하게 남아있는 글래스고 대학교에 진학해 공부했으며, 1857년 옥스퍼드 대학교 트리니티 칼리지에 장학생으로 입학해 1862년 뛰어난 성적으로 졸업했다. 주세페 가리발디의 이탈리아 독립 운동에 큰 감명을 받고 1860년 시칠리아 원정에 참여하고자 했으나 주변의 만류에 뜻을 거두고 옥스퍼드 대학교 오리엘 칼리지 특별 연구원 직에 지원해 1862년 선출된다. 1867년 런던에서 변호사 자격을 취득한 후 순회 판사로 근무하며 『포트나이틀리 리뷰The Forthnightly Review』와 같은 자유주의 경향의 신문과 잡지에 유럽 정치, 유럽사, 교육 개혁 등에 관한 기고를 했다. 1868년부터는 맨체스터 소재 오언스 칼리지에서 법학을 강의하며, 맨체스터의 급진주의 세력과 친분을 쌓았다. 또한 옥스퍼드 대학교 개혁을 주도했으며, 1869년에는 영국 최초 여자 대학교인 케임브리지 대학교 거튼 칼리지의 설립에 지대한 공헌을 했다. 이 시기 대표적인 저술로는 『신성 로마 제국The Holy Roman Empire』(1864)과 『개혁론Essay on Reform』(1867)이 있다. 특히 전자로 브라이스는 영국 역사학계의 인정을 받았으며, 1885년 학술지 『영국사 연구The English Historical Review』의 창간에도 참여하게 된다. 1870년에는 옥스퍼드 대학교 시민법 흠정 교수regius professor에 임명되었다. 1875년 오토만 제국이 불가리아를 비롯한 발칸반도에서의 민족 봉기를 진압하고자 나서면서 동방 문제가 본격적으로 터지자 브라이스는 불가리아를 방문해 오토만 제국에 맞선 저항을 북돋는 한편 1877년에는 전국 자유 연맹을 결성해 영국 정부의 적극적인 개입을 요구했으며, 이듬해에는 영국-아르메니아 협회Anglo-Armenian Society를 설립했다. 1881년과 1883년에는 미국 전역을 방문했으며, 미국과의 관계 개선을 위해 존 실리와 함께 1884년 제국 연방 연맹Imperial Federation League의 활동을 개시했다. 1888년에는 알렉시 드 토크빌의 『미국의 민주주의Democracy in America』(1835)를 대체할 의도로 집필한 『미국 공화국The American Commonwealth』을 내놓았다. 1892년 윌리엄 글래드스턴 자유당 내각에 랭커스터 공국상으로 참여해 교육 개혁에 집중했다. 1900년에는 영국 학술원을 창립했으며, 13년 뒤에는 영국 학술원 원장에 취임한다. 1907년부터 1913년까지 미국 대사로 근무하며 영미 관계의 개선에 지대한 공헌을 했다. 1914년 제1차 세계대전 발발 즈음에는 국제 중재를 통한 국가 간 갈등 해결을 호소했으며, 골즈워디 디킨슨 등과 함께 민주적 통제를 위한 연합을 조직해 국제 연맹의 기초를 다졌다.

존 브라이트John Bright

1811년 11월 16일 / 1889년 3월 27일

랭커셔 출신 영국의 정치인으로 퀘이커 집안에서 태어났다. 건강 문제로 인해 여러 학교를 옮겨 다녔으며, 1839년 부친의 방적 사업을 물려받았다. 1835년 무렵부터 고향 로치데일에서 공장 노동의 폐해를 알리고 교육 개선 활동을 하면서 정치에 관심을 가지기 시작했다. 사업의 번창과 더불어 교회 유지세church rate의 강제 징수에 강하게 반대하면서 지역 유명 인사가 되었다. 1837년 리처드 코브던과 처음으로 만났으며, 이듬해 맨체스터에서 반곡물법 협회Anti-Corn Law Association가 결성되자 거액을 기부한다. 1841년 부인의 사망 후 본격적으로 반곡물법 운동에 뛰어들었으며, 1843년 반곡물법 연맹Anti-Corn Law League이 모든 보궐 선거에 후보자를 내기로 결정하자 더럼에서 출마해 당선된다. 하원에 진출한 브라이트는 반곡물법 투쟁의 연장선상에서 의회 개혁 운동의 전면에 나섰다. 1840년대 후반부터는 아일랜드 문제에도 적극적으로 목소리를 내기 시작했다. 특히 임차농의 권리 보호를 중심으로 하는 토지 개혁이 아일랜드 문제의 근본적인 해결 방안이라 주장했다. 1853년에는 동인도 회사의 무역 독점 칙허의 갱신에 강력히 반대하기도 했다. 1854년 봄 러시아에 맞선 크림 전쟁에 강하게 반대했으나, 인도주의적인 이유라기보다 경제적인 이유에서였다. 무엇보다 브라이트는 당시 영국을 휩쓴 호전적인 애국심을 경계해야 한다고 누차 강조했다. 이후 신경 쇠약으로 잠시 휴식기를 가진 브라이트는 1860년대부터 다시 열성적으로 토지 개혁을 통한 의회, 특히 상원의 개혁을 호소했다. 1861년 발발한 남북 전쟁에는 노예제 폐지를 내세운 북부에 대한 적극적인 지원을 아끼지 않아야 한다고 주장했다. 1868년 수상 윌리엄 글래드스턴에 의해 상무부Board of Trade 의장으로 임명되었으며, 1880년에는 랭커스터 공국상에 올랐다. 1870년대 중반 다시 불거진 동방 문제에 대한 해결책으로 군사적인 개입이 아니라 1856년 크림 전쟁을 종결한 파리 조약의 개정을 제안했으나, 건강상의 문제로 별다른 활동은 하지 못했다.

헨리 브레일스퍼드Henry Noel Brailsford

1873년 12월 25일 / 1958년 3월 23일

영국 언론인이자 작가로 글래스고 대학교를 졸업했다. 글래스고 대학교 페이비언 협회의 창립자이며, 옥스퍼드와 베를린 대학교에서 잠시 수학하기도 했다. 심리 철학 학위를 받았으나 학계에 자리를 잡지 못하고, 1897년 언론계로 진출했다. 그리스 문학과 역사에 심취했으며, 이에 곧 오토만 제국에 맞선 그리스의 투쟁을 돕고자 자원했다. 1898년 그리스에서의 경험을 바탕으로 한 소설 『전쟁의 신의 빗자루Broom of the War God』를 자신의 첫 작품으로 내놓았다. 이 작품으로 진보 성향의 일간지 『맨체스터 가디언』의 특파원으로 선임되어 크레타와 테살리아를 방문하기도 했다. 1899년 런던으로 자리를 옮겨 동유럽과 발칸반도 문제에 관한 글을 기고하며 명성을 쌓았다. 영국의 남아프리카 정책을 강하게 비판했으며, 1903년에는 마케도니아에서 구호 활동을 하기도 했다. 두 번째 책 『마케도니아Macedonia』(1906)는 이때의 경험에 기초했다. 1907년 영국의 제국주의 통치에 미온적인 태도를 보여왔던 자유당과 페이비언 협회에 실망하고 독립 노동당에 가입했다. 여성 참정권 운동에 열성적으로 참여했으며, 1913년에는 발칸 지역 분쟁의 원인을 파악하기 위한 카네기 국제 평화 재단Carnegie Endowment for International Peace의 조사 위원으로 활동했다. 이듬해 봄 제1차 세계대전의 발발 직전 출반된 『철강과 황금 전쟁:

무장 평화에 관한 연구The War of Steel and Gold: A Study of the Armed Peace』에서 브레일스퍼드는 국제 평화를 위해서는 독일의 제국주의적인 욕망을 어느 정도 충족시켜 주어야 한다고 주장했다. 민주적 통제를 위한 연합과 노동당 국제 문제 자문 위원회의 일원으로 협상을 통한 조기 종전을 호소했다. 1917년 출판한 『국제 연맹A League of Nations』에서 브레일스퍼드는 해외 투자와 자연 자원의 공정한 배분을 책임질 공권력을 지닌 강력한 국제 기구가 필요하다고 주장했다. 전후에는 베르사유 조약의 독일에 대한 보복 조치를 강하게 비판했으며, 만약 이를 방치할 경우 독일 경제는 붕괴될 것이고 복수심에 기초한 군사주의가 득세할 것이라 경고했다. 혁명 직후 소련을 방문한 첫 서방 언론인 중 한 명이었던 브레일스퍼드는 소련의 경제 정책에 큰 감명을 받아 『러시아 노동자 공화국The Russian Workers' Republic』(1921)을 집필하기도 했다. 하지만 6년 뒤 이오시프 스탈린 통치 하의 소련 방문 뒤 이러한 생각을 거두었다. 1922년 독립 노동당 기관지 『뉴 리더New Leader』의 편집자로 임명되어 국제적인 명성을 쌓았다. 특히 브레일스퍼드가 『오늘날 사회주의Socialism for Today』(1925)에서 체계적으로 제안한 가족 수당과 생활 임금은 실업 문제에 관한 독립 노동당의 핵심적인 정책이 된다. 또한 이 무렵부터 마하트마 간디와 자와할랄 네루를 도와 인도의 독립을 위해 싸웠다. 베르사유 조약의 개정과 군축을 지지했지만, 1936년 스페인 내전의 발발 이후에는 파시즘에 대항한 무력 항쟁의 필요성을 설파했다. 뮌헨 협정을 신랄히 비판했으며, 소련에 대해서도 비판적인 입장을 보였다. 제2차 세계대전 중에는 망명자들을 도우며 미국의 참전을 요구하는 강연과 기고를 하며 보냈다. 1944년 출판된 『독일과의 평화 협정Our Settlement with Germany』에서는 베르사유 조약과 같은 처벌 조치는 또 다른 전쟁을 불러올 것이며, 평화를 위해서는 사회 혁명을 통한 독일의 민주화가 이루어져야 한다고 주장했다.

아리스티드 브리앙Aristide Briand

1862년 3월 28일 / 1932년 3월 7일

프랑스 정치인으로 1926년 독일 수상 구스타브 슈트레제만과 함께 노벨 평화
상을 수상했다. 낭트에서 태어나 유년 시절을 보낸 후 파리로 옮겨 법학을 공
부했다. 이 시기부터 사회주의 정치 활동을 시작했으며, 장 조레스와 함께 사
회주의 성향 잡지『위마니테L'Humanité』를 창간했다. 노동조합 운동에 열성적
이었으며, 1889년, 1893년, 1898년 세 차례나 하원에 도전했으나 모두 고배
를 마셨다. 1901년 프랑스 사회당 사무총장에 선임되었으며, 1902년 루아르
지역에서 당선되어 하원에 진출했다. 3년 뒤 정교 분리 법안을 통과시키면서
명성을 얻었다. 하지만 1906년 페르디낭 사리앵 연합 내각에 교육 문화 장관
으로 참여하면서 사회당과 결별한다. 장 조레스와 달리 브리앙은 개혁을 위
해서는 모든 개혁 세력과의 연합이 중요하다고 믿었다. 이후 조르주 클레망소
내각에서도 교육 문화 장관으로 참여했으며, 1909년 수상에 올라 1913년까
지 내각을 운영했다. 제1차 세계대전 발발 이듬해인 1915년 다시 수상에 선출
되어 외교 문제를 관할했다. 1917년 발칸 지역에서의 작전 실패에 대한 책임
으로 물러났으며, 1921년 수상에 다시 오를 때까지 국제 연맹과 집단 안보를
열성적으로 홍보했다. 하지만 이듬해 독일에 대한 보복 조치를 비롯한 전후
처리 과정에 대한 영국과의 협상에 실패하고 또 다시 물러난다. 1925년 폴 팽
르베 내각에 외무 장관으로 복귀했으며, 같은 해 겨울 독일 수상 슈트레제만
의 상호 불가침 제안을 전격적으로 수용하면서 로카르노 조약Treaty of Locarno
을 체결했다. 독일과 프랑스의 상호 안전 보장과 국경 지대의 비무장화, 국가

정책으로서 전쟁의 포기, 독일의 국제 연맹 가입 등을 이끌어 냈으며, 이를 인정받아 슈트레제만과 함께 노벨 평화상을 수여받았다. 1927년에는 미국 외무 장관 프랭크 켈로그와 함께 국가 정책으로서 전쟁의 포기를 핵심으로 한 다자간 평화 조약을 추진했으며, 이듬해 켈로그-브리앙 협정Kellogg-Briand Pact을 체결했다. 1932년 정계에서 은퇴하기 전까지 전쟁의 재발을 막기 위한 최선책으로 유럽 연합의 구축을 호소했다.

조르주 불랑제Georges Boulanger
1837년 4월 29일 / 1891년 9월 30일

렌 출신 프랑스 장군으로 전쟁 장관을 역임한 정치인이다. 생시르 사관학교를 졸업하고 1856년 육군에 입대했다. 이탈리아, 알제리, 인도차이나 등지에서 복무했으며, 보불 전쟁에 참전했다. 1871년 파리 코뮌의 진압을 지휘한 지휘관 중 한 명이다. 1880년 여단장으로 승진했으며, 1882년에는 보병 사령관에 임명되었다. 1884년 튀니스 점령군 총지휘관으로 잠시 근무한 뒤, 1886년 전쟁 장관에 임명되어 보불 전쟁 이후 프랑스 육군 개혁을 주도하며 대중적인 인기를 얻기 시작했다. 하지만 이듬해 독일에 대한 복수에 비판적이었던 모리스 루비에가 수상에 오르면서 프랑스 중부 클레르몽-페랑 지휘관으로 좌천되었다. 이와 동시에 독일에 대한 보복과 나폴레옹 군주정으로의 복귀를 갈망하는 프랑스 보수주의의 영웅으로 떠올랐다. 1888년 독일에 대한 위협과 보나파르트주의자들과의 교류 등의 이유로 군복을 벗었으나, 이와 동시에 노르주에서 압도적인 지지로 의원에 당선된다. 같은 해 헌법 개정을 제안했으나 실패한 후 사임했다. 1889년 또 다시 압도적인 지지를 받으며 파리에서 당선되었다. 의회 공화정의 종식을 원하는 보수 여론과 지지자의 쿠데타 요청이 있었으나, 평화적인 정권 교체가 가능하다고 판단해 나서지 않았다. 정권을 잡은 피에르 티라르 정부는 불랑제를 반역 모의로 몰아세웠고, 이에 불랑제는 브뤼셀과 런던으로 망명했다가 브뤼셀에서 자살했다.

빌럼 플리헌Willem Hubert Vliegen

1862년 11월 20일 / 1947년 6월 29일

네덜란드 사회주의 운동 지도자로 네덜란드 남부 림뷔르흐주 휠펀에서 태어났다. 지역 학교에서 초등 교육만 받은 뒤 인쇄 기술 훈련을 받았다. 1883년 암스테르담에서 벨기에 사회주의자 에드워드 앙실의 연설을 듣고 사회민주연맹Sociaal-Democratische Bond에 가입했다. 이후 고향 림뷔르흐로 돌아와 보편적 참정권Recht voor Allen 운동을 열성적으로 주도했으며, 이로 인해 인쇄소에서 해고된다. 덴하흐에 정착해 인쇄소 일을 하면서 사회민주 연맹 활동을 재개했으며, 지역 중앙 위원회 의원에 선출된다. 1880년대 말부터 사회민주 연맹 지도자로 인정을 받기 시작했으며, 연맹의 신문 『인민 일보De Volkstribuun』의 출판을 책임졌다. 합법적 의회 활동이 사회주의 원칙의 변질을 초래할 수도 있다는 우려에도 불구하고 1894년 독일 사회민주당을 모델로 삼아 네덜란드 사회민주 노동자당Sociaal-Democratische Arbeiderspartij의 창당을 주도적으로 이끌었다. 당의 정관의 작성에도 참여했으며, 창당 이후에도 마스트리흐트에서 공격적인 노동자 투쟁을 주도했다. 이후 당의 의장으로 선출되었으며, 당 기관지 『사회민주주의De Sociaal-Democraat』의 편집도 맡았다. 1899년 당 지도부 내 갈등으로 파리로 거취를 옮겨 활동했다. 프랑스 사회주의 운동 지도자 잦 조레스와도 교분을 쌓았으며, 1902년 귀국했다. 일간 신문 『인민Het Volk』을 창간해 1914년까지 편집장으로 지냈다. 1903년에는 사회민주당 대표로 국가 방위 위원회에 참여했으며, 이후 의장으로 선출되기도 했다. 제1차 세계대전이 발발하자 무장 중립을 주장했으며, 협상을 통한 조기 종전을 위해 노력했으나 실패했다. 전후 사회민주당의 확장을 위해 노력하는 한편 국제 군축 회담에 적극적으로 참여했다.

빌헬름 1세Wilhelm Friedrich Ludwig

1797년 3월 22일 / 1888년 3월 9일

호엔촐레른 가문 태생으로 1861년 1월 2일부터는 프러시아 국왕으로 그리고 1871년 1월 18일부터는 첫 번째 독일 황제Deutscher Kaiser로 사망할 때까지 재위했다. 프리드리히 빌헬름 3세의 둘째 아들로 베를린에서 태어났다. 부친은 1797년 프러시아 국왕으로 즉위했으며, 빌헬름 1세와 큰 형 프리드리히 빌헬름의 교육은 철학자 요한 프리드리히 고트리프 델브뤼크에게 맡겼다. 12세 때 부친에 의해 프러시아 육군 장교로 임명되었으며, 1814년에는 나폴레옹 보나파르트에 맞선 독일 해방 전쟁에 참전했다. 프랑스 국경 지대 바-쉬르-오브 전투와 워털루 전투 등에 직접 참가했으며, 이후로 프러시아 육군의 발전에 전념했다. 1840년 아직 후계자를 보지 못한 큰 형 프리드리히 빌헬름 4세가 프러시아 국왕으로 즉위함에 따라 추정 상속인heir presumptive이 되면서 프러시아 왕자Prinz von Preußen에 올랐다. 8년 뒤 1848년 혁명이 발발하자 무력 진압을 강하게 주장하다 역풍을 맞고 잠시 동안이지만 영국으로 망명을 했다. 같은 해 6월 베를린으로 돌아왔으며, 이듬해 바덴 지역의 시위를 폭력적으로 진압했다. 이에 대한 공으로 1849년 10월 라인란트 지역 군사령관에 임명되었다. 하지만 이후 헌정주의에 대한 의심을 버리고 좀 더 완화된 자유주의적인 입장을 택했다. 1857년 큰 형 프리드리히 빌헬름 4세가 발작으로 인한 마비로 업무 수행이 불가능해지자 섭정 왕자Prince Regent에 올라 프러시아 국왕의 업무를 대신 맡았다. 4년 뒤 1861년 1월 2일 큰 형 프리드리히 빌헬름 4세의 사망과 함께 프러시아 국왕에 즉위했다. 즉위 후 빌헬름 1세에게 닥친 가장 큰 문제는 1849년 설립된 자유주의 성향의 의회Landtag과의 갈등이었다. 1862년 군비 증강 문제로 불거진 의회와의 갈등의 초점은 군복무 기간을 2년에서 3년으로 연장하는 것이었다. 빌헬름 1세는 전쟁 장관 알브레히트 폰 룬과 육군 원수 에트빈 폰 만토이펠의 주장대로 3년으로 연장을 시도했으나 의회에서 부결되었다. 빌헬름 1세는 이에 퇴위까지 하려 했으나 대신 오토 폰 비스마르크를 재상으로 임명해 위기를 극복했다. 이후 비스마르크의 도움 아래 1864년 제2차 슐레스비히홀스타인 전쟁과 2년 뒤 1866년 오스트리아와의 7주 전쟁을 성공리에 마무리하면서 독일 내에서 프러시아의 패권을 확립했다. 4년 뒤 1870년 보불 전쟁에서 승리를 거두면서 1871년 1월 18일 베르사유 궁전에서 첫 번째 독일 황제로 등극했다. 빌헬름 1세는 독일 황제Kaiser von Deutschland의 칭호를 원했으나 여러 남부 독일의 군주와 오스트리아 황제의 입장을 고려한 비스마르크의 호소에 설득되었다. 1878년 두 차례의 암살 시도 이후 사회주의자에 대한 탄압을 가속화했다. 비스마르크와의 여러 갈등에도 불구하고 긴밀할 협력 관계를 유지하며 프러시아에 의한 독일 통일을 확정지었다.

클로드 앙리 드 루브루아 생시몽Claude Henri de Rouvroy, Comte de Saint-Simon
1760년 10월 17일 / 1825년 5월 19일
프랑스 사회 이론가로 파리에서 몰락한 귀족 가문의 자제로 태어났다. 17세 때 군에 입대했으며, 1778년 미국 독립 전쟁에 프랑스기 참여하자 미국으로 건너가 식민지군과 함께 영국에 맞서 포병 장교로 싸웠다. 프랑스 대혁명 공포 정치 시기에 잠시 구금이 되기도 했으나 토지 국유화와 환율 변동 등으로 상당한 이득을 보았다. 1794년 설립된 프랑스 과학 학교 에콜 폴리테크니크의 수업을 청강하면서 과학의 중요성을 인지하기 시작했다. 1803년 앞으로 과학자가 신학자의 자리를 대신할 것이라는 당시로서는 획기적인 주장을 담은 첫 논문을 출간했으며, 1814년에는 이러한 주장을 체계화한 『유럽 사회의 재편De la réorganisation de la société Eropéene』을 내놓았다. 2년 뒤에는 오귀스트 콩트와 함께 『산업L'industrie』을 펴냈다. 과학 기술의 발전에 따른 산업화가 사회의 여러 문제를 해결해주리라 확신했으며, 귀족 계급을 대신해 산업 계급이 사회의 주축이 되리라 전망했다. 1825년 산업화된 사회에 있어 부의 불평등 및 전쟁의 종식에 있어 종교의 역할을 긍정적으로 논한 『새로운 기독교Nouveau Christianisme』를 출간했으며, 이로 인해 친구이자 동료인 콩트와 결별하게 된다.

생피에르 신부 Charles-Irénée Castel, Abbé de Saint-Pierre

1658년 2월 18일 / 1743년 4월 29일

프랑스 가톨릭 신부이자 사상가로 셰르부르 근처에서 태어났으며 예수회 교육을 받고 신부가 되었다. 1693년 오를레앙 공작 부인과 친분을 쌓았으며, 이를 통해 1695년 프랑스 학술원에 선출된다. 1712년부터 1714년 사이 스페인 왕위 계승 전쟁의 종식을 위한 영국과의 회담을 담당한 프랑스 전권 대사 멜시오 드 폴리냐크의 비서로 일했다. 1713년 영국과 프랑스 간의 위트레흐트 조약 체결을 배경으로 국가 간 연합과 자유 무역을 통한 평화 구축을 호소한 대표작 『유럽의 영구 평화를 위한 제언Projet pour rendre la paix perpétuelle en

Europe』(1713)을 출간했다. 루이 14세의 외교 정책만 아니라 국내 정책에도 비판적이었으며, 이에 국왕의 권력을 제한하기 위한 다양한 위원회의 설립을 주장한 1718년 『폴리시노디에 대한 논의Discours sur la polysynodie』를 출판했다.

성 아우구스티누스Saint Augustine of Hippo, Aurelius Augustinus
354년 11월 13일 / 430년 8월 28일

당시 로마 식민지였던 북아프리카 지중해 근역 도시 타가스테에서 태어났으며, 396년부터 430년 사이 인접 도시 히포의 주교를 지냈다. 성 바오로에 버금가는 신학자로 로마 가톨릭교회의 발전에 지대한 기여를 했다. 부유한 가정에서 태어나 타가스테와 카르타고 등지에서 수사학과 철학을 공부했다. 이후 카르타고에서 수사학을 가르치다 383년 성공을 위해 로마를 거쳐 밀라노에 정착했으나 정신적으로 방황을 하다 밀라노의 주교 성 암브로시우스 등을 통해 기독교를 접하고 세례를 받은 뒤 고향으로 돌아왔다. 390년 아들의 사망 후 종교에 매진하기로 결심했다. 이듬해 히포의 사제로 임명되었으며, 396년 주교에 올랐다. 카르타고의 주교 성 아우렐리우스와 함께 당시 아프리카에서 크게 유행하던 인간의 자유 의지를 통한 구원을 강조하던 분파 도나투스주의Donatism와 펠라기안주의Pelagianism를 비판하며 하나님의 은총에 기초한 구원과 삼위일체 등을 정립하며 가톨릭 신학을 체계화했다. 대표작으로는 397년에서 400년 사이 집필된 『고백론Confessiones』과 이후 집필된 『신국De civitate Dei contra paganos』이 있다. 특히 『신국』에서 아우구스티누스는 신의 도시와 인간의 도시를 구분했으며, 로마로 대표되는 인간의 도시의 본질적인 타락성을 지적했다. 아우구스티누스가 보기에 전쟁은 타락한 인간의 피할 수 없는 운명으로, 하나님의 은총을 받아 신의 도시로 가기 전까지 완벽한 평화는 있을 수 없었다.

장바티스트 세 Jean-Baptiste Say

1767년 1월 5일 / 1832년 11월 15일

공급이 수요를 창조한다는 세의 법칙Say's Law으로 잘 알려진 프랑스 경제학자로 리옹에서 태어났다. 유년 시절 스위스 제네바로 이주했으며, 1785년 영국으로 건너가 교육을 받았다. 런던에서 잠시 무역업에 종사한 뒤 프랑스 대혁명 이후 재무 장관에 오를 에티엔 클라비에르의 보험 회사에서 일했으며, 클라비에르의 개인 비서가 된다. 1794년부터 6년 동안 정치경제 잡지『철학, 문학, 정치의 시대La decade philosophique, litteraraire, et politique』의 편집을 맡으며, 애덤 스미스의 자유 경제 사상의 전파를 위해 노력했다. 1799년 공화력 8년 헌법Constitution de l'an VIII에 따라 설립된 호민원Tribunat 위원으로 임명되었으나 얼마 후 나폴레옹 보나파르트에 의해 해임된다. 1800년 프랑스 국가 개혁을 위한 논문을 발표했으며, 3년 뒤 1803년 자신의 주저인『정치경제론: 부의 형성과 분배 그리고 축적 과정에 대한 간략한 해설Traité d'économie politique ou simple exposition de la manière dont se forment, se distribuent et se composent les richesse』을 출판했다. 이 책에서 세는 경제 불황을 수요의 문제가 아니라 일시적인 과잉 생산과 과소 생산의 문제로 파악했으며, 시장에 의해 해결될 문제로 보았다. 나폴레옹의 프랑스에 실망한 뒤 1807년부터 1813년까지 방적 공장을 운영했으며, 이후 1830년까지 국립 예술 직업 학교Conservatoire national des arts et métiers에서 산업 경제 담당 교수로 일했으며, 1830년부터는 콜레주 드 프랑스Collège de France 정치경제 담당 교수로 재직했다.

에드거 로버트 개스코인세실 Edgar Algernon Robert Gascoyne-Cecil, Viscount Cecil of Chelwood

1864년 9월 14일 / 1958년 11월 24일

세 차례에 걸쳐 영국 보수당 수상을 역임한 제3대 솔즈베리 후작, 로버트 아서 탤벗 개스코인세실의 셋째 아들로 영국의 정치인이자 평화 운동가이다. 이튼 칼리지를 졸업하고 1883년 옥스퍼드 대학교 유니버시티 칼리지에 입학했다. 졸업 후 부친의 개인 비서로 잠시 일했다. 1887년 변호사 자격을 획득했으며, 법정 변호사로 활동했다. 세실의 본격적인 정치 인생은 1906년 런던 매릴러번에서 보수당 하원 의원으로 당선되면서 시작된다. 보수당 소속이었지만 자유 무역과 여성 참정권을 지지했으며, 인민 예산이라 불리는 소득 재분배를 목표로 한 자유당 정부의 개혁안에 대한 보수당의 반대 입장에 동의하지 않았다. 1910년 두 차례의 총선에서 낙선한 뒤 1911년 하트퍼드셔에서 북아일랜드와 영국의 통합과 자유 무역을 호소하며 재선에 성공했다. 제1차 세계 대전 때는 프랑스에서 적십자Red Cross 활동을 하면서 전쟁의 예방이 국가 정책의 최우선이 되어야 한다고 확신했다. 1915년 자유당 수상 허버트 헨리 애스퀴스가 보수당과의 연합을 구성하자 외무 차관으로 들어갔으며, 이듬해부터 해상 봉쇄 담당 장관Minister for Blockade으로 각료 회의에 참석했다. 독일에 대한 해상 봉쇄를 추진하면서 경제 제재가 전쟁을 예방하는 효과적인 수단이 될 수 있다는 사실을 깨달았다. 또한 국제 연맹 협회League of Nations Society에 가입하지는 않았으나, 당시 각료 중 가장 먼저 국제 연맹의 창설에 찬성을 표하기도 했다. 전후 파리 강화 회담에 영국 대표로 참석했으며, 국제 연맹의 창설에 지대한 기여를 했다. 이후 옥스퍼드 대학교의 길버트 머리 교수와 함께 1918년 국제 연맹 협회와 자유 국가 연맹 협회League of Free Nations Association의 결합으로 탄생한 국제 연맹 연합League of Nations Union을 이끌며 영국 정부로 하여금 국제 연맹에 더욱 적극적으로 협조하도록 압력을 넣었다. 1923년 국제 연맹 연합의 총재로 취임했으며, 1945년까지 이 직을 수행했다. 같은 해 귀족으로 봉해져 상원에 입성했다. 1929년 노동당 램지 맥도널드 내각에서 국제 연맹에 영국 대표로 임명된다. 1932년 제네바 군축 회담의 실패와 1933년 나치 독일의 국제 연맹 탈퇴 선언에 따른 영국의 고립주의로의 회귀를 막기 위해 1934년과 1935년 사이 평화 투표Peace Ballot라 알려진 국제 연맹 연합과 군비 확장에 대한 국민 선언National Declaration on the League of Nations Union and Armaments을 추진해 당시 성인 인구의 1/3을 훨씬 넘는 호응을 이끌어냈다. 이의 영향으로 1935년 이탈리아가 아비시니아를 침공했을 때 영국 정부는 완화된 경제 제재만 집행했다. 1935년 마찬가지로 집단 안보를 지지하기 위해 프랑스에서 설립된 평화를 위한 연합Rassemblement universel pour la Paix을 돕고자 국제 연맹 연합을 확장해 국제 평화 운동International Peace Campaign이란 단체를 세웠으나 외부 환경의 변화와 내부 반대로 인해 실패했다. 1937년 그간의 공로를 인정받아 노벨 평화상을 수여받았다. 제2차 세계대전의 종결 후에는 국제 연합의 성공을 위해 헌신했다.

로버트 윌리엄 시턴왓슨Robert William Seton-Watson

1879년 8월 20일 / 1951년 7월 25일

런던 태생 영국 역사학자로 1892년 옥스퍼드 대학교 윈체스터 칼리지에 입학했다. 이후 베를린 대학교와 소르본 대학교 등지에서 공부했으며, 1905년 마리아 테레지아 이래 합스부르크 군주정의 역사에 대해 집필하고자 빈에 자리를 잡았다. 당시 최고조에 이르고 있었던 오스트리아-헝가리 이중 제국 군대 내 헝가리어 사용을 둘러싼 황제와 헝가리 의회의 갈등을 직접 목도하며 헝가리의 완전한 독립이 필요하다고 판단했다. 헝가리의 완전한 분리 독립과 정치 개혁의 중요성을 영국의 독자에게 알리고자 1908년에는 『헝가리 인종 문제Racial Problems in Hungary』를, 2년 뒤인 1911년에는 『헝가리의 부패와 개혁Corruption and Reform in Hungary』과 『남슬라브 문제와 합스부르크 군주정The Southern Slav Question and the Habsburg Monarchy』(1911)을 저술했다. 오스트리아에 맞선 헝가리의 투쟁을 열성적으로 지지했지만, 독일의 팽창을 견제할 국가로 오스트리아의 역할도 강조했다. 1914년 6월 28일 오스트리아의 황태자 프란츠 페르디난트가 사라예보에서 암살된 후 오스트리아-헝가리 이중 제국이 선전 포고를 하면서 제1차 세계대전이 발발하자 오스트리아-헝가리 이중 제국의 해체만이 답이라 보고 후일 체코슬로바키아 초대 대통령이 될 토마시 가리구에 마사리크의 망명을 주선했다. 1914년부터 1921년까지 세르비아 구호 기금 명예 간사였으며, 1916년에는 마사리크와 함께 주간 정치 평론 『새로운 유럽New Europe』을 창간했다. 1917년 영국 육군 의무병으로 차출되었으며, 이듬해 정보국으로 자리를 옮겨 복무했다. 전후 1922년 체코슬로바키아 정부의 지원으로 런던 킹스 칼리지 중부 유럽 담당 교수로 지명되었다. 1938년 나치 독일의 체코슬로바키아의 병합이 뮌헨 협정에 따라 승인되자 이를 비판하기 위해 『영국과 독재자들Britain and the Dictators』(1938)과 『뮌헨과 독재자들Munich and the Dictators』(1939)을 집필했다. 1945년 제2차 세계대전의 종식에 맞추어 옥스퍼드 대학교 체코슬로바키아 연구 교수로 임명되었으며, 얼마 후 왕립 역사학회Royal Historical Society의 회장에 취임했다. 체코슬로바키아의 독립을 격렬히 환영했으나, 소련의 급속하고 폭력적인 팽창은 우려했다.

조지 버나드 쇼George Bernard Shaw

1856년 7월 27일 / 1950년 11월 2일

아일랜드 출신 영국 작가로 1925년 노벨 문학상을 수상했다. 더블린에서 태어났으며, 가난한 집안 사정으로 인해 제대로 된 교육은 받지 못했다. 16세 때부터 토지 중개 사무를 보았으며, 독학으로 미술과 음악, 문학에 대한 지식을 쌓았다. 1876년 작가가 되고자 런던으로 이주했으나 실패를 되풀이 했다. 1884년 설립된 사회주의로의 평화적 이행을 주창한 페이비언 협회에 가입해 열성적으로 활동했다. 노르웨이 극작가 헨리크 입센의 작품에 큰 영향을 받았으며, 1891년에는 『입센주의의 핵심The Quintessence of Ibsenism』을 출간하기도 했다. 1892년에는 자신의 첫 희곡 『홀아비의 집Widower's House』이 공연된다. 흥행작으로는 1894년 공연된 발칸반도를 배경으로 전쟁과 사랑을 다룬 『무기와 사람Arms and the Man』을 꼽을 수 있다. 이후 『칸디다Candida』(1897), 『시저와 클레오파트라Caesar and Cleopatra』(1901), 『인간과 초인Man and Superman』(1905) 등을 무대에 올리며 세계적인 극작가의 반열에 올랐다. 제1차 세계대전의 발발과 함께 정치적인 발언을 본격적으로 하기 시작했으며, 독일만이 아니라 영국도 전쟁에 책임이 있기에 협상을 통해 조기 종전을 해야 한다고 주장했다. 1920년 공연된 『상심의 집Heartbreak House』에서는 당대 정신적 파탄을 담아냈다. 1923년 공연된 『성녀 조앤Saint Joan』에서는 자신의 한계를 하나씩 극복하는 잔 다르크를 통해 인류의 도덕적 진화를 호소했다. 1929년에 공연된 『사과 수레The Apple Cart』에서는 이상적인 사회주의로의 진화에 저항하는 대중의 무지를 묘사했다.

구스타브 슈트레제만Gustav Stressemann

1878년 5월 10일 / 1929년 10월 3일

독일의 수상이자 외무 장관으로 1926년 프랑스 외무 장관 아리스티드 브리앙과 함께 노벨 평화상을 수상했다. 베를린 출신으로 1897년에서 1890년 사이 베를린 대학교에서 문학과 역사학을 공부했으며, 1900년 라이프치히 대학교에서 경제학 박사 학위를 받았다. 이후 무역 협회 일을 했으며, 1902년에는 작센 산업가 연합Verband Sächsischer Industrieller을 설립했다. 1903년 국민자유당Nationalliberale Partei에 가입하면서 본격적으로 정치 활동을 시작했다. 특히 1906년부터 드레스덴 시의회 의원으로 활동하면서 경제 문제와 시정에 관한 글로 명성을 쌓았다. 1907년 국민자유당 후보로 작센 광산 지구에서 도전해 제국 의회 최연소 의원이 되었다. 1882년 결성된 독일 식민 연맹Deutscher Kolonialverein의 회원으로 산업 독일의 제국주의적인 팽창을 지지했으며, 특히 독일 제국 해군청Reichsmarineamt 대신 알프레트 폰 티르피츠의 대양 해군 육성 계획을 열성적으로 옹호했다. 건강상의 문제로 제1차 세계대전에는 참전하지 못했으나 정당한 전쟁으로 인식했으며, 전쟁 후반에는 참모 총장 파울 폰 힌덴부르크와 참모 차장 에리히 루덴도르프와 함께 미국의 참전을 초래하게 될 무제한 잠수함 작전의 필요성을 호소했다. 1917년 총리 테오발트 폰 베트만홀베크의 추출에 일조했다. 전후 1918년에는 독일 인민당Deutsche Volkspartei을 창건해 바이마르 공화국을 대체할 자유주의 보수 세력의 규합을 위해 노력했다. 1923년 8월 프랑스군과 벨기에군의 루르 지역 점령 시기 연정에 성공해 수상에 선출되어 저항 운동을 펼쳤으나 극심한 인플레이션과 외교적인 압박으로 인해 3개월 만에 외무 장관으로 물러났다. 외무 장관으로 슈트레제만의 주된 목표는 베르사유 조약의 평화적 개정이었다. 이에 1924년 미국의 제안에 따른 독일의 전쟁 배상금 조정과, 이듬해 프랑스와의 로카르노 조약을 통한 갈등의 평화적 해소를 위해 노력했다. 1926년에는 독일의 국제 연맹 가입과 라인란트 지역 주둔 연합군의 철수를 이끌어냈으며, 2년 뒤에는 국가 정책의 수단으로서 전쟁의 포기를 선언한 미국의 외무 장관 프랭크 켈로그와 프랑스 외무 장관 아리스티드 브리앙의 협정에 동참했다. 1929년에는 슈트레제만이 계획한 대로 라인란트 지역에서 프랑스군의 완전한 철수와 독일의 전쟁 배상금 조정Young Plan이 다시 한 번 이루어졌다.

조지프 슘페터 Joseph Alois Schumpeter

1883년 2월 8일 / 1950년 1월 8일

오스트리아 출신 독일계 미국 경제학자로 빈 대학교에서 법학을 공부했다. 1906년 오스트리아 금융 이론가 오이겐 폰 뵘바베르크 밑에서 박사 과정을 밟았다. 1909년 체르노비츠 대학교 경제학과를 거쳐 1911년 그라츠 대학교에서 근무했다. 1919년 오스트리아 공화국 재무 장관에 임명되어 일했으며, 2년 뒤에는 비더만 은행Biedermann Bank 총재에 취임했다. 1925년부터 1932년까지 본 대학교에서 근무했으며, 1927년에는 하버드 대학교, 1931년에는 일본 상업 대학교 방문 교수를 역임했다. 1932년 아돌프 히틀러의 나치 독일을 피해 미국으로 망명했으며, 1950년 은퇴할 때까지 하버드 대학교에서 경제학을 가르쳤다. 대표적인 저작으로는 1932년 출간된『경제 발전론The Theory of Economic Development』, 1942년 출판된『자본주의, 사회주의, 민주주의Capitalism, Socialism and Democracy』와『경제 분석사History of Economic Analysis』가 있다. 카를 마르크스와 달리 지속적인 혁신의 과정인 창조적 파괴creative destruction를 통해 자본주의에서 사회주의로의 진화가 이루어질 것이라 보았으며, 자본주의 위기 극복에 있어 기업가 정신entrepreneurship을 중시했다.

필립 스노든Philip Snowden, Viscount Snowden

1864년 7월 18일 / 1937년 5월 15일

가난한 방직공의 아들로 태어났으나 유년 시절부터 학구적이었고 정치적이었다. 1886년 응시한 공무원 시험에 합격해 내국세 세입청Inland Revenue 소비세 담당 부서에서 일했다. 1894년 고향 카울링 자유당 지부 활동을 하며, 1년 전 결성된 독립 노동당과 교류를 시작했다. 급진적인 자유주의와 사회주의의 입장에서 기득권을 신랄히 비판한 연설과 기고로 명성을 얻었다. 1989년 독립 노동당 전국 위원으로 선출되었으며, 1903년에는 의장에 당선된다. 1906년 노동당 소속으로 블랙번 지역에서 하원 의원에 당선되면서 램지 맥도널드와 함께 자유당을 비판하며 전국적인 정치인이 된다. 1912년 최저 임금 법안을 지지했으며, 여성 참정권을 옹호했다. 다른 급진 자유주의자와 함께 군비 축소와 외무성에 대한 민주적 통제를 주장했다. 제1차 세계대전의 원인으로는 군국주의와 군비 경쟁을 지목했으며, 전쟁 중에는 징병 반대 협회No Conscription Fellowship를 적극 지지했다. 대학 교육을 받지 않았음에도 램지 맥도널드의 노동당 내각에서 1924년과 1929년에서 1931년 사이 두 번에 걸쳐 재무 장관에 올랐다. 과도한 경쟁은 오히려 과도한 생산을 유도하기에 이를 방지하기 위한 정부의 역할을 강조한 사회주의 성향의 급진 자유주의 경제 정책을 펼쳤다. 1920년과 1921년 출판된 『노동과 금융Labour and National Finance』과 『노동과 새로운 세계Labour and the New World』는 합리적으로 조정된 경쟁 체제와 복지 체제를 강조하는 입장을 담고 있다. 전후에는 1929년 대공황 이후 영국 경제의 회복, 특히 토지세의 개정을 통해 재정 적자와 신업 문제를 해결하고자 애썼다.

애덤 스미스Adam Smith

1723년 6월 16일 / 1790년 7월 17일

스코틀랜드 출신 도덕 철학자이자 정치경제학자로 커콜디에서 세례를 받았다. 생후 5개월 만에 부친을 잃고 모친의 손에서 자랐다. 지역 학교에서 라틴어와 그리스어, 로마사와 산술 등을 배웠다. 14세 때 글라스고 칼리지에 입학해 논리학과 도덕 철학, 수학, 자연 철학을 배웠으며, 특히 수학과 자연 철학에 재능과 관심을 보였다. 도덕 철학 담당 교수인 프랜시스 허치슨의 영향을 크게 받았으며, 1740년 장학생으로 옥스퍼드 대학교 발리올 칼리지에 입학했다. 옥스퍼드 대학교에서 6년을 보내며 고대 철학과 유럽 문학에 심취했다. 1746년 고향으로 돌아온 뒤 헨리 홈 케임즈 경의 초청으로 에딘버러에서 수사학과 순수 문학에 관한 강연을 했다. 상당한 호평을 받았으며, 이에 1748년에서 1751년 철학사와 법학사로 주제를 넓혀 강연했다. 이 시기 케임즈 경을 비롯해 애덤 퍼거슨, 존 밀러, 윌리엄 로버트슨, 데이비드 흄 등 스코틀랜드 계몽주의의 대표적 지성과 친분을 쌓았다. 1751년 글라스고 대학교 논리학과 도덕 철학 담당 교수로 임명되었다. 1759년 자신의 대표작 중 하나인 『도덕 감정론The Theory of Moral Sentiments』를 출간했다. 1764년 교수직을 던지고 찰스 톤젠트 양아들의 가정교사로 유럽 각국을 여행한다. 3년 가까이 여행을 했으며, 볼테르와 장 르 롱 달랑베르, 돌바크 남작, 클로드 엘베시우스 등 프랑스 계몽 철학자와 지적 교류를 했다. 또한 프랑수아 케네, 뒤퐁 드 느무르, 미라보 백작, 자크 튀르고 등 중농주의자들과도 친분을 쌓았다. 귀국 후 1776년 자신의 대표작 『국부론An Inquiry into the Nature and Causes of the Wealth of Nations』

을 발표했다. 1778년 에든버러 관세 위원Commissioner of Customs에 임명되었으며, 1787년에는 글라스고 대학교 학장에 올랐다. 동인도 회사를 비롯한 칙허 회사의 정경 유착과 독점을 신랄히 비판했으며, 자연법 전통의 영향 하에서 상업과 자유 무역을 통한 사회의 발전을 주장했다.

이오시프 스탈린Iosif Vissarionovich Stalin

1879년 12월 18일 / 1953년 3월 5일

소련 공산당Kommunistícheskaya pártiya Sovétskogo Soyúza 서기장으로 러시아 제국 조지아 구두 수선공의 아들로 태어났다. 1888년 고향 고리에서 성당이 설립한 학교에 입학했으며, 1894년 트빌리시 신학교에 진학했다. 이곳에서 카를 마르크스의 저작을 접했으며, 1899년 반정부 활동을 했다는 이유로 퇴학을 당했다고 전해진다. 이후 트빌리시 천문대에 채용되어 서기로 일했으며, 1900년 무렵부터 지하 정치 조직 활동에 참여하기 시작했다. 3년 뒤 러시아 사회민주 노동당Rossiyskaya sotsial-demokraticheskaya rabochaya partiya이 경제적으로 낙후된 러시아에서 부르주아 혁명과 공산주의 혁명의 문제 그리고 이 과정에서 공산당의 역할을 놓고 볼셰비키와 멘셰비키로 양분되자 블라디미르 레닌이 이끄는 전자에 뛰어든다. 이후 1913년까지 일곱 차례 혁명 활동으로 체포되어 수감과 추방을 되풀이 했다. 1912년 망명 중인 레닌의 부탁으로 볼셰비키 당 운영을 책임지면서 부상한다. 1913년 반정부 활동으로 다시 체포되어 4년 동안 시베리아 추방을 명받았다. 1917년 3월 페트로그라드로 돌아온 뒤 볼셰비키 계열 신문『프라우다Pravda』의 편집을 맡았으며, 2월 혁명 이후 알렉산드르 케렌스키가 이끄는 임시 정부를 도왔다. 하지만 얼마 후 레닌을 따라 10월 혁명을 주도했다. 1918년부터 1920년 사이 러시아 내전 시기에는 러시아 민족 간의 관계 조정을 책임졌으며, 1922년에는 소련 공산당 중앙 위원회Tsentralniy Kimitet Kommunistitcheskoi Partii Sovetskogo Soyuza 서기장으로 선출되었다. 또한 정치국Politburo을 운영하면서 당과 정부에 대한 장악을 감행했다. 1924년 레닌 사망 이후 레닌주의를 신봉하며 그리고리 지노비예프, 레프 카메네프와 함께 삼두 정치를 잠시 펼치며 정적을 제거한 뒤 다시 니콜라이 부하린 등과 결탁해 지노비예프와 카메네프를 축출했다. 1929년에는 레온 트로츠키를 추방했으며, 1940년 멕시코에서 암살했다. 1928년 레닌의 신경제 정책을 중단하고 국가 중심의 산업화를 추진하면서 이주와 집단 농장을 중심으로 한 농업 분야에 대한 대대적인 조정을 실시한다. 1934년 말 공산당 내 숙청 작업을 개시했으며, 1937년에는 내전을 승리로 이끈 마하일 투하쳅스키 장군 등 군내 주요 인사를 반란죄로 몰아 대거 제거했다. 1939년 8월 23일 서유럽과의 협상에 실패한 뒤 아돌프 히틀러와 독소 불가침 조약Nazi-Soviet Non-Aggression Treaty을 체결해 히틀러의 폴란드 침공을 돕는 동시에 자신은 폴란드 동부와 에스토니아, 라트비아, 리투아니아, 루마니아 일부, 핀란드를 침공했다. 1941년 6월 22일 히틀러의 소련 침공 이후 스탈린그라드 전투와 쿠르스크 전투 등을 진두지휘하며 동부 전선의 승리에 지대한 기여를 했다. 영국의 처칠과 미국의 루스벨트와 함께 1943년에는 테헤란, 2년 뒤에는 얄타와 포츠담에서 정상 회담을 통해 독일과 일본에 대한 전략 수립과 전후 질서에 대해 논했다. 유럽과 동아시아에서 승전 후 소련의 영향권을 확대하고자 동유럽 위성 국가에 대한 통제를 강화해 나갔으며, 중국과 한반도의 공산화 또한 지원했다.

스티븐 스펜더Sir Stephen Harold Spender

1909년 2월 28일 / 1995년 7월 16일

런던 출신 시인으로 1922년 유니버시티 칼리지 스쿨에 입학해 공부했으며, 1927년 옥스퍼드 대학교 유니버시티 칼리지에 정치, 철학, 경제 전공으로 입학했다. 옥스퍼드 대학교 재학 중 첫 번째 시집 『아홉 번의 실험Nine Experiments』(1928)을 출판했으며, 이사야 벌린, T. S. 엘리엇 등과 친분을 쌓았다. 유년 시절부터 급진적인 자유주의와 사회주의를 접했으며, 나치 독일의 등장을 계기로 국제 정치에 관심을 가지기 시작했다. 1936년 스페인 내전의 발발을 전후해 해럴드 래스키가 출판인 빅터 골란츠와 조직한 좌파 독서 모임에 출입하기 시작했으며, 자신의 첫 논저 『자유주의를 넘어서Forward from Liberalism』(1937)를 내놓았다. 영국 공산당의 요청으로 내전 중인 스페인을 수차례 방문했으며, 이곳에서의 경험에 기초해 「겁쟁이Coward」, 「마지막 수단Ultima ratio magnum」과 같은 유명한 반전시를 썼다. 1939년 두 번째 시집 『정적의 한 가운데The Still Centre』를 내놓으며 당시 영국에서 가장 촉망받는 시인으로 인정받았다. 1941년 건강상의 문제에도 불구하고 자원 입대했다. 제2차 세계대전 중에는 소방관으로 복무한 뒤 외무성 정보국에서 근무했다. 전후에는 독일에서 통제관으로 잠시 근무한 후 새로 탄생한 국제 연합 교육 과학 문화 기구United Nations Educational, Scientific and Cultural Organization 문예 담당관으로 1947년까지 일했다. 이후 미국으로 건너가 문예 잡지 『엔카운터Encounter』의 편집을 맡으며 로렌스 칼리지, 버클리 소재 캘리포니아 대학교, 노스웨스턴 대학교, 코네티컷 대학교, 유니버시티 칼리지 런던 등에서 가르쳤다.

나소 윌리엄 시니어Nassau William Senior

1790년 9월 26일 / 1864년 6월 4일

영국 변호사이자 경제학자로 이튼 칼리지와 옥스퍼드 대학교 모들린 칼리지에서 수학했다. 1812년 옥스퍼드 대학교를 졸업한 뒤 부동산 양도 관련 문제를 취급했으며, 1819년 변호사 자격을 획득했다. 연설에 소질이 없어 고생했으나, 경제학에 뛰어난 재능을 보여 1825년 옥스퍼드 대학교 정치경제학 담당 교수로 선출된다. 1829년『인구에 관한 두 강좌Two Lectures on Population』에서 생활 수준의 향상이 수반되는 인구의 성장은 경제 발전을 가져올 수 있다는 주장을 하며 토머스 맬서스의 비관적인 인구론을 비판했다. 이듬해에는 내무 장관 윌리엄 램, 멜버른 경의 요청으로 노동 조건과 파업에 관한 보고서를 작성했으며, 1832년에는 왕립 빈민법 조사 위원회Royal Commission into the Operation of the Poor Laws에 소속되어 복지에 대한 의존을 철폐하는 방향으로 빈민법 개혁을 주도했다. 1834년 빈민법 수정안Poor Law Amendment Act의 마련에 지대한 공헌을 했다. 1836년에는 형평 재판소의 주재자Master in Chancery로 임명되었으며, 같은 해 존 스튜어트 밀 등을 비롯한 고전 경제학자의 추상적 논의를 비판하며 사회 현실로부터 추론되는 귀납적이고 실용적인 경제학의 방향을 제시한『정치경제학 개요An Outline of the Science of Political Economy』를 출판했다. 또한 저축을 생산 비용으로 포함시키며 자본가의 절제가 자본 축적에서 차지하는 중요성을 강조했으며, 교육 문제에 대해서도 조언했다. 1833년 프랑스 정치철학자 알렉시 드 토크빌을 만나 친분을 쌓았으며, 이후 1859년까지 빈민법을 포함한 당시 영국과 프랑스의 다양한 사회 문제에 대한 의견을 교환했다. 1856년 크림 전쟁 이듬해부터 1858년 사이 터키와 아테네를 비롯한 근동 지역을 방문했으며, 이듬해 여행기를 출판하기도 했다.

루도비코 아리오스토Ludovico Ariosto

1474년 9월 8일 / 1533년 7월 6일

이탈리아 후기 르네상스를 대표하는 시인으로 대표작으로는 1516년과 1532년에 걸쳐 출판된 서사시『광란의 오를란도Orlando Furioso』를 들 수 있다. 이탈리아 모데나 공국 레조넬에밀리아에서 태어났으나 10세 때 부친과 함께 페라라로 이주했다. 어려서부터 시에 소질을 보였으나 부친의 뜻대로 법조인이 되고자 1489년 페라라 대학에 진학해 법을 공부했다. 1494년 졸업 후 문학 공부를 시작했으나 1500년 부친이 사망함에 따라 생계를 위해 공직에 나섰다. 1502년 카노사 성 지휘관으로 근무한 뒤 이듬해 페라라의 추기경 이폴리토 데스테의 비서로 임명된다. 1505년 무렵부터『광란의 오를란도』를 집필하기 시작했으나, 교황 율리오 2세가 밀라노와 베네치아를 손에 넣고자 하면서 지리적으로 로마와의 사이에 위치한 도시 전체가 혼란에 처한다. 1513년 레오 10세가 교황에 오른 후 안정적인 자리를 구하고자 시도했으나 실패하고 고향 페라라에 정착해 집필에 전념한다. 3년 뒤『광란의 오를란도』 초판을 출판했다. 1518년 추기경의 동생 알폰소 1세 데스테의 비서로 임명되었으며, 1521년 증보판을 내놓았다. 이듬해 투스카니 지역 가르파그나나 시장으로 임명되어 1525년까지 근무한 뒤 페라라로 돌아와 여생을 보냈다. 이슬람 제국의 흥기에 맞선 프랑스의 카롤루스 대제와 12기사의 전설을 배경으로 한『광란의 오를란도』는 중세 유럽의 기사 문학의 전통을 완성하는 작품이자 르네상스 인문주의를 개시한 작품으로 꼽는다. 윌리엄 셰익스피어를 비롯한 수많은 유럽의 작가에게 큰 감명과 영향을 준 것으로 유명이디.

살바도르 아옌데 Salvador Allende

1908년 6월 26일 / 1973년 9월 11일

칠레 정치인으로 발파라이소에서 태어나 칠레 대학교에 입학해 의학을 공부했으며, 마르크스주의 활동에 적극적으로 참여했다. 1932년 졸업한 다음해 칠레 사회주의 정당Partido Socialista de Chile을 창당했다. 페드로 아기레 세르다가 이끄는 자유주의 좌파 연합을 지지하며 하원에 입성했으며, 1939년부터 1942년까지 세르다 행정부에서 보건 장관으로 일했다. 1941년 세르다 대통령의 사망 후 민중 연합을 이끌었으며, 4년 뒤에는 상원 의원에 선출되었다. 1952년 대통령 선거에 처음으로 도전했으나, 급진적인 공산당과의 연합으로 인해 칠레 사회주의 정당에서 쫓겨났다. 1958년 사회주의 정당과 공산당의 지지를 받으며 다시 대통령에 도전했으며, 자유주의 보수당의 호세 알렉산드리에게 패했다. 1964년에는 기독 민주주의 계열의 에두아르도 프레이에게 패했다. 6년 뒤 사회주의, 공산주의, 급진적인 기독 민주주의 계열의 전폭적인 지지를 받으며 대통령에 당선되었으나, 여소야대의 국회로 인해 정치적으로 불안했다. 1970년 11월 대통령 취임 후 민주적 정부와 시민권과 법의 지배를 통한 사회주의로의 이행을 추진하고자 했다. 미국 기업이 투자한 구리 광산뿐만 아니라 여러 사기업과 대농장을 평등한 분배를 위해 국유화했다. 불황과 국가 부채, 해외 투자 급감, 파업 등 여러 국내외의 경제적인 난관에도 불구하고 1973년 3월 총선에서 승리했으나, 같은 해 9월 미 중앙 정보국의 지원을 받는 아우구스토 피노체트 장군의 쿠데타로 인해 정권을 잃는다.

드와이트 아이젠하워Dwight D. Eisenhower

1890년 10월 14일 / 1969년 3월 28일

미국 육군 장성이자 34대 대통령으로 텍사스 출신이다. 1911년 미국 육군 사관학교 웨스트포인트에 입학했으며, 4년 뒤 보병 소위로 임관했다. 제1차 세계대전 기간에는 육군 훈련소에서 근무했다. 1941년 12월 일본의 진주만 침공에 따라 미국의 제2차 세계대전 참전이 결정되자 조지 마셜 육군 참모총장은 당시 소장이었던 아이젠하워를 영국 주둔 미군 지휘관으로 임명한다. 같은 해 1942년 7월 중장으로 진급한 뒤 프랑스 북아프리카 상륙 작전Operation Torch을 성공적으로 완수했으며, 그 공으로 이듬해 4성 장군으로 승진한다. 이후 프랑스 상륙 작전인 오버로드 작전 연합군 사령관으로 임명되었으며, 1944년 초 총사령관에 올랐다. 1944년 겨울 프랑스 작전의 성공으로 5성 장군, 원수로 진급한다. 1945년 나치 독일의 항복 이후 독일 내 미군 점령지 사령관으로 근무한 후 1948년 2월 퇴임했다. 같은 해 출간된 회고록 『유럽의 십자군Crusade in Europe』(1948)은 미국 안팎에서 베스트셀러에 올랐다. 같은 해 아이젠하워는 컬럼비아 대학교 총장에 취임했으며, 2년 뒤 1951년 해리 트루먼 대통령에 의해 유럽 주둔 연합군 총사령관에 임명되어 파리로 가기 전까지 일했다. 유럽 주둔 연합군 총사령관으로 1949년 설립된 북대서양 조약 기구의 군 창설에 지대한 공헌을 한다. 1952년 공화당 후보로 리처드 닉슨과 함께 대통령 선거에 출마해 당선되었다. 전후 미국의 고립주의로의 복귀를 저지하고자 했으며, 동시에 한국 전쟁의 조기 종식을 약속했다. 소련의 지도를 받는 공산주의의 확산에 대해서는 우려를 표명했으나, 한국과 동유럽에서 적극적인 공세를 펼쳐야 한다고 주장한 공화당 지도부와는 달리 온건적인 정책을 선호했다. 재래식 군사력을 축소하는 한편 핵무기와 폭격기 개발에 투자했으나, 소련과의 평화 협상도 시도했다. 기습 공격을 방지하기 위한 상호 영공 개방Open Skies을 소련에 제안했으나 실패했다. 반면 제3세계 지역, 이란과 과테말라의 공산화에 대해서는 각기 1953년과 1954년 중앙 정보국을 동원해 적극적으로 대응했다. 베트남에는 한국 전쟁 이후 또 다른 대규모 전쟁에 대한 우려로 즉각 개입은 하지 않았으며, 대신 1954년 동남아시아 조약 기구South East Asian Treaty Organization의 창설을 통해 간접적으로 남베트남에 대한 미국의 지원을 시작했다. 1956년 영국과 프랑스의 수에즈 운하 점령 시도 실패 이후 중동 지역에서의 공산주의와 민족주의에 의한 혼란과 분쟁 방지를 명목으로 미국의 개입을 개시했다. 1957년 1월에 공표된 아이젠하워 독트린Eisenhower Doctrine에 따라 이듬해부터 중동 지역에 대한 경제 원조와 함께 레바논에 미군을 파견했다. 1958년에는 소련의 스푸트니크 위성 발사에 맞서 미국 항공 우주국 National Aeronautics and Space Administration을 창설했다. 1959년 피델 카스트로 주도의 쿠바 혁명이 성공하자 중앙 정보국 지원 하에 쿠바 망명 정부 건립 후 침공을 계획했으나 실행에 옮기지는 않았다. 이듬해 소련과의 핵무기 실험 금지 조약 체결을 성사시키고자 시도했으나 같은 해 5월 미국 정찰기 U-2가 소련 영공 정찰 중 추격되면서 양국 간의 갈등 완화를 위한 아이젠하워의 노력은 실패로 돌아갔다.

빅토르 아들러Victor Adler

1852년 6월 24일 / 1918년 11월 11일

오스트리아 정치인으로 노동 운동 지도자였으며, 오스트리아 사회민주 노동자당Sozialdemokratische Arbeiterpartei을 창당했다. 프라하 유대인 상인 가문 출신으로 유년 시절 빈으로 이주했다. 빈 대학교에서 화학과 의학을 공부하며,

독일 민족주의 운동에 관심을 가지기 시작했다. 1882년 게오르크 폰 쇠너러 등과 함께 러시아의 부상에 발맞춰 확산되고 있는 슬라브주의에 맞서 오스트리아-헝가리의 해체와 독일과의 합방을 목표로 한 린츠 계획Linz Program을 추진했다. 하지만 쇠너러의 노골적인 반유대주의로 인해 갈라선 후 공산주의로 전향했다. 1886년 마르크스주의 잡지 『평등Gleichheit』을 펴냈다. 1888년 오스트리아 사회민주 노동자당을 창당했으며, 초대 당수로 선출된다. 이듬해부터 기관지 『노동자 신문Arbeiter-Zeitung』을 내놓았다. 이후 1905년 제국 회의Reichsrat의 일원으로 보통 선거의 도입에 앞장섰다. 쇠너러의 반유대주의 독일 민족주의에 맞서 오스트리아를 중심으로 한 지역 질서의 재편을 꿈꿨다. 개인적으로 전쟁에 반대했지만, 1914년 6월 28일 황태자 프란츠 페르디난트 암살 후 오스트리아-헝가리 제국의 세르비아에 대한 선전 포고에는 당의 입장에서 찬성했다.

알렉산더Alexander

1493년 / 1513년 9월 9일

스코틀랜드 국왕 제임스 4세의 사생아로 모친은 마리옹 보이드다. 교회에 대한 통제를 강화하고자 한 제임스 4세의 의지에 따라 1502년 부주교에 임명되었으며, 2년 뒤에는 세인트앤드루스 주교에 올랐다. 세인트앤드루스 대학에서 인문학 교육을 받았으며, 1507년부터 1510년까지 프랑스, 네덜란드, 이탈리아에서 신학과 인문학 공부를 했다. 이탈리아 파두아에서 에라스뮈스를 만나 제자가 되어 수사학과 고전을 배웠다. 1510년 귀국 후 스코틀랜드 대법관이 되었다. 1512년 부친 제임스 4세가 영국의 국왕 헨리 8세의 장녀 마거릿 튜더와의 혼인에도 불구하고 프랑스와 동맹을 맺고 침공하자 함께 했다. 1513년

9월 9일 플로든 전투에서 부친과 함께 전사했다.

존 애덤스 John Adams

1735년 10월 30일 / 1826년 7월 4일

미국 초대 부통령이자 제2대 대통령으로 매사추세츠주 브레인트리에서 태어나 자랐다. 목사가 되길 원했던 부모의 뜻에 따라 하버드 칼리지에 입학해 신학을 공부했으며, 1755년 졸업 후 우스터 초등학교에서 근무했다. 3년 뒤 진로를 바꿔 변호사가 되었으며 보스턴 근처에서 일을 시작했다. 1765년부터 7년 전쟁 이후 영국의 식민지 조세 확충에 강하게 반발하기 시작했다. 1765년 인지세 법Stamp Act과 2년 뒤 톤젠드 법Townshend Act에 반대하면서 보스턴 지역 내 유명 인사로 부상했으나, 1770년 3월 5일 보스턴 학살Boston Massacre 때에는 영국군을 위해 변호에 나서기도 했다. 1774년 매사추세츠주 대표로 필라델피아에서 개최된 제1차 대륙 회의First Continental Congress에 참석했으며, 영국과의 협상에 강하게 반대했다. 1775년 제2차 대륙 회의Second Continental Congress에서는 독립 세력을 주도하며 조지 워싱턴의 사령관 임명과 토머스 제퍼슨의 독립 선언서 작성, 영국과의 단교를 이끌어냈다. 1776년에는 프랑스와의 동맹 조약의 초안을 작성했으며, 독립 전쟁 중에는 식민지의 전쟁 물자를 책임졌다. 2년 뒤인 1778년에는 프랑스와의 동맹 조약 체결을 협상하기 위해 벤저민 프랭클린과 함께 전권 대사로 파리에 파견되었다. 이듬해 귀국 후 매사추세츠주 헌법 초안 마련에 참여한 후 영국과의 종전 협상을 위한 전권 대사로 임명되어 런던으로 떠났다. 런던과 파리, 암스테르담을 방문하며 평화 협상과 전쟁 부채 문제를 논의했으며, 4년 뒤 1783년 영국과 파리 조약을 체결한 뒤 1784년 귀국했다. 1785년 초대 영국 대사로 임명되어 런던에서 근무했으며, 1798년 귀국 뒤에는 조지 워싱턴을 보좌하는 초대 부통령에 선출된다. 1796년 워싱턴이 3선에 도전하지 않기로 하자 제퍼슨과 맞붙어 제2대 대통령에 당선되었다. 프랑스 대혁명 이후 전 유럽을 상대로 한 전쟁을 치루고 있는 프랑스에 대한 지원 및 영국과의 평화 유지 문제를 두고 격렬한 논쟁 속에서 중립을 택했다. 1800년 제퍼슨과 맞서 패하면서 물러났다.

클레멘트 애틀리 Clement Richard Attlee, 1st Earl Attlee

1883년 1월 3일 / 1967년 10월 8일

런던 출생 영국의 수상으로 1901년 옥스퍼드 대학교 유니버시티 칼리지에 입학해 역사학을 공부했다. 1906년 변호사 자격을 획득했으나, 봉사 활동에 많은 관심을 두었다. 1908년 독립 노동당에 가입했으며, 런던 동부 노동자 계급 거주지 이스트엔드를 중심으로 봉사 활동과 정치 활동을 했다. 1912년 런던정경대학 사회복지학과 강사로 취직했다. 제1차 세계대전 중에는 이탈리아와 메소포타미아 지역, 프랑스 등지에서 복무했다. 1919년 런던에서 노동당 하원 의원에 도전했으나 실패하고, 런던 동부 스테프니 시장으로 당선되었다. 1922년 총선에서 당선되어 하원에 입성했으며, 같은 해 램지 맥도널드가 노동당 당수로 선출되자 의원 개인 비서로 임명된다. 1924년 첫 노동당 정부에서는 전쟁 차관으로 일했다. 1931년 총선 노동당의 대패에도 불구하고 조지 랜즈베리, 스태퍼드 크립스와 함께 신승을 거두며 노동당 지도 세력으로 부상했다. 1937년 좌파 독서 모임에 참여하면서 사회주의 정부의 개혁 목표를 담은 선언서 『노동당 바로 알기 The Labour Party in Perspective』를 출간했으며, 이에 기초해 노동당 내부 정비를 추진했다. 국제 문제와 관련해서 애틀리는 외교 주권의 일부를 포기하더라도 국제 평화를 구축하는 것이 우선이라는 입장을 견지했으며, 이에 국제 연맹을 중심으로 한 대대적인 군축을 적극 호소했다. 하지만 1937년 아돌프 히틀러의 나치 독일의 군비 확충이 기정사실이 되자 재무장화에 찬성했다. 1939년 징병은 자원병이 더 효율적이라는 이유로 반대했다. 1940년 옥새 상서Lord Privy Seal에 임명되었으며, 1942년에는 자치령 장관과 부총리에 올랐다. 1945년 7월 총선에서 대승을 거두며 수상에 올랐다. 이후 친구이자 동지 어니스트 베빈과 함께 전후 세계 질서 회복에 앞장섰다. 국제 연합과 더불어 패권국으로서 미국의 역할은 인정했지만, 영국의 국익을 최우선시하며 노동당 외교 정책의 기조를 새롭게 다졌다. 전후 영국 제국의 쇠락 속에서 인도의 독립을 수용했을 뿐만 아니라 그리스와 동지중해 지역은 미국에 팔레스타인 지역은 국제 연합에 책임을 이전했다. 하지만 한국 전쟁에 있어서는 아시아 지역에 있어서 영국의 이익을 고려해 핵무기의 사용을 비롯한 미국의 과도한 개입을 반대했다. 또한 1946년 미국의 유럽 방위를 촉구하는 동시에 영국의 핵무장을 기획했다. 1955년 노동당의 총선 패배 이후 노동당 총수에서 물러났다. 같은 해 귀족으로 봉해지면서 상원 의원으로 선출되었다.

윌리엄 앨런William Allen

1770년 8월 29일 / 1843년 12월 30일

영국의 박애주의자로 퀘이커 교도이다. 런던 직물업자로 독실한 퀘이커 교도였던 부친을 따라 유년 시절부터 퀘이커 친우회 활동에 열성적이었다. 하지만 퀘이커 학교 졸업 후 가업을 계승하지 않고 화학 실험에 몰두했으며, 1807년에는 탄소에 대한 연구를 인정받아 왕립 학회 회원으로 선출되기도 했다. 그러나 앨런의 주된 관심은 자선 사업에 있었다. 특히 친구 윌리엄 윌버포스와 함께 노예제 폐지 운동에 앞장섰다. 1807년 노예무역 폐지 이후에는 퀘이커 동지 조지프 랭커스터의 교육 사업을 돕고자 영국 및 외국 학교 협회 British and Foreign School Society 일을 떠맡았다. 1811년에는 계간지 『자선사업가The Philanthropist』를 펴냈으며, 제임스 밀과 함께 사회 개혁을 강력히 요구했다. 1814년에는 제러미 벤담과 로버트 오언과 함께 뉴 래너크 방적 공장을 인수해 이상적인 산업 공동체를 구현하고자 시도했다. 2년 뒤에는 존 스콧 등과 함께 영구적이고 보편적인 평화를 증진하기 위한 협회Society for the Promotion of Permanent and Universal Peace를 설립했으며, 1818년에는 유럽 곳곳을 방문하며 노예제 폐지와 유럽 평화를 호소했다.

클리퍼드 앨런 Reginald Clifford Allen, Baron Allen of Hurtwood
1889년 5월 9일 / 1939년 3월 3일
1908년 브리스틀 소재 유니버시티 칼리지를 졸업 후 케임브리지 대학교 피터하우스에 입학했다. 이 시절부터 페이비언 협회 활동에 열성적이었다. 졸업 후에도 페이비언 협회 활동을 하면서 독립 노동당에 가입했으며, 노동당 계열 신문 『데일리 시티즌Daily Citizen』에서 일하면서 램지 맥도널드와 교분을 쌓았다. 제1차 세계대전의 발발과 함께 반전 운동가로 나섰으며, 1914년 말에는 징병 반대 협회의 창설을 주도했다. 독립 노동당의 반군사주의와 국제주의를 적극 지지했으며, 스스로 양심적 병역 거부를 실천하고자 했다. 1916년에는 비전투 복무 대체까지 거부하며 투쟁하다 징역 2년에 처해진다. 1922년 독립 노동당 재무 국장에 임명되었으며, 일 년 뒤에는 의장으로 선출된다. 1925년부터 1930년 동안에는 자유당 급진 세력과 노동당 성향 신문인 『데일리 헤럴드』의 책임자로 일했다. 1931년 귀족에 봉해졌다. 거국 내각과 초당적인 협력을 강조했다. 독일에 대한 보복 조치가 담긴 베르사유 조약을 강력히 비판했다. 1935년 아돌프 히틀러와 회담을 하기도 했다. 나치 독일의 반유대주의에 반감을 표명했지만 유럽 평화를 위해서는 나치 독일의 체코슬로바키아 수데텐란트 지역의 합병을 승인해야 한다고 확신했다. 1938년 나치 독일과 프랑스, 이탈리아와의 4자 회의를 성사시키며 뮌헨 협정의 주춧돌을 놓았다.

앤서니 이든Robert Anthony Eden, 1st Earl of Avon
1897년 6월 12일 / 1977년 1월 14일

영국 수상으로 스코틀랜드 더럼에서 귀족 가문의 4남 중 3남으로 태어났다. 1911년 이튼 칼리지에 입학했다. 1915년 졸업과 동시에 제1차 세계대전에 참전하고자 보병으로 입대해 서부 전선에서 싸웠다. 1918년 최연소로 영국군 여단 부관에 임명되었으나, 큰 형과 막내는 모두 전사했다. 1919년 옥스퍼드 대학교 크라이스트처치 칼리지에 진학해 페르시아어와 아랍어를 전공했다. 1923년 워릭에서 보수당 하원 의원으로 당선되어 정계에 입문한다. 1924년 노동당의 평화주의를 비판하며 강력한 영공 방어를 주창했던 새뮤얼 호어를 변호한 하원 연설로 인정을 받았다. 1924년 보수당이 집권함에 따라 내무부 차관 비서에 임명되었다. 2년 뒤 1926년, 1925년 로카르노 조약의 체결을 성공시키며 노벨 평화상을 수상했던 외무 장관 오스틴 체임벌린의 개인 비서로 자리를 옮겼다. 오스틴 체임벌린 밑에서 일하면서 외무성의 운영과 더불어 유럽의 평화 유지에 있어서 프랑스와의 협력의 중요성을 깨닫게 된다. 1931년 램지 맥도널드가 거국 내각을 구성하자 스탠리 볼드윈과 오스틴 체임벌린의 추천으로 외무 차관에 오른다. 1933년 옥새 상서에 임명되었다. 1932년 제네바와 로잔의 군축 회담 실패와 이듬해 나치 독일의 국제 연맹 탈퇴 이후 영국의 국제 연맹을 중심으로 한 대륙 외교를 주도했다. 1935년 6월 램지 맥도널드가 은퇴함에 따라 보수당이 집권하자 국제 연맹 담당 무임소 장관에 임명된다. 같은 해 12월 베니토 무솔리니의 아비시니아 무력 점령을 인정하는 조약을 프랑스 외무 장관인 피에르 라발과 맺은 새뮤얼 호어가 여론의 뭇매를 맞으며 사임하자 38세라는 젊은 나이에 외무 장관에 오른다. 이탈리아의 아비시니아 침공, 독일의 라인란트 비무장 지대 점령, 일본의 만주 침략, 스페인 내전에 직면해 확전의 방지와 영국의 중립 유지를 위해 노력했다. 1937년 네빌 체임벌린이 스탠리 볼드윈을 대신해 수상에 오른 뒤에도 재무장과 국제 연맹의 집단 안보 체제의 강화를 통해 나치 독일을 억제할 수 있다고 믿었다. 하지만 지중해 지역 영국 상선의 보호와 미국과의 협력 문제 등을 놓고 수상 네빌 체임벌린과 의견 다툼으로 이듬해 사임한다. 1939년 제2차 세계대전의 발발과 함께 거국 내각이 구성되자 자치령 장관으로 복귀했으며, 이듬해 윈스턴 처칠이 수상에 오르자 전쟁상을 거쳐 외무 장관에 임명된다. 1941년 이후 미국 및 소련과의 군사 협력을 안착시켰으며, 처칠을 도와 전후 질서 수립에도 큰 기여를 했다. 1945년 총선에서 노동당이 대승을 거두면서 어니스트 베빈에게 자리를 넘겼다. 1951년 보수당이 집권에 성공하면서 세 번째로 외무 장관에 오르게 된다. 미국과의 협조를 통한 유럽 재건을 위해 노력했으며, 특히 유럽 철강 공동체European Coal and Steel Community와 유럽 방위 공동체European Defence Community의 결성에 있어 프랑스의 협조를 얻어내는데 지대한 공헌을 했다. 1953년 한국 전쟁 종전과 포로 교환에 있어서도 기여를 했을 뿐만 아니라 이듬해 중국과 인도 국경 분쟁의 해결과 더불어 프랑스의 인도차이나반도 철수와 동남아시아 조약 기구의 창설에도 일조했다. 1955년 4월 윈스턴 처칠이 사임함에 따라 수상으로 선출되었다. 이듬해 여름 이집트 내통령에 취임한 가말 압델 나

세르가 수에즈 운하의 국유화를 선포하자 프랑스 수상 기 몰레와 함께 국제
연합은 물론 대통령 선거에 몰두하고 있는 미국의 승인과 지원 없이 이스라엘
을 필두로 내세워 비밀 군사 작전을 감행했다. 초기 군사 작전은 성공적이었으
나 이집트에 대한 선전 포고 이후 영국 내 비판 여론에 더해 미국과 소련을 위
시한 국제 사회의 맹렬한 비난을 받고 계획을 접었다. 1957년 1월 9일 수에즈
사태의 책임과 건강상의 이유로 수상 직에서 물러났다.

데시데리위스 에라스뮈스Desiderius Erasmus

1466년 10월 / 1536년 7월 12일

네덜란드 로테르담 출신 기독교 인문주의자로 정확한 출생 일자는 알려져 있
지 않다. 어려서 부모를 잃고 수도원 학교에서 교육을 받았다. 1486년 로테르
담 근처 스테인 소재 아우구스티누스 수도회의 수도사가 되었으나, 이듬해 캉
브레 주교 헨드릭 반 베르겐의 비서가 된다. 부유하고 영향력 있는 가문 출신
이었던 베르겐의 주선으로 당시 유럽의 왕실과 교류한다. 1495년 신학을 공
부하기 위해 파리 대학교에 진학했으며, 파리에서 마운트조이 경 윌리엄 블라
운트를 제자로 둔다. 4년 뒤 마운트조이 경을 따라 영국을 방문해 토머스 모
어를 만났다. 이듬해 파리에 돌아왔으나 얼마 후 프랑스와 네덜란드 지역 등
을 거쳐 영국에 건너가 친구 모어를 다시 만났다. 1506년 베네치아를 비롯한
이탈리아 르네상스 중심지를 방문한 뒤 영국으로 건너가 모어의 도움을 받으
며 대표작 『우신 예찬Stultitiae Laus or Moriae Encomium』(1511)을 비롯한 여러 인
문 교육과 관련된 책을 집필했다. 1514년 유럽 대륙으로 돌아온 뒤 라틴어
번역과 주석이 첨부된 그리스어판 『신약 성서Novum Instrumentum omne』(1516)
를 출간했다. 이어 성 제롬의 글과 서간을 총 9권으로 편집했다. 1517년 루뱅

에 정착해 루뱅 대학교 신학자들과 그리스어, 라틴어, 히브리어에 기초한 신학 연구를 두고 논쟁을 하며 인문학적 신학 공부를 제안했다. 1521년 바젤로 옮겼으며, 이후 마르틴 루터와 자유 의지와 예정설을 중심으로 논쟁했다. 1528년에는 키케로의 삶과 글을 다룬 책을 펴냈으며, 이듬해 바젤이 종교 개혁에 합세하자 구교 도시였던 프라이부르크에 정착했다. 전쟁과 평화의 문제를 비롯한 에라스뮈스의 정치사상은 『찬사Panegyricus』(1504), 『기독교 군주 교육론Institutio Principis Christiani』(1516), 『평화의 탄식Querela Pacis』(1517), 『투르크족에 맞선 전쟁De bello Turcico』(1530)에 담겨져 있으며, 특히 『기독교 군주 교육론』은 후일 신성로마제국의 황제 카를 5세가 될 왕자에게 헌정되었다.

귀스타브 에르베Gustave Hervé

1871년 1월 2일 / 1944년 10월 25일

양차 세계대전 사이 활동한 프랑스 정치인으로 급진적인 사회주의자에서 파시스트로 전향한 것으로 잘 알려져 있다. 프랑스 서북단 항구 도시 브레스트 태생이다. 가난한 노동자 집안에서 태어났으나, 각고의 노력 끝에 1896년 프랑스 중부 욘주 작은 도시 상스 소재 국립 고등학교 역사 교수가 되었다. 이 무렵부터 사회주의자로 활동하기 시작했다. 특히 군사주의를 전쟁의 원인으로 파악하고 반군사주의 운동을 열성적으로 이끌었다. 1905년 통합 프랑스 사회당Section française de l'Internationale ouvrière의 탄생을 함께 했으며, 당내 가장 급진적인 세력에 속했다. 같은 해 반군사주의 운동을 하다가 내란죄로 수감되었다. 제1차 세계대전 직전에는 파리에서 반군사주의 운동을 주도했으며, 노동자 총파업과 계급 혁명을 통한 전쟁의 방지를 주창했다. 제1차 세계대전 이후 프랑스에서만 아니라 유럽 전역 사회주의 운동의 극심한 분열에 환멸을 느끼고 1919년 국가 사회주의 정당Parti socialiste national을 창설했다. 계급 갈등과 사회 질서의 회복을 위해서는 강력한 지도자와 정부가 필요하다고 확신했다. 1922년 베티토 무솔리니의 쿠데타 로마 진군에서 큰 감명을 받았으며, 1936년에는 앙리 필리프 페탱 장군을 지지하며 나치 괴뢰 정부 비시 프랑스의 탄생을 반겼다. 하지만 비시 정부와의 관계는 매끄럽지 않았으며, 어떠한 공식적인 직위도 맡지 않았다.

조지 해밀턴고든, 애버딘 백작George Hamilton-Gordon, 4th Earl of Aberdeen
1784년 1월 28일 / 1860년 12월 14일

에든버러 출신 영국 수상이자 학자이다. 1795년 해로 칼리지에 입학했으며, 5년 뒤 케임브리지 대학교 세인트존스 칼리지에 입학해 역사학과 고전학을 공부했다. 1802년 아미앵 조약에 따른 평화를 이용해 프랑스를 거쳐 콘스탄티노플을 여행한 뒤 이탈리아와 독일을 통해 1804년 귀국했다. 이미 고대 그리스와 로마 예술에 상당한 조예가 있어서 1805년 아마추어 예술 평론 모임인 딜레탕트 협회Society of Dilettanti와 골동품 연구회Society of Antiquaries 회원으로 선출되었으며, 3년 뒤에는 왕립 학회 회원으로 선출되었다. 1806년 스코틀랜드 상원 의원에 오르며 정계에 진출했다. 노예무역 폐지를 적극 지지했다. 1813년 외무 장관 캐슬레이에 의해 빈 주재 영국 대사로 임명되었다. 애버딘의 주된 임무는 오스트리아를 설득해 프랑스와의 전쟁에 나서도록 하는데 있었다. 같은 해 6월 라이헨바흐 조약으로 러시아, 프러시아, 오스트리아 사이 반프랑스 동맹이 결성되었으나 오스트리아는 전쟁에 나서지 않고 있었다. 또한 캐슬레이는 애버딘으로 하여금 아서 웰즐리 장군의 스페인 작전의 성공을 기회로 삼아 영국이 유럽 외교를 다시 주도할 수 있도록 노력할 것을 요구했다. 영국을 제외한 어떠한 평화 협상도 저지해야 했다. 8월 중순 오스트리아는 프랑스에 선전 포고를 했다. 이후 애버딘은 지정학적 위치와 상황을 볼 때 러시아가 아닌 오스트리아가 영국의 진정한 동맹이라고 캐슬레이를 설득했으며, 1814년 5월 제1차 파리 조약을 캐슬레이와 함께 성사시켰다. 귀국 후 영국 귀족에 봉해졌다. 1828년 웰링턴 공작에 오른 아서 웰즐리 정부에 랭커스터 공국상으로 입각했으며, 얼마 후 외무 장관에 임명되었다. 전후 프랑스의 개입이 우려되는 포르투갈 봉기는 이베리아반도에서 전쟁을 수행한 웰링턴 공작에 일임했지만, 그리스 지역 문제에 대해서는 의견을 달리했다. 수상 웰링턴 공작은 러시아의 팽창을 우려해 오토만 제국에 대한 지원을 원했지만, 애버딘은 오토만 제국의 통치 하에서 고통을 받고 있는 그리스를 돕고자 했다. 하지만 1830년 7월 혁명으로 샤를 8세가 물러나고 루이 필리프 1세가 프랑스 국왕으로 올랐을 때는 이를 함께 승인했다. 1834년에서 1835년 사이 로버트 필에 의해 잠시 식민지상에 임명되기도 했다. 1841년 필의 두 번째 내각에 파머스턴에 이어 외무 장관으로 참여해 5년 동안 프랑스와의 관계 개선과 미국과의 영토 분쟁을 해결하고자 애썼다. 1852년 개혁 성향의 토리당 세력과 휘그당 세력을 규합하면서 수상에 오른다. 자유 무역과 교육 개혁을 이루고자 했으나 발칸반도에서의 상황 악화로 인해 별다른 성공을 이루지 못했다. 1851년 루이 나폴레옹이 자신의 지지를 높이고자 오토만 제국 내 라틴 교회에 대한 보호권을 주장하면서 러시아와의 갈등이 폭발했다. 나폴레옹 3세의 수정주의적 외교 정책에 비판적인 입장을 취했으나, 1848년 혁명의 제압 이후 영국 내 반러시아 여론과 인도와 인도로 가는 항로에 대한 러시아의 위협 그리고 오토만 제국의 붕괴 시 초래될 극심한 혼동에 대한 우려 속에서 러시아와의 일전을 선택했다. 1854년 3월 크림 전쟁이 발발하자 사임하고자 했으나 빅토리아 여왕의 간곡한 부탁으로 1855년 1월까지 자리를 지켰다.

페르디낭 에스터하지Ferdinand Walsin Esterhazy
1847년 12월 16일 / 1923년 5월 21일

파리 출생 프랑스 장교로 드레퓌스 사건의 주요 인물이다. 파리에서 초중등 교육을 받고 생시르 사관학교에 진학하고자 했으나 실패한다. 1866년 보오 전쟁 당시 오스트리아 장교로 참전했으며, 이후 프랑스 외인 부대를 거쳐 1892년 프랑스 정규군에 소속되었다. 경제적인 이유로 프랑스 군사 정보를 독일에 팔았으며, 1894년 알프레드 드레퓌스가 군사 기밀 유출로 기소되면서 함께 의심을 받기 시작했다. 1897년 군사 법원에 기소되었으나, 동료 장교와 지휘부의 보호를 받으며 무혐의로 처리되었다. 이후 드레퓌스 사건에 대한 재조사가 시작되자 벨기에를 거쳐 영국으로 도망가 가명으로 번역과 집필을 하며 여생을 보냈다.

노먼 에인절Sir Ralph Norman Angell, Ralph Norman Angell Lane
1872년 12월 26일 / 1967년 10월 7일

링컨셔 홀비치에서 태어난 영국 평화주의 작가이다. 지역 국교회 학교를 다닌 뒤 1884년 프랑스 생 오메 고등학교에서 1887년까지 공부했다. 귀국 후 런던 소재 실무 학교를 다녔다. 이후 지역 신문사에서 잠시 일한 뒤 제네바로 건너갔다. 일 년 뒤 영국으로 돌아온 뒤 다시 기자로 성공하고자 시도했지만 실패를 거듭하고 1891년 미국으로 이주한다. 10년 가까이 목장에서 일하면서 정착하고자 했으나 시민권을 획득하는데 실패하고 영국을 거쳐 파리에 자리를 잡고 여러 중소 신문사에서 일을 시작했다. 1905년 대륙판『데일리 메일『Daily Mail』의 편집인으로 취직해 1912년까지 일했다. 이 시기 에인절은 당시 영국, 미국, 프랑스를 비롯한 주요국을 지배한 군국주의의 경험과 귀스타브 르 봉의 『군중 심리Psychologie des foules』(1895)을 접한 후 J. A. 홉슨의 금융 자본주의가 아니라 호전적인 대중 심리가 전쟁을 초래한다고 생각하기 시작했다. 1903년 출판된 『세 깃발 아래 애국심: 정치에 있어 합리주의에의 호소Patriotism under Three Flags: A Plea for Rationalism in Politics』는 이와 같은 주장을 담고 있다. 하지만 1909년에는 국제 금융 자본의 성장에 따라 전쟁은 점차 비생산적인 행위가 될 것이라 주장한 팸플릿 『유럽의 시각적 환상Europe's Optical Illusion』을 집필했다. 일 년 뒤 에인절은 이를 확장해 자신의 대표작 『거대한 환상Great Illusion』을 내놓았으며, 이 책은 출판 즉시 25개국 언어로 번역되면서 100만부 이상 판매되었다. 제1차 세계대전의 발발에 따라 에인절은 고립주의와 국제주의, 좌파 사상과 전통적 자유주의 사상 사이에서 고민했다. 1914년 7월 말 중립 연맹Neutrality League을 세우고자 계획했으나 영국의 참전 결정과 함께 포기하고 급진적인 고립주의자 세력을 규합해 민주적 통제를 위한 연합을 창설했다. 그러나 1914년 말에 접어들면서 독일과 오스트리아에 맞선 전쟁에서의 승리는 향후 새로운 국제 질서의 기반이 될 것이라 입장을 바꾸기 시작했다. 1915년 미국을 방문하여 대통령 우드로 윌슨의 외교 자문단과 친분을 쌓았으며, 미국을 비롯한 중립국의 영국과 프랑스에 대한 지원이 전후 새로운 국제기구의 탄생의 기초가 될 수 있다고 주장했다. 이전의 입장과는 달리 전쟁이 국제 질서를 변혁하는데 주요한 역할을 할 수 있다고 보았다. 제1차 세계대전의 종식 때까지 미국에 머물면서 국제기구의 칭설을 호소했으나, 국제 연맹의 창설에 직접적으로 기여한 바는 없다. 전후 파리 강화 회담의 결과와 국제 연맹에 실망을 느끼고 런던으로 돌아와 베르사유 조약을 비판하기 시작했다. 1921년『거대한 환상』의 속편『승리의 열매 Fruits of Victory』를 출판했다. 이 책에서 에인절은 독일에 대한 보복 조치를 취하려는 프랑스의 시도가 오히려 전쟁을 예방하는 상호 의존성을 약화시킨다고 주장했다. 같은 해 노동당에 가입해 1922년과 1923년 총선에 나섰으나 두 차례 모두 고배를 마셨다. 하지만 램지 맥도널드와 에드먼드 모렐을 비롯한 민주적 통제를 위한 연합의 여느 회원과는 달리 에인절은 완전한 고립주의도 프랑스에 대한 반감도 국제 연맹에 대한 절망도 공유하지 않았다. 1925년 국제 연맹의 강화를 통해 프랑스의 안전을 보장해 주어야 한다고 주장하며 국제 연맹 연합의 집행 위원이 되었다. 1928년에는 민주적 통제를 위한 연합의 기관지『포린 어페어스Foreign Affairs』의 편집을 맡았으며, 이듬해 브레드퍼드에서 하원 의원으로 당선되었다. 1934년 노벨 평화상을 수상했으며, 1935년 이탈리아의 아비시니아 침공을 강하게 비판했다. 집단 안보와 재무장을 주창했으며, 1937년 영국 제국의 이익과 지위를 희생하는 히틀러에 대한 유화 정책에 강한 반대 의사를 표시했다. 제2차 세계대전 발발 이듬해 미국 뉴욕으로 이주했으며, 1951년 영국으로 귀국할 때까지 영미 관계의 발전을 호소하는 강연과 기고를 했다.

딘 애치슨Dean Gooderham Acheson

1893년 4월 11일 / 1971년 10월 12일

코네티컷 주 미들타운 성공회 신부의 아들로 태어났다. 1915년 예일 대학교에서 학부를 마치고 하버드 법학 대학에 진학해 1918년 학위를 수여받았다. 이후 잠시 해군에서 복무 후 1941년까지 연방 법원과 정부 기관을 상대로 변호사 활동을 했다. 1933년 6개월 동안 재무 차관을 지내기도 했으나, 본격적인 정치 활동은 1941년 세 번째 임기를 맞이한 프랭클린 루스벨트 대통령의 경제 문제 담당 국무 차관보에 임명되면서부터 시작된다. 1945년 해리 트루먼 대통령에 의해 국무 차관에 임명된다. 1947년 국무 차관에서 물러났으나, 2년 뒤 1949년 국무 장관으로 복귀했으며, 1953년 1월 트루먼 대통령이 물러나기까지 직을 계속 수행했다. 제2차 세계대전 말부터 냉전 초기 미국 외교 정책의 수립에 있어 지대한 영향을 끼쳤으며, 특히 조지 케넌과 더불어 봉쇄 정책의 설계자로 불린다. 소련과의 대결을 정치 제도와 이데올로기의 대결로 파악한 케넌과 달리 애치슨은 군사적인 측면을 강조했다. 나치 독일의 경우에 비추어 소련과의 대결을 파악한 애치슨은 소련과의 협상에 들어가기에 앞서 미국은 확실한 군사적인 우위를 확보해야만 한다고 주장했으며, 이에 수소 폭탄의 재조를 적극 지지했다. 외교 정책가로서 애치슨의 주된 공로는 1947년에서 1949년 사이 유럽에 있어 봉쇄 정책의 성공적인 추진에서 찾을 수 있다. 우선 1947년 초 전후 악화된 경제 상황으로 인해 그리스와 터키를 포기할 수밖에 영국을 대신해 미국이 동지중해 지역의 관리자로 등장하는데 있어 주된 역할을 했다. 1947년 3월 선언된 트루먼 독트린의 설계자 중 한 명이다. 다음으로 1947년 국무 차관에서 물러났음에도 불구하고 국무 장관 조지 마셜을 도와 봉쇄 정책의 두 번째 축이라 할 수 있는 유럽 부흥 계획European Recovery Programme, 마셜 계획Marshall Plan을 입안했다. 마지막으로 1949년 북대서양 조약 기구의 건설에도 지대한 공헌을 했다. 소련과의 대결에서 승리를 거두기 위해서는 군사력을 뒷받침하는 경제력이 있어야 한다고 애치슨은 판단했으며, 이에 1949년 7월 21일 상원을 설득해 북대서양 조약 기구를 승인하도록 이끌었다. 반면 전후 동아시아의 상황 전개는 애치슨의 주요한 실책으로 지적된다. 유럽에서와는 달리 애치슨은 공산낭에 맞선 국민당 정권에 대한 군사 지원의 증대를 적극적으로 고려하지 않았으며, 이로써 1949년 중국의 공산화를 용이케 했다고 비판받았다. 또한 애치슨은 서태평양 지역 미국의 방어선에서 한반도를 제외함으로써 1950년 북한의 기습적인 침공을 가능케 했다고 비판받기도 했다. 그럼에도 애치슨은 미군의 신속한 참전을 이끌어 냈으며, 동아시아 봉쇄 정책의 확장에 지대한 기여를 했다. 애치슨의 봉쇄 정책은 기본적으로 유럽 중심적인 것이었으며, 이에 동아시아를 비롯한 소위 제3세계는 충분히 고려되지 못했다고 평가되고 있다.

리처드 에클랜드 Sir Richard Thomas Dyke Acland, 5th Baronet

1906년 11월 26일 / 1990년 11월 24일

영국의 정치가이자 자선가로 데번에서 태어나 옥스퍼드 대학교 발리올 칼리지에서 철학, 정치, 경제학을 공부했다. 1927년 졸업 후 두 차례 하원 의원 선거에 나섰으나 실패하고, 1935년 반스터플 지구에서 당선되어 정계에 진출했다. 좌파 독서 모임에 열성적으로 참여했으며, 제2차 세계대전의 발발과 함께 자유당 계열에서 기독 사회주의 계열로 입장을 바꿨다. 1940년 펭귄 출판사Penguin Books를 통해 출간한 『우리의 투쟁Unser Kampf』으로 큰 명성을 얻었다. 이 책에서 에클랜드는 제2차 세계대전을 평등한 사회의 건설을 위한 절호의 기회로 파악했다. 1942년에는 급진적인 사회주의 계열의 연방당Common Wealth Party를 창설했으며, 3년 뒤에는 4명의 하원 의원을 배출했다. 하지만 1945년 한 명의 하원 의원도 배출하지 못하고 노동당에 흡수되었다. 1947년 노동당 하원 의원으로 켄트 지역에서 당선되었으며, 노동당 내 비주류 대표로 활동했다. 1955년 영국의 핵무기 개발에 반대해 정계에서 은퇴했다.

프리드리히 엥겔스Friedrich Engels

1820년 11월 28일 / 1895년 8월 5일

독일 라인주 바르멘 방직 공장의 7남매 중 장남으로 태어났다. 엘버펠트 김나지움에서 기본 교육을 받았으며, 이후 브레멘에서 본격적으로 사업을 배우기 시작했다. 1841년 군복무로 베를린에 거주하면서 급진적인 청년 헤겔주의 그룹과 교류했으며, 가명으로 자유주의 및 급진주의 계열 신문 매체에 당대 정치 문제에 대해 여러 기고를 하기도 했다. 이듬해 부친의 맨체스터 소재 방직 공장에서 일하기 위해 영국으로 이주했다. 이미 혁명적 공화주의자이자 자코뱅주의자였던 엥겔스는 이 시기 모제스 헤스를 통해 공산주의자가 된다. 영국에서의 사회 혁명이 멀지 않았다고 판단한 엥겔스는 영국 노동자 계급의 상황을 본격적으로 연구하기 시작했다. 1844년 『독불 연보』에 「정치경제학 비판 개요Umrisse zu einer Kritik der Nationalökonomie」를 게재했다. 1844년 파리에서 영국으로 귀국하는 길에서 카를 마르크스와 만났으며, 이듬해 함께 『신성 가족 또는 비판적 비판에 대한 비판』을 출간했다. 1846년에는 유물론적 역사 개념을 체계적으로 논한 미완성 『독일 이데올로기』를 함께 집필했다. 1847년에는 『공산당 선언』의 초고를 작성했다. 1848년 혁명 동안에는 쾰른을 방문해 마르크스와 함께 『신라인 신문Neue Rheinische Zeitung』 기고를 통해 절대주의에 맞선 중산층 자유주의 운동의 성공을 기원했다. 하지만 혁명 후반기 자유주의 운동이 변질되자 노동자와 농민을 중심으로 한 급진적인 혁명을 호소했다. 1848년 반란 도모로 체포 영장이 발부되자 벨기에로 도피했다가 프랑스로 건너간다. 1849년 영국에 도착해 마르크스와 함께 『신라인 신문』을 재정비해 공산주의 혁명을 통한 민주주의를 호소한다. 이듬해 가족 공장을 운영하기 위해 맨체스터로 돌아갔으나, 런던에서 집필 활동을 하는 마르크스를 금전적으로 지원하는 한편 마르크스의 이름으로 여러 신문 기고를 하기도 했다. 1869년 가족 공장을 처분하고 정치 활동을 재개했다. 1862년 설립된 국제 노동자 협회와 독일 사회민주당 운영에 열정적으로 참여했다. 특히 후자의 활동과 관련해서는 1878년 『반뒤링론Anti-Dühring: Herrn Eugen Dührings Umwälzung der Wissenschaft』을 통해 경제 구조의 변혁을 통한 혁명을 촉구했다. 이듬해 이 책에 기초해 『공상적 사회주의와 과학적 사회주의Socialisme utopique et socialisme scientifique』를 내놓았다. 1883년 마르크스 사후 『자본론』의 미완성본 유고 출판을 도맡았다.

비토리오 오를란도Vittorio Emanuele Orlando

1860년 5월 19일 / 1952년 12월 1일

시칠리아 팔레르모 태생 이탈리아 정치인으로 1919년 제1차 세계대전 전후 처리를 논하기 위한 파리 강화 회담에 승전국 이탈리아 수상으로 참석했다. 팔레르모 대학교에서 법학을 공부한 뒤 법률가로 활동했다. 의회 및 정부 개혁을 주장하며 명성을 쌓았으며, 1897년 하원Camera dei Deputati에 선출되었다. 1903년 교육부 장관에 임명되었으며, 2년 뒤 1905년부터 1907년까지는 법무부 장관으로 일했다. 1914년 다시 법무부 장관으로 일한 뒤, 1916년에는 내무부 장관에 임명되었다. 제1차 세계대전 발발 후 연합국의 일원으로 이탈리아의 참전을 적극적으로 지지했다. 1917년 10월 말 오늘날 슬로베니아 코바리드 근방 카포레토 전투에서 오스트리아-헝가리 제국군에 치욕적인 패배를 입은 뒤 참모총장 루이지 카도르나가 해임되고, 수상 파올로 보셀리가 물러나면서 수상에 올랐다. 일 년 뒤 베네치아 북쪽 베니토 비토리오 전투에서 오스트리아-헝가리 제국군에 대승을 거두면서 우드로 윌슨 미대통령과 조르주 클레망소 프랑스 수상 그리고 영국 수상 데이비드 로이드조지와 함께 제1차 세계대전을 승리로 이끈 주역 중 한 명으로 파리 강화 회의에 참석했다. 하지만 전후 처리 과정에서 현재 크로아티아 서북부 피우메 지역을 놓고 유고슬라비아 왕국과 소유권 다툼을 했으나 다른 승전국의 도움을 얻어내지 못하고 1919년 6월 19일 사임했다. 같은 해 12월 하원 의장으로 선출되었다. 전후 혼란을 우려하며 베니토 무솔리니를 지지했으나, 1924년 6월 사회당 당수 자코모 마테오티의 암살 이후 반파시스트 전선을 지지하며 이듬해 사임한다. 제2차 세계대전 종전 후 1946년 국회 의장에 선출되었으며, 2년 뒤에는 종신 상원 의원에 임명되었다.

파올로 우첼로Paolo Ucello

1397년 6월 15일 / 1475년 12월 10일

르네상스 이탈리아를 대표하는 화가 중 한 명으로 중부 이탈리아 도시 프라토베키오 출신이다. 10세 때부터 당시 가장 유명한 조각가 중 한 명으로 부오나로티 미켈란젤로가 천국의 문Porta del Paradiso라 칭한 피렌체 대성당의 청동문을 제작한 로렌초 기베르티의 문하에서 배우기 시작했다. 1414년 화가 단체 산루카 협회Compagnia di San Luca의 회원이 되었으며, 이듬해에는 피렌체 화가 협회Arte dei Medici e Speziali의 회원에 선출되었다. 1425년부터 1431년 사이 베네치아 모자이크 책임자로 임명되었다. 대표작으로는 1432년 6월 1일 플로렌스 근방에서 치러진 산로마노 전투를 원근법을 이용해 역동적으로 묘사한 각기 다른 세 편의 그림을 꼽는다. 1430년에서 1445년 사이에 완성된 세 편의 그림은 현재 플로렌스와 런던 그리고 파리에 전시되어 있다. 원근법을 사용한 또 다른 작품으로는 1463년 의뢰글 받아 그린 말을 탄 영국 출신 용병 존 호크우드를 담은 프레스코 벽화가 유명하다.

프랭크 울스턴크로프트Frank Wolstencroft

1882년 12월 23일 / 1952년 6월 30일

영국 노동 운동가로 랭커셔주의 작은 도시 로이톤에서 태어났다. 가난한 집
안 사정으로 인해 일찌감치 목공 기술을 배웠으며, 1906년 당시 6만 명이
훨씬 넘는 회원이 활동했던 목수 및 소목장 전국 노조Amalgamated Society of
Carpenters and Joiners에 가입했다. 가입 즉시 활발한 활동을 해 이듬해에는 로
이톤 지역 노조 위원장으로 선임되었다. 이후 올드햄 지구 노조 위원장직을
맡은 뒤 1914년에는 목수 및 소목장 전국 노조, 전국 집행 위원회에 선출되
었다. 6년 뒤에는 목수 및 소목장 전국 노조 부위원장에 선출되었다. 이후
목수 및 소목장 전국 노조는 스코틀랜드 지역 노조, 캐비닛 제조업자 연맹
Amalgamated Union of Cabinetmakers에 이어 런던 지역 노조인 목수 및 소목장 일
반 연맹General Union of Carpenters and Joiners과 합쳐지면서 1921년 목공 노동자
전국 협회Amalgamated Society of Woodworkers로 재탄생했으며, 울스턴크로프트
는 5년 뒤인 1926년 위원장에 선출되었다. 1928년에는 목공 노동자 전국 협
회 위원장 자격으로 영국을 대표하는 노동조합 회의Trades Union Congress 중
앙 위원회General Council 위원으로 임명되었다. 1942년에는 노동조합 회의 의
장으로 선출되었다. 국제 노동조합 교류와 활동에 대단히 적극적이었다. 특
히 1919년 설립된 노동조합 국제 연합International Federation of Trades Union을
통해 전후 유럽의 질서의 안정화를 도모하고자 했다. 1941년 말부터는 독일
의 파시즘에 맞선 영국과 소련 양국의 노동자 계급의 단결을 호소하기도 했
다. 1947년에는 대영 제국 훈장Commander of the Most Excellent Order of the British

Empire을 수여받았다.

레너드 울프Leonard Sidney Woolf

1880년 11월 25일 / 1969년 8월 14일

런던 출신으로 영국의 작가이자 출판인으로 소설가 버지니아 울프의 남편으로 더 유명하다. 1889년 옥스퍼드 대학교 트리니티 칼리지에 장학생으로 입학했으며, 이곳에서 후일 블룸즈버리 그룹Bloomsbury Group을 이룰 문예인 등과 친분을 쌓았다. 『윤리학 원리Principia ethica』(1903)의 저자로 잘 알려진 철학자 G. E. 무어의 영향을 크게 받았으며, 존 메이너드 케인스와 버트런드 러셀, 골즈워디 디킨슨 등과도 교류했다. 1904년 졸업 후 경제적인 문제로 인해 당시 영국의 식민지였던 실론에서 1911년까지 일했으며, 이곳에서의 경험으로 제국주의에 대한 비판적인 시각을 가지게 되었다. 버지니아 울프와 결혼한 1912년 식민성에 사표를 제출한 후, 1913년 반제국주의적 소설 『정글 속의 마을The Village in the Jungle』을 출판했다. 실론에서 돌아온 뒤 비아트리스웨브와 시드니 웨브의 페이비언 협회의 활동에 적극 참여하기 시작하면서 협동조합운동을 통한 사회주의를 모색했다. 제1차 세계대전의 발발을 계기로 제국주의와 자본주의에 대한 비판에 국제주의를 결합했다. 1916년 후일 국제연맹과 국제 연합의 헌장의 기초가 된 국제 정부의 구축을 논한 보고서를 작성했다. 1917년 부인 버지니아 울프와 함께 호가스 출판사Hogarth Press를 세웠다. 전후에는 부인 버지니아 울프의 작품 활동을 도와주며 반제국주의, 사회주의, 국제주의를 결합한 저술 활동을 지속했다. 이 시기 대표 저작으로는 『아프리카에 있어 제국과 상업Empire and Commerce in Africa』(1920)이 손꼽힌다. 1919년부터 1945년 사이 울프는 노농당 국제 문제 및 제국 문제 자문 위원회

간사로 일했다. 1923년부터 1930년까지 존 메이너드 케인스의 노동당 계열의 정치 주간지 『네이션 앤 아테네움Nation and Athenaeum』의 문학 담당 편집자로 일했으며, 이후 부인 버지니아 울프를 내조하며 사회주의적 협력과 국제 정부의 필요성을 정리한 삼부작 『대홍수 이후: 공공 심리 연구After the Deluge: A Study of Communal Psychology』(1931, 1939, 1953)의 집필에 집중했다.

조지 워싱턴George Washington
1732년 2월 11일 / 1799년 12월 14일

미국 초대 대통령으로 영국 버지니아 식민지 출신이다. 부친은 부유한 농장주였으며, 워싱턴이 11살 때 사망하면서 대부분의 재산을 워싱턴의 배다른 형제 로런스 앞으로 두었다. 영국에서 교육받은 로런스와 로런스의 귀족적인 페어팩스 가문의 부인으로부터 도움과 영향을 받으며 성장했다. 1752년 로런스의 사망 후 로런스 소유의 부동산과 더불어 로런스의 식민지 총독 부관 업무의 일부를 넘겨받았다. 1753년 지역 민병대 지휘를 맡았으며, 프랑스와 프랑스의 지원을 받는 인디언 부족과의 갈등이 격화되면서 7년 전쟁의 서막이 오르자 영국군의 지휘를 받으며 참전한다. 프랑스 – 인디언 전쟁에서 혁혁한 공로를 세웠으나, 식민지 출신은 대위 이상 진급이 불가능하다는 사실에 분노했다. 7년 전쟁 이후 영국 의회가 막대한 전쟁 부채를 해결하기 위해 식민지에 과도한 세금을 부과하기 시작하면서 식민지의 불만이 급속히 가중되었다. 워싱턴은 1769년 무렵부터 영국 제국에 대한 반감을 드러내기 시작했다. 1774년 제1차 대륙 회의에 대표로 참여했으며, 이듬해 6월 반란군이 보스턴을 점령하면서 대륙군의 지휘를 맡게 된다. 1783년 전쟁의 종식과 함께 총사령관직을 그만 두고 정계에서 은퇴했다. 1787년 필라델피아 제헌 회의

Philadelphia Convention의 의장으로 선출되어 헌법 제정 및 서명에 참여했으며, 만장일치로 초대 대통령에 선출되었다. 전후 정치 안정과 경제 회복을 위해 노력했으며, 이에 초당적인 입장에서 대내외 정책을 펼쳤다. 특히 프랑스 대혁명에 따른 유럽의 분쟁에 개입을 적극 방지했다. 1795년 영국과 제이 조약 Jay's Treaty을 통해 평화 구축을 했다. 1796년 두 번째 임기를 마치면서 정계에서 은퇴를 선언했으며, 같은 해 9월 17일 자신의 통치 경험과 원칙을 담은 『고별 연설Farewell Address』을 내놓았다. 국제 문제와 관련해서는 지정학적인 위치를 활용해 유럽 문제에의 연루를 막고, 자유 무역을 통한 번영을 호소했다.

아서 웰즐리, 웰링턴 공작Arthur Wellesley, 1st Duke of Wellington
1769년 5월 1일 / 1852년 9월 14일

영국의 장군이자 재상으로 아일랜드 더블린 태생이다. 1781년 이튼 칼리지에 입학했으나 3년 뒤 자퇴한 뒤 1786년 프랑스 앙제에 있는 승마 학교Académie d'équitation에 입학해 장교가 되기 위한 교육을 받았다. 이듬해 부친과 형 로버트의 도움으로 장교 직위를 얻었으며, 몇 차례 승진을 한 뒤 1794년 혁명 프랑스에 맞선 제1차 동맹 전쟁 플랑드르 전선으로 배치된다. 프랑스 혁명군의 공세에 밀려 오스트리아와 프랑스군이 퇴각하면서 영국으로 귀국했으며, 1796년 봄 인도로 배치를 받았다. 2년 뒤 인도 총독Governor-General으로 발령받은 형 로버트의 도움을 받으며 이후 보나파르트 나폴레옹에 맞서 보여줄 지휘관으로서의 덕목을 쌓았다. 1805년 귀국과 함께 기사 작위를 받았다. 이후 하노버에서 잠시 근무한 뒤 1807년 아일랜드 수석 장관에 임명되었다. 1808년 스페인과 포르투갈에서 나폴레옹의 프랑스에 맞선 민중 봉기가 연달아 일어나자 이베리아반도 작전의 책임자로 9천여 명의 병력과 함께 7월 출정했다.

한 달 뒤 포르투갈 비메이루에서 프랑스 점령군을 대파했으나 신트라 협정 Convention of Cintra에 따라 프랑스 점령군이 자신 철수를 약속하면서 귀국했다. 이듬해 1809년 영국 정부를 설득해 포르투갈 원정을 승인받아 출정했으며 같은 해 7월 탈라베라 전투에서 스페인 저항군과 함께 나폴레옹의 심복 니콜라 장드듀 술트 장군의 프랑스군을 격파하면서 포르투갈을 회복했다. 이후 1810년 여름 부사코와 알메이다에서, 1812년 봄 바다호스에서 승리를 거두었다. 1812년 7월 살라망카 전투에서는 프랑스군에 두 배 이상의 사상자를 안기며 이베리아반도에서의 역전된 전세를 확정지었다. 1814년 봄 러시아, 프러시아, 오스트리아의 동부 전선에서의 승리에 발맞추어 스페인을 획득했다. 4월 퐁텐블로 조약에 따라 나폴레옹이 물러나 엘바섬으로 귀향을 가고 루이 18세를 앞세운 부르봉 왕조가 복고되자 웰링턴은 프랑스 주재 영국 대사로 임명된다. 이듬해 1815년 외무 장관 캐슬레이를 대신해 빈 회의에 참석했으나, 3월 나폴레옹이 엘바섬을 탈출하여 프랑스에 상륙하자 프러시아의 블뤼허 장군과 함께 워털루에서 나폴레옹을 대파했다. 이후 점령군 지휘관으로서 전후 프랑스의 회복을 담당했으며, 보복 조치에 대해서는 대단히 비판적이었다. 1818년 귀국 직후 군수 총책임자Master-General of the Ordnance에 임명되었다. 1822년 캐슬레이의 자살 후 이탈리아, 스페인, 그리스에서의 반란 진압을 논의하기 위한 베로나 회의Congress of Verona에 참석했으나, 러시아, 프랑스, 오스트리아의 개입 정책에 반대하는 영국 정부의 입장을 대표하면서 유럽 협조 체제의 붕괴의 시작을 인지했다. 4년 뒤 1826년 차르 니콜라이 1세의 대관식에 특명 대사로 참석했으며, 러시아와 오토만 제국의 분쟁을 예방하고자 양국의 중재 하에 그리스를 오토만 제국 내 자치국으로 만드는데 동의했다. 이듬해 1827년 2월 육군 총사령관에 임명되었으나, 인도와 유럽 대륙에서의 경험을 강조하며 산업 혁명에 따른 기술 변화를 반영하는 군 개혁에는 적극적이지 않았다. 같은 해 7월 영국, 러시아, 프랑스의 주도 하에 런던 조약Treaty of London이 체결되면서 그리스의 자치국화가 승인되었으며, 4월 수상 리버풀 경이 건강 문제로 갑자기 사임하고, 뒤이은 조지 캐닝마저 8월 급사하자 이듬해 1828년 정부 수습을 위해 수상에 올랐다. 런던 조약에도 불구하고 1828년 러시아와 오토만 제국 간의 전쟁이 발발했으며, 결국 이듬해 러시아의 승리 이후 아드리아노플 조약Treaty of Adrianople을 통해 러시아의 요구를 대폭 수용한다. 1830년 2월 런던 의정서London protocol를 통해 영국, 러시아, 프랑스는 독립 왕국으로서 그리스의 영토를 확정했다. 같은 해 7월 파리 혁명으로 부르봉 왕가의 샤를 10세가 물러나고 루이 필리프 1세가 국왕에 오르자 국제 질서의 안정을 이유로 즉각 인정했다. 또한 7월 혁명의 영향 하에 한 달 뒤 벨기에서 혁명이 일어나며 1815년 빈 회의의 결과로 탄생한 네덜란드 연합 왕국으로부터의 독립을 요구하자 이에 대해서도 우호적인 태도를 보였다. 같은 해 1830년 말 런던 회의London Conference를 통해 영국, 프랑스, 오스트리아, 프러시아는 벨기에의 독립을 승인했으며, 이로써 웰링턴은 유럽 협조 체제의 붕괴에 직접 참여하게 된다. 반면 보수적인 입장에도 불구하고 시대의 변화에 타협하는 태도를 보였다. 아일랜드 문제, 특히 가톨릭에 대한 차별 철폐 문제에 대해서도 보수적인 입장을 고수하지 않았다. 1829년 가톨릭 신자의 의회 진출을 허락하는 가톨릭 해방령Roman Catholic Relief Act에 찬성했다. 또한 3년 뒤 개혁 선거법 개정에 대해서는 프랑스 7월 혁명과 유사한 사회 혼란을 가중시킬 요구라 개인적으로 믿었지만, 결국 시대의 변화라 인식하고 통과를 합의했다. 1834년 옥스퍼드 대학교 총장에 선출되었으며, 같은 해 윌리엄 4세가 개혁 성향의 휘그Whig 내각을 해임하면서 내각을 맡아줄 것을 부탁하나 젊은 로버트 필에게 양보한다. 이듬해까지 외무 장관을 지냈으며, 1841년부터 1846년까지는 무임소 장관을 지냈다. 1848년 런던에서 일어난 차티스트Chartist 시위를 진압하기 위한 비상군 조직을 마지막으로 사실상 은퇴한다.

허버트 조지 웰스Herbert George Wells

1866년 9월 21일 / 1946년 8월 13일

영국의 작가로 런던(구 켄트) 브롬리 출신이다. 지역 상공인 자녀를 위한 학교를 다니며 작가로서의 소질을 보였으나, 가난한 집안 사정으로 인해 1880년 포목상 일을 시작했다. 이후 약국에서 점원으로 일하며 꾸준히 습작을 해나갔다. 1883년 미드허스트 중등학교 교생으로 취직했으며, 1884년부터 왕립 과학대학의 전신인 보통과학대학에서 토머스 헉슬리의 생물학 수업을 청강했다. 이후 정부 장학금을 받아 정식 학생으로 입학해 과학 강좌를 중심으로 수업을 들었으나, 1887년 웨일스에 있는 홀트 아카데미 기숙 학교에 교사로 취직하며 학업을 중단했다. 이듬해 런던에 있는 학교로 자리를 옮기며 런던 대학교에 입학해 동물학과 지리학을 공부했다. 1895년『타임머신The Time Machine』을 내놓으며 과학 소설가로 명성을 쌓았으며, 이어『모로 박사의 섬 The Island of Doctor Moreau』(1896),『투명 인간The Invisible Man』(1897),『우주 전쟁 The War of the Worlds』(1898) 등을 출간했다. 이 무렵 페이비언 협회에 가입해 활동을 시작했으며, 1905년에는『근대의 유토피아A Modern Utopia』를 내놓았다. 웰스는 민족주의와 제국주의의 심화로 촉발되는 엄청난 살상과 파괴가 새로운 이성적인 사회로 나아가는 첫 시작이라고 파악했으며, 1914년 이러한 생각을 담은『전쟁을 끝내기 위한 전쟁The War that will End War』을 출간했다. 1920년에는 전후 평화 구축을 위해서는 대중의 교육이 필요하다고 판단해『역사 개략The Outline of History』을 집필했으며, 제2차 세계대전 발발 즈음에는 국제 인권 향상을 위해 헌신했다.

우드로 윌슨Thomas Woodrow Wilson

1856년 12월 28일 / 1924년 2월 3일

버지니아 출신 미국 제28대 대통령으로 제1차 세계대전을 치러냈다. 부친은 장로교 목사였으며, 모친도 장로교 목사의 자제였다. 부친은 남북 전쟁 당시 남측 군목으로 복무했으며, 교회는 군사 병원으로 활용되었다. 노스캐롤라이나 샬럿 소재 데이비드슨 칼리지를 졸업 후 1875년 프린스턴 대학교에 진학했다. 1879년 학부 졸업 후 버지니아 대학교에서 법을 공부했다. 이후 애틀랜타에서 변호사 일을 잠시 한 후 존스 홉킨스 대학교에 진학해 정치학과 역사학 박사 과정을 밟았다. 미국의 연방에 기초한 대통령제가 영국의 의회제보다 민의를 더 효과적으로 반영한다는 논지의 박사 학위 논문은 1885년 『의회 정부: 미국 정치에 관한 연구Congressional Government: A Study in American Politics』란 제목으로 출판되었다. 1885년부터 1888년까지 브린마 칼리지에서 교수로 일한 뒤 웨슬리언 대학교로 옮겨 1890년 프린스턴 대학교로 가기 전까지 가르쳤다. 1902년 프린스턴 대학교 총장에 선출되었으며, 같은 해 다섯 권으로 된 『미국사A History of the American People』를 출간했다. 1910년 뉴저지주 민주당 주지사로 당선되었으며, 2년 뒤에는 민주당 대통령 후보로 나와 공화당 하워드 태프트와 진보당으로 분당한 시어도어 루스벨트에 맞서 남북 전쟁 이후 남부 출신으로는 처음으로 당선되었다. 국내적으로는 관세 인하, 소득세 신설, 연방 준비 제도Federal Reserve System 설립, 반독점법 강화, 연방 거래 위원회 Federal Trade Commission 창설 등 경제 개혁을 강력하게 추진했다. 대외적으로는 1914년 8월 발발한 제1차 세계대전의 참전과 전후 세계 질서 구축 수립에 집중했다. 윌슨을 비롯한 미국 여론은 중립을 지키고자 했다. 1915년 5월 독일의 무제한 잠수함 작전으로 인해 128명의 미국인을 실은 영국의 상선 루시타니아 호가 공격받아 침몰한 뒤에도 자제했다. 이듬해 경제 호황과 중립 고수를 외치며 재선에 성공했다. 1916년 12월과 1917년 1월 전쟁의 종식을 위해 "승리 없는 평화Peace without Victory"를 호소하며 중재를 시도했으나 실패했다. 1917년 텍사스와 뉴멕시코, 애리조나를 넘기겠다는 약속으로 멕시코 정부와 군사 동맹을 체결하고자 한 독일의 외무 장관 아르투르 치머만의 비밀 군사 전보가 영국에 의해 폭로되면서 참전을 결심했다. 1917년 4월 2일 민주주의를 위해 더 나은 세상을 건설하겠다는 선언과 함께 독일에 대한 선전 포고를 했다. 1918년 1월 8일 국제 연맹의 창설을 중심으로 한 전후 세계 질서의 원칙 14개 조항을 공표했다. 또한 파리 평화 회담에 직접 참여해 7개월 동안 종전 협상을 주도했다. 1919년 6월 28일 체결된 베르사유 조약의 독일에 대한 처벌 조항에 강하게 반대했으나 실패하고, 국제 연맹의 창설에는 성공했다. 하지만 귀국 후 미국의 국제 연맹 가입이 미국의 주권을 침해한다고 파악한 공화당 상원 의원 헨리 롯지 등의 반대를 마주했으며, 의회 내 타협이 아니라 여론에 호소하기로 결심하고 전국 순회 연설에 올랐다. 같은 해 9월 건강이 급속도로 악화되었으며, 10월 발작을 겪었다. 점차 건강을 회복했으나 1921년 3월 퇴임 때까지 영부인 에디스 윌슨의 보좌를 받았다. 1919년 11월과 1920년 3월 베르사유 조약의 상원 통과를 시도했으나 성공하지 못했으며, 공화당의 후임자 워런 하딩 대통령이 별도로 독일과의 평화 협상을 체결함으로써 미국의 국제 연맹 가입은 실패로 끝났다.

율리오 2세 Julius II, Giuliano della Rovere

1443년 12월 5일 / 1513년 2월 21일

제노아 태생 이탈리아 교황으로 교황 식스토 4세의 사촌이다. 1468년 프란체스코회에 가입했으며, 1471년 교황 식스토 4세에 의해 프랑스 카르팡트라 교구장 주교로 서임된다. 삼촌인 식스토 4세를 지지를 받으며 주요 교구장 직을 거치며 영향력을 쌓았으나, 성직 자체보다는 성직을 통한 부와 권력의 축적에 관심을 두었다. 1492년 정적 로드리고 보르자가 알렉산데르 6세로 교황에 선출되면서 암살을 기도하자 프랑스의 샤를 8세의 보호 아래로 도피한다. 1494년 샤를 8세가 나폴리 왕국에 대한 권리를 주장하며 침공을 감행하자 프랑스 군대를 따라 나섰으며, 8년 후 루이 12세의 원정 때도 동참했다. 1503년 알렉산데르 6세 사망 후 로마로 돌아와 교황 율리오 2세로 선출된다. 교황으로 선출된 이후 율리오 2세는 베네치아에 맞서 교황령의 영토 팽창과 영향력 확대에 주력했다. 이에 1508년 페루자와 볼로냐를 공략했으며, 이듬해에는 1508년 프랑스의 루이 12세, 신성로마제국의 황제 막시밀리안 1세, 스페인의 페르디난트 2세 사이에 체결된 캉브레 동맹 Ligue de Cambrai에 동참해 베네치아를 격파하고 교황령의 되찾았다. 하지만 1510년에는 이탈리아 내 프랑스의 영향력 확대를 우려해 베네치아, 스페인의 페르디난트 2세, 나폴리와 동맹을 맺고 오랜 우방이었던 프랑스에 맞섰다. 1512년 프랑스군이 철수하면서 파르마와 피아첸차를 획득했다. 율리오 2세는 이외에도 미켈란젤로와 라파엘과 같은 르네상스 시대 예술가의 후원자로도 유명하다.

제임스 4세 James IV

1473년 3월 17일 / 1513년 9월 7일

스코틀랜드의 국왕으로 재위는 1488년부터 1513년이다. 1488년 부친 제임스 3세가 반란 귀족 세력과의 전투에서 사망하면서 15세 때 왕위에 올랐다. 르네상스 시대 전형적인 군주로 출판과 건축에 상당한 관심을 보였다. 1493년 스코틀랜드 서부와 동부 반란 세력을 모두 진압한 뒤, 1495년 잉글랜드 왕위를 노린 퍼킨 워벡과 함께 잉글랜드를 침공했다. 2년 뒤 잉글랜드와 평화 조약을 체결했으며, 1503년 헨리 7세의 장녀 마거릿 튜더와 혼인을 했다. 이로써 증손자 제임스 6세가 잉글랜드의 제임스 1세가 된다. 하지만 1512년 캉브레 동맹 전쟁의 일환으로 잉글랜드와의 혼인 동맹을 파기하고 잉글랜드와 전쟁 중인 프랑스와 동맹을 체결했다. 이듬해 헨리 8세가 프랑스를 침공하기 위해 영국 해협을 건너자 잉글랜드를 기습 침공했다. 하지만 1513년 9월 9일 브랜스턴 지역 플로든 전투에서 아들 알렉산더와 함께 전사했다.

장 조레스 Auguste Marie Joseph Jean Leon Jaurès
1859년 9월 3일 / 1914년 7월 31일

프랑스 사회주의자로 프랑스 남부 타른에서 유복한 집안의 아들로 태어났다. 1878년 파리에 있는 고등사범학교에 입학해 철학을 공부했으며, 1892년 철학 박사 학위를 받았다. 알비에 있는 중등학교를 거쳐 툴루즈 대학에서 철학을 가르쳤다. 1885년 하원 의원에 당선되었으며, 이 시기부터 노동자와 농민을 위한 사회 개혁의 필요성을 호소했다. 1889년 사회주의자로 재선에 도전했으나 실패하고 툴루즈 시의회에서 교육과 문화 육성을 위해 노력했다. 1893년 카르모 지역 광산 노동자 파업을 도우면서 다시 하원 의원에 선출되었다. 1901년부터 1908년 사이 총13권으로 된 『사회주의의 역사 Histoire socialiste, 1789~1900』를 출간하면서 프랑스 대혁명의 경제적 해석의 토대를 닦았다. 또한 사회주의 계열 잡지인 『르 프티 레퓌블리크Le Petite République』 등에 다수의 기고를 했으며, 특히 알프레드 드레퓌스의 무죄를 호소한 것으로 유명하다. 1904년 프랑스 사회주의자의 단결을 호소하며 신문 『위마니테』를 창간했으며, 1905년 프랑스 사회당의 창설에 지대한 공헌을 했다. 연금 제도, 휴가 제도의 개혁만 아니라 군제 개편에도 관심을 두었으며, 1911년에는 장교 육성의 민주화와 예비 병력에 기초한 방어 전략 등을 논한 『새로운 군대L'armée nouvelle』를 출간하기도 했다. 국제 정치와 관련해서는 유럽 제국의 식민지 팽창이 전쟁을 초래한다고 보았으며, 이에 프랑스의 모로코 침략을 강하게 비판했다. 또한 발칸반도를 둘러싼 러시아와 오스트리아 – 헝가리의 갈등과 동맹 체제가 결국 프랑스를 전쟁으로 이끌 것이라 예상했다. 프랑스와 영국, 독일과 같은 산업화된 유럽의 선진국 간의 외교적 협상을 통한 평화 유지를 호소했으며, 1889년 설립된 제2인터내셔널의 핵심 목표는 전쟁의 방지가 되어야 한다고 주장했다. 1912년 바젤에서 개최된 제2인터내셔널 회의에서 기조 연설을 했으며, 2년 뒤 파리와 브뤼셀에서도 총파업을 통한 전쟁의 방지를 외쳤다. 1914년 7월 31일 우익 테러리스트 라울 빌랭에 의해 암살 당했다.

린든 존슨Lyndon B. Johnson

1908년 8월 27일 / 1973년 1월 22일

제36대 미국 대통령으로 텍사스 출신이다. 1924년 고등학교를 졸업 후 여러 일을 전전하다 1928년 사우스웨스트 텍사스 사범 대학에 입학했다. 대학 시절 텍사스 멕시코 이민자 교육에 큰 관심을 가졌다. 1930년 사범 대학 졸업 후 민주당 소속 하원 의원 후보 리처드 클레버그의 선거 운동에 뛰어들었다.

이듬해 클레버그가 당선되면서 입법 비서로 수도 워싱턴으로 갔다. 1935년부터 2년 동안 전국 청년청National Youth Administration 책임자로 근무한 뒤, 1937년 대통령 프랭클린 루스벨트의 뉴딜 정책을 지지하며 민주당 하원 의원에 당선되었다. 1941년 제2차 세계대전에 미국이 참전을 결정하자 해군 소령으로 입대해 태평양 전선에서 복무했다. 1948년 상원 의원에 선출되었다. 1951년 민주당 원내 총무에 올랐으며, 1953년에는 야당 당수가 되었으며, 2년 뒤 민주당이 다수당이 되면서 역사상 최연소 다수당 당수가 되었다. 1960년 민주당 대통령 후보 선출에서 존 F. 케네디에게 압도적인 표차로 밀렸으나, 케네디의 부통령 제안을 수용해 함께 선거에 나가 공화당 리처드 닉슨에 맞서 승리를 거두었다. 1963년 11월 22일 존 F. 케네디 대통령이 암살되자 대통령직을 넘겨받는다. 대통령으로서 존슨의 주요한 업적으로는 남부 출신이라는 우려에도 불구하고 1964년 7월 시민권 법안Civil Right Act을 통과시킨 것을 들 수 있다. 케네디 대통령으로부터 물려받은 이 법안은 인종과 성별에 따른 차별의 철폐를 목표로 했으며, 시민으로서 권리와 관련된 미국 역사상 가장 포괄적인 법안이다. 존슨은 모든 이에게 자유와 풍요를 약속하는 "위대한 사회The Great Society"를 자신의 핵심 정책 표어로 제시하며 개혁을 약속하며 대통령에 당선되었으며, 시민권 법안과 이듬해 통과된 선거권 법안Voting Rights Act이 대표적인 성과다. 대외적으로는 1964년 북베트남 어뢰정이 미국 구축함을 공격한 통킹만 사건Gulf of Tonkin incident 이후 베트남 전쟁을 확대했다. 이듬해 북베트남 지역에 대한 융단 폭격 작전 롤링 선더Operation Rolling Thunder를 감행했으며, 파병 병력 또한 초기의 약속과 달리 증강했다. 반면 1968년 1월 미국 첩보함 푸에블로 호 납치 때에는 북한에 공식적인 사과를 하며 평화적으로 문제를 해결하기도 했다. 같은 해 북베트남의 구정 공세Tet Offensive와 흑

인 운동 지도자 마틴 루서 킹 목사의 암살 등의 여러 국내외 문제로 공화당
리처드 닉슨과의 대결에서 패한 뒤 은퇴했다.

윈스턴 처칠 Sir Winston Leonard Spencer-Churchill

1874년 11월 30일 / 1965년 1월 24일

옥스퍼드셔 블레넘 궁전에서 태어났다. 1888년 해로 스쿨에 입학했으며,
1893년 샌드허스트 왕립군사학교에 진학해 이듬해 졸업했다. 1895년 기병대
소위로 임관해 인도와 아프리카 수단에서 복무했으며, 4년 뒤 귀국 후 전역
신청을 했다. 같은 해 제2차 보어 전쟁이 발발하자 『모닝 포스트Morning Post』
의 특파원으로 근무했다. 이듬해 1900년 맨체스터 지역 올덤에서 보수당 하
원 의원으로 당선되었다. 보어 전쟁에 대해서는 상당히 비판적인 입장을 취
했다. 1903년 영국 제국의 쇠퇴를 우려한 조지프 체임벌린이 보호 무역 체제
를 구축하고자 하자 강하게 반발하며 보수당을 탈당해 자유당으로 건너갔
다. 1905년 자유당 수상 헨리 캠벨배너먼에 의해 식민성 차관에 임명되었으
며, 3년 뒤 캠벨배너먼이 건강 문제로 사임하자 후임자 허버트 헨리 애스퀴스
는 처칠을 상무부 장관에 임명한다. 상무부 장관으로는 재무 장관에 임명된
데이비드 로이드조지와 함께 자유 무역 기조를 유지하면서 대대적인 사회 개
혁을 추진했다. 대표적으로 1909년 부유층에 대한 토지세를 중심으로 복지
예산을 마련하고자 한 인민 예산에 대한 처칠의 지지를 들 수 있다. 로이드조
지의 인민 예산의 통과를 위해 처칠은 전국을 순회하며 보수당과 보수당 중
심의 상원을 강하게 비판했다. 이듬해 1910년 총선에서 자유당이 승리하자
처칠은 내무 장관에 임명된다. 1911년 여름 독일과 프랑스의 제국 정책이 충
돌하며 제2차 모로코 위기기 발생하자 해군성과 전쟁성의 분리 운영에 따른

제국 방위의 문제를 지적했으며, 이에 감명을 받은 수상 애스퀴스에 의해 가을 해군 장관으로 전격 임명된다. 특히 독일에 대해 확실한 해군력 우위를 점해야 한다고 믿었다. 해군 예산의 대폭적인 증액을 요구했으며, 이로 인해 자유당 내 개혁 세력과 갈등을 했으나 1914년 7월 제1차 세계대전의 발발로 무마되었다. 1915년 2월 서부 전선의 교착 상태를 만회하고자 다르다넬스 해협을 통한 갈리폴리 작전을 주도했다가 실패한 후 11월 사임한다. 이듬해 육군 중령으로 서부 전선에 배치되어 3개월 남짓 참전했다. 1917년 7년 수상 로이드조지는 자신이 기초를 놓은 군수성 책임자로 처칠을 임명한다. 제1차 세계대전의 종식 후 1919년 1월에는 전쟁성과 공군성 장관에 임명되어 동원 해제를 책임졌을 뿐만 아니라 군 예산의 대대적인 감축에도 참여했다. 1921년에는 식민상으로 자리를 옮겨 로이드조지와 함께 아일랜드 독립을 승인했으나, 팔레스타인과 이스라엘 문제에 대해서는 로이드조지와 달리 영국이 아니라 미국에 의한 위임 통치를 주장했다. 이듬해 1922년 9월 터키와 그리스 간의 국경 분쟁에 군사 개입을 주장했으나, 반전 여론에 밀려 수상 로이드조지와 함께 사임한다. 1924년 1월 자유당이 램지 맥도널드의 노동당과 결탁하면서 노동당이 정권을 잡자 반사회주의를 표명하며 보수당으로 돌아섰다. 10월 총선에서 보수당이 재집권하자 수상 스탠리 볼드윈은 처칠을 재무 장관에 전격 임명했다. 하지만 1929년 총선으로 두 번째 노동당 연합 정부가 등장하면서 물러났으며, 1939년 9월 아돌프 히틀러의 폴란드 침공 후 보수당 수상 네빌 체임벌린에 의해 해군 장관으로 임명될 때까지 입각하지 못했다. 1931년 탄생한 볼드윈과 맥도널드의 거국 내각에는 마하트마 간디의 인도 자치령 요구에 반대해 들어가지 못했다. 1935년 볼드윈의 보수당 내각에는 들어가지 못했지만 영공 방위 위원회 소속으로 활동했으며, 2년 뒤 체임벌린의 보수당 내각에서도 마찬가지였다. 1920년대에는 소련의 팽창과 공산주의의 확산을 우려했으나, 이 시기부터는 나치 독일의 부상에 따른 유럽의 불안정을 걱정했다. 베르사유 조약의 개정에는 동의했지만, 이와 동시에 군축을 추진하는 것에 대해서는 우려를 표명했다. 특히 1932년부터 1934년 사이 제네바에서 개최된 영국과 프랑스 주도의 국제 군축 회담Conference for the Reduction and Limitation of Armaments에 회의적이었을 뿐만 아니라 1933년 나치 독일의 국제 연맹 탈퇴와 이듬해 국제 군축 회담 중단 후에는 1935년 영독 해군 협정Anglo-German Naval Agreement으로 결실을 맺는 양자 협상을 강하게 반대했다. 1934년 이후 재무장, 특히 독일 공군에 맞선 재무장을 호소했다. 반면 영국 해군과 프랑스 육군에 대해서는 강한 신뢰를 보냈다. 1936년 히틀러의 라인란트 재무장 후에는 영국의 재무장과 더불어 국제 연맹을 중심으로 한 집단 안보 체제의 강화Arms and the Covenant를 외쳤다. 이듬해 체임벌린의 수상 취임을 보수당 당수로 적극 지지했다. 1938년 8월 체코슬로바키아 위기에 따른 뮌헨 협정 직전까지 국제 연맹을 기반으로 한 프랑스와 소련과의 군사 동맹을 통한 압박을 호소했다. 뮌헨 협정에 실망했지만, 1939년 9월 1일 나치 독일의 폴란드 침공 후 체임벌린의 강경책은 적극 환영하며 소련과의 군사 협력을 재차 강조했다. 9월 3일 체임벌린에 의해 해군 장관으로 임명되어 전시 내각의 핵심 일원이 되었다. 1940년 5월 나치 독일의 벨기에 침공 후 노동당의 신임 철회로 체임벌린이 물러나면서 수상에 취임했으며, 자유당과 노동당을 아우르는 거국 내각을 구성했다. 1941년 12월 일본의 진주만 침공 이후 참전을 결정한 프랭클린 루스벨트의 미국과 이오시프 스탈린의 소련과 함께 제2차 세계대전을 승리로 이끌었다. 1945년 5월 나치 독일의 항복 후 일본의 패망 때까지 내각에 머무르고자 했으나 자유당과 노동당의 반발로 7월 사임했다. 이후 6년 뒤

1951년 수상에 다시 취임할 때까지 처칠은 1953년 자신에게 노벨 문학상을 안겨준 『제2차 세계대전The Second World War』을 집필했다. 책은 1948년부터 1954년 사이 전6권으로 출판되었다. 이와 더불어 소련의 위협을 알리고 대응 방안을 마련하고자 애썼다. 1946년 3월 미국 미주리 풀턴 웨스트민스터 칼리지에서 행한 「철의 장막Iron Curtain」 연설은 대표적인 예다. 처칠은 소련에 맞서 영국과 미국의 긴밀한 협조Special Relationship, 독일과 프랑스의 화해, 유럽 연합의 구성을 호소했다. 1950년 주권 침해를 이유로 전임 프랑스 총리 로베르 쉬망의 유럽 철강 공동체 제안에 주저하는 노동당 정부를 강하게 비판했다. 1951년 수상에 선출되어 4년 동안 소련에 대한 전 지구적 방어망 구축과 전후 경제 회복을 위해 노력했다.

체 게바라 Ernesto "Che" Guevara de la Serna

1928년 6월 14일 / 1967년 10월 9일

아르헨티나 로사리오 출신 혁명가로 쿠바 혁명을 주도했다. 1953년 부에노스 아이레스 의과 대학을 졸업했다. 1951년 친구 알베르토 그라나도와 함께 오토바이로 칠레와 페루를 거쳐 콜롬비아, 베네수엘라 등지를 여행하면서 주민의 가난과 고통을 목도하고 혁명가의 길을 걷기 시작했다. 1953년 졸업 후 사회 혁명을 시도하던 하코보 아르벤스 정부를 지원하고자 과테말라로 건너갔으나, 이듬해 미 중앙 정보국의 지원으로 아르벤스 정부가 전복되자 무력을 통한 라틴 아메리카 전역의 혁명만이 유일한 해결책이라 확신한다. 이 시기 마르크스주의로 전향을 하며 모든 제국주의에 반하는 공산주의 저항을 추구한다. 이후 멕시코에서 피델 카스트로와 라울 카스트로 형제를 만나 쿠바 혁명에 동참하기로 결심했다. 1959년 1월 수도 아바나를 점령하면서 쿠바 혁명의 임무를 완수했으며, 이후 쿠바 공산주의 체제의 건설에 몸을 바쳤다. 농지 개혁과 산업 조정은 물론 쿠바 은행을 책임졌다. 1961년『게릴라 전쟁La guerra de guerrillas』을 집필했으며, 4년 뒤에는 자신이 카스트로 형제와 같이 설정한 쿠바 공산주의의 목표를 체계적으로 정리한 저서를 내놓기도 했다. 하지만 1962년 쿠바 미사일 사태를 겪으며 쿠바 정부가 소련에 의존적이 되어가자 1965년 모든 직과 쿠바 시민권을 버리고 아프리카로 건너가 콩고와 탄자니아 등지에서 혁명 게릴라 활동을 했다. 1966년 볼리비아로 건너와 게릴라를 이끌며 공산주의 무력 혁명을 시도했으나 미 중앙 정보국의 지원을 받은 볼리비아 군에 의해 사살된다.

아서 네빌 체임벌린Arthur Neville Chamberlain

1869년 3월 18일 / 1940년 11월 9일

영국의 수상으로 버밍엄에서 태어났다. 부친 조지프는 사업가이자 정치인으로 식민지상을 역임하며 영국 제국을 유지하고자 분투했다. 외무 장관으로 1925년 제1차 세계대전 후 유럽의 안정을 구축한 로카르노 조약의 체결로 노벨 평화상을 수상한 오스틴 체임벌린의 이복 동생이다. 1882년 형과 마찬가지로 럭비 스쿨에 진학했으나 4년 뒤 케임브리지 대학교에 진학한 오스틴 체임벌린과 달리 부친의 사업을 물려받고자 1900년 부친의 주도로 설립될 버밍엄 대학교의 전신 메이슨 칼리지에 진학해 실용 학문을 배운다. 사업 수완도 뛰어났지만, 부친과 마찬가지로 노동자 계급을 비롯한 저소득층에 대한 복지와 사회 개혁에 많은 관심을 가졌다. 특히 버밍엄 지역 병원 개선 사업과 교육 사업에 헌신했으며, 1900년에는 버밍엄 대학교 초대 총장에 선임된다. 1914년 버밍엄 시의원에 신출되었으며, 이듬해에는 시장에 선출된다. 시장으로 저소득층을 위한 대규모 주택 사업을 성공적으로 추진했다. 이에 로이드조지에 의해 발탁되어 군수 지원 실무를 책임지기도 한다. 하지만 체임벌린의 제1차 세계대전의 경험은 좋지 않았다. 자신이 원하는 사회 개혁이 모두 연기되거나 취소되었을 뿐만 아니라 막역한 사이였던 사촌 노먼을 잃었다. 1918년 버밍엄에서 하원 의원에 당선되었다. 4년 뒤 자유당 로이드조지가 물러나고 보수당 보너 로가 수상에 오르면서 체신 대신Postmaster-General에 임명된다. 이듬해 1923년 3월 보건 장관으로 승진했으며, 즉각 저소득층을 위한 대규모 주택 건설 사업을 개시했다. 5월 보너 로가 건강 문제로 사임하고 스탠리 볼드윈이 수상에 오르면서 재무 장관에 임명되어 보수당 내각의 핵심 인사가 되었다. 10월 보호 관세로 총선을 실시했다 실패한 후 이듬해 다시 정권을 잡은 보수당 정부에는 보건 장관으로 참여했다. 재무 장관에는 윈스턴 처칠이 임명되었다. 1929년까지 보건 장관으로 지냈다. 1929년 램지 맥도널드의 노동당에 패했으나, 이후 경제 위기로 노동당이 흔들리면서 1931년 맥도널드가 거국 내각을 구성하자 재무 장관으로 다시 입성했다. 재무 장관 취임 즉시 부친 조지프가 소망했던 국내 시장 보호와 무역 수지 개선을 위한 관세 부가 작업을 실시했다. 1935년 6월 맥도널드가 건강 악화로 사퇴하고 보수당 볼드윈이 수상에 올랐다. 하지만 같은 해 12월 베니토 무솔리니의 아비시니아 침공을 승인하는 호어-라발 협정으로 인한 급속한 여론 악화와 건강 문제로 2년 뒤 물러나며 체임벌린이 수상에 오른다. 체임벌린의 주된 목표는 경기 회복과 사회 개혁이었다. 그럼에도 이를 위해 독일에 대한 유화 정책을 구상하고 펼치지는 않았다. 이미 1931년 거국 내각 때부터 독일에 대한 처벌 조항이 들어가 있는 베르사유 조약의 개정과 독일을 포함하는 유럽 집단 안보 체제의 구축은 영국 외교 정책의 목표로 설정되어 있었다. 또한 재무 장관으로 체임벌린은 1935년 아돌프 히틀러가 1932년부터 이어져 온 군축 회담을 거부하자 즉각 재무장을 추진함과 동시에 일본에서 독일로 주적을 변경하는 데 주된 역할을 했다. 1935년 이탈리아의 아비시니아 침공과 1936년 히틀러의 라인란트 점령 후 수상에 취임한 체임벌린은 경제 위기 속에서 재무장과 더불어 독일과 이탈리아를 포함하는 유럽 집단 안보 체제 구축이라는 두 목표를 달성해야 했다. 상황이 긴박하게 돌아가자 체임벌린은 외무 장관 앤서니 이든과 함께 외교 정책 전면에 나서게 된다. 히틀러를 압박하기 위해 무솔리니와 교섭을 개시했으며, 히틀러를 회유하고자 독일의 식민지 진출 허락을 검토하기 시작했다. 1938년 4월 이탈리아의 아비시니아 점령을 인정하는 한편 스페인 내전 개입 중단을 받아내며 협정에 성공했다. 하지만 이미 3월 히틀러는 오스트리아를 합방Anschluss 했으며, 곧바로 체코슬로바키아 수데텐란트 지역에 대한 야욕을 들어냈다. 가장 큰 문제는 프랑스였다. 만약 프랑스가 동맹국 체코슬로바키아를 돕고자 나선다면 결국 영국도 전쟁에 휘말릴 터였다. 프랑스는 주저했고, 이에 체임벌린은 영국만이 독일의 체코슬로바키아 침공을 저지하고 확전을 방지할 수 있다고 확신했으며 9월 직접 히틀러를 만나 뮌헨 협정을 성사시켰다. 뮌헨에서의 약속은 이듬해 3월 히틀러의 프라하와 보헤미아 지역 침공으로 지켜지지 않는다. 체임벌린은 이에 즉각적으로 독일과의 더 이상의 협상은 있을 수 없다고 선언했으며, 독일에 대한 군사 조치를 준비했다. 프랑스와 더불어 폴란드와 소련의 협력을 이끌어내고자 시도했으며, 특히 폴란드에 대한 방어에 공을 들였다. 소련의 도움을 받고자 폴란드를 적극적으로 설득했으나 실패하고, 1939년 8월 독소 불가침 협정이 체결되었으며, 9월 폴란드 침공이 개시되며 제2차 세계대전이 발발했다. 10월 히틀러의 평화 회담 제언을 즉시 거부했으며, 보수당 내지지 기반이 약했던 해군 장관 처칠이 이듬해 수상에 오르고 직을 수행할 수 있도록 모든 도움을 제공했다.

조지프 체임벌린Joseph Chamberlain

1836년 7월 8일 / 1914년 7월 2일

영국의 사업가이자 정치인으로 첫째 부인과 사이에서는 후일 외무 장관에 오르는 오스틴 체임벌린을, 둘째 부인과는 수상에 오르는 네빌 체임벌린을 낳았다. 두 명 모두 출산 중 사망했다. 체임벌린 가문은 대대로 런던에서 신발 공장을 운영했다. 런던 지역 학교에서 초등 교육을 받은 뒤 유니버시티 칼리지 스쿨에 진학했으나, 졸업 후 대학 진학은 하지 않고 부친의 사업을 배우기 시작했다. 이후 나사 제조에 눈을 돌리면서 막대한 부를 쌓았으며, 버밍엄에 정착했다. 사업에 재능을 보였지만 산업화에 따른 폐해에도 관심을 보였다. 일일 최대 근로 시간을 9시간으로 정했을 뿐만 아니라 계급 간의 갈등을 해소하기 위한 방안으로서 저소득층 교육 사업에 헌신했다. 1900년에는 자신의 재산을 기부하고, 앤드루 카네기 등 자선가의 도움을 받아 버밍엄 대학교를 설립하기도 한다. 1869년에는 버밍엄의 동료 사업가들과 함께 전국 교육 연맹을 결성해 정부 예산으로 운영되고 지역 의회의 통제를 받는 공교육 체제를 전 영국에 걸쳐 구축하고자 노력했다. 이를 통해 사회 운동가로 상당한 명성을 쌓았으며, 1873년 버밍엄 시장에 당선된다. 자신의 사업체를 처분하고 버밍엄 시장으로 지내며 개인 사업체가 아니라 지방 정부가 주도하는 가스와 수도 개선 사업을 대대적으로 개시해 상당한 성과를 올렸다. 또한 저소득층을 위한 주택 사업과 도시 정비 사업도 실시해서 큰 호응을 얻었다. 1876년 버밍엄에서 자유당 계열로 하원 의원에 당선되었다. 이듬해에는 전국 자유 연맹을 조직해 1880년 윌리엄 글래드스턴의 총선 승리를 도왔다. 같은 해 상무부 장관에 임명되었으며, 소득세, 무상 교육, 지방 자치, 주택 복지 사업 등을 주장하며 자유당 내 급진 개혁 세력에 속했다. 1885년 아일랜드 문제를 두고 글래드스턴에 맞섰다. 제한적인 자치Home Rule를 승인하고자 한 글래드스턴과 달리 체임벌린은 이 조치가 아일랜드의 독립의 초석이 될 것이라고 우려하며 자유당 내 반대 세력Liberal Unionists과 함께 보수당과 연합했다. 1886년부터 1906년까지 아일랜드 자치 반대 세력과 보수당 연합의 영국의 정계를 지배했으며, 전자의 핵심 인물로 체임벌린은 자신이 원하는 사회 개혁을 보수당 정권에서 추진할 수 있었다. 1897년 입법된 노동자 보상법 Workmen's Compensation Bill은 이 시기 체임벌린의 대표적인 업적 중 하나이다. 1895년 로버트 세실 보수당 내각에 식민지상으로 참여했다. 자유당 상무부 장관 시절부터 독일과 프랑스만 아니라 미국과 일본 등 산업 열강의 도전에 따른 영국 제국의 쇠퇴를 막을 방안을 고민했으며, 식민지와의 관계 강화를 유일한 방안이라 확신했다. 같은 해 12월 남아프리카 트란스발 공화국에 대한 케이프 식민지인들의 습격Jameson Raid을 방조했으며, 2년 뒤 1897년 강경론자 앨프리드 밀너를 케이프 식민지 총독으로 임명하며 1899년 발발할 제2차 보어 전쟁의 불씨를 당겼다. 3년 뒤 영국의 승리로 전쟁은 마무리되었으나, 제2차 보어 전쟁을 통해 체임벌린은 영국 제국이 위기에 처해 있다고 확신하게 되었으며, 이를 극복하기 위해서는 우선 식민지와의 관계를 적극적으로 개선해야 한다고 판단했다. 1903년에는 식민지상에서 사임하고, 관세 개혁 연맹Tariff Reform League을 창설했으며, 이를 통해 영국 식민지에 대한 관세 하향 조정과 동시에 영국 제국의 전략적, 산업적 이익을 위협하는 모든 나라에 대한 보복 관세를 설파했다. 이러한 이유로 조지프 체임벌린은 영국 제국의 첫 수상이라 통칭되며, 자유 무역과 정부 개입의 최소를 주장했던 맨체스터 학파와 반대로 보호 무역과 정부 개입의 증대를 호소한 버밍엄 학파의 수장으로 언급된다. 하지만 체임벌린의 자유 무역에 대한 비판 등으로 인해 1906년 보수당과 자유당 출신 아일랜드 자치 반대 세력은 정권을 잃었다. 체임벌린은 버밍엄에서 재선에 성공하나 발작으로 반신불수가 되어 여생을 보냈다.

앤드루 카네기Andrew Carnegie

1835년 11월 25일 / 1919년 8월 11일

스코틀랜드 태생으로 부친 윌리엄 카네기는 가내 공장에서 수동식 직조기를 돌리는 직조공이었다. 산업 혁명으로 1840년대 증기를 이용한 역직기가 등장하면서 일자리를 잃은 부모를 따라 1848년 글래스고를 떠나 미국으로 이주해 피츠버그에 정착을 했다. 방적 공장 잡일에서 시작해 기관차 관리 조수, 전보 배달원 등의 일을 했다. 펜실베이니아 철도 서부 지역 감독 토머스 스콧의 눈에 띄어 개인 전신 기사이자 비서로 일하면서 사업과 투자의 기술을 배우기 시작했다. 1859년 토머스 스콧에 이어 펜실베이니아 철도 서부 지역 감독에 올랐다. 1861년 남북 전쟁의 발발에 따라 전신과 철도에 대한 수요가 폭발하면서 본격적으로 부를 축적하기 시작했다. 1865년 남북 전쟁의 종식 이후 서부 개척과 팽창이 빠르게 이루어지면서 카네기의 철강 사업은 여러 경쟁 회사를 합병하며 성장을 거듭했다. 1880년대에 접어들면서 급진적인 자유주의 사상을 자신의 경험에 비추면서 적극적으로 설파했다. 물질적 풍요와 미국식 민주주의를 결합했으며, 노동자의 권리를 보장하고자 노력했다. 1889년 『북아메리카 리뷰North American Review』에 게재된 기고문 '부Wealth'에서 카네기는 부의 축적과 기부에 대한 자신의 입장을 정리해 밝혔다. 1881년 자신의 고향 스코틀랜드 던펌린에 도서관과 수영장을 세우면서 자선 사업가로 나섰으며, 1901년에는 이를 위해 사업에서 은퇴했다. 카네기의 우선 지원 대상은 공공 도서관이었으며, 세계 각지에 2811개의 공공 도서관을 건립했다. 또한 카네기는 철강 노동자와 교사에 대한 연금과 교회에 대한 지원도 했다. 끝으로 카네기는 세계 평화를 목표로 했으며, 이를 위해 1906년 철자 간결화 위원회Simplified Spelling Board를, 1910년에는 카네기 국제 평화 재단Carnegie Endowment for International Peace과 카네기 영웅 기금Carnegie Hero Fund을, 1914년에는 카네기 교회 평화 연맹Carnegie Church Peace Union을 건립했다. 특히 카네기는 카네기 국제 평화 재단과 카네기 영웅 기금 그리고 카네기 교회 평화 연맹을 "평화의 신전Temples of Peace"으로 칭하며 국제 정의와 전쟁의 폐지의 초석을 놓았다고 자부했다. 1914년 여름 제1차 세계대전의 발발 전에는 우드로 윌슨 대통령과 독일 황제 빌헬름 2세를 세계 평화의 영웅으로 지명할 정도로 희망적이었다. 전쟁의 발발에 큰 충격을 받았으며, 평화주의자로 협상을 통한 전쟁의 종식을 호소했다.

피델 카스트로 Fidel Alejandro Castro Ruz

1926년 8월 13일 / 2016년 11월 25일

1959년 쿠바 공산 혁명을 이끈 지도자로 부친은 스페인 이민자로 사탕수수 농장을 운영했다. 산티아고데쿠바와 아바나 소재 가톨릭 학교를 졸업한 후 1945년 아바나 대학교 법과 대학에 입학했다. 이 시기부터 반독재, 반제국 정치 활동을 시작했다. 입학 2년 뒤 도미니카 공화국 독재자 라파엘 트루히요에 맞서 싸웠으며, 이듬해 1948년에는 콜롬비아 보고타에서 반정부 시위에 참여하기도 했다. 1950년 졸업 후 변호사로 일하면서, 1900년 창설된 쿠바 인민 당Partido del Pueblo Cubano에 가입해 활동했다. 1952년 아바나 지역에서 하원 의원으로 출마할 계획이었으나 풀헨시오 바티스타 장군의 쿠데타로 취소되었 다. 이듬해부터 독재자 바티스타에 맞선 무력 저항을 개시했다. 7월 산티아고 데쿠바 군 기지를 습격해 민중 봉기를 촉발하고자 했으나 실패하고 수감된다. 1955년 풀려나 멕시코로 건너가 혁명을 준비한다. 1956년 12월 동생 라울과 체 게바라 등과 혁명군을 이끌고 쿠바에 상륙했으나 다시 진압된 후 시에라 마에스트라로 숨어들어 게릴라 전쟁을 펼친다. 3년 뒤 1959년 1월 800여명의 게릴라 혁명군을 이끌고 바티스타 독재 정부를 전복시켰다. 혁명 정부에서 카 스트로는 군을 관할했으며, 중도 자유주의자 마누엘 우루티아가 대통령에 올 랐다. 하지만 곧 우루티아를 축출하고 정권을 장악하고 급진적인 개혁을 추 진했다. 경제는 국유화되었으며, 대대적인 토지 개혁이 실행되었다. 이 과정 에서 미국 기업과 농장을 모두 몰수하면서 미국과의 관계가 급속도로 악화 된다. 1960년 소련과의 무역 협정이 체결되었으며, 이듬해 미국과 외교 관계 를 단절했다. 1962년 미국을 견제하고자 소련의 미사일 기지 건설을 허락해 주면서 일촉즉발의 쿠바 미사일 사태Cuban Missile Crisis를 초래하기도 했다. 미 국과 소련 양측의 양보와 협상으로 위기는 넘겼으나, 소련에 대한 의존은 카 스트로 정권의 강화와 함께 점차 심화되었다. 2006년 건강 문제로 동생 라울 에게 잠시 정권을 넘기기도 했으나 공식적인 퇴임은 2008년에야 이루어졌다. 1970년대와 1980년대 제3세계 공산주의 혁명을 확산하고자 라틴 아메리카와 아프리카 곳곳에서 발생한 내전에 개입했다.

발다사레 카스틸리오네 Baldassare Castiglione

1478년 12월 6일 / 1529년 2월 2일

이탈리아 만토바 출신 궁정 출입 조신이자 외교관으로 1528년 출판된 『궁정
론Il Libro del Cortegiano』의 저자로 잘 알려져 있다. 귀족 가문에서 태어난 카스
틸리오네는 조르조 메룰라와 데메트리오 칼콘딜라 등으로부터 르네상스 인문
주의 교육을 받았으며, 이후 밀란으로 옮겨 루도비코 스포르차의 궁에서 일
했다. 1499년 만토바로 돌아온 카스틸리오네는 프란체스코 곤차가의 밑에서
잠시 일한 뒤 우르비노의 공작 구이도발도 다 몬테펠트로의 밑으로 자리를
옮겼다. 이곳에서 영국으로 특사로 파견이 되기도 했으며, 사촌과 함께 전원
시 『티르시Tirsi』(1506)를 첫 작품으로 내놓았다. 1513년 우르비노의 새로운 공
작 프란체스코 마리아 델라 로베레의 대사로 로마에 파견되었으며, 이후 교황
청에서 일하며 화가 라파엘로 산치오 다 우르비노와 친분을 쌓았다. 1525년
교황청 대사로 스페인으로 파견되어, 신성로마제국의 황제 카를 5세를 알현하
기도 했다. 자신의 주저 『궁정론』은 1513년에서 1518년 사이 집필했으며, 자
신이 잠시 근무했던 우리비노의 궁전을 배경으로 이상적인 르네상스 궁정인의
자질을 대화 형식으로 논했다. 1528년 베네치아에서 출판된 이 책은 1534년
스페인어로, 1537년 프랑스어로, 1561년 라틴어와 영어로, 1565년 독일어로,
이듬해인 1566년에는 폴란드어로 번역되었을 정도로 당시 유럽 전역에서 큰
인기를 얻었다.

카를 카우츠키 Karl Kautsky

1854년 10월 16일 / 1938년 10월 17일

보헤미아 프라하 출신 마르크스주의자로 독일 사회민주당을 이끌었다. 프라

하에서 태어났으나 빈에서 자랐다. 1874년 빈 대학교에 입학해 철학, 역사, 경제학 등을 공부했으며, 대학 시절 오스트리아 사회민주당Sozialdemokratische Partei Österreichs에 가입해 활동하기 시작했다. 1880년 반사회주의 법을 피해 스위스 취리히를 방문해 사회주의 신문과 서적을 구입하면서 마르크스주의자가 되었으며, 에두아르트 베른슈타인의 영향을 크게 받았다. 이듬해 런던에서 프리드리히 엥겔스를 만났으며 이후 지속적으로 교류했다. 1883년 마르크스주의 잡지 『새 시대Neue Zeit』를 발행하기 시작했다. 이 잡지는 1917년까지 취리히, 베를린, 빈, 런던에서 인쇄, 배포되었다. 1885년부터 1890년까지 런던에 거주하면서 마르크스주의 전파를 위해 엥겔스와 협력했으며, 1891년에는 베른슈타인과 아우구스트 베벨과 함께 마르크주의에 기초한 독일 사회민주당의 에르푸르트 강령Erfurt Programm을 작성했다. 1895년 엥겔스 사후 대표적인 마르크스주의 이론가로 부상했으며, 제1차 세계대전 무렵까지 독일 사회민주당의 정신적 지주의 역할을 했다. 대다수 사회민주당 당원이 참전에 찬성하면서 전쟁에 반대한 카우츠키는 소수파로 몰리며 독립 사회민주당 Unabhängige Sozialdemokratische Partei Deutschlands을 창당했다. 이전 베른슈타인의 개혁을 통한 사회주의로의 이행을 수정주의라 비판했으나, 1917년 러시아의 볼셰비키 혁명 이후 폭력 혁명과 프롤레타리아 독재에 회의적인 의견을 표명하며 블라디미르 레닌과 격렬한 논쟁을 했으며, 이 시기 다수의 독립 사회민주당 당원이 독일 공산당Kommuistische Partei Deutschlands으로 자리를 옮겼다. 1918년 독일 11월 혁명 이후 잠시 외무성 차관으로 제국 독일의 외교 문서의 발간을 책임졌다. 1938년 나치 독일이 점령하기 전까지 빈에서 집필 활동을 했으며, 암스테르담에서 사망했다.

지미 카터James Earl Carter

1924년 10월 1일 /

미국 제39대 대통령으로 조지아주 출신이다. 조지아 사우스웨스턴 칼리지와 조지아 공과 대학을 다닌 후 1946년 메릴랜드 아나폴리스 해군 사관학교를 졸업했다. 이후 7년 동안 군에서 근무했으며, 1953년 부친의 사망 후 가업인 땅콩 농장을 이어받고자 퇴직했다. 조지아주 교육 위원회에서 일하면서 정계에 진출했다. 1962년 민주당 조지아주 상원 의원으로 선출되었으며, 1964년 재선에 성공했다. 1966년 주지사에 도전했다 실패하고 기독교 복음주의에 헌신했다. 4년 뒤 주지사에 당선되었으며, 1974년 민주당 대통령 후보로 나섰다. 1972년 닉슨 대통령의 워터게이트 사건을 등에 업고 미국의 진정한 가치를 외치며 1976년 7월 민주당 대통령 후보로 선출되었으며, 11월 공화당의 포드를 꺾고 당선되었다. 다방면에서의 개혁을 약속했으나 하원의 비협조로 성공하지 못했다. 국제 문제에 있어서 카터는 이상주의자로 인권과 협력을 강조했다. 당선 이듬해 파나마 정부와 협상을 통해 1999년 파나마 운하의 이양과 중립을 약속했다. 1978년 이집트 대통령과 이스라엘 수상을 초청해 1948년 이래 지속된 전쟁 상태를 종식하도록 했다. 이듬해에는 대만과의 국교 단절을 하며 중국과 공식적인 외교 관계를 맺었다. 같은 해 빈에서 카터는 소련과 새로운 전략 무기 제한 협정Strategic Arms Limitation Treaty II을 체결했으나, 소련의 아프가니스탄 침공으로 철회했다. 또한 곡물 수출입을 금지했으며, 1980년 모스크바 올림픽의 보이콧을 주도했다. 하지만 제2차 오일 쇼크로 인한 경제 위기와 소련과의 갈등 등으로 인해 1980년 11월 재선에 실패하고 공화당 로널드 레이건에게 정권을 넘겨준다. 퇴임 후 1994년 북한 핵문제 해결을 비롯해 국제 평와 유지를 위해 무임소 외교관으로 활약했으며, 해비타트 운동Habitat for Humanity에도 열성적으로 참여했다. 2002년 노벨 평화상을 수상했다.

이마누엘 칸트Immanuel Kant
1724년 4월 22일 / 1804년 2월 12일

프러시아 항구 도시 쾨니히스베르크에서 태어나 자랐으며 평생을 보냈다. 대학을 포함해 모든 교육을 쾨니히스베르크에서 받았다. 쾨니히스베르크 대학은 1740년 신학 공부를 염두에 두고 진학했으나, 수학과 물리학에 더 관심을 보였다. 대학에 보조 강사로 자리를 잡고자 했으나 실패하고 가정교사로 취직해 생활을 영위했다. 1755년 『보편적 자연사와 천체이론Die Allgemeine Naturgeschichte und Theorie des Himmels』으로 쾨니히스베르크 대학에서 박사 학위를 취득하고, 형이상학에 대한 논문으로 교수 자격을 획득한 뒤 사강사로 일하기 시작했다. 15년 동안 사강사로 일한 뒤 1770년 논리학과 형이상학 담당 교수로 선출되었다. 1770년 인식론에 관한 교수 취임 논문 이후 1781년 『순수 이성 비판Kritik der reinen Vernunft』의 출판 때까지 저작이 없었으나, 이책과 더불어 1788년 『실천 이성 비판Kritik der praktischen Vernunft』과 2년 뒤 『판단력 비판Kritik der Urteilskraft』을 출간하면서 최고의 명성을 얻었다. 비판 철학을 정립하며 대상에서 주관으로의 인식론적 전환을 주도했다. 정치적인 저작으로는 1784년 집필한 『계몽이란 무엇인가란 질문에 답하여Beantwortung der Frage: Was ist Aufklärung?』와 『세계 시민적 관점에서 본 보편사의 이념Idee zu einer allgemeinen Geschichte in weltbürgerlicher Absicht』, 10여 년 뒤 집필한 『영구 평화론: 하나의 철학적 기획Zum ewigen Frieden. Ein philosophischer Entwurf』(1795) 등이 있다. 1796년 은퇴했다.

로버트 스튜어트, 캐슬레이 자작 Robert Stewart, Viscount Castlereagh

1769년 6월 18일 / 1822년 8월 12일

더블린 태생 영국의 외무 장관으로 나폴레옹 전쟁의 승리와 전후 유럽 질서의 수립에 지대한 공헌을 했다. 아일랜드 지주 가문 출신으로 아일랜드에서 유년 시절을 보낸 후 1786년 케임브지리 대학교 세인트존스 칼리지에 입학했으나 졸업은 하지 않았다. 1790년 유럽 일주 후 아일랜드 의회 의원으로 선출되었다. 유럽 여행 중 프랑스 대혁명을 직접 관찰한 후 급진적인 변혁에 비판적이 되었으며, 혁명 프랑스와의 전쟁 역시 필요하다고 판단했다. 지역 핵심 유지로 재상 윌리엄 피트와 친분이 있었던 부친과 의붓 할아버지 등 인척의 도움을 받으며 아일랜드 정치인으로 성장했다. 1796년 부친이 런던데리 백작에 봉해지자, 백작 대리Viscount에 올랐다. 아일랜드 재무 장관과 추밀원 고문관을 거쳐 1798년 아일랜드 총독 의붓 할아버지 캠던 경의 수석 비서로 임명된다. 같은 해 아일랜드 민중 봉기의 진압을 주도했다. 프랑스 혁명과 아일랜드 반란에 맞서 아일랜드와 영국의 통합을 적극 지지했으며, 1800년 통합법Act of Union의 통과를 위해 많은 노력을 했다. 1802년 동인도 회사와 인도 관련 문제 책임자President of the Board of Control로 임명되었다. 이듬해 봄 프랑스와의 전쟁이 재개되면서 피트가 재상으로 복귀하자 1805년 전쟁상과 식민지상으로 임명되었으나, 이듬해 피트가 사망하자 내각을 떠났다. 1807년 3월 포틀랜드 경이 수상에 오르면서 전쟁상으로 복귀해 나폴레옹 보나파르트와의 전쟁의 승리를 위한 기반을 다졌다. 특히 1809년 스페인이 프랑스에 맞서 일어나자 아서 웰즐리를 영국군 지휘관으로 천거해 전쟁의 승기를 잡았다. 이후 외무 장관 조지 캐닝과의 다툼 후 사임했다. 1812년 2월 외무 장관으로 복귀했다. 이후 나폴레옹의 프랑스에 맞선 대륙 동맹을 복원하고자 애썼으며,

1814년에는 직접 대륙으로 건너가 나폴레옹 전쟁 종전 협상과 전후 평화 질서 구축에 앞장섰다. 특히 같은 해 3월 쇼몽 조약을 통해 전후 20년 동안 동맹 간 협력을 약속받았다. 또한 5월에는 파리 조약을 통해 부르봉 왕조의 복원과 독립 네덜란드 왕국의 건립을 약속받았다. 오스트리아의 재상 메테르니히 등과 함께 빈 회의를 시작으로 주요 열강 간 협력을 기반으로 한 유럽 협조 체제를 건설했다. 1818년 엑스라샤펠 회의Congress of Aix-la-Chapelle에 직접 참여해 프랑스가 강대국 지위를 회복하도록 노력했다. 2년 뒤 스페인과 시칠리아의 반란과 독일 내 자유주의 운동에 따른 혼란을 저지하고자 러시아와 오스트리아가 주축이 되어 트로파우 회의Congress of Troppau를 개최하나 참석하지 않았다. 이듬해 1821년 오스트리아의 시칠리아 반란 진압을 승인한 라이바흐 회의Congress of Laibach에도 동의하지 않았으며, 트로파우 회의와 마찬가지로 이복 동생 찰스를 보내 러시아가 주도하는 오스트리아와 프러시아의 반동적인 신성 동맹을 견제하도록 했다. 1822년 스페인과 그리스에서의 민중봉기에 대한 대응 방안을 모색하는 베로나 회의에는 그리스의 독립을 지지하고자 했으나 국내 사정으로 참석하지 못했다. 하지만 의회 민주주의를 추구하는 영국과 러시아로 대표되는 반동적인 대륙 동맹국 간의 입장 차이를 누차 강조했다. 1822년 여름 유럽 대륙의 혼란과 국왕 조지 4세의 이혼 문제 등으로 인한 과중한 업무에 따른 신경 쇠약 끝에 자살했다.

조지 케넌 George Kennan

1904년 2월 16일 / 2005년 3월 17일

냉전 초기 미국의 외교관이자 역사학자로 위스콘신주 밀워키에서 태어났다. 1925년 프린스턴 대학교 역사학과를 졸업한 뒤 외교부에 들어가 일했다.

스위스 제네바와 독일 함부르크에서 근무했으며, 1929년 통역 교육을 받고자 베를린 대학교에 입학했다. 독어와 불어 이외에 폴란드어, 체코어, 러시아어 등 동유럽 언어를 익힌 뒤 1931년 라트비아 리가에서 외교관 근무를 재개했다. 1929년부터 러시아 역사와 문화, 정치 및 경제도 공부했으며, 이에 1933년 윌리엄 불릿 대사의 통역과 보좌를 명받고 소련으로 파견된다. 2년 뒤 빈을 거쳐 프라하에서 근무했으나, 나치 독일의 체코슬로바키아 병합과 함께 베를린으로 자리를 옮겼다. 1939년 제2차 세계대전의 발발 후 나치 독일에 의해 6개월 동안 억류되었으며, 1942년 풀려나 리스본과 영국에서 근무했다. 1943년 소련 대사로 임명된 애버럴 해리먼의 요청으로 모스크바에 동행했다. 전후 소련의 동유럽으로의 급속한 팽창을 목도하고 소련과의 협력을 재고해달라는 요청을 하고자 「장문의 전보Long Telegram」를 작성하여 보냈다. 미국의 대소 봉쇄 정책의 기초를 놓은 이 문서로 이듬해 국무성 정책 기획실로 승진, 발령받았다. 1947년 7월 "엑스X"라는 가명으로 『포린 어페어스Foreign Affairs』에 「소련의 행동의 원천The Sources of Soviet Conduct」을 발표했다. 이 글에서 케넌은 이오시프 스탈린의 소련의 정치 및 심리 구조에 대한 분석에 기초해 즉각적이면서도 지속적이고 확고한 봉쇄 정책을 촉구했다. 1949년 국무부 고문을 역임한 후 이듬해 프린스턴 대학교 고등 연구소에 자리를 잡았다. 1952년 소련 대사로 임명되었으나 소련 측의 거부로 무산되었으며, 1961년에서 1963년 사이에는 유고슬라비아 대사로 근무했다.

프랭크 켈로그 Frank Billings Kellogg

1856년 12월 22일 / 1937년 12월 21일

뉴욕주 세인트로렌스 카운티 출신 변호사이자 국무 장관이다. 8세 때 가족과 함께 미네소타주로 이주를 했으며, 이곳에서 농장 일을 도우며 공립학교를 다녔다. 이후 다른 교육은 받지 못했으나 법률 사무소 직원으로 일하면서 독학으로 1877년 변호사 자격증을 획득했다. 지역 유명 변호사로 상원 의원에까지 오른 사촌 쿠시먼 켈로그 데이비스의 도움과 연줄로 록펠러 가문과 앤드루 카네기와 같은 당시 철도 및 철강 분야 재벌과 교류를 시작했으며, 이 과정에서 시어도어 루스벨트를 만났다. 1901년 루스벨트가 제26대 대통령으로 당선이 되면서 본격적인 정치 활동을 시작했다. 특히 법무장관 특별 보좌관으로 일하며 독점 금지 소송을 주도했다. 1912년 미국 변호사 협회American Bar Association 회장에 당선되었으며, 1916년에는 공화당 상원 의원에 당선되었다. 1923년 캘빈 쿨리지 대통령에 의해 영국 대사에 임명이 되었으며, 1924년 도스안이라 통칭되는 제1차 세계대전 이후 연합국에 대한 독일의 전쟁 배상금 조정에 깊이 관여했다. 1925년에는 국무 장관으로 임명되었으며, 이로써 전간기 미국 외교 정책을 책임졌다. 가장 성공적인 업적으로는 1928년 켈로그-브리앙 협정을 손꼽는다. 프랑스 외무 장관 아리스티드 브리앙과 함께 초안을 마련한 이 조약은 국가 정책의 수단으로 전쟁을 포기한다는 원칙을 핵심으로 하며, 국제 연맹과 더불어 전간기 세계 평화 구축 노력의 대표적인 시도로 손꼽힌다. 미국과 프랑스만 아니라 독일, 벨기에, 영국, 이탈리아 등 15개국이 즉각 서명을 했으며, 1929년까지 소련을 비롯한 47개국이 더 참여했다. 1929년 이의 공로로 노벨 평화상을 수상했다.

윌리엄 코빗 William Cobbett

1763년 3월 9일 / 1835년 6월 18일

영국의 정치 저술가이다. 영국 남부 서리 출생으로 유년 시절부터 정원사로 일했다. 이후 육군에 사병으로 입대해 수년간 복무 후 열악한 처우와 부당한 처벌에 항의한 후 1792년 미국으로 이민을 떠났다. 프랑스 이민자에게 영어를 가르치며 프랑스 대혁명을 비판하는 수편의 팸플릿을 출판했다. 자코뱅주의의 비판자로 명성을 얻은 뒤 1800년 영국으로 되돌아왔다. 1802년부터 1835년 사망할 때까지 정치 주간지『폴리티컬 레지스터Political Register』를 출판했다. 총89권, 4만 2천 쪽에 달하는 이 주간지의 출판은 코빗의 가장 중요한 업적으로 여겨지고 있다. 1809년부터 1812년에는『국사범 재판 전집Complete Collection of State Trials』을 편집했으며, 1804년부터 1812년 사이에는 노르만 정복부터 당시까지 이르는 시기 동안 의회 논쟁을 수집하고 편집했다. 1800년대 중반부터 나폴레옹 전쟁의 지속에 따른 국가 부채의 급속한 증가와 의회 개혁의 정체에 따른 문제점을 인지하면서 이전과는 상반되는 입장을 보이기 시작했다. 특히 전쟁 부채의 증가의 위험성에 대해 심각한 우려를 표명하며, 전통적인 고립주의로의 복귀를 호소했다. 전후 1816년부터 의회 개혁을 강력히 외쳤으며, 1832년 개혁 법안의 통과와 함께 하원 의원에 진출했다. 1834년에는 빈민에 대한 지원을 삭감하고자 제안된 빈민법 개정안Poor Law Amendment Act을 반대하며 민중 봉기를 주장하기도 했다.

리처드 코브던Richard Cobden

1804년 6월 3일 / 1865년 4월 2일

자유 무역을 옹호하며 곡물법 반대 연맹을 주도한 영국의 정치인이자 사업가이다. 가난한 영국 남부 농촌 가정에서 태어나 중등 교육을 받은 후 15세부터 런던에 있는 삼촌의 잡화점에서 일하며 사업을 배웠다. 1828년부터는 친구와 함께 포목 사업을 시작했으며, 상당한 부를 쌓았다. 1833년부터 사업차 프랑스, 독일, 미국, 포르투갈, 그리스, 터키, 이집트 등지를 방문하면서 견문을 넓혔다. 1835년『영국, 아일랜드, 미국England, Ireland, and America』과 이듬해 『러시아Russia』를 통해 자유 무역을 통한 평화로운 발전을 호소했다. 1836년에는 맨체스터 상공 회의소Chamber of Commerce 임원으로 선출된다. 하지만 이즈음 코브던의 주된 관심은 맨체스터 지역의 교육 발전에 있었으며, 공교육의 필요성을 강조한 지역 교육 협회 연설 중 친구이자 동지 존 브라이트를 만나게 된다. 1838년 후반부터 존 스미스 등이 중심이 된 맨체스터 지역 상공업자들이 수입 곡물과 식품에 대한 관세와 제한을 반대하는 운동을 펼쳤으며, 코브던과 브라이트는 1841년 스미스가 건강상의 이유로 물러나자 곡물법 반대 연맹의 운영을 도맡으며 전국적인 운동을 펼쳤다. 애덤 스미스의 논의에 기초해 자유 무역만이 산업과 농업의 공정한 발전을 유도할 진정한 방법이라 선전했으며, 특히 곡물법으로 이득을 보는 것은 중산층과 노동자 계급이 아니라 지주 계급이라 강조했다. 1842년에는 런던에 집행부를 세웠으며, 이듬해에는 주간지『이코노미스트The Economist』가 곡물법 폐지와 자유 무역을 옹호하고자 사업가이자 은행가 제임스 윌슨의 주도로 창간되었다. 코브던은 1841년 스톡포트 지역에서 하원 의원에 당선되었으며, 1843년부터는 도시 지역만 아니라 농촌 지역에서도 반곡물법 운동을 전개했다. 곡물법은 코브던의 노력과 더불어 1845년 시작된 아일랜드 대기근Great Famine의 여파 속에서 이듬해인 1846년 폐지되었다. 이후 맨체스터 지역 하원 의원으로 자유당 내 핵심 인사로 부상했다. 전국 공교육 협회National Public Schools Association 활동과 평화 협회 활동을 열성적으로 병행했다. 특히 1848년과 1851년에는 하원 국방 예산 심의 위원으로 참여해 영국의 대외 개입 정책을 저지하고자 노력했다. 하지만 1851년 루이 나폴레옹의 쿠데타 성공과 1853년 크림 전쟁의 발발 그리고 1856년 애로호 사건Arrow Incident 앞에서 코브던의 군비 축소와 불간섭주의 외교 정책은 전혀 호응을 얻지 못했다. 코브던은 당시 호전적인 여론에 큰 충격을 받았다. 또한 아들의 사망 등 개인적인 불행이 겹치면서 1859년 가을 프랑스와의 자유 무역 협상 때까지는 별다른 활동을 하지 않았다. 프랑스 경제학자이자 상원 의원 미셸 슈발리에의 제안으로 시작된 협상에서 코브던은 개인 자격으로 나폴레옹 3세와 두 번의 회담을 성공적으로 이끌며 자유 무역 협정Cobden-Chevalier Treaty을 성사시켰다. 이듬해 1861년 미국 남북 전쟁이 발발하자 코브던은 영국 정부의 중립을 지지했다. 개인적으로는 남부의 노예제가 옳지 않다고 보았을 뿐만 아니라 북부의 승리를 확신했지만, 코브던은 북부의 잠재적인 경제력과 더불어 1861년 전쟁 발발 직후 통과된 고율의 모릴 관세법Morrill Tarriff Act에 대해 우려를 표했다. 이후 1864년 제2차 슐레스비히 전쟁 등 국제 문제와 관련해 불간섭주의를 호소하는 연설 등을 했지만 건강 악화로 점차 물러났다.

코슈트 러요시Kossuth Lajos

1802년 9월 9일 / 1894년 3월 20일

헝가리를 대표하는 민족주의 정치인이자 법조인으로 1848년 3월 초 파리 혁명에 영향을 받아 헝가리 혁명을 이끌었다. 루터교로 헝가리 샤로스파타크 개신교 학교에서 교육을 받았다. 정부 관료가 되고자 했으나 실패하고 지역 유지의 변호사로 일하다 1832년 제국 의회Diet에 대리인으로 참여하면서 오스트리아에 맞선 헝가리 독립 운동을 주도하기 시작했다. 1837년 투옥되었으며, 3년 뒤 석방되면서 헝가리 독립 운동의 영웅으로 떠올랐다. 1841년 창간된 주간지 『페스티 히를러프Pesti Hírlap』의 편집자로 활동하며 오스트리아 정부와 오스트리아와의 협력을 지속하고자 하는 헝가리 보수주의 세력을 신랄히 비판했다. 1844년 정치적인 문제로 해고되었으며, 이후 프리드리히 리스트의 영향으로 헝가리 산업의 발전을 호소하는 기고문을 작성했다. 합스부르크 가문에 맞서 헝가리의 자치 획득과 의회 설립을 강력히 주장했으며, 1848년 3월 말 프랑스 혁명의 소식과 함께 새로운 헝가리 정부의 재상에 취임했다. 이후 헝가리 왕국의 섭정 대통령의 직위를 맡으며 1849년 4월 헝가리 독립 선언을 선포했다. 하지만 같은 해 말 오스트리아와 러시아의 군사 개입으로 인해 오토만 제국과 영국을 거쳐 미국으로 망명을 하여 해외에서 헝가리 독립 운동을 지휘했다. 1853년 이탈리아에 터를 잡은 뒤 죽을 때까지 프랑스와의 교섭을 통해 헝가리 독립을 추구하고자 노력했다. 1859년에는 나폴레옹 3세의 약속을 받기도 했으나 성공하지 못했다. 또한 1867년 오스트리아 – 헝가리 제국의 탄생을 가져온 이중 군주국으로의 타협Austro-Hungarian Ausgleich에 대해서도 책임자 처벌을 외치며 강하게 반대했다.

콘스탄티누스 1세Constantine I

272년 2월 27일 / 337년 5월 22일

기독교를 장려한 첫 로마 황제로 흔히 콘스탄티누스 대제 혹은 성 콘스탄티누스로 호칭된다. 재위는 306년부터 337년이다. 오늘날 시리아 근역에서 태어났으며, 부친 사망 후 디오클레티아누스 황제에 의해 통치의 편의를 위해 분리되었던 로마 제국을 통일했다. 312년 로마를 점령하면서 제국 서방을 통일한 뒤 동방의 리키니우스와 협의해 밀라노 칙령Edict of Milan을 선포했다. 이로써 로마 제국 내 기독교를 포함한 모든 종교에 대한 관용이 베풀어졌다. 이 무렵부터 콘스탄티누스 1세는 기독교로 개종했다고 말해진다. 325년에는 니

케아에서 최초의 기독교 공의회Concilium Nicaenum Primum를 열어 삼위일체를 반대하는 아리우스파Arianism를 이단으로 정죄하는 등 공식적인 기독교 신앙의 초석을 놓았다. 320년대부터 비잔티움으로의 수도 이전을 추진했으며, 330년 비잔티움을 로마의 새로운 수도로 정했다. 337년 콘스탄티누스 1세 사후 비잔티움은 콘스탄티노폴리스로 이름을 바꾸었다.

G. D. H. 콜George Douglas Howard Cole
1889년 9월 25일 / 1959년 1월 14일

영국의 정치이론가로 케임브리지 태생이다. 옥스퍼드 대학교 발리올 칼리지에서 고전과 철학을 공부했다. 학부 시절부터 페이비언 협회와 독립 노동당 활동에 적극적이었다. 1912년 모들린 칼리지 특별 연구원으로 선출되었으며, 이때부터 경제학과 정치사상을 연구하기 시작했다. 특히 노동조합주의에 큰 관심으로 쏟았다. 1913년 중앙 집권적인 정부를 추구하는 영국 주류 좌파를 비판한 『노동의 세계The World of Labour』를 출간했다. 이후 주간지 『뉴 에이지 New Age』를 중심으로 노동조합을 중심으로 한 다원주의적이고 분권화된 사회주의를 설파했다. 1914년에는 페이비언 협회 집행 위원으로 선출되었으며, 2년 뒤에는 명예 의장에 올랐다. 이 무렵 전국 길드 연맹National Guild League 을 창설해 길드 사회주의를 중앙 집권적인 노동당에 대한 대안으로 제시했다. 페이비언 사회 개혁가 시드니 웨브와 비어트리스 웨브 부부와도 많은 교류를 했으며, 1912년 창설된 페이비언 연구소Fabian Research Department를 기반으로 설립된 노동연구소Labour Research Department의 명예 의장으로도 활동했다. 1925년에는 옥스퍼드 대학교 경제학과 교수에 임명되었으며, 4년 뒤 1929년에는 노동딩 정책의 근간이 된 『향후 10년 영국의 사회 경제 정책The

Next Ten Years in British Social and Economic Policy』을 내놓았다. 1920년대 초부터 본격화된 경제 불황과 금융 위기에 따른 대량 실업으로 인한 노동조합의 위기 속에서 콜은 노동당 내 개혁만이 현실적인 대안이라 판단했다. 하지만 1930년대 후반 스페인 내전 무렵부터 파시즘에 대항한 대중 노선을 조직하면서 유화 정책을 선호했던 노동당 주류와 거리를 두기 시작했다. 1940년에는 수상 윈스턴 처칠의 요청으로 윌리엄 베버리지와 함께 전시 인력 관리와 복지 문제에 대한 계획을 수립했다. 1944년 옥스퍼드 대학교 칼리지 치첼리 교수직에 임명되었다.

장바티스트 콜베르 Jean-Baptiste Colbert
1619년 8월 29일 / 1683년 9월 6일

프랑스 북동 지역에 위치한 랭스에서 상인 집안의 아들로 태어났다. 전쟁 장관 미셸 르 텔리에의 밑에서 병력 관리를 했으며 이후에는 르 텔리에의 개인 비서로 일하기도 했다. 1651년 여러 행정 일을 맡은 후 추기경 마자랭이 프롱드Fronde의 난을 피해 파리를 탈출하자 파리에 남아 소식을 제공하며 개인 비서 역할을 담당했다. 프롱드 난 진압 후 마자랭의 비서로 프랑스 재정 운영을 배우기 시작했다. 1661년 마자랭이 사망한 후 프랑스 재정 운영을 도맡으며, 루이 14세의 지지를 받으며 프랑스 재정과 경제 개혁을 강력히 추진했다. 재무 장관Surintendant des finances 니콜라 푸케 후작의 부패와 비리를 파헤쳤으며, 재무 회의Conseil des finances를 설립했다. 1665년에는 재무 총감Contrôleur général des finances에 올랐으며, 4년 뒤에는 해군 장관Secrétaire d'État de la Marine에 임명되었다. 중앙 정부의 관리 감독의 강화를 통한 재정 개혁을 추구하는 동시에 중앙 정부의 주도 하의 산업과 상업의 발전을 시도했다. 영국과 네덜란드 중심의 해상 무역과 교역에 따른 이익을 점하고자 1664년 프랑스 동인도 회사Compagnie française pour le commerce des Indes orientales를 설립했으며, 해군 육성에 공을 들였다. 중상주의적 경제 정책 이외에도 프랑스 학술원 회원으로 루이 14세의 왕권 강화를 위한 과학과 건축 학술원 등의 건립을 주도했다.

니콜라 드 콩도르세Marie-Jean-Antoine-Nicolas de Caritat, Marquis de Condorcet
1743년 9월 17일 / 1794년 3월 29일

프랑스 계몽주의 사상가로 교육 개혁과 여권 신장에 지대한 관심을 가졌다. 랭스 소재 예수회 학교를 졸업한 뒤 파리에 있는 콜레주 드나바르에서 공부했으며, 수학에 특히 재능을 보였다. 1769년 과학 학술원Académie des sciences에 선출되어 수학과 관련된 여러 논문을 썼다. 프랑스 계몽주의 철학가 대부분과 가까운 관계를 맺었으나, 특히 장 르 롱 달랑베르와 사이가 깊어 『백과전서』의 출간에 상당한 공헌을 했다. 1777년 과학 학술원 의장에 선출되었으며, 5년 뒤에는 프랑스 학술원에 선출되었다. 1785년에는 콩도르세의 역설Condorcet paradox 혹은 투표의 역설Voting paradox로 잘 알려진, 다수결 선거 제도가 구성원의 선호를 제대로 반영하지 못하는 점을 날카롭게 지적한 『다수결 확률 해석 시론Essai sur l'application de l'analyse à la probabilité des décisions rendues à la pluralité des voix』을 발표했으며, 1805년 수정 증보판을 내놓는다. 1786년과 1789년에는 각각 튀르고와 볼테르의 삶과 사상을 다룬 『튀르고의 생애Vie de M. Turgot』과 『볼테르의 생애Vie de Voltaire』을 출간해, 프랑스 대혁명 이전 급진적인 정치, 경제, 사회, 도덕 개혁을 호소했다. 프랑스 대혁명을 환영했으며, 입법 의회Assemblée nationale législative 의원으로 선출되어 파리를 대표하기도 했다. 1792년 혁명 프랑스를 위한 국가 교육 개혁안을 제안했으며, 1792년 국민 공회를 통한 왕정의 폐지와 공화국의 설립을 호소했다. 국민 공회 의원에도 선출되어, 온건 공화파 지롱드 파를 대표해 헌법 초안을 마련했다. 루이 16세의 처형에 반대하는 등 급진 공화파 자코뱅주의자들과 대립했으며, 1793년 중엽부터는 막시밀리앙 로베스피에르의 공포 정치를 피해 은둔 생활을 했다. 이 시기 자신의 대표작 『인간 정신의 진보에 대한 역사적 개요 Esquisse d'un tableau historique des progrès de l'esprit humain』을 발표했다. 이 책에서 콩도르세는 대중 교육이 인간 정신의 무한한 진보를 이끌 것이며, 이를 통해 국가 간, 계급 간, 개인 간의 불평등과 갈등은 종국에는 완전히 해소될 것이라 주장했다. 1794년 자코뱅파에 의해 수감되어 감옥에서 사망했다.

오귀스트 콩트 Isidore-Auguste-Marie-François-Xavier Comte
1798년 1월 19일 / 1857년 9월 5일

몽펠리에 출신 프랑스 철학자로 사회학과 실증주의의 아버지로 흔히 불린다. 어릴 적부터 총명하여 1814년 군사 과학 기술자를 육성하기 위해 프랑스 대혁명 와중 건립된 에콜 폴리테크니크에 입학했다. 2년 뒤 나폴레옹 전쟁의 종식과 함께 잠시 휴교했으나 콩트는 파리에 남았으며, 사회 개혁가이자 과학에 기초한 사회주의를 주장하던 생시몽을 만나 친분을 쌓았다. 1822년 생시몽의 영향 하에서 『사회의 재조직에 필요한 과학 연구를 위한 계획 Plan de travaux scientifiques nécessaires pour réorganiser la société』을 집필해 출간했다. 1826년 이래 실증 철학에 대한 강연을 했으며, 강연은 1830년부터 1842년 사이 총6권으로 『실증 철학 강연 Cours de philosophie positive』이란 제목 하에 출판되었다. 1832년부터 1842년 사이 에콜 폴리테크니크의 강사로 일했으며, 이후 집필 활동에 매진했다. 1851년부터 『실증 정치 체계Système de politique positive』를 총 4권으로 펴냈으며, 이 책에서 산업화 시대 도덕적 진보와 이를 위한 정치 체제의 구조를 논하면서 사회학의 초석을 마련했다.

프랑수아 케네François Quesnay
1694년 6월 4일 / 1774년 12월 16일

자유 방임laissez-faire, laissez-passer으로 유명한 프랑스 중농주의 경제학자로 베르사유 근처에서 출생했다. 일찍부터 외과 의사가 되고자 파리에서 공부했다. 재능을 보여 1737년에는 1731년 설립된 왕립 외과 아카데미Académie royale de chirurgie의 서기로 임명되며 루이 15세의 왕실 외과 의사가 되었다. 1744년 의학 박사를 수여받았으며 이후 루이 15세의 담당 의사로 베르사유 궁에서 근무하기 시작했다. 인체의 혈액 순환에 대한 연구와 자연법 전통의 영향 하에서 1748년 오스트리아 왕위 계승 전쟁 이후 프랑스 경제의 회복 방안을 모색했다. 특히 1751년 상무 장관intendant du commerce에 임명된 뱅상 드 구르네 등과 함께 경제학자 모임Secte des économistes을 조직했으며, 이를 중심으로 장바티스트 콜베르로부터 기원하는 인위적인 중상주의 정책의 폐해를 지적하면서 사회와 역사의 자연적인 발전 과정에 입각한 중농주의 체제를 제안했다. 1756년과 이듬해 드니 디드로와 장 르 롱 달랑베르의 『백과전서』에 곡물 무역의 자유를 옹호하는 논문을 실었으며, 1758년에는 사회 내 경제 주체 간의 관계를 체계적으로 밝히며 농업과 자유 무역을 중심으로 한 프랑스 경제 개혁 방안을 담은 대표작 『경제표Tableau économique』를 내놓았다.

리처드 하워드 스태퍼드 크로스먼Richard Howard Stafford Crossman

1907년 12월 15일 / 1974년 4월 5일

런던 태생 정치인이자 작가로 부친은 법정 변호사였다. 12살에 장학금을 받아 윈체스터 칼리지에 입학했으며, 이후 옥스퍼드 대학교 뉴 칼리지에 진학해 인문학을 공부했다. 1930년 같은 칼리지에 특별 연구원으로 선출되는 동시에 연구를 위해 독일로 일 년간 유학을 떠났다. 이때까지 정치에 큰 관심이 없었으나 독일의 불안한 정치 상황과 이를 악용해 급부상한 아돌프 히틀러의 나치당을 보고 정치 활동을 시작했다. 1934년 옥스퍼드 시의회 선거에 노동당 후보로 나와 선출되었다. 1930년대 중반 무렵부터 휴 돌턴과 함께 노동당 내 재무장 찬성 세력을 이끌었다. 노동당 후보로 하원에 도전하고자 했으나 악화일로를 걷고 있던 국제 정치 상황으로 인해 1938년『뉴 스테이츠먼New Statesman』지의 부편집장으로 임명되어 1940년 경제전 장관Minister of Economic Warfare에 오른 휴 돌턴을 도와 독일에 대한 선전전을 맡기 전까지 일했다. 1944년에서 1945년까지는 연합군 지휘부 심리전 담당 부책임관으로 활약했다. 제2차 세계대전의 종결과 동시에 코번트리 동부 지구에서 노동당 하원 의원으로 당선되어 1974년까지 직을 유지했다. 내각 진출은 늦어서 1964년 해럴드 윌슨 정부하에서 주택 및 지방 정부 장관이 처음이었다. 1966년에는 하원 의장에 선출되었으며, 1968년부터 1970년까지는 새롭게 확장된 보건 및 사회보장 관련 업무를 총괄했다. 하지만 크로스먼의 주된 명성은 그의 정치 활동보다 1950년대 이래 작성한 일기로부터 왔다. 해럴드 윌슨 내각에서 어떤 일이 벌어졌는지 매우 구체적으로 상세히 작성한 크로스먼의 일기는 상당한 논쟁을 불러일으켰으며, 국가 기밀 누설을 둘러싼 법정 공방을 거친 뒤 사후 1975년부터 1977년까지『한 내각 장관의 일기The Diaries of a Cabinet Minister』란 제목으로 매년 한 권씩 총3권이 출판되었다. 1970년부터 1972년까지는 『뉴 스테이츠먼』지의 편집장으로 일했으며, 1974년 4월 5일 사망했다.

알프레트 크루프Alfred Krupp

1812년 4월 26일 / 1887년 7월 14일

에센 태생 사업가로 14세의 어린 나이에 부친 프리드리히가 1811년 창업한 철강 회사를 이어받았다. 부친으로부터 전수받은 질 좋은 주강 생산 기법을 발전시켰으며, 이를 통해 식기류와 동전을 생산하기 시작했다. 1851년 런던에서 개최된 만국 박람회Great Exhibition에 세계에서 가장 큰 4,300 파운드에 달하는 강철 주괴를 전시했다. 영국을 시작으로 전 유럽으로 확산된 철도 산업의 발전과 더불어 회사는 급속한 성장을 한다. 1852년 알프레트 크루프는 이음새가 없는 기차 바퀴를 선보였으며, 이때부터 이음새가 없는 기차 바퀴 세 개를 회사의 상표로 사용하기 시작했다. 평로 공정 역시 처음으로 고안, 유럽에 소개했다. 1859년부터 회사의 기술력을 보여주고자 대포 생산에 뛰어들었으나, 초기에는 이집트, 벨기에, 러시아 등이 주 고객이었다. 하지만 성능이 확인되자 프러시아 육군에 대포를 공급하기 시작했으며, 이는 1870년 보불 전쟁의 결과를 좌우했다. 급속한 산업화로 인한 폐해를 우려하며 노동 조건 개선을 위해서도 노력했으며, 병가 중 임금 지급, 연금, 사원 주택, 교육 지원 등의 사내 복지 제도를 선구적으로 도입했다.

프리드리히 알프레트 크루프Friedrich Alfred Krupp

1854년 2월 17일 / 1902년 11월 22일

알프레트 크루프의 독자로 독일 에센에서 태어났다. 개인 교사 밑에서 교육을 받은 뒤 지역 중등학교에 진학해 2년 동안 수학했다. 이후 기술 대학에 진학해 연금술을 배우고자 했으나, 부친의 의지에 따라 1875년 21살의 나이로 사업을 배우기 시작한다. 1882년 사업의 운영을 맡는 동시에 브라운슈바이크 기술 대학에 진학했다. 1883년 브라운슈바이크 기술 대학 교수와 함께 화학 연구소를 세웠다. 1887년 부친 알프레트 크루프의 사망과 함께 철강 회사 크루프를 물려받아 운영하기 시작했다. 부친 알프레트 크루프가 독일과 미국 시장을 대상으로 선로와 기차 바퀴 생산을 주력으로 삼아 회사를 확장시켰다면, 프리드리히 크루프는 무기 생산에 주력했다. 특히 1896년 독일 군함 생산 독점권을 획득했으며, 영국과의 해군력 경쟁 심화 속에서 군함과 잠수함 생산으로 나아갔다. 빌헬름 2세의 제국 해군 정책을 지지했으며, 제국 의회 의원으로도 잠시 활동했으나, 정치에는 별다른 관심을 두지 않았다.

프리드리히 크루프Friedrich Krupp

1787년 7월 17일 / 1826년 10월 8일

독일 에센 출신 사업가이자 발명가로 일찍 부친을 여의고 초등 교육만 받고 14세 때부터 조모 헬렌 크루프의 식료품점에서 일했다. 1805년 조모 소유의 제철소에서 야금술을 배우기 시작했으며, 2년 뒤 조모를 대신해 제철소를 운영을 맡았다. 하지만 별다른 성공을 거두지 못하고 네덜란드 상품 수입상으로 나섰다. 1810년 조모가 사망한 뒤 잠시 식료품점을 운영하다 주강 생산에 집중하기 시작했다. 1816년 당시 영국이 독점하고 있던 고품질 주강 생산에 성공했으며, 이듬해 뒤셀도르프 동전 생산을 맡는다. 그러나 사업 확장에 실패한 뒤 지역 정치 활동을 하며 나폴레옹 전쟁 이후 에센 지역 복구에 전념한다. 주강 생산 기술은 아들 알프레트에게 전수되었다.

에므리크 크뤼체Émeric Crucé

1590년 / 1648년

프랑스 사상가로 수도사였을 것이라는 추측 이외에 신상에 관한 자세한 기록은 남아있지 않다. 국가 간 평화를 위한 제안을 담은 책『새로운 키네아스 혹은 국가 간 보편적 평화와 완전한 무역의 자유를 구축할 기회에 관한 논의 Le Nouveau Cynée ou Discours d'Estat représentant les occasions et moyens d'establir une paix générale et la liberté de commerce pour tout le monde』(1623)로 잘 알려져 있다. 이 책에서 크뤼체는 피로스 왕의 조언자인 키네아스를 통해 국가 연합과 중재를 통한 평화의 구축과 자유 무역의 실행을 호소했으며, 전쟁을 낙으로 삼는 전통적인 귀족 계급 대신 평화를 중시하는 상인 계급에 의한 국가 운영을 제안했다.

리처드 스태퍼드 크립스Sir Richard Stafford Cripps

1889년 4월 24일 / 1952년 4월 21일

영국의 정치인이자 법조인으로 런던 태생이다. 1907년 화학 분야 최조로 옥스퍼드 대학교 뉴 칼리지에 입학 허가를 받았으나, 노벨 화학상 수상자인 윌리엄 램지 경의 조언으로 런던 소재 유니버시티 칼리지에 입학한다. 1913년 보수당 의원이자 노동당 각료였던 부친과 집안의 내력을 따라 변호사 자격을 취득했다. 제1차 세계대전에는 건강상의 문제로 적십자Red Cross 운전사로 복무하다 전공을 살려 무기성Ministry of Munitions으로 차출되어 일했다. 1929년 런던 지역 노동당 지도자였던 허버트 모리슨의 격려에 힘입어 노동당에 입당한다. 1930년 램지 맥도널드 노동당 정부 법무 차장에 임명되었으며, 1931년 1월 브리스틀 이스트 보궐 선거에서 당선된다. 같은 해 8월 거국 내각을 수립한 램지 맥도널드의 요청에도 불구하고 법무 차장 직에서 물러났다. 이후 점차 노동당 내 급진주의 그룹과 어울렸으며, 1933년에는 사회주의자 연맹의 의장이 된다. 크립스는 노동조합과 노동당의 반동적인 정책을 방지하고자 했다. 1930년대 무능력한 국제 연맹을 신랄히 비난했다. 1937년 재무장화에는 반대했지만 나치 독일에 대한 유화 정책의 주된 비판자 중 한 명이었다. 크립스는 거국 내각이 소련이나 어떤 노동자 계급의 국가보다 파시스트 국가와 협력할 가능성이 높다고 판단했다. 하지만 나치 독일의 오스트리아 합병과 체코슬로바키아 사태를 거치면서 입장이 바뀐다. 1939년 노동당 정부에 대한 반대 운동을 선동했다는 이유로 당에서 퇴출된다. 제2차 세계대전이 발발하자 윈스턴 처칠의 자유당 정부에서 주요 외교 업무를 맡았다. 1940년에서 1942년 사이 영국 대사로 모스크바에 파견되어 소련과 독일의 군사 협력을 방지하고자 노력했다. 1939년 독소 불가침 협정을 되돌리고자 한 크립스의 시도는 1941년 아돌프 히틀러의 소련 침공으로 성공을 맺는다. 소련의 참전을 이끌어 내어 서부 전선의 부담을 덜어준 공으로 수상 윈스턴 처칠은 크립스를 옥새 상서에 임명하는 동시에 하원의 지도자의 역할을 맡겼다. 1942년부터 1945년 사이에는 영국 공군기 생산을 책임지는 장관Minister of Aircraft Production으로 영국 영공 방위에 지대한 공헌을 했다. 나치 독일에 맞선 소련의 협력에 더해 크립스는 일본에 맞선 인도의 협력 또한 전후 자치권과 독립을 약속으로 이끌어냈으며, 전후 인도의 평화적인 독립을 위해 헌신했다.

1945년 민주적인 경제 복지 정책에 입각한 긴축 정책을 주창하면서 노동당으로 복귀했으며, 같은 해 노동당의 총선 승리와 함께 상무부 장관으로 취임했다. 2년 뒤에는 재무 장관에 임명되었으며, 정부, 고용주, 노동자의 삼자 협력에 기초한 경제 회복 정책을 성공적으로 추진하며 전후 영국 경제의 안정에 큰 기여를 했으나, 1949년 파운드 평가 절하 사태를 겪은 후 1950년 정계에서 은퇴했다.

카를 폰 클라우제비츠Carl von Clausewitz

1780년 6월 1일 / 1831년 11월 16일

프로이센 장군이자 군사 사상가로 1792년 군에 입대했으며, 이듬해부터 1795년까지 혁명 프랑스에 맞선 제1차 동맹 전쟁에 참전했다. 1801년 베를린 사관학교Kriegsakademie에 입학했으며, 이곳에서 게르하르트 폰 샤른호르스트 장군의 지도를 받으며 혁명 프랑스를 모델로 한 프로이센의 군제 개혁을 고민하기 시작한다. 1804년 아우구스트 페르디난트 왕자의 부관으로 임명되었으며, 2년 뒤 예나-아우어슈테트 전투에 참전했다가 포로로 잡힌다. 이듬해 1808년 프랑스에서 프로이센으로 돌아온 뒤 샤른호르스트 장군이 이끄는 프로이센 군대 개혁 모임에 소속되어 열정적으로 활동한다. 특히 혁명 프랑스와 나폴레옹 전쟁을 교훈으로 삼아 징병제를 도입하고 참모 본부를 발전시키고자 노력했다. 1812년부터는 프로이센이 프랑스와 동맹을 체결하자 러시아군에 입대해 보로디노 전투에 참여한다. 1815년 러시아-독일 연합군 소속으로 워털루 전투에 임했다. 1818년부터 1830년 사이 베를린 소재 사관학교 교장으로 근무하며, 군사 및 정치 관련 집필을 본격적으로 시작했다. 대표작『전쟁론Vom Kriege』역시 이 시기에 집필되었으나, 출판은 사후 1832년에 미망인 마리 폰 브륄에 의해 이루어졌다. 클라우제비츠는 아우구스트 폰 그나이제나우 장군의 참모장으로 폴란드 국경 지대 방비를 하다 콜레라로 1831년 사망한다.

조르주 클레망소Georges Clemenceau

1841년 9월 28일 / 1929년 11월 24일

제1차 세계대전 전후 프랑스 정치인이자 언론인으로 프랑스 서부 해안 지역 방데에서 태어났다. 부친은 볼테르주의자로 1789년 혁명의 정신을 되살리고자 했으며, 클레망소는 이러한 부친의 영향을 크게 받았다. 부친을 통해 나폴레옹 3세의 통치에 반대하는 민중사가 쥘 미슐레 등과 교류를 시작했다. 1861년 부친의 뜻에 따라 의사가 되기 위해 파리에 정착했으나, 이듬해 1848년 혁명의 14주년을 기념하기 위한 노동자 집회를 개최하고자 친구와 함께 창간한 잡지 『르 트라바이Le Travail』에 광고를 내었다가 수감되었다. 감옥에서 나온 뒤 공화주의 계열 정치 잡지 『르 마르탱Le Martin』을 창간했으나 곧 정부에 의해 폐간된다. 1865년 의학 공부를 마친 후 남북 전쟁 중이었던 미국으로 건너가 4년을 보내며 미국 민주주의의 가치를 익혔다. 1869년 귀국 후 방데에 정착해 병원을 개업하나, 1870년 나폴레옹 3세의 보불 전쟁 선포로 인해 다시 정치에 휩쓸렸다. 같은 해 9월 1일 스당 전투에서 나폴레옹 3세의 프랑스가 대패를 당한 후 파리를 점령해 공화국을 선포한 레옹 강베타를 적극 지지했다. 파리 18구 몽마르트 책임자로 임명되었으며, 이듬해 국민 의회 의원으로 선출되었다. 승전국 독일 제국의 가혹한 조치를 극렬히 비판했으며, 독일 제국에 대한 복수를 평생의 목표로 삼았다. 국민 회의와 파리 코뮌Commune을 중재하고자 했으나 실패하고 1871년 3월 모든 직을 내려놓았다. 5년 뒤 하원 의원에 당선되었으며, 급진주의 그룹의 지도자로 부상했다. 1886년 조르주 불랑제 장군의 전쟁 장관 임명에 찬성했으나, 불랑제가 공화주의자가 아니라는 사실을 깨닫고 결별한 뒤 급진적인 개혁을 호소했다. 불랑제 지지자 폴 데룰레드 등의 흑색선전과 음모에 휘말려 1893년 재선에 실패한다. 하지만 1894년 드레퓌스 사건에서 드레퓌스의 무죄를 확신하고 함께 하면서 공화주의의 대변인으로 복귀했다. 1902년 프랑스 남동부 바르에서 상원에 당선되었다. 1906년 내무 장관에 임명되었으며, 같은 해 총리로 선출되어 1909년까지 일했다. 해군 장관 테오필 델카세와 프랑스 해군과 제국 정책을 두고 논쟁 후 사임했다. 1911년 상원 의원에 선출된 후에는 외교 및 육군 위원회에 소속되어 독일과의 전쟁을 염두에 둔 재무장을 추진했다. 제1차 세계대전이 발발하자 독일에 대한 승리를 위한 애국적 희생을 독려했으며, 우드로 윌슨 미국 대통령에 참전을 호소하기도 했다. 1917년 프랑스의 열세와 사기 저하를 극복하고자 대통령 레몽 푸앵카레에 의해 전쟁 장관과 총리에 임명되어 1920년까지 일했다. 독일에 대한 완전한 승리를 목표로 삼았으며, 1919년 파리 강화 회담에 참석했다. 베르사유 조약에 독일의 전쟁 책임 조항이 포함되어야 할 뿐만 아니라 무장 해제도 이루어져야 한다고 영국과 미국을 설득했다. 1920년 독일에 대한 더욱 더 가혹한 조치를 요구하는 보수와 평화 구축을 호소하는 진보 양측에서 비판을 받으며 은퇴했다.

빌 클린턴 Bill Clinton
1946년 4월 19일
미국 제42대 대통령으로 아칸소주 시골 도시 호프에서 태어났다. 1968년 조지타운 대학교 외교 대학을 졸업했으며, 졸업과 동시에 로드 스칼라로 선발되어 옥스퍼드 대학교에서 수학했다. 이후 예일 법과 대학에 진학해 1973년 졸업했다. 아칸소 법과 대학 교수로 복귀했으며, 1974년 아칸소주에서 민주당 소속으로 하원에 도전했으나 실패했다. 1976년 아칸소주 법무 장관에 당선되었다. 2년 뒤 1978년 아칸소 주지사에 도전해 성공했으며, 1980년에는 재선에 실패했지만 1984년, 1986년, 1990년에는 모두 성공했다. 1992년 실용적인 중도 노선을 주장하며 민주당 대통령 후보로 나섰으며, 테네시 주지사 앨고어를 부통령으로 하여 공화당의 조지 부시를 누르고 당선되었다. 국내적으로는 의료와 복지 제도의 대대적인 개혁을 추구했다. 국외적으로는 경험 부족에도 불구하고 중동과 북아일랜드 평화 정착에 상당한 기여를 했을 뿐만 아니라 보스니아와 아이티에 평화 유지군을 보내 지역 안정을 확보하기도 했다. 특히 1993년에서 1995년 사이 이스라엘과 팔레스타인 해방 기구Palestine Liberation Organization와 이스라엘 간의 평화 협정, 오슬로 협정Oslo Accords을 국제 연합을 통해 성사시키며 중동 평화 구축에 큰 공헌을 했다. 또한 세계 무역 기구World Trade Organization를 통한 자유 무역의 확장을 위해서 노력했으며, 1992년에서 1994년 멕시코와 캐나다와의 북미 자유 무역 협정North American Free Trade Agreement을 체결했다.

헨리 키신저Henry Alfred Kissinger

1923년 5월 27일

미국 국제정치학자로 국무 장관을 역임했다. 독일 남부 뉘른베르크 근처 소도시 퓌르트에서 태어났다. 1938년 나치 독일의 유대인 박해 및 학살을 피해 미국으로 이주했으며, 1943년 미국 시민이 되었다. 1941년 12월 일본의 진주만 침공으로 미국이 제2차 세계대전에 참전을 하자 육군에 입대해 복무했으며, 전후에는 독일 미군정에서 일했다. 1950년 하버드 대학교 정치학과를 졸업했으며, 4년 뒤에는 나폴레옹 전쟁의 종식과 빈 평화 회담을 연구한 논문으로 국제정치학 박사를 받았다. 이후 하버드 대학교 강사로 근무한 뒤 1962년 정치학 교수가 되었다. 1955년 국가 안전 보장 회의National Security Council에 참여하기 시작하면서 국제 문제 관련 주요 조언자가 되었다. 1957년 박사 논문에 기초한 『회복된 세계: 메테르니히, 캐슬레이 그리고 평화 문제, 1812~22A World Restored: Metternich, Castlereagh and the Problems of Peace, 1812~22』와 『핵무기와 외교 정책Nuclear Weapons and Foreign Policy』을 내놓으며 학계 안팎에서 인정을 받는다. 1968년 닉슨 대통령에 의해 국가 안보 보좌관으로 발탁되었으며, 이듬해부터 1975년까지 국가 안전 보장 회의를 주제했다. 1973년 닉슨 대통령이 재선에 성공하면서 국무 장관에 임명되었으며, 1974년 닉슨 대통령이 워터게이트 사건에 연루되어 사임한 뒤에도 제럴드 포드 대통령 밑에서 1977년까지 일했다. 냉전 이데올로기에서 벗어나 소련을 비롯한 공산 세계와의 관계 개선을 추구했으며, 1969년부터 소련과의 전략 무기 제한 협상 Strategic Arms Limitation Talks을 주도적으로 이끌었다. 1972년에는 중국과의 관계 개선을 주도했으며, 중국 공산당 집권 후 처음으로 중국을 방문한 미국 외교관이 되었다. 1969년에서 1970년 사이 캄보디아에 대한 미국의 전략 폭격을 주장하기도 했지만, 닉슨 대통령의 베트남 전쟁의 베트남화를 이끌었다. 1973년 1월 파리에서 북베트남 정부와의 교섭을 통해 베트남 전쟁의 종식과 미군 철수를 성사시켰다. 평화 협상을 함께 이끈 북베트남 외무 장관인 레득토와 함께 노벨 평화상을 수상했다. 레득토는 수상을 거부했다. 같은 해 이스라엘과 이집트를 위시한 아랍 국가를 순차적으로 방문하는 셔틀 외교Shuttle diplomacy를 통해 제4차 중동 전쟁의 평화적 종식에 지대한 기여를 했다. 하지만 칠레 살바도르 아옌데의 사회주의 정권을 무너뜨린 독재자 아우구스토 피노체트의 쿠테타를 적극적으로 조장하기도 했다. 1977년 국무 장관을 그만둔 뒤에도 국제 문제와 관련된 조언을 계속하고 있다.

윌리엄 하워드 태프트William Howard Taft
1857년 9월 15일 / 1930년 3월 8일

미국 제27대 대통령이자 제10대 대법원장을 맡았다. 부친 앨폰소 태프트는 율리시스 그랜트 대통령 밑에서 전쟁상과 법무 장관을 역임했다. 오하이오 신시내티에서 태어났으며 1878년 예일 법과 대학을 졸업했으며, 2년 뒤 오하이오 변호사 자격증을 취득했다. 이후 1887년 공석이 된 오하이오 주 상급 법원 판사로 임명될 때까지 공화당 소속으로 오하이오 주정부에서 소송 관련 사무를 맡았다. 1888년 5년 임기의 상급 법원 판사로 선출되었으며, 1892년부터 1900년까지는 연방 순회 항소 법원Circuit of Appeals 판사로 근무했다. 1900년 3월 15일 윌리엄 매킨리 대통령에 의해 1898년 미서 전쟁의 승리에 따라 미국이 획득한 필리핀에 대한 통치를 담당하는 필리핀 위원회Philippine Commission의 의장에 임명되었다. 이듬해 필리핀 첫 민간 총독에 임명되어 필리핀 식민 정부 구축에 지대한 기여를 했다. 1904년 시어도어 루스벨트 대통령의 전쟁상으로 임명되어 귀국해 파나마 운하의 건설을 감독을 맡았으나, 필리핀 문제에 대해서도 계속 관여했다. 1908년 루스벨트가 재선을 포기하면서 공화당 대통령 후보로 선출되어 이듬해 대통령에 올랐다. 반독점 법안과 정책에 있어서는 적극 협력했으나 행정부 각료 임명, 관세 인하, 보호 관리 지구의 확대 등의 문제를 둘러싸고 공화당 내 진보 세력과 충돌했다. 공화당 내 진보 세력과 보수 세력으로부터 모두 비판을 받았으며, 이에 1912년 루스벨트와 공화당 대통령 후보직을 두고 다투었다. 후보로는 선출되었으나, 논란은 계속되었으며 진보적인 공화당원 상당수는 집단 탈당해 진보당Bull Moose (or Progressive) party을 창당하고 루스벨트를 대통령 후보로 내세웠다. 공화당의 분열로 민주당 우드로 윌슨이 대통령에 당선되었으며, 태프트는 루스벨트에 이어 3위를 했다. 이후 예일 법과 대학 헌법 담당 교수가 되었으며, 1915년 제1차 세계대전 발발 직후 평화를 강제하기 위한 연맹League to Enforce Peace의 초대 의장으로 선출된다. 1917년 미국이 제1차 세계대전에 참전을 결정하자 국가 전쟁 노동 위원회National War Labor Board에 참여했으며, 미국의 국제 연맹의 가입에도 적극적이었다. 1921년 공화당 워런 하딩이 대통령에 당선되면서 대법원장에 임명되어 1930년 은퇴할 때까지 일했다.

알렉시 드 토크빌Alexis Charles Henri Clérel, Viscount de Tocqueville
1805년 7월 29일 / 1859년 4월 16일

프랑스 정치이론가이자 역사학자, 정치인으로 파리 귀족 가문 출신이다. 토크빌 가문은 프랑스 대혁명과 나폴레옹 보나파르트의 집권으로 몰락의 위기에 처했으나 왕정 복고 후 1827년 세습 귀족의 지위를 다시 얻었다. 1821년 프랑스와 독일 국경 지대 메스 소재 학교에 입학해 고등 교육을 받았다. 1830년 오를레앙 공 루이 필리프가 국왕으로 선출된 7월 혁명으로 프랑스의 정치 체제가 영국의 입헌 군주정이 아니라 미국의 민주정에 가깝게 변하자 이를 이해하고자, 또 부르봉 왕정과의 관계로 인해 정치적인 탄압을 우려해 미국으로의 여행을 계획한다. 이듬해 친구 귀스타브 드 보몽과 함께 미국의 감옥 제도 시찰을 명목으로 9개월 동안의 여행길에 올랐다. 1832년 귀국후 보몽과 함께 첫 저자『미국의 교도 행정 체제와 이의 프랑스에의 적용Système pénitentiaire aux États-Unis et de son application en France』(1833)을 내놓았다. 2년 뒤 1835년에는 자신의 주저 『미국의 민주주의De la démocratie en Amerique』의 전반부를 선보였다. 자유와 평등을 보장하면서도 질서정연한 사회를 구성하는 방법을 찾고자 한 이 책으로 토크빌은 국내외에서 유명 인사가 된다. 1838년 자신이 흠모한 역사가이자 정치가 프랑수아 기조의 간청으로 6년 전 다시 설립된 도덕, 정치 과학 학술원Académie des sciences morales et politiques에 선출되며, 이어 1841년에는 프랑스 학술원에도 선출된다. 1840년 『미국의 민주주의』의 후반부를 출판했다. 전반부와 달리 후반부는 7월 혁명 이후 프랑스의 정치 상황에 대한 고민을 많이 담았다. 특히 개인의 강조와 정부의 개입 증가가 함께 진행되는 모순되는 측면을 경고했다. 1839년 한 차례 실패 후 하원Chambre des députés에 입성했으나 별다른 성과를 이루지는 못한다. 1848년 2월 혁명의 급진적이고 사회주의적인 요구에 대해서는 상당히 비판적인 태도를 취했다. 하지만 혁명 후 실시된 남성 보통 선거에서 토크빌은 압도적인 지지로 보수당 의원으로 당선되었다. 제2공화국 헌법의 작성에 참여했을 뿐만 아니라 제헌 의회Assemblée constituante 부의장에도 올랐다. 1849년 6월부터 10월 사이에는 외무 장관으로 취임했으며 1848년 혁명으로 축출된 교황의 복귀를 위해 로마에 병력을 파견했다. 토크빌은 군사적인 개입에 반대의 입장을 표명했으나 1848년 혁명으로 인한 유럽의 불안정한 정치 질서에 대한 우려에 설득되었다. 같은 달 대통령으로 선출된 루이 나폴레옹 보나파르트에 의해 해임되었으며, 2년 뒤에는 나폴레옹의 쿠데타를 반대한 이유로 수감되기도 했다. 이후 『구체제와 혁명L'ancien régime et la révolution』(1856)의 집필에 전념했다. 이 책에서 토크빌은 1848년 혁명 이후 프랑스 정치 및 사회 체제의 변화를 프랑스 대혁명 이전의 구체제로의 회귀로 파악했다. 두 차례의 혁명에도 불구하고 계급 갈등은 물론이거니와 중앙 정부의 권력은 더욱 강화되었다고 토크빌은 지적했다. 이와 더불어 토크빌은 프랑스의 알제리 식민지에 대해서도 상당한 관심을 보였으며, 다양한 보고서와 소논문을 통해 프랑스의 팽창과 지배를 옹호했다.

로베르 자크 튀르고Anne Robert Jacques Turgot, Baron de l'Aulne

1727년 5월 10일 / 1781년 3월 18일

루이 15세와 루이 16세 시대 프랑스 정치사상가이자 관료로 파리 출생이다. 집안의 요구로 신부가 되기 위해 1743년 생쉴피스 신학교에 공부한 뒤 1749년 소르본 대학교에 진학했다. 2년 뒤 자신의 이신론을 지키고자 신부 서임을 거부한 뒤 콩도르세 후작, 뒤퐁 드 느무르와 같은 중농주의자와 친분을 쌓기 시작했다. 이듬해인 1752년 왕실 행정 업무에 관심을 두고 법률가가 되었으며, 곧 고등법원 소원 판사에 올랐다. 이듬해에는 청원심사관Maître des requêtes에 임명되면서 왕실 제반 행정을 익혔다. 종교적 관용의 경제적 효과를 중시해 1753년 영국의 정치경제학자 죠슈아 터커의 『외국 개신교도의 귀화를 위한 법의 현명함에 대한 고찰Reflections on the Expediency of a Law for the Naturalisation of Foreign Protestants』(1751)을 불어로 번역했으며, 1754년에는 『관용에 대한 편지Lettres sur la tolérance』를 내놓기도 했다. 1753년에서 1756년 사이에는 중농주의자로 상무 장관Intendant du commerce이었던 뱅상 드 구르네와 함께 프랑스 전국을 시찰했다. 1761년 루이 15세에 의해 리모주 지방의 행정 책임자로 임명되어 13년 동안 근무하며 중농주의 개혁 논의를 실험했다. 공정한 징세와 세금 축소를 비롯해 농산물에 대해서도 자유 무역을 실시해 상당한 성과를 올렸다. 1776년 자신의 대표작 『부의 형성과 분배에 관한 고찰

Réflexions sur la formation et la distribution des richesses』을 내놓았으며, 1770년에는 『곡물 거래의 자유에 관한 글Lettres sur la liberté du commerce des grains』을 출간했다. 정책가로서 사상가로서 명성으로 1774년 루이 16세에 의해 재정 총감 Contrôleur général des finances에 전격적으로 임명되어 대대적인 왕실 재정 개혁을 시도한다. 특히 7년 전쟁 이후 막대한 부채와 재정 적자의 문제를 해결하기 위해 1776년 부역corvée의 폐지를 시작으로 한 과세의 기반의 확충을 추진했다가 귀족과 성직자 계급의 기득권에 밀려 실각했다. 1775년 영국 제국에 맞선 미국 식민지에 대한 지원에도 같은 이유로 반대했다.

해리 트루먼Harry S. Truman

1884년 5월 8일 / 1972년 12월 26일

미국 제33대 대통령으로 미주리주 출신이다. 가난한 집안 사정으로 인해 1901년 고등학교를 졸업한 후 캔자스시티 소재 은행 사무를 보았다. 1906년부터 미국의 제1차 세계대전 참전 전까지 가족 농장을 돌보았다. 1917년 육군에 입대해 포병 장교로 프랑스 전선에서 복무했다. 1919년 귀국한 뒤 군에서 만난 친구의 도움으로 양품점을 시작했으나 실패하고, 1922년 당시 캔자스시티 시정을 지배하던 토머스 펜더가스트를 소개받아 판사로 정계에 입문한다. 1923년에서 1925년 사이 캔자스시티 법과 대학 야간 과정을 밟았다. 1934년까지 판사로 근무한 뒤 1935년 다시 펜더가스트의 지원을 받아 민주당 상원 의원에 선출된다. 부패한 펜더가스트의 도움을 받았으나, 의정 활동을 성실히 하면서 정치인으로서 명성을 쌓았다. 특히 항공 산업과 철도 산업의 규제와 미군 내 부패 척결에 기여했다. 1944년 대통령 선거에서 프랭클린 루스벨트의 부통령으로 선택되어 당선되었다. 1945년 4월 12일 루스벨트 대통령이 갑자기 서거함에 따라 대통령에 올랐다. 외교 경험이 전혀 없었지만 샌프란시스코에서 국제 연합 헌장의 초안 작성에 참여했다. 또한 나치 독일의 무조건 항복을 받아냈을 뿐만 아니라 전후 독일 문제를 논하기 위해 포츠담에서 연합국 지도자와 협상을 했다. 이에 더해 일본에 대한 핵무기 사용을 승인해 태평양 전쟁의 조기 종식을 이루어냈다. 제2차 세계대전의 종전 후 소련의 동유럽 팽창에 상당한 우려감을 가지고 있었다. 1946년 윈스턴 처칠을 미주리 주로 초청해 유명한 「철의 장막Iron Curtain」 연설을 하도록 주선했으며, 이듬해 트루먼 독트린을 통해 미국은 소련의 지도를 받는 공산주의의 팽창에 적극적으로 대응할 것을 약속했다. 특히 그리스와 터키 지역에 대한 대규모 지원을 선언했으며, 1947년 국무 장관 조지 마셜이 주도해 제안한 전후 유럽 경제 복구를 위한 계획 마셜 계획을 적극 지지했다. 1948년 대통령 선거에서 불리한 국내 상황에도 불구하고 재선에 성공했다. 공공 주택 건설, 교육 환경 개선, 최저 임금 인상, 시민권 보호, 국가 건강 보험 실시 등을 통한 공정한 사회의 건설을 약속하는 페어 딜Fair Deal을 국내 정책 기조로 삼았으나 냉전의 심화로 인해 기대한 성과는 이루지 못했다. 특히 1948년 베를린 봉쇄Berlin Blockade, 1949년 중국의 공산화와 소련의 핵실험 성공 등을 겪으며 북대서양 조약 기구를 창설했으며, 1950년에는 수소 폭탄의 개발을 승인했다. 또한 1950년 6월 25일 북한의 남침에 맞서 의회의 승인을 받지 않고 즉각 선전 포고를 했다. 더글러스 맥아더 장군을 지휘관으로 하여 대규모 병력을 파병했으나, 중국의 개입을 저지하기 위한 핵무기 사용을 반대하며 해임했다. 확실한 승리를 거두지 못한 채로 한국 전쟁을 종식시킴에 따라 공산주의 세력에 대해 너무 유연한 태도를 취했다는 거센 비판을 받았다. 적대적인 여론에 밀려 1953년 재선은 포기하고 은퇴했다.

로버트 매콜리 트리벨리언 Robert Macaulay Trevelyan

1872년 6월 28일 / 1951년 3월 21일

조지 오토 트리벨리언의 3형제 중 둘째로 시인이자 라틴어와 희랍어 번역가이다. 큰 형은 정치인 찰스 매콜리 트리벨리언이고, 동생은 역사학자 조지 매콜리 트리벨리언이다. 해로 스쿨을 다닌 후 1881년에서 1885년 케임브리지 대학교 트리니티 칼리지에서 수학했다. 법조인이 되고자 법학을 공부하기도 했으나 인문학에 더 관심과 재능을 보였다. 케임브리지 대학 출신 예술가로 구성된 블룸즈버리 모임의 회원이었으며, 특히 고전학자로 국제 연맹의 열렬한 지지자 골즈워디 디킨슨과 친했다. 평화주의자로 징병제에 강하게 반발했다. 제1차 세계대전 발발 후 양심적 병역 거부자를 돕기도 했다. 1918년 본인이 징병 대상이 되자 의무 지원 요원으로 입대해 1년 동안 서부 전선에서 근무했다. 귀국 후 두 형제와 대조적으로 조용히 집필과 번역을 하며 보냈다.

조지 매콜리 트리벨리언 George Macaulay Trevelyan

1876년 2월 16일 / 1962년 7월 21일

역사학자이자 자유당 정치인으로 아일랜드와 스코틀랜드 장관을 역임한 조지 오토 트리벨리언의 3남 중 막내로 워릭셔에서 태어났다. 역사학자 토머스 배빙턴 매콜리는 증조부이며, 둘째 형 찰스 필립스 트리벨리언은 1924년에서 1929년 사이 노동당 내각에서 교육부 수장이었다. 1886년 부친이 남작의 지위와 유산을 물려받아 노섬벌랜드 저택으로 이주했으며, 이곳에서 유년 시절을 보냈다. 해로 스쿨에서 교육을 받았으며, 케임브리지 대학교 트리니티 칼리지에 입학해 역사학을 공부했다. 1898년 케임브리지 대학교 트리니티 칼리지 특별 연구원으로 선출되었으며, 이듬해 『위클리프 시대의 영국England in the Age of Wycliffe』을 첫 책으로 내놓았다. 1381년 농민 반란을 초점으로 한 이 책에서부터 트리벨리언은 자유를 향한 몸부림을 영국사의 핵심 동력으로 파악했다. 1903년 케임브리지 대학교의 갇힌 분위기에 적응을 하지 못하고 런던으로 떠나 대중 강연 등을 하며 집필 활동에 전념했다. 이듬해 17세기를 종교적 관용과 의회 정부를 향한 투쟁이 본격적으로 이루어진 시기로 파악한 『스튜어트 왕가 시기 영국England under the Stuarts』을 출판했으며, 1907년에서 1911년 사이에는 주세페 가리발디 삼부작을 선보였다. 주세페 가리발디의 이탈리아 독립 운동 발자취를 직접 방문하며 집필한 이 책에서 트리벨리언은 오스트리아 제국에 맞선 이탈리아의 투쟁을 자유와 진보, 관용을 향한 거대한 역사의 흐름으로 묘사했다. 이후 19세기 초반과 중반 영국의 정치 개혁을 이끈 찰스 그레이와 존 브라이트의 전기를 집필하고자 계획했으나 제1차 세계 대전의 발발로 중단한다. 버트런드 러셀과 같은 자유주의 평화주의자와는 달리 트리벨리언은 영국의 참전을 전제 국가 독일에 맞선 싸움으로 보았으며, 이에 적극 지지했다. 1915년부터 영국 적십자 소속으로 이탈리아에서 복무했다. 하지만 베르사유 조약에 대해서는 독일에 대한 부당한 조치라 판단해 개정되어야 한다고 확신했다. 전후에도 의회 정부와 법치주의에 따른 세속적 자유와 종교적 관용의 관점에서 계속 영국사를 연구했으며, 1926년에는 대중적인 명성을 가져다 준 『영국사History of England』를 내놓았다. 1927년에는 케임브리지 대학교 근대사 흠정 교수로 임명되었으며, 1930년부터 1934년 사이에는 또 다른 삼부작 『앤 여왕 시기 영국England under Queen Anne』을 출간했다. 하지만 당시 국제 정치 상황의 변화에 대해서는 실망이 컸다. 베니토 무솔리니의 등장으로 이탈리아는 더 이상 자유의 땅이 아니었으며, 나치 독일의 등장은 독일에 대한 처벌 조항이 담긴 베르사유 조약의 예상된 부작용이었다. 뮌헨 협정으로 결실을 맺는 독일에 대한 유화 정책을 적극 지지했으나, 동시에 독일과의 전쟁이 불가피하다고 판단해 즉각적인 재무장을 호소했다. 제2차 세계대전 종식 후 1856년 트리벨리언의 팔순을 기념해 공적을 기리고자 케임브리지 대학교에 강연이 설립되었다.

찰스 트리벨리언Sir Charles Philips Trevelyan, Third Baronet

1870년 10월 28일 / 1958년 1월 24일

영국의 저명한 정치인이자 역사학자인 조지 오토 트리벨리언의 삼남 중 장남으로 런던에서 태어났다. 1884년 해로 스쿨에 입학해 수학한 뒤, 1889년 케임브리지 대학교 트리니티 칼리지에 진학에 역사학을 공부했다. 졸업 직후 가문의 전통을 따라 정치에 입문하고자 했으나 실패한 뒤 페이비언 협회 소속의 개혁가 시드니 웨브와 비어트리스 웨브 부부와 함께 북미 등지를 여행했다. 1899년 엘런드 보궐 선거에 자유당 소속으로 출마해 당선되었다. 국내 문제에 있어서는 노동당과의 연합을 통한 개혁을 꿈꾸는 급진적인 자유주의자였지만, 국외 문제에 있어서는 영국 제국의 유지를 주장하며 제2차 보어 전쟁을 지지했다. 1908년 문교부 차관에 임명되었으나, 1914년 제1차 세계대전의 발발과 함께 자유당의 외교 정책을 신랄히 비판하며 사임했다. 찰스 트리벨리언이 보기에 영국의 제1차 세계대전 참전은 독일에 대한 반감이든 프랑스에 대한 동정심이든 잘못된 결정이었다. 이후 협상을 통한 조속한 종전과 외무성에 대한 민주적 통제를 주장하며 민주적 통제를 위한 연합의 창설에 뛰어들었다. 1918년에는 사회주의 계열 주간지 『더 네이션The Nation』을 창간했으며, 기득권의 철폐를 통한 사회 개혁을 추진할 정당은 자유당이 아니라 노동당이라 주장했다. 같은 해 노동당에 입당했으며, 이후 노동당 내 급진파 독립 노동당 계열 소속으로 활동했다. 1921년에는 자신의 정치적 입장을 담은 소책자 『자유주의에서 노동당으로From Liberalism to Labour』를 출판했다. 이 책에서 찰스 트리벨리언은 자신이 자유주의를 버린 것이 아니라 자유당이 본래의 숭고한 정신을 버린 것이라 주장했다. 1917년 러시아 혁명을 열렬히 환영했다. 하지만 이는 공산주의 체제에 대한 옹호에서라기보다 봉건적 굴레를 벗어던진 러시아 인민의 희생에 대한 찬사에 기초한 것이었으며, 이러한 생각은 러시아 혁명이 제1차 세계대전을 끝내고 세계 평화를 가져올 것이라는 믿음으로도 이어졌다. 1924년 노동당이 집권을 하면서 문교부 장관으로 임명되었다. 1929년 다시 문교부 장관에 임명되었으나, 교육 기회 평등 문제를 둘러싸고 보수적인 입장을 취한 노동당 지도부와 갈등을 되풀이 한 후 1931년 사임했다. 이후 정치 일선에서 물러났지만 노동당 내 급진 사회주의 세력에 대한 지지와 지원을 꾸준히 했다.

프란츠 파농Frantz Fanon

1925년 7월 20일 / 1961년 12월 6일

프랑스의 흑인 사상가로 카리브해에 위치한 프랑스 식민지 마르티니크의 부유한 흑인 가문에서 태어났다. 부친은 세관원이었으며, 모친은 사업가였다. 유년 시절 주류 백인 문화에 동화되어 교육을 받았으나, 고등학교에 진학하며 같은 마르티니크 출신 흑인 작가이자 정치인 에메 세제르의 식민주의 비판과 흑인 문화 예찬을 접하면서 지적 혼란을 겪는다. 1943년 어린 나이에도 불구하고 자유 프랑스를 위해 싸우고자 제2차 세계대전에 참전한다. 전후 프랑스에 머물면서 리옹 대학교에 진학해 심리학과 의학을 공부했다. 인종 차별을 몸소 겪으며 1952년 자신의 첫 저작 『검은 얼굴, 하얀 가면Peau noire, Masques blances』을 내놓는다. 백인 우월주의도 흑인 우월주의도 아닌 급진적인 반인종주의 휴머니즘을 주장한 이 책으로 식민주의에 대한 새로운 비판의 통로를 제공했다. 1953년 프랑스 식민지였던 알제리 소재 블리다주앵빌 정신병원에 직장을 잡는다. 이듬해인 1954년 발발한 알제리 독립 전쟁을 겪으며 구제국의 폭력성에 충격을 받고, 1957년 다니던 직장을 그만두고 알제리 해방 전선Front de libération nationale에 본격적으로 뛰어들었다. 튀니스에서 알제리 해방 전선의 간호 요원 교육과 기관지『엘 무자히드El Moujahid』의 편집자로 일했다. 이 시기 알제리 해방 전선을 지지하는 장폴 사르트르의『레 탕 모데른Les temps modernes』 등 여러 프랑스 잡지에 마르크스주의와 실존주의를 결합한 급진적인 반식민주의 기고문을 실었다. 1959년 알제리의 독립 노력을 논한『아프리카 혁명을 위하여Pour la révolution africaine』를 출판했으며, 같은 해 알제리 임시 정부의 가나 대사로 파견되었다. 1961년 이곳에서 백혈병 진단을 받고, 식민주의의 폭력성과 야만성에 대한 자신의 생각을 정리해『자기 땅에서 유배당한 자들Les damnés de la terre』을 내놓았다. 같은 해 10월 백혈병 치료를 위해 미국으로 건너갔으나 두 달 후 사망했다.

헨리 존 템플, 파머스턴 자작 Henry John Temple, 3rd Viscount Palmerston
1784년 10월 20일 / 1865년 10월 18일
영국의 수상으로 부친이 자유주의 정치가 찰스 제임스 폭스의 지지자로 40년 동안 하원 의원을 지냈다. 1795년 해로 스쿨을 거쳐 1800년 에든버러 대학교에 입학해 정치경제학자 듀갈드 스튜어트와 함께 애덤 스미스로 대표되는 스코틀랜드 계몽주의 교육을 받았다. 1802년 부친으로부터 자작 지위를 물려받았다. 이듬해 케임브리지 대학교 세인트존스 칼라지에 입학했으며, 3년 후 석사 학위를 획득했다. 1806년 하원 의원에 도전했으나 고배를 마셨으나, 부친의 친구인 맘즈버리 백작 제임스 해리스의 적극적인 추천으로 해군성에 잠시 머문 뒤 1809년 10월 전쟁상에 임명되었다. 1811년 케임브리지 대학교 선거구에서 당선되어 하원에 입성했으며, 전쟁성에는 1828년까지 근무했다. 1820년대 후반 영국 정부의 가톨릭에 대한 차별 철폐Catholic Emancipation와 선거법 개정Reform Act을 적극적으로 지지하면서 토리당 내 개혁 세력에서 휘그당으로 옮겨갔다. 1830년 찰스 그레이 휘그당 내각의 외무 장관에 임명되었다. 파머스턴은 1830년부터 1851년까지 세 차례(1830~1834, 1835~1841, 1846~1851) 외무 장관을 역임하며 1815년 빈 회의를 통해 구축된 유럽 협조 체제의 붕괴와 나폴레옹 전쟁 이후 영국의 급속한 대외 팽창 과정에 주도적으로 참여했다. 파머스턴은 영국과 같은 문명화된 자유주의 국가만이 진정한 평화를 추구하며 역사의 진보를 가져온다는 신념을 강하게 가지고 있었다. 유럽 협조 체제의 핵심 동맹인 러시아와 오스트리아에 대해서는 상당히 적대적인 태도를 취했으며, 반대로 프랑스에 대해서는 우호적이었다. 파머스턴의 이와 같은 생각은 1830년대와 1840년대 전 유럽을 휩쓴 혁명을 거치며 더욱 심화되면서 유럽의 안정을 흔들었다. 1830년 11월 외무 장관 취임 전 발생한 프랑스 7월 혁명과 8월 벨기에 혁명에 대해서는 전쟁의 발발을 저지하고자 러시아와의 협력을 통한 안정을 추구했다. 러시아, 오스트리아, 프러시아와 런던 회담을 통해 네덜란드 왕국으로부터 벨기에의 독립을 즉각 승인했을 뿐만 아니라 루이 필리프 1세의 새로운 프랑스 정부도 곧바로 인정했다. 또한 스페인에서의 자유주의 혁명의 성공을 위해 프랑스와 협력했다. 1821년부터 시작된 오토만 제국에 맞선 그리스 독립 전쟁 역시 적극 지지했으며, 마찬가지로 프랑스와 함께 1832년 그리스의 독립을 공식적으로 승인하는 콘스탄티노플 조약Treaty of Constantinople의 체결을 위해 노력했다. 하지만 러시아의 팽창을 저지하기 위해서는 러시아보다 더 야만적인 전제 국가 오토만 제국의 갑작스러운 붕괴는 저지해야 할 뿐만 아니라, 지중해 해상 패권과 식민지 인도로 가는 길을 보호하기 위해서는 이집트에 대한 프랑스의 지원과 개입도 제어해야 했다. 두 번째 외무 장관 시절은 취임 4년 뒤인 1839년 발발한 제1차 아편 전쟁으로 특히 기억된다. 아편 무역에 대한 도덕적 비판은 1842년 난징 조약Treaty of Nanjing을 통해 새로운 거대한 수출 시장이 열렸다는 사실 앞에 잦아들었다. 1846년 다시 외무 장관에 취임한 파머스턴은 다시 프랑스와의 협력을 추진했다. 파머스턴은 러시아와 오스트리아가 주도하는 반동적인 유럽 협조 체제를 영국과 프랑스가 주도하는 자유주의 협조 체제로 대체하고자 했다. 이에 1847년 프랑스와 함께 포르투갈을 압박해 개혁을 추진하도록 이끌었다. 1848년 유럽 전역을 휩쓴 자유주의 혁명을 기대에 부풀어 반겼으나, 개혁의 실패와 러시아의 탄압에 실망했다. 1851년 루이 보나파르트의 쿠데타를 옹호하는 발언으로 사임하나 이듬해 12월 내무 장관으로 복귀한다. 줄곧 러시아의 발칸반도 및 흑해 지역으로의 팽창에 맞선 확고한 예방 조치를 요구했다. 1853년 크림 전쟁의 발발부터 수상에 선출되는 1855년까지 파머스턴은 내무 장관으로 지내며 발칸 문제에 대한 직접적인 개입은 하지 않는다. 1855년 수상에 오르며 러시아에 대한 더욱 강경한 자세를 취했다. 파머스턴의 궁극적인 목표는 유럽 문제에서 러시아를 완전히 배제하는데 있었다. 이에 확전을 하고자 했으나 나폴레옹 3세의 부정적인 입장으로 인해 세바스토폴 점령과 더불어 1856년 파리에서 평화 협상Congress of Paris을 진행했다. 러시아로부터 크림 반도의 반환은 이루지 못했으나 흑해에 대한 안전은 보장받았다. 같은 해 10월 애로호 사건이 터지자 퍼머스턴은 리처드 코브던과 존 브라이트의 반대에도 불구하고 호전적인 애국심의 지지를 받으며 제2차 아편 전쟁으로의 확전을 주도했다. 이듬해 1857년 인도에서 세포이 항쟁이 발발하자 즉각 진압한 뒤 이듬해 동인도 회사의 통치 권한을 국왕에게 이양하는 조치Government of India Act를 취했다. 1858년 1월 이탈리아 혁명가 펠리체 오르시니가 영국에서 계획과 준비를 한 후 나폴레옹 3세를 암살하려다 붙잡히자 프랑스 정부의 요구에 따라 유사한 사태를 방지할 법안Conspiracy to Murder Bill을 추진했으나 실패하고 2월 사임한다. 이듬해 6월 다시 한 번 수상에 선출된다. 4월 발발한 프랑스와 오스트리아 사이의 제2차 이탈리아 독립 전쟁의 경우 산업화된 프랑스를 견제해야 한다는 토리당을 주축으로 한 일부의 주장에도 불구하고 프랑스를 지지하며 이탈리아의 독립을 승인했으며, 1860년에는 한 발 더 나아가 코브던의 도움을 받아 프랑스와 자유 무역 협정을 체결했다. 1861년 4월 발발한 미국 남북 전쟁에는 중립을 취했다. 노예제에 대해 지극히 비판적이었으나 산업화된 북부의 잠재력에 대해서도 우려했으며, 이에 남북이 분단되는 방식으로의 결과를 기대하며 중립을 취했다. 3년 뒤 1864년 프러시아와 오스트리아의 슐레스비히-홀슈타인 침공에 대해서는 런던 협상London Conference을 통해 평화적으로 문제를 해결하고자 했다. 하지만 프러시아와 오스트리아의 슐레스비히-홀슈타인 점령 이후 덴마크의 호소와 국내 비판에도 불구하고 어떠한 군사 개입도 하지 않았다. 1865년 마지막 총선 승리를 거두었으나 10월 사망한다.

토머스 페인 Thomas Paine

1737년 1월 29일 / 1809년 6월 8일

영국 노퍽 출신 정치평론가이자 혁명가이다. 부친은 퀘이커 교도였으며, 모친은 국교회 교도였다. 가난한 집안 사정으로 제대로 된 교육을 받지 못했으며, 다양한 직업을 전전하다 관세 징수원이 되어 밀수품을 적발하고 관세를 부과하는 일을 했다. 1772년 밀수와 부패를 근절하기 위해서는 관세 징수원의 월급 인상이 필요하다고 주장하다가 해고된다. 이후 런던에서 벤저민 프랭클린을 만나 미국으로 건너가기로 결심했다. 1774년 필라델피아에 도착해 프랭클린의 소개로 『펜실베이니아 매거진Pennsylvania Magazine』의 편집을 맡았으며 당시 악화일로에 있었던 영국 제국과 미국 식민지의 관계에 대한 글을 쓰기 시작했다. 1775년 렉싱턴과 콩코드 전투 이후 미국 식민지는 조세 반란이 아닌 독립을 목표로 해야 한다고 주장했다. 1776년 자신의 대표작 『상식Common Sense』을 출간했으며, 이 책은 출판된 지 수개월 만에 50만부나 팔렸다. 이후 너새니얼 그린 장군의 부관으로 미국 혁명 전쟁에 임했으며, 1783년까지 「위기Crisis」라는 제목으로 영국에 맞선 저항을 독려하는 수편의 짧은 글을 작성했다. 1777년 제2차 대륙 회의의 명으로 국제 문제 위원회Committee for Foreign Affairs에 소속되어 1779년까지 근무했으며, 이후 펜실베이니아주 의회 서기로 일했다. 1787년 자신이 설계한 교량을 홍보하고자 유럽으로 건너갔으나 프랑스 대혁명의 발발과 혁명 전쟁의 개시에 따른 논쟁에 휘말린다. 특히 미국 독립을 지지했던 에드먼드 버크의 『프랑스 혁명에 관한 성찰Reflections on the Revolution in France』(1790)을 읽고 유명한 반박문 『인간의 권리Rights of Man』를 내놓았다. 『인간의 권리』의 제1부는 1791년에, 제2부는 이듬해에 출판되었다. 프랑스 대혁명을 옹호하고자 쓴 이 책에서 페인은 유럽의 구체제ancien régime를 역사의 진보를 저해하는 모든 사회악의 근원으로 파악했으며, 대안으로 공화정을 제안했다. 페인은 곧 반역죄로 기소되었으며, 체포 영장이 발부되기 직전 국민 공회에 참석하고자 프랑스로 건너갔다. 혁명 프랑스에서 페인은 군주정의 폐지를 적극 반겼으나 루이 16세의 처형에는 반대하면서 막시밀리앙 드 로베스피에르와 갈등을 빚었다. 이로 인해 1793년 12월부터 이듬해 11월 까지 수감되었으며, 로베스피에르가 몰락한 뒤에야 풀려났다. 감옥에서 『이성 의 시대The Age of Reason』의 제1부(1794)를 출간했으며, 풀려난 뒤 제2부(1796) 를 출간했다. 1802년까지 프랑스에 머물다 미국으로 돌아왔으며, 7년 뒤 뉴 욕에서 사망했다.

레몽 푸앵카레Raymond Poincaré
1860년 8월 20일 / 1934년 10월 15일

프랑스 중도 우파 정치인으로 세 번이나 수상에 선출되었으며, 1913년에서 1920년 사이 프랑스 대통령 직을 수행했다. 파리 대학교에 입학해 법을 공부 했으며, 1882년 변호사 자격을 획득했다. 1887년 최연소 하원 의원이 되었 다. 1893년 교육부 장관을 잠시 수행한 후 재무 장관에 임명되었으며, 이듬 해에는 다시 교육부 장관 직을 맡았다. 1903년 상원 의원에 도전해 1912년까 지 봉직했으며, 변호사 업무도 계속 보았다. 1906년 잠시 재무 장관을 거친 후 1912년 1월 수상에 선출되었으며, 이듬해 1월까지 외무 장관을 겸임했다. 제1차 세계대전 직전 독일의 급속한 팽창에 대응하고자 러시아를 방문해 러 시아와의 군사 동맹을 주도적으로 안착시켰으며, 영국과도 향후 위기 발생 시 군사 협력을 위한 기본 사항을 협약했다. 보불 전쟁의 패배를 설욕하고자 하 는 보수 여론을 자극하지 않으면서도 독일에 대한 강경한 자세를 유지하고자 애썼으며, 이를 위해 보불 전쟁 이후 외교적인 고립에서 탈피하고자 노력했다. 1913년 대통령 선거에 출마해 조르주 클레망소를 꺾고 당선되었다. 1917년 조르주 클레망소가 수상에 오르면서 일선에서 소외되었으나 1920년 상원으

로 복귀함과 동시에 전후 독일에 대한 보복 조치를 위한 위원회를 책임 운영
했다. 베르사유 조약에 독일의 전쟁 책임에 관한 조항을 삽입하고자 노력했
으며, 1922년부터 1924년 총리에 다시 선출되자 외무 장관을 겸임하며 독일
의 배상금 지급 연기 요청을 거부했다. 1923년 1월 영국의 강한 반대 의사 표
명에도 불구하고 벨기에와 함께 독일 루르 지역을 강제 점령하도록 명령했다.
이듬해 금융 위기와 외교적인 고립으로 인해 선거에서 패배했으나, 1926년 다
시 선출되어 1929년까지 세 번째로 총리 직을 수행했다.

조지 폭스 George Fox
1624년 7월 / 1691년 1월 13일

영국의 전도사로 퀘이커 친우회의 창립자이다. 가난한 직공의 아들로 태어나
제대로 교육을 받지는 못했다. 구두 수선 등 잡일을 전전하다 18세에 집을 떠
나 방랑을 하면서 기독교 신앙심을 키웠다. 순수한 개신교에 가까워 국교회
의 여러 형식에 대단히 비판적이었다. 당시 영국 곳곳에서 등장하던 여러 개
신교 분파를 돌아다니며 설교를 했다. 1642년 발발한 영국 내전을 승리로 이
끈 올리버 크롬웰의 공화국 통치 말엽 친우회를 설립했다. 하지만 폭스는 물
론이거니와 친우회 소속 퀘이커 교도 모두 다양한 박해를 받았으며, 폭스의
경우 1649년에서 1673년까지 8번이나 수감되었다. 1660년 왕정 복고 이후에
도 이 같은 상황은 달라지지 않았으며, 퀘이커 교도에 대한 박해는 1688년 명
예 혁명 이듬해 관용법 Toleration Act of 1689의 통과 때까지 이어졌다. 선교를 위
해 1669년에는 아일랜드를, 1671년부터 1673년까지는 서인도 제도와 북아메
리카 영국 식민지를 방문했다. 1694년 사후 일대기가 출판되었다. 서문은 동
료 퀘이커 윌리엄 펜이 작성했다.

찰스 제임스 폭스 Charles James Fox

1749년 1월 24일 / 1806년 9월 13일

미국 독립 혁명과 프랑스 대혁명 시기 세 차례나 외무 장관을 역임한 영국의 자유주의 정치가로 이튼 칼리지를 거쳐 1764년 옥스퍼드 대학교 하트퍼드 칼리지에서 공부했다. 4년 뒤 졸업은 하지 않고 부친의 웨스트서식스 미드허스트 선거구를 넘겨받아 휘그당 소속으로 하원에 입성했다. 1770년 해군 차관으로 임명되었으나, 2년 뒤 국왕과 추밀원의 허락 없이 왕실 구성원은 결혼을 할 수 없다는 법안Royal Marriage Act을 반대하며 사임했다. 이듬해 재무성 차관으로 임명되나 이러한 이유 등으로 인해 얼마 지나지 않아 조지3세에 의해 해임된다. 이후 에드먼드 버크 등을 도움을 받으며 휘그 반대당을 이끌었다. 특히 미국 식민지의 독립 문제에 있어서 프레더릭 노스 내각의 강경책에 강하게 반대했다. 버크와 함께 폭스는 미국 식민지의 독립을 지지했으며, 1781년 요크타운 전투에서 영국군이 패하면서 전쟁이 종료되자 이듬해 3월 총리 로킹엄 후작과 식민지상 셸번 경과 함께 외무 장관으로 내각에 입성했다. 미국 식민지 독립의 즉각적이고 무조건적인 인정을 주장했으나, 전쟁에 참여한 주요국과의 평화 협상 이후 미국 식민지와의 교섭을 주장한 셸번과 갈등을 했다. 또한 미국 식민지 문제의 관할을 두고도 식민지상 셸번과 다투었다. 1782년 로킹엄 총리의 사망 후 셸번의 총리 임명 권한을 두고 국왕과 갈등을 빚은 후 사임했다. 폭스는 총리의 임명 권한이 국왕이 아니라 내각에 있다고 주장했다. 이후 자신의 정적이었던 노스와 연합을 했으며, 이듬해 셸번 내각이 물러나자 노스와 함께 내각에 들어가 외무 장관에 다시 올랐다. 같은 해 1783년 동인도 회사의 인도 통치를 의회가 책임을 지는 방향으로 바꾸고자 했다가 실패하고 내각에서 물러났다. 1789년 프랑스 대혁명을 반겼으며, 1791년 윌리엄 윌버포스를 도와 노예제 폐지 법안을 상정했다. 또한 이듬해에는 명예 훼손법Libel Act을 통과시킴으로써 명예 훼손 사건에 있어 판사가 아니라 배심원이 법률과 사실 문제 모두를 판단하도록 함으로써 언론과 사상의 자유의 증진에 크게 기여했다. 동료 버크 등과는 대조적으로 막시밀리앙 로베스피에르의 공포 정치 이후에도 인민 주권을 적극 옹호하며 프랑스 대혁명을 지지했다. 1802년 프랑스와의 아미앵 조약 이후 프랑스를 방문해 프랑스 대혁명의 완성을 기원했으며, 나폴레옹 보나파르트의 집권 이후에도 프랑스에 맞선 동맹 전쟁이 자국에서의 혁명을 저지하기 위한 절대 군주와 봉건 귀족의 마지막 저항이라 확신했다. 1805년 제3차 동맹 전쟁이 발발한 뒤에야 폭스는 나폴레옹의 프랑스에 대한 입장을 바꿨으며, 윌리엄 피트 사망 후 들어선 윌리엄 그랜빌 내각에 외무 장관으로 잠시 참여한 뒤 건강 문제로 은퇴했다.

아서 폰슨비Arthur Augustus William Harry Ponsonby, 1st Baron of Shulbrede

1871년 2월 16일 / 1946년 3월 23일

빅토리아 여왕의 개인 비서인 헨리 프레더릭 폰슨비의 막내 셋째 아들로 윈저 성에서 태어났다. 이튼 칼리지에서 공부한 뒤 1890년에서 1892년 사이 옥스퍼드 발리올 칼리지에서 수학했다. 이후 독일과 프랑스에서 독어와 불어를 습득한 후 외교 업무를 맡기 시작했다. 콘스탄티노플과 코펜하겐 파견 근무 후 1900년 외무성에 진입했으나, 2년 뒤인 1902년 정계에 진출하고자 사직서를 제출했다. 귀족적인 집안 배경과는 달리 급진적인 자유주의자로 정계 진출 후 첫 직장은 자유당 중앙 위원회Liberal Central Association 사무실이었다. 이후 1906년 수상 헨리 캠벨배너먼의 개인 비서장으로 일했다. 1908년 캠벨배너먼 사후 스코틀랜드 스털링 지역 보궐 선거에서 당선되어 하원에 입성했으며, 1918년까지 직을 유지했다. 하원에서는 제국주의적 성향의 자유당 주류에 맞서 의회의 방위비 심사와 외교 문제 위원회 창설을 위해 심혈을 기울였다. 1914년 7월 제1차 세계대전이 발발하자 영국의 참전을 강력히 반대했다. 하지만 이는 참전에 대한 반대라기보다 전쟁의 목표를 제대로 설정하기 위한 노력의 일환이었다. 노먼 에인절, 램지 맥도널드, 찰스 트리벨리언, 에드먼드 모렐과 함께 민주적 통제를 위한 연합을 조직해, 전통적인 세력 균형의 복구와 유지가 아니라 이를 완전히 대체할 새로운 국제질서를 구축하고자 노력했다. 1914년 말 국제 연맹의 헌장을 마련한 브라이스 그룹Bryce Group의 일원으로 활동하기도 했다. 이와 같은 심각한 견해 차이로 자유당에서 밀려난 폰슨비는 노동당에 입당했으며, 1922년에는 셰필드 브라이트사이드 지역 노동당 하원 의원으로 당선된다. 1924년 노동당 정부 수립 후 외무 차관에 임명되어, 모든 조약은 비준 21일 전 하원에서 심의되어야 한다는 폰슨비 규정Ponsonby Rule을 통과시켰다. 또한 전후 1914년 이전 영국 외교 문서의 공개를 이끌어내기도 했다. 교통 장관을 거쳐 1930년 귀족에 봉해졌으며, 이후 상원 노동당 지도자가 되었다. 이후 나치 독일과의 외교 협상을 통한 전쟁 방지를 적극 지지했으나, 제2차 세계대전의 발발 후 1940년 5월 정계에서 은퇴한다.

사무엘 폰 푸펜도르프Samuel von Pufendorf

1632년 1월 8일 / 1694년 10월 13일

작센 출신 독일 법학자이자 역사학자로 근대 자연법의 성립에 지대한 기여를 했다. 라이프치히 대학교에서 신학을 공부했으며, 이후 법학과 언어학, 철학,

역사학 등에 관심을 가졌다. 1656년 예나 대학교에서 르네 데카르트, 휘호 흐로티위스, 토머스 홉스 등을 접했다. 2년 뒤 코펜하겐 주제 스웨덴 대사의 가정교사로 일했으나, 양국 간에 전쟁이 발발하면서 잠시 수감된다. 1660년 흐로티위스와 홉스에 대한 논의에 기초해 자신의 첫 저작『보편법의 요소에 대한 두 권의 책Elementorum Iurisprudentiae Universalis libri duo』을 출간한다. 이듬해 1661년 이 책을 헌정한 팔라틴 선제후 카를 루트비히의 초청으로 하이델베르크 대학교 자연법 담당 교수에 임명되어 1668년까지 강의를 했으며, 1667년 신성로마제국의 지정학적 문제를 논한『독일의 현 상황De Statu Imperii Germanici』을 내놓았다. 1668년 스웨덴 룬드 대학교의 자연법 담당 교수로 자리를 옮겨 20년 가까이 이곳에서 강의와 집필 활동을 했다. 1672년 전통적인 자연법과의 결별을 시도한 자신의 대표작『자연법과 만인법De Jure Naturae et Gentium』을 출판했다. 1677년 스웨덴 왕실 역사가로 임명되었으며, 1688년에는 브란덴부르크 선제후의 역사가로 베를린으로 자리를 옮겼다. 1694년 귀족에 봉해졌다.

해리 폴릿Harry Pollitt

1890년 11월 22일 / 1960년 6월 27일

랭커셔 출신의 영국 정치인으로 영국 공산당 지도자였다. 제철소 노동자였던 부친과 방직 공장 노동자였던 모친의 영향으로 유년 시절부터 노동조합 운동과 공산주의 운동에 뛰어들었다. 폴릿은 보일러공이었으며, 1915년 보일러공의 파업을 주도하기도 했다. 4년 뒤인 1919년 러시아 혁명과 곧이어 발생한 러시아 내전에 대한 서유럽 국가의 개입을 반대하며 본격적으로 공산주의 활동을 시작했다. 영국 공산당의 전신으로 당시 여성 참정권 운동을 이끌었던 실비아 팽크허스트가 주축이 되어 만든 노동자 사회주의 연맹Workers' Socialist Federation에서 활동했으며, 1929년에는 영국 공산당 서기장에 올랐다. 1939년 9월 3일 영국의 나치 독일에 대한 선전 포고를 환영했으나, 아돌프 히틀러와 이오시프 스탈린 사이의 평화 협정에 반한다는 이유로 직에서 물러날 수밖에 없었다. 2년 뒤 나치 독일의 소련 침공과 함께 복귀했으며, 1956년까지 영국 공산당 서기장으로 활발한 활약을 했다. 하지만 1956년 소련의 헝가리 혁명 탄압에 대한 반대 의사 표시로 사임했다. 하지만 죽을 때까지 영국 공산당 의장으로 활동했으며, 이오시프 스탈린 사후 격하 운동에는 동의하지 않았다.

프랑수아 1세Francis I
1494년 9월 12일 / 1547년 3월 31일

발루아 왕가 출신 프랑스 국왕으로 르네상스 시대 전형적인 군주로 여겨진다. 1498년 사촌 루이 12세가 즉위하면서 왕위 계승자가 되어 발루아 공국을 수여받았다. 루이 12세의 딸 클로드와 결혼을 했으며, 1515년 1월 사망한 루이 12세에 이어 약관의 나이에 프랑스 국왕에 올랐다. 르네상스 예술의 주요한 후원자였다. 이탈리아 예술가 레오나르도 다빈치와 라파엘로 산치오 등의 작품을 구매했을 뿐만 아니라 수많은 화가와 작가를 지원했다. 프랑스 전역을 방문하며 자신의 통치 기반을 다졌으며, 1519년 신성로마제국의 황제 막시밀리안 황제가 사망할 무렵 유럽에서 가장 강력한 군주였다. 하지만 막시밀리안의 손자 스페인 국왕 카를로스 1세가 신성로마제국의 황제 카를 5세로 즉위하면서 상황이 역전되었다. 이후 30여 년 동안 보편 제국을 건설하고자 한 카를 5세와 충돌했다. 프랑수아는 카를 5세에 맞서 영국의 국왕 헨리 8세와 동맹을 체결하고자 1520년 칼레 근처 금란의 들판에서 웅장한 행사를 거행했다. 이듬해부터 피레네 산맥 근역 등지에서 카를 5세와 맞붙었으며, 1523년 부르봉 가문의 샤를 3세가 부인의 영토 계승을 요구하며 신성로마제국의 편으로 돌아서자 이탈리아 침공에 올랐다. 1525년 파비아 전투에서 부상을 입으며 카를 5세의 포로로 잡혔으며, 카를 5세는 프랑수아 1세의 석방 조건으로 프랑스 영토의 상당 부분과 이탈리아 영토의 포기와 더불어 샤를 3세의 복권을 요구했다. 프랑스 왕위를 포기하면서까지 저항했으나 1526년 1월 마드리드 조약Treaty of Madrid을 통해 카를 5세의 요구를 대부분 수용했다. 하지만 프랑스의 저항이 지속되자 카를 5세는 프랑수아 1세의 자제를 4년 동안 볼모로 삼았다. 신성로마제국의 힘이 과도해지자 영국, 베네치아, 교황 클레멘스 7세가 돌아섰으며, 1528년 이탈리아 전쟁이 재개되었다. 이듬해 프랑수아의 모친과 카를 5세의 고모의 중재로 마드리드 조약을 개정한 캉브레 조약Treaty of Cambrai이 체결되었다. 이후 종교 개혁에 따른 국내 갈등에 직면했다. 초기에는 르네상스 정신을 따라 관용적인 대응을 했으나, 정치적 혼란이 가중됨에 따라 점차 위그노 교도Huguenots에 대한 박해로 돌아섰다.

프란시스코 프랑코Francisco Franco

1892년 12월 4일 / 1975년 11월 20일

스페인 북서 지역 갈리시아 지방 엘 페롤에서 태어났다. 해군 장교가 되고자 했으나 해군 사관학교 정원 문제로 인해 1907년 톨레도에 위치한 보병학교에 입학한다. 1910년 졸업한 뒤 스페인 식민지 모로코에서 근무했으며, 1913년 모로코 기병대 장교로 승진한다. 전문 군인으로서 상당한 자질을 보였으며, 1915년에는 최연소 스페인 육군 대위가 되었다. 1920년에는 스페인 외인부대 부사령관에 임명되었으며, 3년 뒤에는 사령관이 되었다. 모로코 식민지 반란을 진압하는데 혁혁한 공을 세웠으며, 1926년에는 여단장으로 승진했다. 2년 뒤 새로 창설된 일반 군사 학교 교장에 임명되었다. 1931년 알폰소 8세의 망명에 이어 탄생한 제2공화국이 대대적인 군 개혁을 추진하면서 잠시 좌천되었으나, 1933년 육군에 복귀했다. 1934년 육군 소장에 취임했으며, 스페인 북부 아스투리아스 지역 광산 노동자 반란을 성공적으로 진압했다. 이로 이듬해 스페인 군 개혁의 적임자로 스페인 육군 참모 총장에 임명되었다. 1936년 선거에서 좌파 연합 인민 전선Frente Popular이 보수 연합 국민 진영Bando nacional에 승리를 거두었으나, 혼란은 극심했다. 이에 프랑코는 국가 위기 사태를 선포해야 한다고 조언했으나, 직위 해임된 후 카나리 제도로 좌천된다. 1936년 7월 18일 카나리 제도에서 군사 반란을 일으켰으며, 곧 모로코로 건너가 스페인 식민지 점령군을 장악했다. 나치 독일과 파시스트 이탈리아의 군사적 지원에 힘입어 1936년 10월 1일 정권을 찬탈했다. 쿠데타를 통해 집권하고 파시스트 정당Falange의 지지를 받았으나 프랑코 정권은 보수 연합의 안정적인 지지를 추구했다. 나치 독일의 프랑스 점령 이후 아돌프 히틀러의 도움 요청을 받았으나 내전 이후 혼란 상황과 더불어 프랑스의 아프리카 식민지에 대한 요구 문제로 중립을 선언했다. 종전 후 유일한 파시스트 독재자로 서방 진영으로부터 많은 비판을 받았으나, 냉전의 심화와 함께 미국을 중심으로 한 자유 진영의 대표적 일원이 되었다. 1953년 미국과 군사 지원 협약을 맺었다. 이후 점차 온건 자유주의 세력까지 허용하며 정권을 유지했다. 1947년 왕가를 다시 옹립했으며, 1969년에는 후안 카를로스 왕자를 자신의 후임으로 선언했다. 4년 뒤 평화적으로 정권 이양을 했다.

알프레트 프리트 Alfred Fried

1864년 11월 11일 / 1921년 5월 5일

빈 태생 독일 언론인으로 1911년 노벨 평화상을 수상했다. 중등 교육은 포기하고 서점에서 일했다. 1887년 베를린으로 이주해 개인 출판사를 차렸다. 1905년 노벨 평화상을 수상한 오스트리아 소설가이자 급진적인 평화주의자 베르타 폰 주트너의 영향을 받아 평화 운동에 뛰어들었다. 독일 평화 협회Deutsche Friedensgesellschaft를 설립했으며, 1894년부터 5년 동안 기관지『월간 평화 소식Monatliche Friedenskorrespondenz』를 편집했다. 1892년 베르타 폰 주트너를 설득해 국제 평화주의 잡지『무기를 내려 놓으세요Die Waffen Nieder!』의 편집인에 앉혔다. 1899년 베르타 폰 주트너의 1889년 소설의 제목을 차용했던 이 잡지는『평화 감시Die Friedenswarte』로 이름을 바꾸었으며, 국제 평화와 국제기구에 관한 독일어권 가장 오래된 잡지로 현재까지 발간되고 있다. 베른 평화 사무소Bern Peace Bureau 임원이었을 뿐만 아니라 중부 유럽 국제 조정 위원회International Conciliation for Central Europe 간사였으며, 국제 평화를 위한 기자 협회Union internationale de la presse pour la paix의 사무총장이기도 했다. 1899년 헤이그 평화 회의Hague Peace Conference를 기점으로 군축이나 국제 정의보다 국가 간 경제 협력과 기구에 더 강조점을 두었다. 또한 민족적 정체성을 인정했으며 이에 당시 유행하던 범미주의Pan-Americanism에서도 영감을 찾기도 했다. 1914년 제1차 세계대전이 발발하면서 베를린에서 평화 운동이 불가능해지자 스위스로 옮겨 평화 운동을 지속했다. 전쟁 중에는 오스트리아 정부에 의해 반역자로 지목되어 출입 금지 당했으며, 전후에는 빈으로 돌아가 베르사유 조약의 부당함을 알리는데 주력했다.

윌리엄 피트William Pitt the Elder

1708년 11월 15일 / 1778년 5월 11일

영국 총리로 프랑스와의 7년 전쟁을 승리로 이끌며 영국 제국의 기초를 놓았다. 1719년 이튼 칼리지에 입학해 1726년까지 다닌 후 1727년 옥스퍼드 대학교 트리니티 칼리지에 진학했으며, 1728년 위트레흐트 대학교에서 잠시 공부하기도 했다. 1735년 형의 도움을 받아 윌트셔 지역에서 하원 의원에 당선되었다. 1720년 이래 장기 집권을 하고 있던 총리 로버트 월폴에 맞선 리처드 템플, 코범 자작의 재야 휘그Country Whig 반대 세력 소속으로 정치 활동을 시작했다. 이후 조지 2세와 갈등 관계에 있었던 프레더릭, 웨일스 공의 휘하의 반대 세력과 결탁했다. 국내적으로는 월폴이 이끄는 궁정파의 부패와 이권 정치를 비판했으며, 대외 정책에 있어서는 대륙 정치에의 연루를 비판하며 해상 팽창을 호소했다. 특히 서인도 제도 무역을 방해하는 스페인에 대한 적극적인 조치를 주장했으며, 이로써 1742년 월폴의 사임을 이끌어냈다. 1739년 스페인과의 젱킨스 귀의 전쟁이 서인도 제도를 중심으로 개시되었으나, 이듬해 프러시아의 슐레지엔 기습 침공으로 오스트리아 왕위 계승 전쟁이 발발하면서 대서양 양편 모두 전쟁에 휘말린다. 피트는 조지 2세의 독일 영토 하노버 공국을 중심에 둔 정부의 군사 전략을 강하게 비판했다. 피트를 비롯한 애국 재야 세력은 영국 해군을 중심에 둔 군사 전략을 제안했다. 1745년 스튜어트 왕가를 지지하는 대규모 봉기로 인해 피트의 주장은 호소력을 잃었으며, 이후 입장을 조정하면서 이듬해 군 예산을 책임지는 경리 총감Paymaster of the Forces에 임명된다. 이 무렵부터 유럽 대륙에서의 세력 균형을 통한 해상 팽창을 외교 정책의 기조로 삼았다. 1748년 식민지 관련 내용이 포함되어 있지 않음에도 오스트리아 왕위 계승 전쟁의 종식을 선언한 엑스라샤펠 조약을 적극 방어했다. 또한 프랑스를 견제하고 유럽 대륙의 세력 균형의 유지를 위한 바이에른 선제후국과 작센을 비롯한 독일 지역에 대한 상당한 액수의 군사 보조금 지급을 옹호했다. 이후 건강상의 문제 등으로 인해 잠시 정계에서 떠났다. 1756년 프랑스와의 7년 전쟁이 유럽 대륙만 아니라 북미, 서인도, 인도 등지에서 발발하자 이듬해 미국 식민지와 유럽 남부 가톨릭 국가 등과의 외교 관계를 관장하는 국무 장관Secretary of State for the Southern Department에 임명된다. 우선 피트는 주적인 프랑스를 유럽 대륙에 묶어두고자 프리드리히 대제의 프러시아를 적극적으로 지원했다. 1758년에는 웨스트민스터 조약Treaty of Westminster을 체결해 프러시아에 대한 군사 보조금 지원을 약속하는 동시에 양국이 상대국의 승인 없는 평화 협상을 하지 않도록 했다. 이로써 프랑스를 유럽 대륙에 묶어둘 수 있었으며, 1758년 후반부터 이듬해 북미와 아프리카, 서인도 제도, 인도 곳곳에서 영국 해군의 확실한 승리의 발판을 다졌다. 후일 피트는 이에 대해 "미국은 독일에서 정복했다"라고 말했다고 전해진다. 하지만 1760년 조지 2세가 사망하고 조지 3세가 왕위에 오르면서 정쟁에 휘말린다. 피트의 독일에 대한 지원에 비판적이었던 조지 3세와 뷰트 백작 존 스튜어트의 압력 하에 프랑스와의 평화 회담을 끝까지 진행시키지 못하고 1761년 사임한다. 그럼에도 피트의 전략 덕분에 영국은 1763년 파리 조약을 통해 북미와 인도, 서인도 제도와 지중해 지역에 있어 프랑스 식민지 대부분을 빼앗으면서 해상 식민지 제국으로 발돋움한다. 7년 전쟁 후 막대한 전쟁 부채를 신속히 갚고자 미국 식민지를 대상으로 한 과세 정책에 강하게 반발했다. 피트는 의회는 미국 식민지를 대표하지 않으며, 따라서 세금을 부가할 권한을 가지고 있지 않다고 주장했다. 1766년 총리에 임명되며 채탐 백작이 되었다. 30년 넘게 하원에 머루며 정치를 했기에 "위대한 평민The Great Commoner"이라

불리기도 한다. 이후 2년 동안 7년 전쟁 이후 영국의 외교적 고립을 타개하고
자 노력했을 뿐만 아니라 동인도 회사에 의한 인도 통치에 대한 정부의 감시
를 개시하기도 했다. 1768년 다시 건강상의 문제로 사임했으나 9개월 뒤 다시
상원에 복귀해 미국 식민지의 조세 저항을 적극 옹호하며 영국의 양보에 따
른 조속한 사태 해결을 호소했다.

요한 고틀리프 피히테 Johann Gottlieb Fichte

1762년 5월 19일 / 1814년 1월 29일

작센 출신 독일 정치철학자이다. 가난한 집안에서 태어났지만 유년 시절부
터 총명하여 지역 남작의 도움으로 지역 목사로부터 배운 뒤 기숙학교에 진
학해 예나 대학교와 라이프치히 대학교에 입학해 신학을 공부했다. 하지만
경제적인 이유로 졸업을 하지 못하고 가정교사로 취리히 등지를 전전했다.
1790년 무렵 이마누엘 칸트의 철학을 접하면서 지적 충격을 받았다. 인류의
도덕적 진보를 위한 실천과 철학적 이론의 분리를 극복하는 비판 철학의 단
초를 발견했다고 확신한 피히테는 쾨니히스베르크를 찾아가 칸트를 만났으
며, 칸트의 주선으로 1792년 『모든 계시에 대한 비판 시도 Versuch einer Critik
aller Offenbarung』을 출판해 철학자로서의 가능성을 인정받았다. 이후 단치히
지역에서 가정교사로 지내며 프랑스 대혁명과 당시 유럽의 상황에 대한 논평
을 작성했다. 전 유럽에 걸쳐 사상의 자유와 정치적 권위에 대한 논쟁을 촉
발한 역사적 사건으로 프랑스 대혁명을 인식했으며, 이에 급진적 자코뱅주의
자로 분류되었다. 비판 철학을 발전시키며 지식학 Wissenschaftslehre을 소개했
으며, 1794년에는 예나 대학교 비판 철학 교수로 취임했다. 6년 동안 예나 대
학교에 머물면서 자신의 지식학에 기초해 자연법과 윤리학을 재해석하는 동

시에 프랑스 대혁명의 정신을 전파하고자 노력한다. 예를 들어, 1794년 예나에 도착하자마자 행한 강연의 주제는 학자의 사명으로 이는 같은 해『학자의 사명에 관한 몇 차례의 강의Einige Vorlesngen über die Bestimmung des Gelehrten』의 제목으로 출판되었다. 1800년 자신의 가장 대중적인 저서 중 하나인『인간의 사명Die Bestimmung des Menschen』을 집필했으며, 같은 해 실현 가능한 이상적인 정치경제 체제를 논한『폐쇄적 상업 국가Der geschlossene Handelsstaat』를 출간했다. 1806년 프랑스 군에 의해 베를린이 점령당하자 프러시아 정부와 함께 쾨니히스베르크로 망명길에 올랐다. 1807년 겨울 나폴레옹 보나파르트의 프랑스 군에 맞서 교육을 통한 독일인으로서의 정체성 재정립을 호소한『독일 국민에게 고함Reden an die deutsche Nation』을 강연했으며, 이듬해 책으로 출판했다. 1810년 빌헬름 폰 훔볼트의 제안에 따라 베를린 대학교가 새롭게 설립되자 철학과 초대 학과장이자 총장으로 선출된다. 1813년 나폴레옹에 맞선 해방 전쟁에 참여를 독려했으며, 부인 역시 베를린 군병원에서 근무했다.

데이비드 필드하우스David Kenneth Fieldhouse
1925년 6월 7일

현존하는 가장 뛰어난 영국 제국 역사가 중 한 명으로 꼽힌다. 1981년에서 1992년 사이 케임브리지 대학교 제국사와 해군사 담당 비어 함즈워스 교수였다. 1992년 은퇴한 후 케임브리지 대학교 지저스 칼리지 명예 연구원으로 지내고 있다. 대표 저작으로는 1973년 출판된『경제학과 제국, 1830~1914Economics and Empire, 1830~1914』을 꼽는다. 존 홉슨과 레닌의 금융 자본주의에 기초한 제국주의 팽창 해석을 비판하며, 주변부 이론을 제시했다. 필드하우스는 금융 자본의 이익에 따라 제국 팽창이 이루어진 것이 아니라 주변부에서의 혼란과 필요에 따라, 즉 경제적인 충동이 아니라 전략적인 충동에 따라 제국 팽창이 이루어졌다고 주장했다. 최근작으로는 중동 지역에서 영국과 프랑스의 위임 통치를 비교 분석한 『서양 제국주의와 중동, 1914~1958Western Imperialism in the Middle East, 1914~1958』(2016)이 있다.

애버럴 해리먼Averell W. Harriman

1891년 11월 15일 / 1986년 7월 26일

뉴욕 태생 미국의 사업가이자 관료로 예일 대학교에서 수학했다. 졸업 후 가업을 이어받아 유니언퍼시픽 철도Union Pacific Railroad에서 직장 생활을 시작했으며, 1915년 부총재에 오른다. 1917년 제1차 세계대전이 발발하자 조선업에 눈을 돌려 막대한 이익을 보았으며, 전후 당시 세계 최대 규모의 상선 회사 유나이티드아메리컨 운수United American Lines를 설립했다. 1926년 운수 분야가 포화 상태에 이르자 이를 포기하고 소련 조지아 지역 망간 사업에 뛰어들었으나 별다른 이익을 보지 못하고 1932년 철도 사업에 복귀했다. 1933년 프랭클린 루스벨트 대통령의 당선을 계기로 정치에 관심을 가지기 시작했다. 개인적인 친분으로 프랭클린 루스벨트 대통령을 지원했으며, 이의 대가로 뉴딜 정책의 핵심 기구 중 하나였던 국가 재건 위원회National Recovery Administration 위원에 임명되었다. 제2차 세계대전 발발 2년 뒤 생산 관리국Office of Production Management으로 자리를 옮겼으며, 1941년 3월 무기 대여법이 통과되면서 연합국에 대한 미국의 대규모 지원이 가능해지자 영국으로 파견된다. 같은 해 8월 영국 대사로 임명된다. 이후 나치 독일의 침공으로 소련이 참전을 결정하자 소련에 대한 지원 임무를 부여받고 소련 대사로 자리를 옮겼다. 1943년부터 3년 동안 소련 대사로 근무했다. 종전 후 상무부 장관에 임명되었으며, 마셜 계획의 수립과 집행을 주도했다. 또한 한국 전쟁 발발 1년 뒤 유럽 재무장을 위해 설립된 상호 안보국Mutual Security Administration 국장에 임명된다. 1952년과 1956년 민주당 대통령 경선에 출마했으며, 1954년에는 뉴욕 시장으로 선출되었다. 1961년 존 F. 케네디 행정부에서 특파 대사ambassador-at-large 겸 극동 문제 국무 차관에 임명되어 라오스 내전과 베트남 전쟁의 해결을 위해 노력했다. 1963년에는 소련과 부분적 핵실험 금지 조약Limited Test Ban Treaty의 체결에 일조했다.

모리스 행키 Maurice Pascal Alers Hankey, 1st Baron Hankey
1877년 4월 1일 / 1963년 1월 26일

프랑스 남서부 비아리츠 태생 영국 고위 공무원이다. 유년 시절부터 바다에 대한 동경이 있어 일반 대학을 포기하고 왕립 해병 포병에 입소했다. 1897년 왕립 해군 학교Royal Naval College에 진학했으며, 1902년 지중해 근무를 마치고 해군 정보국 소속으로 근무를 시작했다. 영국 근해 및 제국 방어와 관련된 정보 수집이 주된 업무였으며, 같은 해 설립된 제국 방어 위원회Committee of Imperial Defence에 해군 대표로 일을 했다. 대서양에서 태평양에 이르는 제국 방어와 관련된 모든 구체적인 사항을 파악하고 있었을 뿐만 아니라 불어, 독어, 이탈리아어, 그리스어를 구사했다. 1907년에는 독일과의 전쟁에 대비한 해군 전쟁 계획 수립을 위한 위원회의 간사로 근무했다. 제1차 세계대전 전후 영국 방위를 위한 군사 정보 수집 및 정책 수립의 체계화에 지대한 기여를 했다. 가장 큰 공헌 중 하나로는 내각 사무국Cabinet Secretariat의 창설이 언급된다. 1923년에는 추밀원 비서로 임명되었으며, 이로써 행키의 행정가로서 내각 내 영향력은 공식화된다. 당대 국제 문제에 대해 행키는 전통적인 입장을 고수했다. 국제 연맹에 대해서는 회의적이었지만, 영국 제국, 특히 영국의 해상 패권은 국제 평화를 위해 유지되어야 한다고 확신했다. 행키의 이와 같은 입장은 전후 수상 로이드조지와의 개인적인 친분 덕택에 영국 외교 정책의 기초가 된다. 1919년 파리 강화 회담만 아니라 1921년 워싱턴 해군 회의Washington Naval Conference 그리고 1922년 제노아 경제 및 금융 회의Genoa Economic and Financial Conference에 영국 대표로 참석했다. 1930년대에는 네빌 체임벌린의 유화 정책을 지지했다. 하지만 행키의 입장은 도덕적인 이유가 아니라 영국 제국의 취약한 군사력에 대한 고려에 따른 것이었다. 1938년 은퇴했으나, 1939년 귀족에 봉해졌다. 제2차 세계대전의 발발과 함께 무임소 장관에 임명되어 영국 핵무기 개발 계획을 수립하는데 일조했다. 1941년 수상이된 윈스턴 처칠은 행키를 재무성 경리 장관에 임명했으나, 해군 전략에 대한이견으로 이듬해 해임한다. 행키는 전후에도 국제 문제에 있어 전통적인 입장을 고수했다. 행키는 수에즈 운하 회사Suez Canal Company의 중역으로 영국의 이집트 점령이 지속되어야 한다고 주장했을 뿐만 아니라 독일과 일본의 전범에 대한 재판의 중단을 요구하기도 했다.

코델 헐Cordell Hull

1871년 10월 2일 / 1955년 7월 23일

테네시주 태생으로 1891년 컴벌랜드 법학 대학에 입학했으며, 이듬해 테네시주 변호사 자격을 획득했다. 1903년 순회 재판 판사로 임명되기 전까지 변호사 생활을 계속했다. 일찍부터 민주당 활동에 헌신했으며, 1906년 하원 의원에 당선되었다. 특히 테네시주 농민의 권익을 적극적으로 옹호했으며, 이를 위해 보호 무역이 아니라 자유 무역을 설파했다. 이와 더불어 관세가 아니라 소득세의 조정을 통해 정부의 수입을 증가시켜야 한다고 주장했다. 우드로 윌슨의 정책을 줄곧 지지했으며, 이로 인해 공화당이 전국에 걸쳐 엄청난 승리를 거둔 1920년 선거에서 낙선했다. 이후 민주당 전국 위원회Democratic National Committee의 의장으로 활동하며 민주당 개혁과 선전에 헌신했다. 이에 대한 공으로 1933년 선거에서 당선된 프랭클린 루스벨트 대통령에 의해 대외 관계에 대한 경험이 전혀 없음에도 불구하고 국무 장관에 임명된다. 대표적인 성과로는 우선 전후 미국의 자유 무역 정책의 근간이 된 1934년 상호 무역 협상법Reciprocal Trade Agreements Act을 들 수 있다. 다음으로 중요한 성과로는 선린정책Good Neighbour Policy에 입각한 남미 국가와의 우호 증진과 더불어 동아시아 지역에 있어 미국의 역할에 대한 꾸준한 강조를 꼽는다. 특히 일본의 군국주의화와 제국주의화를 우려했으며, 이를 예방하기 위한 일본에 대한 압력 및 중국에 대한 지원을 강력히 주장했다. 경제 교류의 증가가 국가 간 평화를 도모한다고 굳게 믿었으며, 국가 간 갈등의 평화적인 해결을 위해서는 국제법의 역할이 증대되어야 한다고 보았다. 전후 자유주의 세계 질서의 구축을 위한 오랜 헌신을 인정받아 1945년 노벨 평화상을 수상했다.

게오르크 빌헬름 프리드리히 헤겔Georg Wilhelm Friedrich Hegel

1770년 8월 27일 / 1831년 11월 14일

독일 슈투트가르트에서 태어났으며, 슈투트가르트 김나지움에 입학해 기본 인문 교육을 받았다. 1788년 졸업 후 튀빙겐 신학원에 입학해 신학, 철학, 고전 문학을 공부했다. 부모 모두 성직자가 되기를 원했으나 헤겔은 철학과 고전 문학에 관심을 두었다. 이에 베른과 프랑크푸르트암마인에서 6여 년 동안 수입이 불안정한 개인 강사로 일하며 이마누엘 칸트 등의 저작을 읽으면서 철학 연구를 진행했다. 1801년 친구인 프리드리히 셸링이 교수로 재직하고 있는 예나 대학 철학과에 정착하기로 결심했다. 1805년 원외 교수로 선발되었다. 이듬해 예나가 나폴레옹 보나파르트의 프랑스 군의 손에 떨어지자 오히려 프러시아의 봉건 체제의 전복의 시작으로 인식하고 환영했다. 1807년 인간 정신의 역사적 발전 과정을 추적한 자신의 초기 대표작 『정신 현상학Phänomenologie des Geistes』을 내놓았다. 같은 해 프랑스 대혁명에 우호적인 『밤베르크 신문Bamberger Zeitung』의 편집을 맡기도 했으나, 이듬해 1808년 경제적인 문제 등으로 인해 뉘른베르크에 있는 김나지움의 교장으로 자리를 옮겼다. 1808년부터 1816년까지 뉘른베르크에서 보내며 『논리학Wissenschaft der Logik』(1812, 1816)을 집필했다. 1816년 『논리학』의 완성과 함께 하이델베르크 대학의 교수로 선발되어 2년을 보낸 후 1818년 4년 전 요한 고틀리프 피히테의 사망 후 공석으로 남아 있었던 베를린 대학교 철학과 교수로 선출된다. 논리학, 자연 철학, 정신 철학의 변증법적 관계를 논한 『철학 강요Encyklopädie der philosophischen Wissenschaften im Grundrisse』는 하이델베르크 시절인 1817년 출판되었으며, 『법철학 강요Grundlinen der Philosophie des Rechts』(1820)와 『역사 철학 강의Vorlesungen über die Philosophie der Weltgeschichte』(1822, 1828, 1830)는 베를린에서의 강의를 기반으로 하여 집필되었다. 칸트와는 달리 국가 간 영구적인 평화가 현실적으로 가능하다고 생각하지도 또 역사 발전의 목표로 인식하지도 않았으며, 국가 간 물리적 갈등을 역사의 자기 실현 과정으로 파악했다. 1830년 베를린 대학 총장에 취임했으며, 프랑스 대혁명과는 달리 1830년 프랑스의 7월 혁명에 대해서는 비판적인 입장을 취했다. 이듬해 콜레라로 사망했다.

요한 고트프리트 폰 헤르더Johann Gottfried von Herder

1744년 8월 25일 / 1803년 12월 18일

독일의 후기 계몽주의 철학자이자 문예 비평가로 오늘날 폴란드 지역인 동프러시아 작은 도시 모룽겐에서 태어났다. 지역 학교를 거쳐 1762년 쾨니히스베르크 대학에 입학해 신학과 철학, 문학 등을 공부했으며, 이마누엘 칸트의 학생이 되었다. 또한 낭만주의 미학 운동을 이끌며 칸트로 대표되는 계몽주의 사상의 합리성을 극복하고자 한 요한 게오르크 하만과 교류하며 영향을 받았다. 2년 뒤 러시아 제국의 리가에서 교회 부목으로 강의와 설교를 시작했으며, 이곳에서 독일 문학을 비롯한 문학 전반을 비판적으로 고찰한 초기 저작을 내놓았다. 1769년 리가에서 낭트로 여행을 떠났으며, 이듬해 스트라스부르에서 요한 볼프강 폰 괴테를 만나 친분을 쌓는다. 1771년 작센 남부 뷔케부르크로 궁정 설교 목사로 취직했으며, 이즈음부터 질풍노도Sturm und Drang를 주도하기 시작했다. 이 시기 대표작으로는 인간의 본성 내에서 언어의 기원을 찾고자 한 『언어 기원론Abhandlung über den Ursprung der Sprache』(1772)이 손꼽힌다. 2년 뒤 1774년 출판된 『인류의 발전을 위한 또 하나의 역사 철학Auch eine Philosophie der Geschichte zur Bildung der Menschheit』에서 헤르더는 분화와 통합의 모순적 충돌 과정을 통한 인류의 역사적 발전에 대한 철학적 관점을 제시하고자 시도했다. 또한 윌리엄 셰익스피어와 호머 등에 대한 여러 편의 논문을 발표하기도 했다. 1776년 괴테의 도움으로 바이마르 궁전 및 교구 관리 책임자로 임명되었다. 바이마르에 정착한 이후에는 고전주의적인 성향을 확실히 보였으며, 특히 시를 매개로 한 인간의 현실 이해를 주장했다. 대표작으로는 감각주의적인 작품인 『인간 영혼의 인식과 느낌에 대해Vom Erkennen und Empfinden der menschlichen Seele』(1778)를 들 수 있다. 또한 인간성이 실현되는 장구한 과정으로서 역사를 이해한 미완성 『인류의 역사 철학에 대한 이념Ideen zur Philosophie der Geschichte der menschheit』(1784~1791) 역시 이 시기 작품이다. 1789년 프랑스 대혁명의 민주적이고 평등적인 시도에 적극적으로 찬동했으며, 『인간성의 계발을 위한 서한Briefe zu Beförderung der Humanität』 (1793~1797)에서 문화적 상대주의에 기초한 정치철학을 모색하고자 했다. 1802년 바이에른의 선제후 막시밀리안 1세에 의해 귀족에 봉해졌다.

헨리 8세Henry VIII

1491년 6월 28일 / 1547년 1월 28일

1509년부터 1547년까지 재위한 영국의 국왕으로 영국에서의 르네상스와 종교개혁을 직간접적으로 주도했다. 헨리 7세의 둘째 아들이었으나 1502년 형 아서가 사망하면서 왕세자가 되었으며, 7년 뒤 왕위를 계승받았다. 즉위 당시 프랑스와 스페인 사이의 경쟁이 심화되고 있었으며, 특히 이탈리아에 대한 지배권을 놓고 충돌하고 있었다. 1512년 헨리는 여러 대신의 반대에도 프랑스 북부 지역의 영토를 장악하고자 장인인 아라곤의 페란도 2세의 편에 서서 프랑스와 격돌했다. 헨리의 프랑스 원정을 기회로 스코틀랜드의 제임스 4세가 침공했으나 서리 경이 나서 플로든 전투에서 대파했다. 1519년 1월 신성로마제국의 황제 막시밀리안 1세가 사망하고 손자인 스페인 국왕 카를로스 1세가 카를 5세로 즉위함에 따라 헨리 8세의 팽창 시도는 완전히 물거품이 되었다. 1525년 파비아 전투에서 프랑스의 국왕 프랑수아 1세마저 포로로 잡히면서 유럽은 신성로마제국의 손아귀에 떨어졌다. 대륙에서의 전쟁과 스코틀랜드와의 전쟁 등의 여파로 국내 정치 상황은 점차 악화되었으나, 헨리는 재상 토머스 울지의 조언을 뿌리치고 아라곤의 캐서린을 버리고 시녀 앤 불린과의 결혼을 추진했다. 신성로마제국의 황제 카를 5세의 영향 하에 있었던 교황 클레멘스 7세의 강한 반대를 고려해야 한다고 주장했던 토머스 울지를 참수하고 토머스 모어를 대법관으로 임명했으나 1533년 모어 또한 앤 불린과의 결혼과 국왕이 교회의 수장이 되는 국교회에 대해 비판적이자 참수했다. 또한 카를 5세의 압박에 맞서고자 이전의 정적 프랑수아 1세와 1532년 동맹 협상을 진행했다. 1534년 수장령Act of Supremacy으로 로마 교황청과의 관계를 단절했으며, 이후 로마 교회와 수도원을 해체하는 등 대대적인 개혁을 추진하며 왕권을 강화했다. 1536년 앤 불린을 처형하고, 시녀 제인 시모어와 결혼했다. 1535년과 1542년 두 번에 걸쳐 웨일스와의 통합Act of Union을 마무리했다.

새뮤얼 호어Samuel John Gurney Hoare, Viscount Templewood

1880년 2월 24일 / 1959년 5월 7일

런던 출신으로 해로 스쿨과 옥스퍼드 대학교 뉴 칼리지에서 고전과 역사를 공부했다. 1907년 런던주 주의회 의원으로 당선되면서 정치 활동을 시작했으며, 3년 뒤인 1910년 런던 첼시에서 보수당 소속 후보로 하원 의원에 당선되었다. 이후 34년 동안 이 지역의 의원으로 활동했다. 보수당 내 진보적인 그룹에 속했으며, 관세 개혁과 여성 선거권 그리고 공교육 문제에 있어서 매우 적극적으로 보수당 주류에 반대하는 목소리를 냈다. 1916년 제1차 세계대전 발발 2년 뒤 러시아 참모 본부와의 협상 담당자 중 한 명으로 복무했으며, 이듬해에는 이탈리아의 참전을 방지하라는 임무를 부여받고 로마에서 근무한다. 1918년 하원 의원으로 재선된 후 수상 앤드루 보너 로의 항공 장관Secretary of State for Air에 임명되며, 노동당 정부 시절을 제외하고 1940년까지 이 직을 계속 수행한다. 항공 장관으로 육군과 해군에서 분리된 독립적인 공군Royal Air Force의 창설은 호어의 대표적인 업적 중 하나로 손꼽힌다. 또한 호어는 공군 사관학교를 설립했을 뿐만 아니라 1923년 현재 영국 항공British Airways의 전신인 제국 항공Imperial Airways의 탄생에도 일조했다. 1926년에는 영국에서 인도로 첫 민간 비행의 주인공이 되기도 했다. 공군과 함께 인도 문제에 대해서도 호어는 큰 관심을 보였다. 1930년에서 1931년 사이 인도의 자치와 독립을 논의하기 위한 첫 회의에 영국 대표로 참석했으며, 1931년 램지 맥도널드의 거국 내각에 인도 장관Secretary of State for India로 참여했다. 인도의 자치권을 승인하는 입장을 고수했으며, 이로 인해 윈스턴 처칠과 갈등을 겪기도 했다. 1935년 램지 맥도널드의 거국 내각을 이어받은 스탠리 볼드윈은 인도와의 성공적인 협상에 있어 호어의 공을 인정해 인도 총독 직을 제안했으나, 본인이 외무 장관을 고집해 외무 장관에 임명되었다. 외무 장관으로 호어는 제2차 세계대전의 발발로 집약되는 일련의 사태를 겪으며 성난 여론의 비난의 대상으로 전락한다. 1935년 4월 베르사유 조약의 독일 해군에 대한 제약의 완화를 요구하는 아돌프 히틀러와 램지 맥도널드 거국 내각과의 협상을 인도 장관으로 지켜보았으며, 외무 장관으로는 베니토 무솔리니의 아비시니아에 대한 침략을 유럽의 평화와 안정을 도모하기 위해서라는 이유로 인정했다. 아비시니아와의 어떠한 의견 조율 없이 이탈리아의 아비시니아 점령과 지배를 인정하는 조약을 프랑스 수상 피에르 라발과 맺었다. 호어는 이 조약의 책임자로 국제 연맹과 군축 그리고 집단 안보를 열렬히 지지했던 당시 영국 여론의 뭇매를 맞았으며, 귀국 이틀 만에 사임할 수밖에 없었다. 희생양의 역할을 충실히 수행한 대가로 호어는 1936년 6월 해군 장관으로 복귀하며, 이듬해에는 네빌 체임벌린 내각에 내무 장관의 자리에 오른다. 1938년 아돌프 히틀러가 체코슬로바키아에 대한 야욕을 노골적으로 드러내면서 호어는 다시 한 번 커다란 곤경에 처하게 되었다. 수상 네빌 체임벌린에 동조해 호어는 나치 독일에 대한 유화 정책을 강력히 지지했으며, 이에 독일의 체코슬로바키아 점령을 승인하는 뮌헨 협정의 체결을 주도했다. 하지만 1939년 9월 독일의 폴란드 침공으로 제2차 세계대전이 개시되었으며, 이듬해 5월 윈스턴 처칠이 수상이 되면서 호어는 장관직을 사임하고 마드리드 주재 스페인 대사로 물러난다. 스페인에서는 호어는 1936년 쿠데타로 정권을 잡은 친독주의자 프란시스코 프랑코 장군이 독일의 우방으로 참전하는 것을 막는 등 여러 공을 세운다. 이를 비롯해 이전의 공을 인정받아 1944년 7월 귀족에 봉해진다.

토머스 홉스Thomas Hobbes

1588년 4월 5일 / 1679년 12월 4일

영국 내전 시기 정치철학자로 영국 남부 윌트셔주 웨스트포트 출신이다. 지역 학교를 다닌 후 15세 때 옥스퍼드 대학교 모들린 칼리지에 입학했다. 1608년 졸업 이후 귀족 가문 캐번디시의 자제 윌리엄 캐번디시의 가정교사로 취직한다. 왕당파였던 캐번디시를 통해 정치에 관심을 가지기 시작했다. 특히 1642년 내전으로 폭발하는 국왕과 의회의 갈등에 주목했다. 1640년에는 국가 안보를 위한 세금 징수와 관련해 찰스 1세의 왕권을 적극 옹호하는 책자를 집필하기도 했다. 같은 해 동일한 목적으로『법의 자연적이고 정치적인 요소The Elements of Law, Natural and Politic』(1650년 해적판 출판)를 집필했다. 같은 해 불안한 정치 상황을 우려하며 파리로 망명을 떠났다. 파리에 10년 이상 머물면서『시민에 대하여De Cive』(1642)와『리바이어던Leviathan』(1651)을 집필했다. 인간을 정치적 동물로 정의한 아리스토텔레스를 정면으로 비판하면서 전쟁 상태와 같은 자연 상태를 벗어나기 위해서는 주권자를 옹립하는 사회 계약이 필요하다고 주장했다. 1646년 프랑스로 망명을 온 어린 찰스 2세의 수학 교사로 일했으나, 『리바이어던』의 전통적인 왕권신수설에 반하는 논의와 국가의 교회에 대한 우위 주장 등으로 인해 망명 왕실 출입을 금지당하고, 프랑스 정부의 의심을 사면서 귀국을 결심했다. 1651년 영국으로 돌아왔으며, 올리버 크롬웰의 사실상 지배를 인정했다. 1660년 왕정복고 이후 찰스 2세와 관계 개선을 했다.

존 홉슨 John Atkinson Hobson

1858년 7월 6일 / 1940년 4월 1일

영국의 사회이론가이자 경제학자로 더비 출신이다. 1876년 옥스퍼드 대학교 링컨 칼리지에 장학생으로 입학했으나 귀족적인 분위기에 적응을 하지 못하고 잠시 휴학했다. 1880년 졸업 후 패버샴과 엑서터 중등학교에서 고전 담당 교사로 근무했다. 1887년 런던으로 이사를 했으며, 옥스퍼드 대학교 공개 강좌를 맡아 가르치기 시작했다. 1889년 사업가이자 산악가인 친구 앨버트 F. 머머리와 함께 집필한 『산업의 생리학 The Physiology of Industry』을 출간했다. 이 책에서 홉슨은 식민지 팽창으로 이어지는 자본주의의 위기가 유산 계급이 자신의 소비 능력 이상으로 수익을 올리기에 발생한다고 주장했다. 과도한 수익은 과도한 저축으로 나아가고 이는 곧 과도한 투자를 낳기에 제국주의를 해결하는 방법은 국내의 부의 불평등을 제거하는 길 뿐이라고 홉슨과 머머리는 설명했다. 이는 생산이 소비를 낳는다는 전통적인 경제학을 반박하는 이론이었다. 이후 『빈곤의 문제 The Problem of Poverty』(1891), 『근대 자본주의의 진화 The Evolution of Modern Capitalism』(1894), 『실업의 문제 The Problem of the

Unemployed』(1896)를 저술했다. 1895년 이래 사우스플레이스 윤리 협회South Place Ethical Society 활동을 했다. 이와 동시에 램지 맥도널드를 비롯한 신자유주의 및 사회주의 계열 급진 개혁 성향의 지식인과 정치인 등이 1894년 결성한 레인보 서클Rainbow Circle에 참석하기 시작했다. 사회 윤리에 기초한 새로운 자유주의 경제 개혁을 촉구하기 위해『사회 문제The Social Problem』(1901)와 『자유주의의 위기The Crisis of Liberalism』(1909)를 집필했으며, 이후에도 윤리학과 경제학을 결합한 새로운 사회 복지 이론을 구축하기 위해 애썼다. 같은 시기 레너드 홉하우스의 조언으로『맨체스터 가디언』의 특파원으로 전쟁 중인 남아프리카를 방문한 뒤 제국주의에 대한 본격적인 공격을 시작했다. 특히 홉슨은 1902년 출판된 자신의 주저『제국주의Imperialism』에서 국제 금융가와 자본가의 욕망에 의해 제국주의가 촉발되었다고 주장했다. 당시 의도치 않게 반유대주의의 호응을 일으킨 이 책에서 홉슨은 제국주의가 식민지의 약탈만 아니라 제국 내 부의 불평등과 군사주의를 초래하며, 이를 해결하기 위해서는 과소 소비를 극복하기 위한 부의 재분배가 필수적이라 설득했다. 제1차 세계대전 발발 직전에는 영국 중립 위원회British Neutrality Committee의 설립자 중 한 명으로 활동했으며, 국가 간 갈등의 평화적 해결을 위한 국제 중재 연맹 International Arbitration Committee에서도 열성적으로 활동했다. 민주적 통제를 위한 연합의 집행 위원으로 활동하며 협상을 통한 조기 종전, 밀실 외교의 중단, 자유 무역 등을 주장했다. 이후 이 단체의 의장에 선출되었으며, 국제 연맹의 창설에 열성적이었다. 전후에는 파시즘과 공산주의의 등장을 우려의 눈으로 보았다.

레너드 홉하우스Leonard Trelawny Hobhouse

1864년 9월 8일 / 1929년 6월 21일

영국의 저명한 사회 철학자이자 언론인으로 말버러 칼리지 졸업 후 1883년 옥스퍼드 대학교 코퍼스 크리스티 칼리지에 진학했다. 1894년 옥스퍼드 대학교 코퍼스 크리스티 특별 연구원으로 선출되었다. 말버러 칼리지 시절부터 허버트 스펜서, 주세페 마치니, 존 스튜어트 밀의 사상에 매료되었으며, 노동조합 활동을 통한 사회 개혁에 큰 관심을 보였다. 1893년 출판된 『노동 운동Labour Movement』에서 사회의 유기적 발전에 있어서 노동조합 운동과 협동조합 운동의 중요성을 강조하며, 국가 사회주의를 제안했다. 홉하우스의 첫 주저는 1896년 출판된 『지식론A Theory of Knowledge』으로 당시 옥스퍼드 대학교 철학 연구를 지배하던 이상주의에 대한 체계적인 비판이다. 토머스 그린의 이상주의적 전체론과 더불어 생물학과 진화론의 영향을 크게 받았으며, 양자의 결합을 통해 사회의 발전을 이해하고자 했다. 1897년 이상주의에 매몰된 옥스퍼드 대학교 철학 연구에 염증을 느끼며 1960년 『가디언Guardian』으로 명칭을 바꾼 진보 성향의 『맨체스터 가디언』의 비상근 기자로 일하기 시작했다. 특히 당시 진행되고 있었던 제2차 보어 전쟁으로 명확히 드러난 영국의 제국주의 정책을 강하게 비판했다. 1902년부터 기자 생활을 정리하고 사회학 연구에 매진한다. 1901년부터 철학과 사회학의 결합을 통해 합리적 사회 진화론을 구상한 삼부작, 『정신과 진화Mind in Evolution』(1901), 『도덕과 진화Morals in Evolution』(1906), 『발전과 목적Development and Purpose』(1913)을 내놓았다. 1907년에는 런던정경대학 사회학 정교수로 선출되었으며, 3년 뒤인 1910년에는 전통적인 개인주의 자유주의가 아닌 공동체를 중시하는 신자유주의 사상을 이론화한 『자유주의Liberalism』를 출판하면서 당시 자유주의 개혁의 이론적 기초를 제공했다. 보편적인 연금 제도를 중심으로 한 사회 개혁을 주창했으며, 1911년에는 외교 문제에 있어 의회의 통제를 강화하기 위해 설립된 외교 정책 위원회Foreign Policy Committee의 의장직을 수행했다. 제1차 세계대전이 발발하자 홉하우스는 영국 중립 위원회에 참여했으나 독일의 위협이 계속되자 입장을 바꾸었으며, 1918년 프러시아 군사주의와 헤겔주의의 관련성을 추적한 『형이상학적 국가론Metaphysical Theory of the State』(1918)를 내놓았다. 반면 1917년 러시아 혁명은 자유와 민주주의가 진화하는 올바른 모습으로 파악했다. 제1차 세계대전 발발을 계기로 노동당으로 자리를 옮긴 상당수 동료 자유주의자와는 달리 자유당에 끝까지 남았다.

휘호 흐로티위스Hugo Grotius

1583년 4월 10일 / 1645년 8월 28일

네덜란드 델프트 출신 법학자로 대표작은 1625년 출판된 『전쟁과 평화의 법 De Jure Belli ac Pacis』이다. 어릴 적부터 총명하여 8세 때 라틴어를 능수능란하게 구사했으며, 11세 때 레이던 대학교에 입학해 인문학을 공부했다. 1598년 네덜란드 정치인 요한 판 올덴바르네벌트를 따라 프랑스를 방문했으며, 앙리 4세를 알현하고 총명함을 인정받았다. 이듬해 덴하흐에 정착해 신학자 요한 브테보하르트의 변호사로 일한다. 1601년 스페인에 맞선 네덜란드 공화국의 옹호를 요청받았으며, 1559년부터 1609년 사이 투쟁을 담은 『저지대 지역의 반란의 기록과 역사Annales et Histoire de Rebus Belgics』를 집필했다. 이 책은 1612년 무렵 완성되었으나 사후 1657년에야 출판된다. 이후 다양한 인문주의 작품을 썼다. 1601년 영국의 시인 존 밀턴의 영향을 받아 쓴 극 『아담의 망명Adamus Exul』과 1627년 출판된 정치신학서 『기독교의 진실De Veritate

Religionis Christianae』은 상당한 호평을 받았다. 1604년 네덜란드 동인도 회사 Verenigde Oost-Indische Compagnie의 부탁을 받아 포르투갈의 상선에 대한 공격을 해상과 무역의 자유를 통해 정당화하는 글을 집필했다. 『포획론De Jure Praedae Commentarius』(1604~1605) 전체는 사후에 출판되나, 일부는 『자유해 Mare Liberum』라는 제목으로 1609년 익명으로 출판되어 이후 스페인 등과의 평화 협상에서 네덜란드 무역의 자유를 방어하는데 사용되었다. 1607년 홀란트, 제일란트, 프리슬란트 지역의 법무 장관Advocaat Fiscaal에 임명되어 네덜란드 통치권을 두고 오라녜 공작 마우리츠에 맞서 싸우던 올덴바르네벌트를 돕는다. 1618년 마우리츠의 쿠데타로 올덴바르네벌트는 반역죄로 사형에 처해졌고, 흐로티위스는 종신형으로 수감된다. 3년 뒤 감옥을 극적으로 탈출하여 파리로 망명을 떠났으며, 1631년까지 루이 13세의 보호를 받으며 지냈다. 파리에 머물면서 자신의 주저 『전쟁과 평화의 법』을 집필했다. 1625년 마우리츠 사망 후 6년 뒤 홀란트로 돌아왔으나 또 다시 정치 논쟁에 휘말리자 이듬해 함부르크로 떠났다. 1632년 스웨덴의 수상 악셀 옥센스티에르나 백작의 요청으로 파리 주재 스웨덴 대사로 임명되어 1644년까지 근무했다.

아돌프 히틀러Adolf Hitler

1889년 4월 20일 / 1945년 4월 30일

오스트리아의 독일 국경 도시 브라우나우암마인에서 태어났다. 오스트리아 북부 린츠에서 유년 시절을 보냈으며, 대학에는 진학하지 않았다. 화가가 되고자 빈 예술 대학Akademie der bildenden Künste Wien 입학을 시도하나 실패한 후 1913년 뮌헨으로 거처를 옮겼으며, 이듬해 제1차 세계대전이 발발하자 보병으로 자원했다. 10월 벨기에로 파병되어 서부 전선 전투에 참여했으며, 1916년 10월 부상을 입었다. 독가스를 마셨다고 전해지기도 한다. 병원에서 종전 소식을 들었으며, 여러 훈장을 수여받았다. 뮌헨으로 돌아와 육군 정보 요원으로 일하면서 1919년 9월 독일 노동자당Deutsche Arbeiterpartei에 입당했으며, 이듬해 당의 선전을 책임지면서 전역했다. 같은 해 1920년 2월 국가사회주의 독일 노동자당, 나치로 당명이 바뀐다. 이듬해 7월 히틀러는 나치당을 완전히 장악했으며 대중 운동을 조직하기 시작한다. 1923년 11월 9일 뮌헨에서 봉기해 바이마르 공화국을 무너뜨리고자 시도했다. 파울 폰 힌덴부르크 장군과 함께 제1차 세계대전 독일군을 지휘했던 에리히 루덴도르프 장군도 참여했지만 봉기는 실패하고 히틀러는 수감된다. 수감 중 『나의 투쟁Mein Kampf』(1925)을 집필하기 시작했다. 히틀러는 9개월 만에 풀려났다. 1929년 대공황의 여파가 독일에 이르기 전까지 무너진 나치당의 재건을 위해 노력했다. 1930년 민족주의자 알프레트 후겐베르크와 연합해 독일의 전후 배상금 조정을 비롯한 베르사유 조약의 부당성을 알리며 전국적인 인기를 누리기 시작했다. 1928년 3퍼센트 미만의 지지에서 1930년 20퍼센트 가까운 지지로 올라섰으며, 2년 뒤 1932년 힌덴부르크에 맞선 대통령 선거에서 36.8퍼센트의 지지를 얻었다. 1933년 정치 및 경제 혼란에 처한 힌덴부르크를 압박해 총리에 올랐다. 이후 정부와 의회를 빠른 속도로 장악했으며, 1934년 8월 힌덴부르크 사망 후 총통Führer에 오르며 군 역시 손에 넣었다. 이후 외교 정책에 더 관심을 두었으며, 시작은 불평등한 베르사유 조약의 개정과 동유럽으로의 팽창이었다. 이미 1933년 국제 연맹과 군축 회의Disarmament Conference에서 탈퇴했으며, 1934년에는 폴란드와 불가침 조약을, 이듬해에는 영국과 해군 협상을 체결했다. 1936년 프랑스와 소련의 협상에 따른 안보 위협을 강조하면서 비무장 지대인 라인란트를 점령했다. 1936년에는 이탈리아와 베를린-로마 추축Rome-Berlin Axis 우정 조약을 맺었으며, 1937년에는 오스트리아를 합방했다. 이듬해 1938년 9월 프랑스와 영국의 제안으로 뮌헨에서 체코슬로바키아를 평화적으로 분할하기로 약속했으나, 이듬해 3월 체코슬로바키아에 대한 침공을 전격적으로 감행했다. 다음 목표는 폴란드였으며, 이를 위해 1939년 5월 이탈리아와 강철 조약을, 3개월 뒤 8월에는 소련과 불가침 조약을 체결했다. 9월 1일 폴란드를 침공하면서 제2차 세계대전을 초래했다. 히틀러의 궁극적인 목표는 동유럽의 장악이었으며, 이를 위해서는 지정학적 위치상 소련의 우방인 프랑스를 우선 무력화할 필요가 있었다. 영국과는 협상이 가능하다고 판단했다. 하지만 프랑스 점령 후 상황이 변하지 않자 1940년 7월부터 대대적인 항공 작전을 명령했다. 동시에 영국의 소련을 통한 견제를 막고자 소련에 대한 침공을 준비하는 한편 베니토 무솔리니로 하여금 그리스를 침공하도록 했다. 1941년 3월 유고슬라비아에서 쿠데타와 이탈리아의 작전 실패에 따라 1941년 6월 소련에 대한 침공을 개시했다. 설상가상으로 같은 해 12월 7일 일본의 진주만 침공으로 미국이 참전을 결정했다. 1942년 11월 영국군과 미군의 프랑스 비시 정부 하의 북아프리카 상륙 작전인 횃불 작전과 2년 뒤 1944년 6월 노르망디 상륙 작전인 오버로드 작전의 성공으로 히틀러의 몰락은 급속도로 가시화되었다. 1945년 4월 30일 자살했다.

옮긴이의 말과 풀이

마침내 『전쟁과 자유주의 양심』의 출판으로 마이클 하워드의 전쟁과 국제정치에 대한 삼부작을 모두 국내에 소개하게 되었다. 역자가 『평화의 발명: 전쟁과 국제 질서에 대한 성찰』(전통과현대, 2002)을 내놓은 지 벌써 16년이나 흘렀다. 애초부터 세 권을 모두 번역하기로 결심하고 시작한 것은 아니었다. 『평화의 발명』의 번역은 역자가 연세대학교에서 학부와 석사 과정을 마치고 공군사관학교 강사로 군복무 중 전쟁과 국제정치의 역사를 쉽지만 포괄적으로 다룬 입문용 교재를 찾다가 발견하고 착수했다. 책은 나름 좋은 평을 받았으나, 역자로서는 첫 번역이었고 제대로 된 교정과 편집 과정을 거치지 못해 많이 모자란 번역이었다. 이에 여러 자리를 빌려 기회가 주어진다면 다른 일을 미루고서라도 다시 손을 보겠노라고 누차 약속한 바 있다. 『전쟁과 자유주의 양심』은 『평화의 발명』을 출판한 직후 『유럽사 속의 전쟁』과 더불어 처음으로 접했다. 지금도 별반 다르지 않다고 보지만 당시 국내에서는 매우 생소한 근대 유럽 정치사상의 변천 과정을 국제정치라는 맥락 속에서 역사적으로 재해석하는 데 관심이 있었던 역자에게 『전쟁과 자유주의 양심』은 새로운 세상을 알려주었다. 너무나 흥분되어 바로 번역에 착수했으며, 2003년 여름 완성된 초고를 손에 쥐고 군복무를 마쳤다. 같은 해 가을 영국으로 유학을 떠나기 전까지 여러 출판사에 출판 문의를 했으나 바랐던 응답은 아쉽게도 듣지 못했다. 그리고 8년 뒤 2011년 가을 케임브리지대 역사학과에서 18세기 영국 지성사와 외교 정책에 관한 주제로 박사 학위 논문을 제출한 후 초조한 마음으로 심사를 기다리며 책상 서랍을 정리하다 한동안 잊고 있었던 원고를 발견하고 다시 여러 출판사와 접촉했다. 다행히도 이번에는 글항아리 출판사에서 호응이 왔다. 하지만 글항아리 출판사는 『전쟁과 자유주의 양심』보다 더 대중적인 『유럽사 속의 전쟁』에 관심을 보였으며, 『전쟁과 자유주의 양심』의 출판은 어쩔 도리 없이 또 미루어져야 했다. 『유럽사 속의 전쟁』은 2015년 글항아리 출판사를 통해 나왔으며, 그리고 다시 3년이 흘렀다.

저자가 케임브리지대에서 강연을 준비한지 반세기 가까운 시간이 흘렀지만 『전쟁과 자유주의 양심』 곳곳에 스며들어 있는 역사학자의 혜안은 여전히 깊이와 폭을 더하고 있을 뿐만 아니라 더없이 시의적절하기도 하다. 아마도 이는 저자가 지난 500여 년 동안 이성을 지닌 인간의 노력으로 국가 간 평화를 이룩할 수 있다고 믿었던 수많은 이가 처했던 모순되고 난처한 상황을 날카롭게, 하지만 깊은 애정을 가지고 반추함으로써 오늘날 우리의 어지러운 고민의 뿌리를 드러내주고 있기 때문일 것이다. 즉 어떠한 명쾌한 해답도 제시되어 있지 않지만, 마이클 하워드의 이 책이 여전히 고전으로 손꼽히는 이유는 국가 간 관계에서 이상과 현실 사이의 변화무쌍한 괴리를 우리가 정면으로 마주할 수 있도록 용기를 북돋고 있기 때문이라 하겠다. 역사학자로서 마이클 하워드의 학문적 업적과 시민적 공헌에 대해서는 『유럽사 속의 전쟁』의 역자 해제 「전쟁과 사회: 마이클 하워드의 전쟁사 연구와 평화의 발명」에서 자세히 다룬 바 있기에 더 이상의 추가 설명은 불필요하리라 본다. 다만 『유럽사 속의 전쟁』 역자 해제에서 『전쟁과 자유주의 양심』이 다루고 있는 주제와 이에 대한 마이클 하워드의 입장에 관한 상세한 해설을 약속한 바가 있기에 여기서 그것을 더하지 않는 이유를 짧게라도 밝혀야 할 듯싶다.

변명에 앞서 대략적인 설명이나마 제공하자면, 『전쟁과 자유주의 양심』의 앞부분은 마이클 하워드 자신이 감사의 말에서 밝히고 있듯이, 『힘과 평화의 추구: 국제관계사에서의 이론과 실천Power and the Pursuit of Peace: Theory and Practice in the History of the Relations between States』(1963)의 저자로 제2차 세계대전 와중 블레츨리 파크Bletchley Park에서 독일군 암호 해독을 도운 케임브리지대 출신의 역사학자 해리 힌즐리Harry Hinsley의 선구적인 국제정치사상 발전사 정리로부터 큰 도움을 받았다. 하지만 『전쟁과 자유주의 양심』의 중심된 분석틀은, 이 역시 저자의 감사의 말에 간략히 언급되어 있기는 한데, 국제정치이론 분야에서 영국학파English School 혹은 국제사회학파International Society School라 통칭되며 최근 국내에서도 심심찮게 관심을 받고 있는, 양차 대전의 상처가 아물 무렵 미국 록펠러 재단Rockefeller Foundation으로부터 넉넉한 재정 지원을 받아 조직된 국제정치 이론 영국 위원회British Committee on the Theory of International Relations의 영향 하에서 주조되었다고 할 수 있다. 케임브리지대, 런던정경대, 옥스퍼드대, 서식스대 등에 소속된 역사학자를 중심으로 결성된 이 모임의 일차적인 목표는 역사 속 다양한 국가 간 질서의 변천 과정을 비교하는 동시에 유럽의 지리적 팽창에 따른 전 지구적 통합 과정을 추적하는 데 있었다. 모임을 주동한 케임브리지대 역사학자 허버트 버터필드Herbert

Butterfield를 위시한 이들은 이와 같은 작업을 통해 제2차 세계대전 종식 후 극도로 혼란스럽고 불안정한 국제정치 상황을 파악할 단초를 발견할 수 있을 것이라 확신했다. 유럽 제국의 수치스러운 자멸과 그로 인한 탈식민지 주권 국가의 폭발적인 범람 그리고 유럽의 유산을 물려받았지만 유럽에 속하지 않는 두 새로운 제국 미국과 소련에 의한 전 지구적 질서의 대대적 재편은 이를 직접적으로 촉발한 제2차 세계대전 만큼이나 불안과 공포를 자아내는 변화였으며, 그 같은 불확실한 상황에 재빨리 적응하고 제대로 대응하기 위해서는 역사를 멀리 거슬러 올라가 고민하는 수밖에 없다고 이들 영국의 역사학자는 굳게 믿었다.

『무정부 사회: 세계정치에서의 질서에 관한 연구The Anarchical Society: A Study of Order in World Politics』(1977)의 저자로 허버트 버터필드에 이어 위원회의 좌장에 오른 옥스퍼드대의 호주 출신 국제정치학자 헤들리 불Hedley Bull에 묻혀 잘 알려져 있지는 않지만, 마이클 하워드 역시 이 모임의 열성적인 초창기 구성원 중 한 명이었다. 런던킹스칼리지 소장학자로 보불 전쟁을 다룬 자신의 첫 저작의 집필로 정신없이 바쁜 와중에도 마이클 하워드는 수년 간 이어진 단체의 독회와 발표에 어느 누구보다도 성실히 임했으며, 이곳을 통해 여러 편의 논문을 함께 내놓기도 했다. 특히 마이클 하워드는 위원회를 통해 정치사상 연구자로 명성이 높았던 서식스대 교수 마틴 와이트Robert James Martin Wight를 만나 친분을 쌓았다. 『전쟁과 자유주의 양심』을 비롯한 마이클 하워드의 모든 저작을 적시고 있는 전쟁과 평화의 비극적인 반복의 역사를 관통하는 지혜를 구하고자 하는 지치지 않는 열정은 단체의 어느 연구자보다도 영국을 대표하는 문명사가인 아널드 토인비Arnold Joseph Toynbee의 제자이자 동지였던 마틴 와이트로부터 자극과 영감을 받은 것이라 해도 과언이 아니다. 마이클 하워드가 1975년 허버트 버터필드와 이듬해 헤들리 불에 이어 1977년 런던 소재 왕립 국제문제연구소Royal Institute of International Affairs, 채텀 하우스Chatham House에서 대외 정책에서의 힘의 문제와 윤리라는 주제로 세 번째 마틴 와이트 기념 강연을 한 것은 따라서 전혀 우연이 아니었다. 안타깝 게도 제1차 세계대전 발발 1년 전인 1913년에 태어난 마틴 와이트는 1972년 이순을 앞에 두고 천식 발작으로 갑자기 세상을 등졌다.

사실 권력 정치power politics의 현실 속에서 도덕 원칙moral principles을 실현 할 묘책을 강구하는 일은 제2차 세계대전 종전 후 새로운 국제 질서의 방향 모색과 더불어 영국학파를 묶어주는 또 다른 핵심 요소이기도 하다. 『전쟁과 자유주의 양심』이란 이 책의 제목 역시 영국학파의 그와 같은 공통된 문제의 식을 뚜렷이 담아내고 있다. 전쟁이 권력 정치를 품고 있다면, 자유주의 양심 은 도덕 원칙을 품고 있는 것이다. 그리고 국가 간의 관계를 구성하고 있는 이 두 측면에 대한 마이클 하워드를 비롯한 영국학파의 입장을 어렴풋하게라도 이해하고자 한다면, 이들이 본격적으로 활동했던 냉전 시대가 아니라 이들 이 젊은 시절을 보냈던 제1차 세계대전과 제2차 세계대전 사이 소위 전간기 interwar period를 조금 더 자세히 살펴봐야만 한다.

영국학파가 젊은 시절을 보낸 유럽은 산업화된 첫 대규모 전쟁이 불러온 엄청난 살육과 파괴에도 불구하고 희망의 등불이 흔들림 없이 세상을 밝히던 곳이었다. 중세 이래 유럽 대륙을 호령하던 로마노프 왕조와 합스부르크 왕 조 그리고 호엔촐레른 왕조의 처참한 몰락에 따른 혼동은 사회주의와 민족 주의 그리고 민주주의의 장밋빛 전망에 가려 잠시나마 가라앉아 있었다. 이 들 봉건 제국의 붕괴는 두 차례의 러시아 혁명과 오스트리아, 헝가리, 체코슬 로바키아, 유고슬라비아의 독립 그리고 바이마르 공화국의 탄생에 의해 멋들어지게 장식되었다. 제1차 세계대전은 1848년 유럽을 뒤흔든 혁명의 폭풍우에 맞서 생을 유지했던 폭압적이고 폭력적인 구체제에 대한 뒤늦은 사망 선고로 받아들여졌다. "전쟁을 끝내기 위한 전쟁war to end wars"이란 정의는 영구적인 평화 체제의 구축을 훨씬 뛰어넘는, 폐허 위에서 완전히 새로운 세상을 세우고자 열망하는 수많은 이의 들끓는 마음을 담은 급진적인 선언이었다. 물론 국제정치 차원에서도 변화의 바람은 긍정적인 방향으로 불고 있었다. 1919년 파리 강화 회의를 통해 탄생한 국제 연맹League of Nations은 부족한 점이 많았지만 존재 자체로 충분한 의미를 지니고 있었다. 우드로 윌슨 대통령의 영웅적인 호소에도 끝내 동참하지 않았지만, 미국 또한 국제법과 국제 중재에 대한 적극적인 지지를 통해 국제 연맹을 측면에서 어느 회원국 못지않게 지원하고 있었다. 워런 하딩 대통령은 워싱턴에서 해군 군축 협상을 주도했으며(Washington Naval Conference of 1921~1922), 캘빈 쿨리지 대통령은 파리에서 국가 정책의 수단으로 전쟁을 포기하는 선언을 공표했으며(Kellogg-Briand Pact of 1928), 허버트 후버 대통령은 런던과 제네바에서 국제 평화에 대한 자국의 의지를 재차 확인했다(London Naval Conference of 1930, World Disarmament Conference of 1932~1934). 우드로 윌슨 대통령의 이들 세 후임자는 또한 유럽 정치의 안정과 국제 연맹의 성공을 위해 독일의 막대한 전쟁 배상금을 축소 조정하는 데도 흔쾌히 동의하고 협조했다(Dawes Plan of 1924, Young Plan of 1929, Hoover Moratorium of 1931). 철천의 원수지간이었던 프랑스와 독일 역시 이에 적극 호응해 스위스 남부 작은 휴양 도시 로카르노에서 이탈리아와 영국, 벨기에를 증인으로 삼아 평화를 확약했다Locarno Pact of 1925. 독일도 이제 국제 연맹의 어엿한 회원국이 되었다. 독일의 항복을 이끌어냈던 우드로 윌슨 대통령의 희망찬 약속Fourteen Points에도 불구하고 전쟁 책임War Guilt을 뒤집어썼던 독일의 분노도 점차 사그라지는 듯 보였다. 전후 유럽은 이렇듯 도처에 도사리고 있는 위험에도 불구하고 전전 유럽만큼이나 인류 문명의 진보를 이끌고 있다는 자부심으로 넘쳐나고 있었다. 전후 노벨 평화상 수상자의 면면은 당시 유럽의 이 같이 뭔가 미심쩍게 들뜬 분위기를 단적으로 보여준다. 승전국 영국과 미국 두 앵글로 색슨 제국의 분위기는 말할 나위도 없었다.

1929년 대공황 이후 유럽을 포함한 세계는 이와는 완전히 다른 곳이었다. 부풀어 오르던 희망은 말 그대로 신기루처럼 사라지고 절망의 먹구름이 대지를 뒤덮기 시작했다. 급변하는 상황에 당황하고 방황하지 않은 지식인은 없었다. 30대에 접어든 허버트 버터필드도, 20대에 접어든 마틴 와이트도, 10대에 접어든 마이클 하워드도 예외는 아니었다. 후일 마이클 하워드에 훨씬 앞서 케임브리지대에서 「역사란 무엇인가?What is History?」란 유명한 주제로 조지 매콜리 트리벨리언 강연을 한 에드워드 카는 마치 미네르바의 부엉이처럼 당시의 고뇌를 "20년의 위기Twenty Years' Crisis"라 정리하며, 국제정치의 본질에 대한 진지한 탐구의 개시라고 애써 의미를 부여했으나 때늦은 일이었다. 사실 엄밀히 말해 『20년의 위기: 국제관계연구 입문The Twenty Years' Crisis 1919~1939: An Introduction to the Study of International Relations』(1939)은 뉴욕 증시 폭락이 있은 지 10년이 지나서야 이루어진 한참 뒤늦은 자아비판에 다름 아니었다. 아비시니아와 만주는 지도에서 사라진 지 오래였으며, 네빌 체임벌린이 "우리 시대의 평화Peace in Our Time"라 몇 달 전 호언장담했던 뮌헨 협정도 이미 처참히 짓밟힌 뒤였다. 허버트 버터필드나 마틴 와이트나 아직 어린 마이클 하워드의 부친이나 사태를 크게 잘못 본 것은 에드워드 카와 다르지 않았다.

허나 일부 국내 연구자의 소개와 달리 이들 영국학파의 반성은 『20년의 위기』와는 전혀 다른 수준에서 이루어졌다. 다분히 세속적인 외교관 출신 역사학자와는 달리 마이클 하워드, 마틴 와이트, 허버트 버터필드는 모두 독실한 기독교 신자였으며, 이에 당시의 상황을 궁극적으로 원죄Original Sin로부터 초래된 실존의 문제로 인식하고 접근했다. 마틴 와이트는 고난을 무릅쓰고 양심적 병역 거부의 길을 택할 정도로 진지한 기독교 평화주의자였으며, 마이클 하워드는 이탈리아 전투에서의 공으로 무공 십자 훈장까지 받았지만 비폭력을 신봉하고 실천하는 퀘이커 집안 출신이었다. 허버트 버터필드 또한 공개 석상에서 자신의 종교적 신념이 자신의 학문적 연구를 지탱하고 있다고 수차례 밝힌 바 있다. 멀게는 『신국De Civitate Dei contra Paganos』(426)의 성 아우구스티누스로부터 유래하는 이들 세 학자의 반성은 무엇보다 지적 교만을 조장하는 자유 의지Free Will 대신 어떠한 예측도 불허하는 하나님의 섭리Providence에 대한 확고한 복종에 토대를 두고 있었다. 천사였던 루시퍼가 자신의 오만으로 인해 사탄이 된 것을 떠올리며(a superbia initium sumpsit omnis perditio), 이들은 우연의 힘을 무시하고 회피하는 자만에 찬 이론적 관점이 아니라 우연의 힘을 인식하고 인정하는 겸손한 역사적 관점에 입각해 되돌아보았다. 즉 이들의 반성은 타락할 수밖에 없는 비극적인 운명에 처한 지상의 나라civitas terrena에서 자기 자신의 구원조차도 함부로 기대할 수 없는 하나님의 미약한 피조물이 취해야 할 올바른 삶의 자세에 대한 처절한 고심에서 출발했다. 이러한 관점에서 볼 때, 어떠한 진솔한 협상도 할 수 없는 절대적인 악은 존재하지도 않았을 뿐더러 우리 능력으로 이를 단정적으로 포착할 수도 없었다. 그렇다고 주어진 현실을 그대로 받아들이고 마음대로 행동해서도 안 되었다. 세속적인 용어로 풀어 말하자면, 마이클 하워드, 마틴 와이트, 허버트 버터필드는 당시를 권력 정치의 현실 속에서 도덕 원칙을 실현할 방도를 찾는 지극히 유연하지만, 어떠한 유혹에도 쉽게 현혹되지 않는 역사적 실천지historical prudence 혹은 역사적 지혜historical wisdom로 다시 한 번 철저히 무장해야 할 절체절명의 시점이라고 이해했던 것이다.

정리하자면, 예상치 못한 뉴욕 증시의 폭락 이후 급속히 악화된 국제 정세는 단순히 국제 연맹으로 상징되는 이상향주의utopianism, 더 엄밀히 말하자면, 도덕주의moralism의 정치적 파산을 선고하는 차원에 머물지 않았다. 에드워드 카를 위시한 일부는 다소 성급하게 파시스트 이탈리아와 군국주의 일본에 이은 나치 독일의 부상과 위협을 현실 직시의 문제로 파악했지만, 이들 영국학파를 비롯한 일부는 훨씬 더 근본적인 질문을 떠올리고 있었다. 에드워드 카의 지적대로 "이익의 조화harmony of interests"와 "법의 지배rule of law"에 대한 막연한 믿음은 국제 연맹의 무력한 모습 앞에 무너져 내리고 있었지만, 이상주의Idealism 대 현실주의Realism 구도는 너무나 안일하고 얕은 묘사였다. 반면 『전쟁과 자유주의 양심』의 마이클 하워드를 포함한 당시 영국학파를 무척이나 괴롭혔던 질문은 에덴 동산Garden of Eden에서 추방된 인간에 의해 이루어진 사회의 본질을 향하고 있었다. 그것은 오히려 만주 사변 이듬해이자 바이마르 공화국의 붕괴를 알린 총선이 있던 해 출판된 미국의 신학자 라인홀드 니부어Karl Paul Reinhold Niebuhr의 『도덕적 인간과 비도덕적 사회Moral Man and Immoral Society: A Study in Ethics and Politics』(1932)나 이탈리아와 일본의 끓어오르던 난폭한 야욕이 끝내 폭발한 직후 출판된 옥스퍼드대 영문과 교수 J. R. R. 톨킨Tolkein의 『호빗The Hobbit』(1937)이 훌륭히 담아내고 있는 종교적 난제에 훨씬 더 가까웠다. 영국학파의 고민은 이러한 점에서 제2차 세계대전의 끔찍한 참상이 적나라하게 폭로된 직후 무모한 낙관주의와 분별없는 절망을 모두 반대하며 마찬가지로 성 아우구스티누스의 『신국』에서 새로운 시작의 암시를 구했던 한나 아렌트의 『전체주의의 기원The Origins of Totalitarianism』(1951)과도 맥을 같이 했다. 전후 마틴 와이트는 이에 자신을 비롯한 당시 영국학파의 입장을 "희망은 정치적인 덕political virtue이 아니라 신학적인 덕theological virtue"이라는 말로 간명히 요약하기도 했다.

조금 더 구체적으로 보아 마이클 하워드의 『전쟁과 자유주의 양심』은 마틴 와이트 국제정치이론의 세 전통이 역사학적으로 변주된 것이라 할 수 있다. 미완성 유고집 『국제정치이론: 세 전통International Theory: The Three Traditions』 (1991)에서 마틴 와이트는 국제정치에 대한 우리 관점을 현실주의, 합리주의 Rationalism, 혁명주의Revolutionism로 분류했으며, 각각의 입장을 대표하는 철학자로 마키아벨리, 흐로티위스, 칸트를 지목했다. 마틴 와이트에 따르면, 국가 간 관계를 이해하는데 있어 마키아벨리와 같은 현실주의자가 무정부를 중심된 특징으로 본다면, 흐로티위스와 같은 합리주의자는 교류를 중심된 특징으로 삼으며, 칸트와 같은 혁명주의자는 사회를 중심된 특징으로 꼽는다. 각각의 시각은 따라서 전쟁, 상업이나 외교, 규범이나 문화를 분석의 주된 대상으로 취급한다고 마틴 와이트는 보았다. 달리 말해, 마키아벨리가 『군주론Il Principe』(1532) 등에서 마련한 현실주의 전통은 국제정치의 현실what is을 묘사하고자 한다면, 흐로티위스가 『전쟁과 평화의 법De Jure Belli ac Pacis』(1625) 등에서 정돈한 합리주의 전통은 국제정치의 본질what is the essence of the matter을 발굴하고자 한다고 할 수 있으며, 칸트가 『영구 평화론: 하나의 철학적 기획 Zum ewigen Frieden. Ein philosophischer Entwurf』(1795) 등에서 다듬은 혁명주의 전통은 국제정치의 당위what ought to be를 제시하고자 한다고 하겠다. 마틴 와이트는 이에 현실주의 분석은 사회학적이며, 합리주의 분석은 존재론적이며, 혁명주의 분석은 윤리적이라고 적기도 했다. 『20년의 위기』의 에드워드 카나 『국

가 간의 정치: 세계 평화의 권력 이론적 접근Politics among Nations: The Struggle for Power and Peace』(1948)의 저자로 유대인 박해를 피해 독일을 탈출해 미국에 정착한 한스 모겐도Hans Joachim Morgenthau의 이상과 현실의 대칭에 기초한 국제관계 이해와 비교해볼 때, 가장 눈에 띄는 점은 의심할 여지없이 이상과 현실 사이에 위치한 흐로티위스의 시각, 즉 합리주의 전통에 대한 주목에 있으며, 마틴 와이트 자신도 이를 자신의 가장 주요한 기여라 여겼다. 그리고 권력 정치의 현실에 안주하지도 이상향의 이상에 마쳐되지도 않으면서 균형과 분별을 유지하고자 애쓰는 흐로티위스로 대표되는 합리주의 이론은 300년이란 많은 시간이 흘렀지만 상황의 유사성으로 인해 앞서 논한 라인홀드 니부어와 J. R. R. 톨킨에 의해 같은 시기 되살아난 성 아우구스티누스의 신학과 놀랍도록 조응한다.

마틴 와이트는 이에 더해 현실주의, 합리주의, 혁명주의 세 전통이 다시 세분화될 수 있을 뿐만 아니라 서로 완전히 분리되는 것도 아니라고 강조했다. 즉 현실주의는 공격적인 현실주의와 방어적인 현실주의로, 합리주의는 현실적인 합리주의와 이상적인 합리주의로, 혁명주의는 진화적인 혁명주의와 급진적인 혁명주의로 나눠지며, 따라서 합리주의는 현실을 인정한다는 측면Realist Grotian에서는 현실주의와 접하지만 이상을 추구한다는 측면Idealist Grotian에서는 혁명주의와 접한다고 마틴 와이트는 주장했다. 마이클 하워드는 이 책『전쟁과 자유주의 양심』에서 자신이 자유주의 양심이라 칭한 마틴 와이트의 합리주의 전통이 구체적인 역사 속에서 다른 두 전통과 더불어 발현되고, 충돌하고, 융합되는 복잡한 과정을 추적하고자 한다.

"국제 사회international society"라는 영국학파의 저작 전반을 응축하고 있는 개념을 가지고 이를 다시 풀이하자면, 마이클 하워드의『전쟁과 자유주의 양심』은 국가 간의 관계를 — 여타의 사회와 비교해 구성원이 극소수에 불과하고 능력에 있어서도 현저한 차이를 지니지만 쉽사리 소멸되지 않는, 또 확실한 구속력은 없지만 다양한 유무형의 제도에 의해 서로 묶여있는 — 지극히 독특한 종류의 사회로 인식하는 흐로티위스의 합리주의 관점의 대단히 폭넓은 진동을 역사적으로 고찰하고 있다고 할 수 있다. 마틴 와이트의 합리주의 전통처럼 마이클 하워드의 자유주의 양심은 원죄를 지닌 인간들로 구성된 사회와 같이 주권을 지닌 국가들로 구성된 사회도 본질적으로 불완전하지만, 그럼에도 일정한 한계 내에서 개선의 여지를 충분히 지니고 있다고 믿기에 문제는 정도에 있다고 하겠다. 즉 "국제 사회"의 현 상태를 얼마만큼 만족할 만한 수준으로 파악하는지에 따라 현상 유지를 원하는 현실적인 합리주의자와 체제 변화를 원하는 이상적인 합리주의자로 나뉠 수 있는 것이다. 혹여 『전쟁과 자유주의 양심』에서 마이클 하워드가 전자보다 후자에 더 집중하는 듯 보인다면, 그것은 마키아벨리의 현실주의와 칸트의 혁명주의 모두 탐욕으로 넘쳐나는 현실을 전제로 하기에 공히 "국제 사회"가 존재하지 않는다고 보지만, 그럼에도 후자는 전자와는 달리 "국제 사회"가 필히 구축되어야 한다고 믿기에 흐로티위스의 합리주의와 겹치는 부분이 훨씬 더 많기 때문이라고 답할 수 있다.

『전쟁과 자유주의 양심』을 손에 펼친 독자에게 이와 같은 정보는, 특히 지배적인 미국식 관점에서 벗어나 국가 간의 관계를 이해하고자 하는 독자에게 분명히 도움이 되리라 본다. 물론 이보다 더 자세한 사항은 오히려 역자의 과도한 의미 부여로 의심을 살 수도 있을 것이다. 그러나 역자가 끝내 마음을 접기로 한 이유는 — 역자가 다른 곳에서 지적한 정부 정책에의 매몰과 더불어 — 국내 국제정치 연구와 교육을 특징짓는 이론에의 매몰에 대한 우려 때문이다. 복잡한 현실에 대한 이해를 도울 일관되고 체계적인 시각을 제공한다는 점에서 이론은 분명 나름의 역할과 의미를 지닌다. 이론은 또한 미래를 예측하고 대비하는 데 있어서도 상당히 요긴한 도구다. 허나 이론의 한계 역시 분명하다. 제 아무리 유용하다고 판명된 이론일지라도 모든 것을 설명하지는 못한다. 무엇보다 이론은 내재된 확증 편향confirmation bias으로 말미암아 상상력의 빈곤을 초래하며, 이는 이론을 충분히 비판적으로 검증해볼 대상을 손에 확실히 쥐고 있지 못한 경우 — 연구자 개인의 차원에서든 혹은 학계 전체의 차원에서든 — 더욱 빈번히 또 더욱 치명적으로 나타난다. 국제정치학을 포함한 모든 사회과학의 상상력의 원천이자 가상의 실험실이 역사라는 점에 대해서는 누구도 반문하지 않으리라 보지만, 안타깝게도 우리의 실상은 매우 다르다고 판단된다. 무엇보다 좋든 싫든 오늘날 국가 간 질서의 기초를 수립하고 확산한 미국을 포함한 유럽의 역사와 관련된 국내 국제정치 교육과 연구의 경우 상황은 대단히 열악하며, 결국 이는 학문적 수고를 훨씬 덜 요구하지만 외관상 그럴듯해 보이는 이론에의 무분별한 집착을 알게 모르게 강화하고 있다. 복잡한 현실을 이해하기 위해 고안된 이론이 오히려 복잡한 현실을 무시하기 위한 방편으로 남용, 심지어는 악용되고 있는 실정이다. 일찍이 영국의 저명한 마르크스주의 역사학자 에드워드 톰슨Edward P. Thompson은 프랑스의 구조주의 마르크스주의 철학자 루이 알튀세르Louis Althusser와의 논쟁에서 이와 같은 경향을 "이론의 빈곤poverty of theory"이라 정확히 꼬집은 바 있으며, 마틴 와이트 또한 국제정치이론의 세 전통에 대한 자신의 논의의 무비판적인 수용과 기계적인 적용을 우려해 이론은 현실의 집합으로서 역사에 비추어 의문시될 때에 진정한 가치를 발한다고 강조하며 주의를 남겼다. 역자가 앞서의 약속과 달리 위와 같은 내용을 기초로 한 해제가 아니라 상세한 인명 색인을 더하기로 마음을 바꾼 주된 이유는『전쟁과 자유주의 양심』이 이러한 차원에서 — 예컨대, 독일 출신 미국 국제정치학자 알렉산더 웬트Alexander Wendt가 근래 유행시킨 구성주의Constructivism와 비슷하게 국가 간 관계에 있어 규범의 역할을 강조하는 — 말끔한 이론서가 아니라 복잡한 역사서로 우선적으로 읽혔으면 하는 간절한 소망 때문이다.

물론 이보다 더 직접적인 요인도 있었다. 국내 독자에게는 상당히 생소할지라도『전쟁과 자유주의 양심』에 등장하는 수많은 인물 대다수는 국제관계사에서 나름 대단히 중요한 위치를 점하고 있다. 당연히 개별 사건에 대한 이들의 입장을 대략이라도 알기 위해서는 이전과 이후 사건에 대한 이들의 입장을 알아야만 하며, 국제 문제 전반에 대한 이들의 입장을 대충이라도 알기 위해서는 국내 문제 전반에 대한 이들의 입장을 알아야만 한다. 이는 특히 국내 문제와 국제 문제에 대해 매우 상반된 인식과 태도를 보이는 경우가 상당히 빈번할 뿐만 아니라 이 간극을 좁히고자 하는 시도가 오히려 커다란 갈등의 불씨가 되기도 한다는 사실이 마이클 하워드를 비롯한 영국학파의 역사 이해에서 매우 중요한 위치를 점하고 있기에 더욱 그러하다. 게다가 역자가 보기에『전쟁과 자유주의 양심』의 묘미는 마틴 와이트가 공들여 논한 합리주의 전통을 따랐던 수많은 인물이 앞서 살펴본 현실과 이상 사이의 거리에 더해 국가 안과 밖의 거리에 대해서도 함부로 거부하거나 무심코 간과해서는 안 될 오늘날 우리 운명을 한 발 앞서 어렵게 깨우쳐 나가는 데 있기 때문이기도 하다. 간단히 말해, 공개 강연을 기초로 한 짧은 책이지만『전쟁과 자유주의 양심』은 삼부작의 다른 두 책과 마찬가지로 제2차 세계대전 이후 수많은 식민지의 독립과 함께 더욱 중요하게 된 국제 정치와 국내 정치의 단절에 대한 감각과 더불어 유럽 외교사와 유럽 지성사, 특히 19세기 초반부터 20세기 초반

사이 영국과 미국에 대한 교양 수준 이상의 배경 지식을 전제로 하고 있으며, 따라서 자세한 인명 색인을 통해 국내의 독자에게 이를 조금이라도 제공하는 편이 오히려 역자로서의 책임과 의무를 성실히 이행하는 일이라 판단했다.

인명 색인은 역자 주를 포함한 본문에 등장하는 모든 인물을 다루고 있다. 해당 인물이 영국 출신인 경우에는『옥스퍼드 인명사전Oxford Dictionary of National Biography』을, 미국 출신인 경우에는『미국 인명사전American National Biography』을 주로 참고해 작성했다. 그리고 위 두 사전에서 다룬 내용이 요약하기에 과도할 정도로 많은 경우에는 본문을 고려해『브리태니커 백과사전 Encyclopedia Britannica』과 대조하며 분량을 조정했다. 영국과 미국 이외의 국가 출신인 경우에는 해당 국가의 공식적인 인명사전과 관련 학술 논문과 학술 전기의 도움을 받아 작성했다. 정치철학자의 경우에는 케임브리지대 출판사 정치사상사 시리즈Cambridge Texts in the History of Political Thought의 편집자 서문과『스탠퍼드 철학 백과사전Stanford Encyclopedia of Philosophy』을 추가로 확인했으나, 본문에서 자세히 언급된 사항은 중복을 피하고자 간략히 다루었다. 또한 저자의 해석과 다른 해석은 책의 일관성을 위해 소개하거나 논하지 않았으며, 최근 전문가라고 하는 이들조차 거리낌 없이 무분별하게 활용하고 있는 관련 학계의 최소한의 심사 과정도 거치지 않은 인터넷 자료나 인터넷 백과사전은 일절 참고하지 않았다. 인명 색인의 형식과 관련해서는, 가능한 본문의 내용과 긴밀하게 연계되면서도 별도로 읽어도 각각의 인물의 생애와 사상을 거칠게나마 음미해볼 수 있도록 하고자 역자 나름대로 많은 노력을 기울였다. 본문을 읽으면서 확인하며 읽어도, 또는 본문과 상관없이 한 명씩 읽어도, 아니면 같은 시기나 같은 국가의 인물만 따로 모아서 읽어도 좋을 것이다.

『유럽사 속의 전쟁』이나 『평화의 발명』의 번역과 마찬가지로 『전쟁과 자유주의 양심』의 번역도 많은 응원 속에서 이루어졌다. 이 자리를 빌려 이 책의 번역뿐만 아니라 지금까지 역자의 연구에 대해 관심을 가져주시고 격려해주신 모든 분께 감사의 인사를 드린다. 서울대 정치외교학부 외교학 전공의 오석주 학생은 졸업과 유학 준비로 바쁜 와중에도 고맙게도 옮긴이의 말과 풀이와 관련해 여러 조언을 해주었다. 각자의 공부가 서로에게 도움이 될 수 있기를 소망한다. 이와는 별도로 『유럽사 속의 전쟁』과 더불어 마이클 하워드의 또 다른 책의 출판을 흔쾌히 수락해주시고 인내심을 가지고 기다려주신 글항아리 출판사의 강성민 대표와 이은혜 편집장에게는 특별히 감사의 인사를 드리고 싶다. 하지만 이번에도 개인적으로 가장 중요한 감사의 인사는 지난 6년 동안 언제나 기쁜 마음으로 역자와 이른 아침과 늦은 저녁 산책을 같이 해준 화이트테리어 레오의 차지다. 부디 오래 건강하고 행복하게 지내길 바란다. 나름 많은 공을 들였음에도 볼 때마다 부족한 곳이 눈에 들어오는 번역이지만, 아무쪼록 『전쟁과 자유주의 양심』이 이론에 대한 과도한 집착만이 아니라, 남북문제를 축으로 한 동북아란 지정학적 속박에서 벗어나 국가정책 이전에 역사 속 사회 현상으로서 전쟁과 평화에 대한 우리의 사고의 성숙과 논의의 성장에 조금이라도 도움이 될 수 있기를 진심으로 기원한다.

참고문헌

김성진, 『마틴 와이트Martin Wight의 국제사회론 연구』(서울대학교 대학원 석사 학위 논문, 2001).

마상윤, 「영국학파의 국제사회론」, 『세계정치』, 10권 (2008), pp.35~62.

안두환, 「전쟁과 사회: 마이클 하워드의 전쟁사 연구와 평화의 발명」, 마이클 하워드, 『유럽사 속의 전쟁』(글항아리, 2015), pp.329~387.

장인성, 「영국학파 국제사회론과 근대 동아시아의 국제사회화에 대한 고찰: 동아시아 국제사회론의 구축을 위한 시론」, 『세계지역연구논총』, 27권, 1호 (2009), pp.359~387.

전재성, 『정치는 도덕적인가: 라인홀트 니버의 초월적 국제정치사상』(한길사, 2012).

전재성, 「영국의 국제사회학파 이론」, 『현대 국제관계이론과 한국』, 우철구·박건영 편 (사회평론, 2015), pp.433~456.

Hannah Arendt, *The Origins of Totalitarianism*, New edn. (New York: A Harvest Book, 1978) | 한나 아렌트, 『전체주의의 기원』, 전2권, 이진우·박미애 옮김 (한길사, 2006).

Michael Bentley, *The Life and Thought of Herbert Butterfield: History, Science and God* (Cambridge: Cambridge University Press, 2012).

Hedley Bull, "Martin Wight and the Theory of International Relations: The Second Martin Wight Memorial Lecture", *British Journal of International Studies*, 2:2 (1976), pp.101~116.

Hedley Bull, "Introduction: Martin Wight and the Study of International Relations", Martin Wight, *Systems of States* (Leicester: Leicester University Press, 1977), pp.1~20.

Hedley Bull and Adam Watson eds., *The Expansion of International Society* (New York: Oxford University Press, 1984).

Hedley Bull, *The Anarchical Society: A Study of Order in World Politics*, 3rd edn. (New York: Columbia University Press, 2002) | 헤들리 불, 『무정부 사회: 세계정치에서의 질서에 관한 연구』, 진석용 옮김 (나남출판, 2012).

Herbert Butterfield, *The Whig Interpretation of History* (London: Bell, 1931).

Herbert Butterfield, *Christianity and History* (London: G. Bell, 1949).

Herbert Butterfield, *Christianity, Diplomacy, and War* (Nashville: Abingdon-Cokesbury Press, 1953).

Herbert Butterfield and Martin Wight eds., *Diplomatic Investigations: Essays in the Theory of International Relations* (Cambridge, MA: Harvard University Press, 1966).

Herbert Butterfield, "Raison d'État: The Relations between Morality and Government", The First Martin Wight Memorial Lecture, University of Sussex, Brighton (23 April 1975).

Edward H. Carr, *The Twenty Years' Crisis: An Introduction to the Study of International Relations*, 450th edn. (New York: Harper Perennial, 1964) | 에드워드 H. 카, 『20년의 위기: 국제관계연구 입문』, 김태현 옮김 (녹문당, 2014).

Edward H. Carr, *What is History?* (New York: Vintage, 1967) | 에드워드 H. 카, 『역사란 무엇인가?』, 김택현 옮김 (까치, 2015).

Tim Dunne, *Inventing International Society: A History of the English School* (New York: St. Martin's Press, 1988).

Robert Epp, "The 'Augustinian Moment' in International Relations: Niebuhr, Butterfield, Wight and the Reclaiming of a Tradition", *International Politics Research Paper* (Aberystwyth: Department of International Politics, University College of Wales, 1991).

Nicholas Guilhot ed., *The Invention of International Relations Theory: Realism, the Rockfeller Foundation, and the 1954 Conference on Theory* (New York: Columbia University Press, 2011).

Jo Guldi and David Armitage, *The History Manifesto* (Cambridge: Cambridge University Press, 2014) | 조 굴디·데이비드 아미티지, 『역사학 선언』, 안두환 옮김 (한울

아카데미, 2018).

Ian Hall, "History, Christianity and Diplomacy: Sir Herbert Butterfield and International Relations", *Review of International Studies*, 28:4 (2002), pp.719~736.

Ian Hall, "Challenge and Response: The Lasting Engagement of Arnold J. Toynbee and Martin Wight", *International Relations*, 17:3 (2003), pp.389~404.

Ian Hall, *The International Thought of Martin Wight* (New York: Palgrave Macmillan, 2006).

Ian Hall, *Dilemmas of Decline: British Intellectuals and World Politics, 1945~1975* (Berkeley: University of California Press, 2012).

Jonathan Haslam, *The Vices of Integrity: E. H. Carr, 1892~1982* (London: Verso, 1999).

Francis Harry Hinsley, *Power and the Pursuit of Peace: Theory and Practice in the History of the Relations between States* (Cambridge: Cambridge University Press, 1963).

Eric Hobsbawm, *The Age of Empires, 1875~1914* (New York: Vintage Books, 1989) | 에릭 홉스봄, 『제국의 시대』, 김동택 옮김 (한길사, 1998).

Michael Howard, "Ethics and Power in International Policy: The Third Martin Wight Lecture", *International Affairs*, 53:3 (1977), pp.364~376.

Michael Howard, "The Lessons of History", *The History Teacher*, 15:4 (1982), pp.489~501.

Michael Howard, *The Causes of War and Other Essays*, 2nd enlarged edn. (Cambridge, Massachusetts: Harvard University Press, 1983).

Michael Howard, *The Lessons of History* (New Haven: Yale University Press, 1991).

Michael Howard, *The Invention of Peace and the Reinvention of War*, 2nd edn. (New York: Profile Books, 2002) | 마이클 하워드, 『평화의 발명: 전쟁과 국제 질서에 대한 성찰』, 안두환 옮김 (전통과현대, 2002).

Michael Howard, "Forward", in Martin Wight, *Four Seminal Thinkers in International Theory: Machiavelli, Grotius, Kant, and Mazzini*, eds. Gabriele Wight and Brian Porter (Oxford: Oxford University Press, 2004), pp.v~viii.

Michael Howard, *Captain Professor: The Memoirs of Sir Michael Howard* (London: Continuum, 2006).

Michael Howard, *War in European History*, Updated edn. (Oxford: Oxford University Press, 2009) | 마이클 하워드, 『유럽사 속의 전쟁』, 안두환 옮김 (글항아리, 2015).

Roy E. Jones, "The English School of International Relations: A Case for Closure", *Review of International Studies*, 7:1 (1981), pp.1~13.

London School of Economics and Political Science, *Millenium* Conference, "Beyond International Society", *Millenium: Journal of International Studies*, 21:3 (1992).

Hans Morgenthau, *Politics among Nations: The Struggle for Power and Peace*, Revised 5th edn. (New York: Alfred A. Knopf, 1978) | 한스 모겐도, 『국가 간의 정치: 세계 평화의 권력 이론적 접근』, 전2권, 이호재·엄태암 옮김 (김영사, 2014).

A. J. H. Murray, "The Moral Politics of Hans Morgenthau", *The Review of Politics*, 58:1 (2016), pp.81~108.

Michael Nicholson, "The Enigma of Martin Wight", *Review of International Studies*, 7:1 (1981), pp.15~22.

Reinhold Niebuhr, *Moral Man and Immoral Society: A Study in Ethics and Politics* (New York: Charles Scribner's Sons, 1932) | 라인홀드 니부어, 『도덕적 인간과 비도덕적 사회』, 이한우 옮김 (문예출판사, 2017).

Reinhold Niebuhr, "Augustine's Political Realism", *The Essential Reinhold Niebuhr: Selected Essays and Addresses*, ed. Robert McAfee Brown (New Haven: Yale University Press, 1986), pp.123~142.

Brain Holden Reid, "Michael Howard and the Evolution of Modern War Studies", *The Journal of Military History*, 73:3 (2009), pp.869~904.

Christian Reus-Schmit, "Imagining Society: Constructivism and the English School", *The British Journal of Politics and International Relations*, 4:3 (2002), pp.487~509.

Barbara Allen Robertson, *International Society and the Developments of International Relations Theory* (London: Pinter, 1998).

Scott M. Thomas, "Faith, History and Martin Wight: The Role of Religion in the Historical Sociology of the English School of International Relations", *International Affairs*, 77:4 (2001), pp.905~929.

Kenneth W. Thompson, "Niebuhr and the Foreign Policy Realists", *Reinhold Niebuhr Revisited: Engagements with an American Original*, ed. Daniel F. Rice (Grand Rapids, Michigan: W. B. Eedermans, 2009), pp.139~160.

Hew Strachan, "Michael Howard and the Dimension of Military History", Annual Liddell Hart Centre for Military Archives Lecture, Liddell Hart Centre for Military Archives, King's College, London (3 December, 2002).

Hidemi Suganami, "Alexander Wendt and the English School", *Journal of International Relations and Development*, 4:4 (2001), pp.403~423.

Hidemi Suganami, *The Domestic Analogy and World Order Proposals* (Cambridge: Cambridge University Press, 2008).

Edward Palmer Thompson, *The Poverty of Theory and Other Essays* (New York: Monthly Review Press, 1978) | 에드워드 파머 톰슨, 『이론의 빈곤』, 변상출 옮김 (책세상, 2013).

J. R. R. Tolkien, *The Hobbit, or There and Back Again* (London: George Allen & Unwin, 1937) | J. R. R. 톨킨, 『호빗』, 이미애 옮김 (씨앗을뿌리는사람, 2007).

Arnold J. Toynbee and Frank T. Ashton-Gwatkin, eds., *The World in March 1939* (London: Oxford University Press, 1952).

Alexander Wendt, "Anarchy is what States Make of It: The Social Construction of Power Politics", *International Organization*, 46:2 (1992), pp.391~425.

Alexander Wendt, "Constructing International Politics", *International Security*, 20:1 (1995), pp.71~81.

Alexander Wendt, *Social Theory of International Politics* (Cambridge: Cambridge University Press, 1999).

Martin Wight, "History and Judgment: Butterfield, Niebuhr and the Technical Historian", *The Frontier: A Christian Commentary on the Common Life*, 1:8 (August 1950), pp.301~314.

Martin Wight, "Why There is No International Theory?" *International Relations*, 2:1 (1960), pp.35~48.

Martin Wight, "Arnold Toynbee: An Appreciation", *International Affairs*, 52:1 (1976), pp.10~12.

Martin Wight, *System of States*, ed. Hedley Bull (London: Leicester University Press, 1977).

Martin Wight, *Power Politics*, eds. Hedley Bull and Carsten Holbrand (New York: Holmes and Meier, 1978).

Martin Wight, *International Theory: The Three Traditions*, eds. Gabriele Wight and Brian Porter (London: Leicester University Press, 1991).

Martin Wight, *Four Seminal Thinkers in International Theory: Machiavelli, Grotius, Kant, and Mazzini*, eds. Gabriele Wight and Brian Porter (Oxford: Oxford University Press, 2004).

Peter Wilson, "Carr and His Early Critics: Responses to *The Twenty Years' Crisis*,

1936~1946", *E. H. Carr: A Critical Appraisal*, ed. Michael Cox (New York: Palgrave, 2000), pp.165~197.

Brunello Vigezzi, *The British Committee on the Theory of International Politics (1954~1985): The Rediscovery of History* (Milano: Edizioni Unicopli, 2005).

전쟁과 자유주의 양심

초판 인쇄	2018년 10월 22일
초판 발행	2018년 10월 29일

지은이	마이클 하워드
옮긴이	안두환
펴낸이	강성민
편집장	이은혜
편집	강성민
마케팅	정민호 이숙재 정현민 김도윤 안남영
홍보	김희숙 김상만 이천희
독자 모니터링	황치영

펴낸곳	(주)글항아리	출판등록 2009년 1월 19일 제406-2009-000002호
주소	10881 경기도 파주시 회동길 210
전자우편	bookpot@hanmail.net
전화번호	031-955-1936(편집부) 031-955-8891(마케팅)
팩스	031-955-2557

ISBN	978-89-6735-558-6 03300

글항아리는 (주)문학동네의 계열사입니다.

이 도서의 국립중앙도서관 출판시도서목록(CIP)은 서지정보유통지원시스템 홈페이지
(http://seoji.nl.go.kr)와 국가자료공동목록시스템(http://www.nl.go.kr/kolisnet)에서
이용하실 수 있습니다. (CIP제어번호 : CIP2018033105)

* 이 연구는 2015년 대한민국 교육부와 한국연구재단의 지원(NRF-2015S1A5A2A03048000)
  및 서울대학교 아시아연구소 아시아기초연구사업 연구비(#SNUAC-2016-005)에 의해 수행되
  었음을 밝힌다.